清史十五讲（增订本）

何孝荣 著

凤凰出版社

图书在版编目（CIP）数据

清史十五讲 : 增订本 / 何孝荣著. -- 南京 : 凤凰出版社, 2021.5
ISBN 978-7-5506-3428-2

Ⅰ. ①清… Ⅱ. ①何… Ⅲ. ①中国－古代史－清代－通俗读物 Ⅳ. ①K249.09

中国版本图书馆CIP数据核字(2021)第084297号

书　　名	清史十五讲（增订本）
著　　者	何孝荣
责任编辑	韩凤冉
装帧设计	陈贵子
出版发行	凤凰出版社(原江苏古籍出版社) 发行部电话025-83223462
出版社地址	江苏省南京市中央路165号,邮编:210009
出版社网址	http://www.fhcbs.com
照　　排	凤凰零距离数字印前中心
印　　刷	徐州绪权印刷有限公司 江苏省徐州市高新技术产业开发区第三工业园经纬路16号
开　　本	652毫米×960毫米　1/16
印　　张	19.25
字　　数	306千字
版　　次	2021年5月第1版
印　　次	2021年5月第1次印刷
标准书号	ISBN 978-7-5506-3428-2
定　　价	88.00元

（本书凡印装错误可向承印厂调换,电话:0516-83897699）

1 | 2
3 | 4

1. 努尔哈赤朝服像
2. 皇太极朝服像
3. 顺治帝朝服像
4. 康熙帝朝服像

1 | 2
3 | 4

1. 雍正帝朝服像
2. 乾隆帝朝服像
3. 嘉庆帝朝服像
4. 道光帝朝服像

1 | 2
3 | 4 | 5

1. 三仙女
2. 汤若望与顺治帝
3. 康熙帝便服半身像
4. 孝庄皇太后便服像
5. 雍正帝半身西服像

1 | 2
3 | 4

1. 乾隆帝猎鹿图
2. 嘉庆帝汉装行乐图
3. 多尔衮像
4. 郑成功像

1
2 | 3

1. 吴三桂像
2. 和珅像
3. 林则徐像

1
2 | 3

1. 盛京大政殿
2. 太和殿宝座
3. 军机处

1. 乾清宫皇帝宝座及正大光明匾
2. 八旗

1	2
3	4
5	

1. 努尔哈赤御用剑
2. 皇太极腰刀
3. 隆宗门匾
4. 康熙印本《耕织图》
5. 康熙帝南巡图卷·治河

1. 康熙帝万寿图卷·京城商业
2. 乾隆帝视察黄河

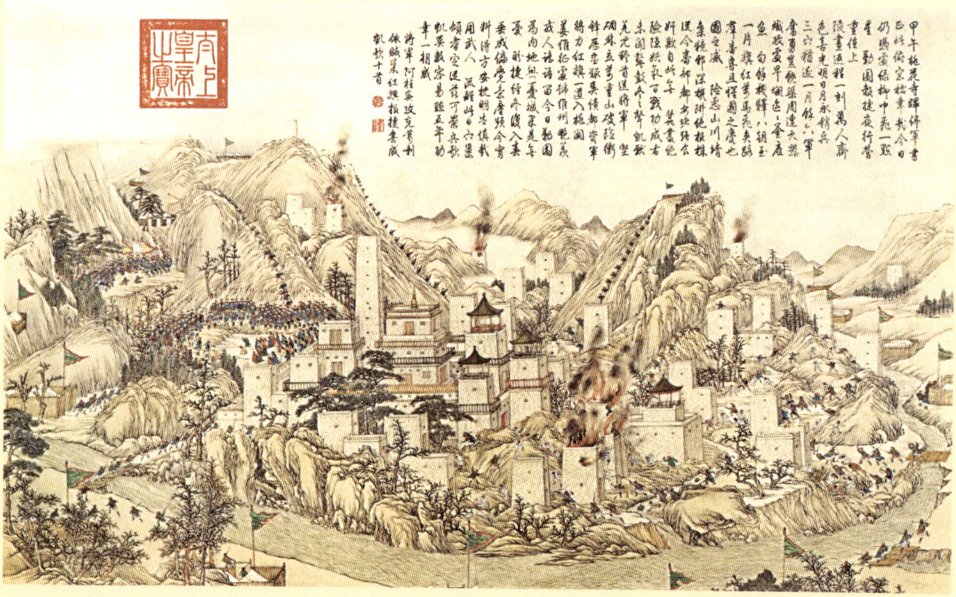

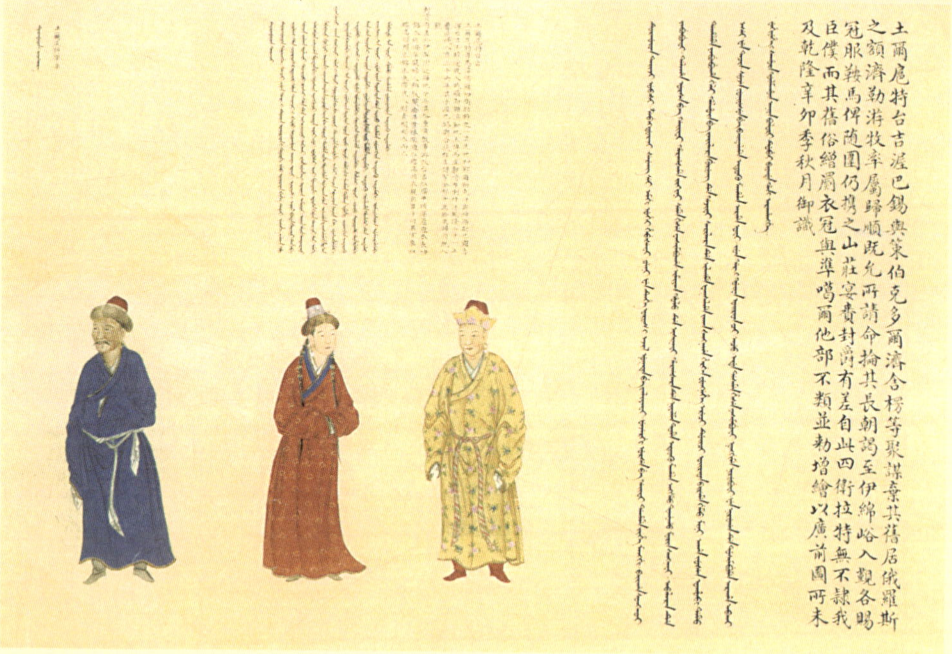

1. 平定金川图册（局部）
2. 皇清职贡图·土尔扈特人

1|2
3

1. 金奔巴瓶
2. 马戛尔尼使团觐见图
3. 吸食鸦片图

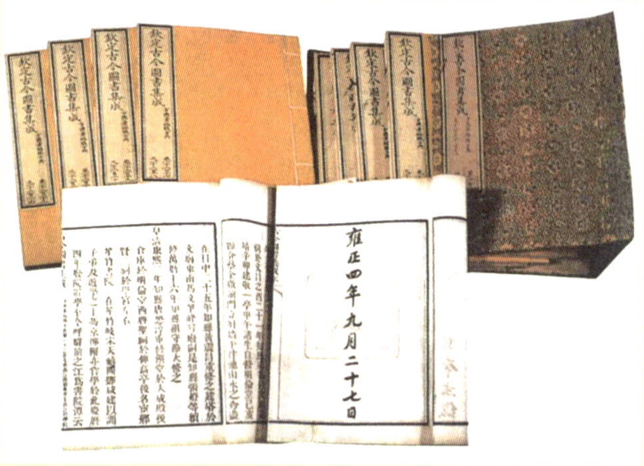

1	2	3
4		
5		

1. 顾炎武像
2. 黄宗羲像
3. 王夫之像
4. 古今图书集成书影
5. 钦定四库全书书影

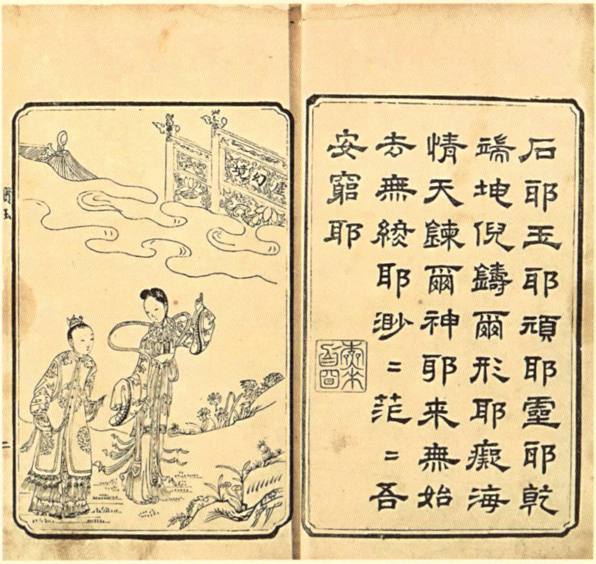

1|2
3

1. 惠栋像
2. 程甲本红楼梦书影
3. 清宫升平署戏衣

1. 赤道经纬仪
2. 黄道经纬仪

目　　录

绪　论

清朝是中国历史上最后一个封建王朝。从1644年清军入关到1911年辛亥革命，清王朝统治中国达二百六十八年。加上入关前1616年后金建立，这个政权在中国历史上存在了近三百年。在这段历史时期，清朝经历了孕育、发展、壮大、鼎盛、衰落和覆亡的过程，中国社会也经历了从古代至近代、由独立强盛的封建主权国家到落后挨打的半殖民地半封建社会的转变。

现代研究者，根据社会性质的变化，一般以1840年鸦片战争为断限，将清朝历史分为两个领域，此前作为中国古代史的清史，此后则被划入半殖民地半封建社会的中国近代史，各自已经形成了相对独立的庞大学科体系。所以，我们这里所说的清史，是鸦片战争以前的清朝历史，是清朝从兴起、发展到鼎盛直至中衰的历史。

一、清朝在中国历史上的地位

清朝时期，中国各民族统一和融合进一步加强，辽阔的疆域最终奠定，封建政治、经济、文化发展到了最高峰。

清朝时期，最高统治者励精图治，封建统治颇为强盛，成功地抵御了外来侵略，消灭了内部分裂割据势力，对台湾、蒙古、新疆、西藏等地区的管理得到加强，统一的多民族国家得到巩固。清朝的疆域，西抵中亚巴尔喀什湖北岸，西北包括唐努乌梁海地区，北达漠北，东含库页岛，南至西沙和南沙群岛。清朝所辖陆地总面积达一千三百多万平方公里,直接为当代中国版图奠定了基础。

在政治上,清朝集中国历代之大成,并有所创新,建立了一套臻于完善的高度集权的君主专制体制。历代宦官之祸、后宫干政、外戚专权、朋党祸国等祸患,在清朝基本没有重演,最高统治集团保持了长期稳定,对国家统一而强盛以及经济发展、文化繁荣起了很好的保障和促进作用。

社会经济发展和繁荣超过以前任何王朝。农业方面,耕地面积大幅度增加,雍正、乾隆之际达到十亿亩,为历代垦荒之最。南北方灌溉面积普遍扩大,农业集约化程度提高,单产增加幅度大,经济作物种植面积超过明代一倍以上,清朝农业经济是中国传统经济的高峰。商业和手工业发展也超过前朝,达到封建社会的最高峰。清朝经济长期保持繁荣,人口迅速增长,康熙后期全国人口突破一亿,至乾隆末年猛增至三亿。国家财政稳步上升,乾隆时期最高存储达到白银八千万两,常年在七千万两上下,国力强盛。

文化方面,各类文化艺术都取得了很大成就。其中如科学和技术类的天文历算,学术类中的考据学,小说中的《红楼梦》,书籍编纂中的《四库全书》等,都是中国古代文化的顶峰。

总之,清朝的统治取得了很大成就,其对中国历史的贡献超过此前任何一朝。当然,不能否认,由于清朝统治者闭关自守,传统的政治、经济、文化等的发展都没有质的飞跃,因此在世界近代化历程中,中国未能跟上西方高速发展的脚步,逐渐落后。对于清朝统治,我们要以历史唯物主义为指导,全面客观地加以评价。所谓清朝统治打断中国近代化历程,长期阻碍中国进步的说法,是有失偏颇的。

二、清朝帝系与清史分期

这一时期,清朝经历了前八位皇帝的统治,分别是太祖努尔哈赤,年号天命;太宗皇太极,年号天聪、崇德;世祖福临,年号顺治;圣祖玄烨,年号康熙;世宗胤禛,年号雍正;高宗弘历,年号乾隆;仁宗颙琰,年号嘉庆;宣宗旻宁,年号道光。清帝世系,我们制成下表:

清帝世系表

庙　号	帝　名	年　号	公　元	庙　谥	陵　名
太祖	努尔哈赤	天命	1616—1626	高	福陵
太宗	皇太极	天聪	1627—1636	文	昭陵
		崇德	1636—1643		
世祖	福　临	顺治	1644—1661	章	孝陵
圣祖	玄　烨	康熙	1662—1722	仁	景陵
世宗	胤　禛	雍正	1723—1735	宪	泰陵
高宗	弘　历	乾隆	1736—1795	纯	裕陵
仁宗	颙　琰	嘉庆	1796—1820	睿	昌陵
宣宗	旻　宁	道光	1821—1850	成	慕陵

清朝历史，大体可分为兴起、建立和巩固、发展、中衰几个阶段。

清朝兴起阶段，即清朝入关前阶段。明朝万历十一年(1583)，努尔哈赤起兵攻打尼堪外兰，开始统一女真各部。万历四十四年，努尔哈赤建立后金政权，成为清朝政权的前身。他创制八旗制度，并命人创造满文，实行“计丁授田”。天命三年(1618)，努尔哈赤以“七大恨”誓师攻明。经萨尔浒、沈阳、辽阳等战役，占有辽东及辽西部分地区。天命六年，迁都辽阳。天命十年，迁都沈阳。至皇太极，屡次对明朝用兵，在辽西地区不断取胜，并多次遣兵入塞，攻城略地。天聪十年(1636)，改国号为清，改元崇德。他创立蒙古八旗和汉军八旗，统一女真各部，为入关灭明做好准备。

清朝建立和巩固阶段，即清初建立与巩固对全国统治阶段，指顺治至康熙二十二年(1683)统一台湾。明崇祯十七年(1644)，明朝统治为李自成农民起义军推翻，清军入关，定都北京，在关内建立起清朝统治。以多尔衮、福临为首的清朝统治者，仿效明朝而创新制度；取消明末加派，整顿赋役制度，奖励垦荒，恢复和发展生产；颁行剃发令，大搞圈地，推行逃人法，对广大汉族人民实行野蛮的民族压迫政策；军事上镇压明末农民军、南明诸政权和各种反清力量。至顺治末年，清朝基本建立起对中国大陆的统治。康熙前期，圣祖注重缓和满汉民族矛盾，着力恢复生产，先后平定三藩之乱，统一台湾，使清朝在全国的统治大为巩固，为康雍乾盛世的出现打下坚实基础。

清朝发展阶段，即康雍乾盛世，指康熙二十三年(1684)至嘉庆四年

(1799)高宗去世。康熙中期以后，圣祖确立密折制度，开博学鸿儒科，打击朝臣朋党，倡廉惩贪，进一步加强中央集权；实行“更名田”，治理黄河，宣布“滋生人丁，永不加赋”，发展生产；抗击沙俄对中国东北的侵略，签订《尼布楚条约》，划定东段边界；三次亲征噶尔丹，派兵入藏平叛，维护国家统一和领土完整。世宗即位后，整肃康熙后期以来的弛弊政风，实行耗羡归公和养廉银制度，设立军机处，确立秘密立储之制；推行摊丁入亩，豁除贱籍；平定青海、西藏叛乱，征讨准噶尔部，在西南地区改土归流；与俄国签订《恰克图条约》，划定中部边界。乾隆前期、中期，高宗确立奏折制度，加强军机处权力，打击朋党，进一步加强专制主义中央集权；推广农业生产技术和高产农作物，放松开矿限制，发展生产；平定大、小金川叛乱、厄鲁特蒙古准噶尔部叛乱、天山南路维吾尔族叛乱，加强对新疆、西藏的管理和统治，在西南地区继续改土归流。康雍乾盛世，自康熙中期拉开序幕，雍正朝继其后，乾隆中期达到全盛。这一时期，国家逐渐统一，社会走向安定，农业、手工业、商业获得很大发展，封建经济日趋繁荣，国家库藏充盈，国力强盛，文化成就突出，成为中国古代社会发展历程中最兴旺繁荣的时期。不过，从乾隆中期开始，高宗骄奢倦勤，吏治腐败，政治日趋黑暗腐朽；仍兴文字狱，钳制思想，造成万马齐喑局面；采取闭关自守政策，使中国痛失引进西方科技文明的机会，在西方高速发展中逐渐落伍。乾隆后期，社会矛盾尖锐激化，秘密宗教迅速发展，最终爆发了震撼全国的川楚陕白莲教大起义，清王朝自此由盛转衰。至嘉庆四年，太上皇高宗去世，康雍乾盛世降下帷幕。

清朝中衰阶段，指嘉庆四年(1799)至道光二十年(1840)鸦片战争爆发前。这一时期，吏治败坏，社会经济发展迟滞，武备废弛，漕运阻滞，经费支绌，民众起义不断。仁宗、宣宗虽然整饬吏治，提倡节俭，改革漕运、盐政等，力图起衰振颓，但均力度不大，且舍本逐末，无力挽救，社会危机加深，内忧外患加剧，清朝衰微日甚。至鸦片战争爆发，清朝不可避免地遭遇失败，中国从此进入半殖民地半封建社会。

三、清史基本资料

学习和研究历史，离不开史料。清朝在中国历代封建王朝中存续时间长，距离现在又最近，保留下来的史籍文献非常丰富。这些史籍文献，是我们学习和研究清史的史料。其特点是种类多，数量大，存留者浩瀚。

（1）编年体

编年体就是按照年月先后记叙史实的史书。清朝编年体史书中，比较重要的是历朝起居注、《清实录》、《东华录》等。

起居注是古代专门记载皇帝言行的册籍。起居注编修始于汉朝，后来历朝多设专职或兼职起居注官，记皇帝言行。但是，汉代至明代，历朝起居注册多亡佚，仅唐朝《大唐创业起居注》、明朝《万历起居注》《泰昌天启起居注》等留存。清朝自康熙九年（1670）正式设立起居注官，其后直到清朝覆亡，二百余年时间，除康熙后期起居注馆一度裁撤以外，其余时间，始终记注未停。

清代历朝起居注册基本完整地保存下来，起于康熙十年（1671），迄于宣统二年（1910），达一万二千余册。起居注逐日记录皇帝的政事活动以及日常言行，史料价值高，可信度好。1984 年，中华书局出版《康熙起居注》。其后，雍正、乾隆、嘉庆朝陆续出版。中国台湾也影印了道光、咸丰、同治、光绪等朝起居注。

《清实录》是清朝历代皇帝统治时期的大事记，用编年体详尽地记载了有清一代的用人行政和朝章国故。清朝沿袭自唐代以来的旧制，上一代皇帝死后，新继位皇帝命大臣开馆纂修实录。清代实录馆为临时机构，开馆后，从宫内调取上谕、朱批奏折，从内阁调取起居注及其他原始档案，由纂修官理清年月，按纂修凡例加以选编。

现存《清实录》，包括《满洲实录》、太祖至德宗十一朝实录，以及《宣统政纪》，合计 4433 卷。其中，鸦片战争前共九部。努尔哈赤时期，有《满洲实录》（又名《清太祖实录战迹图》，据《清太祖武皇帝实录》而加绘满洲起源传说及努尔哈赤征战事迹各图，附以满、汉文图说）、《清太祖实录》（即《清太祖高皇帝实录》，为康雍乾时改修本）两部，皇太极时期修《清太祖武皇帝实录》未选入。其他皇帝，则是一帝一部。实录记载清朝的政治、经济、军事、文化、对外关系等大量史料，其纂修依据是大量档案资料，价值较高，是研究清史的基本史料。1985 年，中华书局根据中国第一历史档案馆藏本影印，每套精装 60 册，是较好的本子。

《东华录》体例完全仿照实录，而且主要取材于实录，一般视为实录节本,有蒋良骐本和王先谦本。蒋良骐,乾隆进士,授翰林院编修。曾充国史馆纂修官,摘抄实录,旁采他书,辑成是书,共32卷。因史馆在东华门内,故名《东华录》。蒋氏《东华录》记天命至雍正间事,包括五帝、六年号,俗称《六朝东华录》。全书为文较为简略,但也有实录不载者,史料价值较高。1980年,中华书局出版点校本。王先谦,同治进士,曾任翰林院编修、日讲起居注官、国子监祭酒、江苏学政等,参与国史馆编纂。不满蒋氏《东华录》较为简略,王先谦遂加扩充,并辑补乾隆至同治诸朝,合成《十一朝东华录》。其中,雍正以前部分名《东华录》,乾隆以后部分名《东华续录》,合计624卷。常见版本有长沙王氏原刻本、光绪十年上海校印本、上海古籍出版社2008年影印本等。

(2) 纪传体

纪传体就是以纪、志、表、传几种叙事体例组成的史书,“纪以包举大端,传以委曲细事,表以谱列年爵,志以总括遗漏”①。纪传体以《史记》开端,后来的“正史”皆采用这种体裁。清朝基本史料中的纪传体史书,最重要的是《清史稿》。

清朝灭亡后,1914年,北洋政府设立清史馆,聘请清朝遗老、曾任盛京将军、东三省总督的赵尔巽为馆长,按照历代“正史”体例,编写纪传体清史。至1927年,大致完稿。1928年,仓促付印,为表示为未定本,故取名《清史稿》。其刊印,又有关外一次本、关内本、关外二次本之别。总体上说,本书虽编修于辛亥革命以后,但编修者多清朝遗老,仍站在清朝立场来撰写清史。而且,由于成于众手,彼此照应不够,完稿后也未仔细核改。《清史稿》共536卷,分为纪、志、表、传四部分,其中观点偏颇、史实残缺、内容错谬之处不一而足。1929年,国民政府故宫博物院聘请部分专家加以审查,列出错误罪状十九条,遂加查禁。

尽管《清史稿》存在诸多问题,但是,它在参阅大量文献基础上,比较系统地叙述了有清一代的历史,仍有一定参考价值。而且,本书的乐志、刑法志、地理志、后妃传等皆广征博引,数易其稿,交通志、邦交志等则属新增,均有较高价值。因此,《清史稿》仍不失为研究清史的必备参考书。常见版本,是1977年中华书局标点本。

---

① (唐)刘知几:《史通》卷2《内篇》。

（3）政书

所谓政书，就是著录记载有关典章制度的史书。清朝的政书，主要有《大清会典》及其“则例”、“事例”、“清三通”等。

会典是由官修的记载典章制度的专书，源于唐朝开元年间《唐六典》，分类叙述各级政府机构、设官职掌、典章制度等，是会要的别体。《大清会典》是官修的记载典章制度的最基本、最重要史书。它“以官统事，以事隶官”①，即以中央官府各衙门（宗人府、内阁、军机处、六部、理藩院、都察院、各寺监、八旗都统、内务府、神机营、总理各国事务衙门等）为纲，分别记载其编制、职掌、各项政务规制，以及具体行政过程中的事例。《大清会典》初修于康熙朝，雍正、乾隆、嘉庆、光绪各朝迭有续纂。现有五种，分别为康熙《大清会典》162 卷、雍正《大清会典》250 卷、乾隆《大清会典》100 卷、嘉庆《大清会典》80 卷、光绪《大清会典》100 卷。

康熙、雍正本《大清会典》，原将各衙门各项政务实行时的则例、事例散附典制诸条下。乾隆年间，续纂《大清会典》，将则例与典制分开，同时修成《大清会典则例》180 卷，会典具政令大纲，则例备沿革细目，互为补充。至嘉庆、光绪年间续纂《大清会典》，亦照此办理，称《大清会典事例》，嘉庆本 920 卷，光绪本 1220 卷。《大清会典》及其“则例”、“事例”，对研究清朝政治有较高价值。

“清三通”，即《清朝通典》《清朝通志》《清朝文献通考》。“三通”分别起源于唐朝杜佑《通典》、南宋郑樵《通志》、元朝马端临《文献通考》。乾隆年间，官修“续三通”，即《续通典》《续通志》《续文献通考》，上接“三通”，叙事止于明末。又官修“清三通”，即《清朝通典》100 卷、《清朝通志》126 卷、《清朝文献通考》300 卷，分类记述清朝典章制度。会典记事主要在职官，三通则侧重经济制度和政策。

清末民初，刘锦藻以个人之力编纂《清朝续文献通考》400 卷，接续《清朝文献通考》，叙事从乾隆至宣统年间。

“清三通”及《清朝续文献通考》，1935、1936 年商务印书馆出版，当代有浙江古籍出版社 2000 年“十通”影印本等。

① 《清朝文献通考》卷 222《经籍考十二》。

(4) 人物传记

清朝人物传记较多,主要可以分为官修、私修两类。

清朝设立国史馆,编修清朝各朝国史。其中,就包括撰写本朝著名人物列传。现在,这些人物传记有些被抄录出版,大部分还没出版,存于北京中国第一历史档案馆和台北"故宫博物院"。《清史列传》即多直接或间接源于国史馆纂修传记,共80卷,收录近3800人传记,分为宗室王公、大臣、忠义、儒林、文苑、循吏、贰臣、逆臣几类。1987年,中华书局出版点校本。

乾嘉之际,有人出版《满汉名臣传》,也抄自国史馆列传稿本。全书80卷,内分满名臣传48卷,汉名臣传32卷,共收录一千余人传记。传主是清朝开国到乾隆朝的大臣,都是著名人物。

《国史列传》,又名《满汉大臣列传》,80卷,所收传文也来自清国史馆大臣传稿,传主均系乾隆中后期和嘉庆朝大臣,时间上恰与《满汉名臣传》衔接。

1991年,黑龙江人民出版社出版《满汉名臣传》,包括正编(《满汉名臣传》)、续集(《国史列传》)、三集,收录一千六百余人传记。

私修传记主要有《国朝耆献类征初编》《国朝先正事略》等。《国朝耆献类征初编》720卷,李恒编辑。全书收录入关前至道光朝人物万人以上,以传主爵职、特长等分类。传主有几种传记文者,皆加收录,资料丰富,便于查阅。有光绪十年湘阴李氏刻本。《国朝先正事略》60卷,李元度撰,收录咸丰以前清朝一千余人传记。该书传主,皆为作者认为的实践纲常名教楷模人物,包括名臣、名儒、经学、文苑、遗逸、循良、孝义等七类。1991年,岳麓书社出版点校本。

此外,还有一些碑传体传记集,较著名者有钱仪吉《碑传集》164卷、缪荃孙《续碑传集》86卷、闵尔昌《碑传集补》60卷、汪兆镛《碑传集三编》50卷。1988年,上海书店出版《清碑传合集》,总括四书。

(5) 档案

档案是历史正在进行过程中形成的各种文书,事后归档存储,以便印证稽查。因此,它是历史活动的直接记录,是学习和研究历史的第一手资料。中国古代很早就注重档案的保管、整理和利用,但是,明代以前档案,至今已经荡然无存。明代档案,保存者也寥寥无几,能见到的绝大多数是清朝档案。

中国第一历史档案馆是保存明、清档案最多、最完整的单位,计有1200

万件、册。其中，明代档案3000余件，其余均为清代档案。这些档案，除内阁档、军机处档以外，还有宫中档、内务府与宗人府档及六部等政府各部门原档，并有一些地方部门或私人存档等。其内容，几乎包括了有清一代政治、经济、军事、司法、民族、外交、教育、自然科学等所有领域的资料。

台北"故宫博物院"藏有清代档案四十万余件。1949年，国民政府撤往台湾时，将故宫博物院档案精品二百零四箱运往台湾，后收藏于台北"故宫博物院"。这些档案，有宫中档、军机处档、内阁部院档、国史馆档、清史馆档等。

台北"中央研究院"史语所现存明清档案约三十一万件，这是20世纪20年代罗振玉抢救的内阁大库档案，已经逐步整理刊布。关于史语所的内阁大库档案，还有一个"八千麻袋"事件。原来，紫禁城内阁大库收藏有大量的明清时期内阁档案。清末，内阁大库年久失修，墙倒渗漏。宣统元年(1909)，清朝政府下令修缮，将库内堆放的档案移出，准备焚毁。学部官员罗振玉见到，认为多是珍贵史料，通过大臣张之洞奏请保留，拨归学部管理。北洋政府建立后，这批档案转由教育部所属历史博物馆筹备处管理。1921年，教育部与历史博物馆因经费困难，除自留一部分较好档案外，将其余分装八千麻袋，约十五万斤，以银洋4000元卖给西单太街同懋增纸店，作重造纸张原料。不久，罗振玉在市面上见到纸店出售的部分档案，深知其价值，以两倍的价钱将它们收回，雇人进行整理。由于人力和财力不支，1924年，罗振玉又将大部分档案以16000元转卖给清朝遗老、前驻日公使李盛铎。李盛铎挑选了珍异史料六万余件献给伪满皇帝溥仪，其余部分以18000元转卖给"中央研究院"历史语言研究所。这时，档案只剩十万余斤。历史语言研究所加以整理，编辑出版了《史料丛刊》和《明清史料》多种。1936年，该所将部分档案携至南京，后迁往台湾。留在北京的部分档案，中华人民共和国成立后由第一历史档案馆接收、整理。

辽宁、四川、山东等地档案馆也有一定藏量的清代档案。

此外，如清代方志、文集、笔记等，也有相当多的清朝史料，不一而足。

四、清史研究概况

近现代意义上的清史研究，是从20世纪初清朝灭亡以后开始的。大体可以分为四个阶段：

(1) 20 世纪一二十年代。出版了若干部通论性清史著作，例如《清史稿》、萧一山《清代通史》，是 20 世纪清代通史的代表作。

萧一山(1902—1978)，江苏铜山人。中学时，就酷爱历史。1920 年考入北京大学，受日本稻叶君山《清朝全史》影响，发愤要写一部中国人的清史。他利用课余时间博览群书，1923 年写成《清代通史》上卷并出版。其后，1925 年，完成并出版中卷。1930 年，下卷完成并出版。虽然《清代通史》存在不少错谬，史料亦多所失检。但萧一山以不足而立之年，十年间完成煌煌三卷巨著，以章节体形式比较系统全面地记述了清朝二三百年的历史，实为罕见。而且，萧一山主张清史是清代中国史，而非爱新觉罗王朝史，肯定太平天国、天地会等抗清斗争，颂扬民族革命，也与《清史稿》形成鲜明对照。

这一时期，清朝早期的历史真相被相继公诸于世，对清朝的传闻与诬蔑逐渐得到澄清。以孟森贡献最大，代表作是《心史丛刊》《清朝前纪》。孟森(1868—1938)，号心史，江苏武进人。早年留学日本东京法政大学，一度从政为国会议员。后改研究清史，1929 年任教于南京"中央大学"，1931 年就职于北京大学。他既反对《清史稿》编纂者为清朝歌功颂德的立场，也不满当时一些人过激地诋毁清朝的倾向，主张应该客观公正地看待清朝。为此，他先后发表《奏销案》《科场案》《孔四贞事考》《金圣叹考》等多篇论文，对清亡以后社会上流传的一些清朝逸闻异说加以考证。1916 年，商务印书馆将其部分论文汇编成《心史丛刊》一集出版。次年，出版二集。1930 年，孟森出版其在"中央大学"讲授满洲历史的讲义，因考述太祖以前清朝历史，故名《清朝前纪》。孟森以严谨求实的态度，取得了卓越成就，成为中国 20 世纪清史研究开拓者和奠基人之一。

这一时期，还出版了吴曾祺等《清史纲要》(1913)、汪荣宝、许国英《清史讲义》(1913)、刘法曾《清史纂要》(1914)、黄鸿寿《清史纪事本末》(1915)、佚名《清鉴辑览》(1918)、陈怀《清史要略》(1920)、梁启超《清代学术概论》《中国近三百年学术史》(1926)、李法章《太平天国志》(1923)等清史著作，翻译出版了日本稻叶君山《清朝全史》(1915)，刊布了清国史馆的《清史列传》(1928)等清史史料。

(2) 20 世纪三四十年代。清史研究得到初步发展，一二十年代的通论性清史专著为各种学术论文和专题研究所取代。其中比较著名的有，孟森

《明元清系通纪》《清史讲义》、萧一山《清代史》、谢国桢《清开国史料考》、郑天挺《清史探微》等。

《明元清系通纪》为孟森在《清朝前纪》基础上整理增补而成，自 1934 年刊行。本书以明代纪元叙清代世系，纪事始自洪武四年(1371)，至嘉靖三年(1524)，对入关前清朝先世史实加以考释，称正编，共 15 卷。清代祖先在明以前及无年可记或不能系于一年者，列作前编，共 4 卷。《明元清系通纪》考释既为明史所削而不存，又为清史所讳而不著，多参考价值。《清史讲义》为孟森在北京大学授课时讲义，1947 年出版，论述入关以来的清朝历史，也多有创新和开拓。

萧一山《清代史》(1945)，为其《清代通史》增补简写本，全书以“民族革命”贯穿始终，内容也比《清代通史》更加完整。

谢国桢(1901—1982)，河南安阳人。早年就读于清华国学院，受业于梁启超，后任职于北京图书馆、“中央大学”。他著有《清开国史料考》6 卷(1931)、《晚明史籍考》20 卷(1932)，考录晚明清初史料，述其作者、版本、流传、价值，具有很高学术价值。他还著有《明清之际党社运动考》(1934)、《清初流人开发东北考》(1948)，以及顾炎武、黄宗羲等人年谱。

郑天挺(1899—1981)，福建长乐人。1920 年毕业于北京大学，后入国学研究所为研究生。三四十年代，先后为北京大学中文系、历史系、西南联合大学历史系教授，任北京大学秘书长、北京大学文科研究所副所长、西南联大总务长、北京大学史学系主任、文科研究所明清史料整理室主任。在清史研究方面，他先后发表满洲礼俗、制度与血缘关系的十余篇论文，如《多尔衮称皇父之臆测》《清代皇室之氏族与血系》《满洲入关后几种礼俗的变迁》《清代的包衣制度与宦官》等，1946 年结成《清史探微》出版。其论文有的开拓出新研究领域，有的进一步完善了孟森等人观点，推动了清史研究的深入。

此外，金兆丰《清史大纲》(1935)、吴相湘《清史研究初集》(1943)等也受到学术界的重视。一些专题，如太平天国史、秘密社会史、中外关系史、边疆史、学术史、政治史等，也出版和发表了不少论著。

史料尤其是清宫档案史料抢救整理取得初步成绩，表现为“中央研究院”出版《明清史料》，从 1931 年到 1947 年共出版甲编至丁编。一些研究者，如翦伯赞、范文澜、胡绳等开始用唯物史观研究清史。

(3) 20 世纪 50 至 70 年代。1949 年,中华人民共和国成立,清史研究随之进入一个新阶段。中国大陆的清史研究,确立了唯物史观的指导地位,马列主义、毛泽东思想日益成为基本指导思想,研究者注重对历史现象加以分析,总结清朝历史发展的规律。

通史性专著,仅有李洵《明清史》、郑天挺《清史简述》。李洵《明清史》,由其授课讲稿修订,1956 年人民出版社出版,共九章、十八万字,叙述从元末农民起义到鸦片战争爆发四百多年的明清历史,材料丰富,又有较高理论水平,为五六十年代高校明清史教学的主要参考书。郑天挺《清史简述》,为作者 1962 年在中央高级党校授课的记录稿,1980 年中华书局出版。全书分概说、清代前期的政治和经济、清代中期的政治和经济、鸦片战争前的清代文化等四个部分,计六万余字,提纲挈领地介绍了清朝入关以后到鸦片战争前政治、经济、文化等方面的重要史实,其中多有独到见解和深入剖析。

各方面的论文大量涌现,入关前满族社会性质、清初社会主要矛盾、资本主义萌芽、农民战争、清初启蒙思想等研究最为热门,成果也最为丰富,加深了对清朝历史过程及其动力的认识。不过,这一时期,清史研究受政治干预比较严重,教条主义倾向明显存在。

(4) 20 世纪 80 年代至今。这一时期,改革开放,思想解放,实事求是学风逐渐形成,研究成果不断涌现,清史研究走向繁荣。

通论性清史专著,有鄂世镛等《清史简编》、戴逸《简明清史》、郑天挺《清史》(上)、王戎笙《清代全史》、杜家骥《清朝简史》、朱诚如《清朝通史》、李治亭《清史》等。

鄂世镛等著《清史简编》,1980 年辽宁人民出版社出版。全书三十四万字,比较系统地叙述了入关前至鸦片战争时期的清朝政治、经济、军事、文化、对外关系等重要史实。

戴逸主编《简明清史》二册,1980 年、1984 年先后由人民出版社出版。全书共十六章、七十二万字,不仅全面系统地叙述了清朝从兴起、发展、繁盛以至鸦片战争前中衰的历史,而且对经济发展、阶级关系、边疆统一战争、农民起义、思想文化、对外关系等加以重点阐述,资料翔实,观点鲜明,是一部较高水准的清朝断代史著作。

郑天挺主编《清史》(上),是根据郑天挺生前拟定的提纲、清史见解,由南开大学历史研究所明清史研究室编写而成的。全书共十四章、四十七万字，1989 年天津人民出版社出版。本书依朝列章，全面叙述了清朝兴起到鸦片战争前的政治、经济、外交、文化等各方面，同时又注意以专门章节集中叙述相关专题，见解独到，史论结合，是一部很有价值的清史著述。

王戎笙为项目负责人的《清代全史》，共十卷、三百万字，1991 年至 1993 年辽宁人民出版社出版。全书自满族兴起至辛亥革命，内容涉及清代政治、经济、思想文化、民族、风俗。由于各分册主编多为明清史领域著名专家学者，又汲取了八十年代海内外清史研究成果，资料翔实，论证谨严，是一部反映当时研究水平的大型断代史清史著作。

杜家骥《清朝简史》，1997 年由福建人民出版社出版。全书共三十七万字，分为清史简况、典章制度、社会结构与社会生活、学术文化四编，叙述清朝从兴起到灭亡的完整历史。重视制度史与社会生活，是其特色。

朱诚如主编《清朝通史》，2003 年紫禁城出版社出版。全书十四册，首设综述卷，简括清朝历史，其余各卷按朝代顺序，分别论述后金兴起至清朝灭亡三百余年间史事。附录《清史图典》，收集了近五千幅图像资料，其中三分之一是第一次付梓。全书考述史实，时加点睛评论，也是一部具有较高学术水准的清史专著。

李治亭主编《清史》上下册，2002 年上海人民出版社出版。全书一百三十七万字，分为山海关外开基立业、入主中原、康熙开创盛世新局面和盛世达到全盛、嘉庆道光中衰、鸦片战争与清朝命运和清王朝最后五十年等五编，完整叙述了清朝由兴起到灭亡的历史。全书作者全部为东北地区学者，对诸多学术界长期存有分歧问题直抒己见，提出自己的“清史观”，颇具特色和学术价值。

一些中国通史著作，如蔡美彪主编《中国通史》、《中国史稿》编写组编写《中国史稿》、白寿彝总主编《中国通史》等的清史部分，也都资料翔实，结构完整，不失为高水平的清朝断代史专著。

其他大型清史著作也相继出版，如中国人民大学清史研究所编纂《清史编年》十二卷（1985—2000），戴逸、李文海主编《清通鉴》三百卷（2000），章开沅主编《清通鉴》（2000），南炳文、白新良主编《清史纪事本末》十卷（2006），王思治、何龄修等主编《清代人物传稿》上下编（1984—1994）等。

至于各专题研究，专著、论文更是丰富，用汗牛充栋形容一点也不为过。研究领域则有社会史、经济史、文化史、边疆史等的拓展。

这一时期，大量清史档案、史籍文献被公布和整理出版，极大地方便了史学界的研究。另外，《文渊阁四库全书》在台北、上海两地影印，《四库全书存目丛书》《续修四库全书》《四库禁毁书丛刊》《四库未收书辑刊》也相继出版，将清代典籍(也有清代以前典籍)整理出版工作推向高潮。

清史刊物、学术会议兴盛，研究队伍不断壮大，中外学术交流日益频繁，一些西方的史学理论和研究方法也被引入中国。

中国台湾、香港的情况，可以参考王戎笙编《台港清史研究文摘》(辽宁人民出版社，1988 年)、周惠民主编《1945—2005 年台湾地区清史论著目录》(人民出版社，2007 年)。日本的情况，可以参考山根幸夫主编《中国史研究入门》(增订本，社会科学文献出版社，2000 年)。

五、国家清史纂修工程

我国一向有“易代修史”的优良文化传统。14 世纪以来的六百年间，以国家力量编修前朝“正史”先后有三次。第一次是明朝洪武元年(1368)，明太祖朱元璋下令修《元史》，洪武三年完成；第二次是顺治二年(1645)，清世祖福临下令修《明史》，经康熙、雍正，至乾隆年间完成；第三次是 1914 年，北洋政府下令修清史，十四年修了一部《清史稿》。

由于《清史稿》在很多问题上记载失实，评论不公，纰漏甚多，不能作为正史流传后世。因此，南京国民政府曾组织修改，但因种种原因，毫无结果。20 世纪 60 年代，台湾地区又成立“清史编纂委员会”，对《清史稿》加以修订，改名《清史》，希冀作为“二十四史”后的最后一部正史，但价值不高，未得到社会承认。

在中国大陆，20 世纪 50 年代到 80 年代初，党和国家领导、学术界专家学者也先后几次筹议重新纂修清史。但皆因条件不成熟，没有落实。至 2001 年，专家学者再次呼吁编纂清史。2002 年 8 月，经过中央领导批准，正式启动国家清史纂修工程，由国家十四个部委领导组成清史纂修领导小组。12 月，国家清史编纂委员会成立，由史学家戴逸教授担任主任，全面负责清史纂修的学术组织工作。2003 年,纂修清史的体裁、体例确定。

国家清史纂修工程包括主体工程、基础工程、辅助工程三大部分,原计划历时十年完成。其中,主体工程是由国内外 2000 多名清史学者共同参与、共计 100 卷(原计划 92 卷)、超过 3500 万字(原计划 3000 万字)的《清史》,将在充分吸收传统史书体例优点的基础上,确定以"新综合体"作为清史纂修体例,以通纪、典志、传记、史表、图录五大部分构成总体框架。通纪是《清史》的总纲和主线,分为清建立、入关、康熙之治雍正改革、乾隆统一中国、清朝中衰、外国侵略和农民战争、清自强运动、最后衰亡八卷,按时间顺序全面记述有清一代的历史脉络和发展大势,是一部清朝通史,取代传统史书的皇帝本纪。典志分为天文历法、地理、人口、民族、法律、农业、手工业、商业、外贸、交通、财政、金融、近代工矿、生态环境、人口民族、边政、华侨、宗教、民俗、教育、医药卫生、台湾、香港、澳门、学术、西学、诗文小说、戏曲书画等 41 志,分门别类记录各种典章制度,叙述清代政治、经济、军事、外交、民族、思想文化、社会风貌、民风习俗等各方面的内容,取代传统史书的志书。传记 29 卷,将网罗有清一代约三千人,分别作传记,相当于传统史书的列传。不过,传统史书列传的传主主要是重臣名士,而新修清史也将为各方面有所成就的人士,如近代教育家、科学家、企业家、医生和华侨等"小人物"立传。史表 35 种,除了《清史稿》原有的十五种人表以外,新增议政王大臣表、四大活佛世表、册封使表、历科进士表等人表十一种,并增设事表八种,如史事年表、中外约章表、报刊表等,以反映清代历史变迁和晚清新生事物。作为传统体例的新形式,图录部分将有 12 卷,反映清朝舆地、生产、商贸、军事、民俗、建筑、艺术、宗教、历史人物肖像等情况,其中肖像包括画像和照片。这是传统史书所没有的。目前,主体工程初稿已经完成送审。当然,各分部具体卷名、卷数在定稿出版时肯定还会有所调整增减。

基础工程,则是对现存清代档案和文献资料搜集、整理,对民族文字、外文资料编译。目前已编辑出版了档案丛刊、文献丛刊、研究丛刊、编译丛刊、图录丛刊计五套丛书,共出版图书 242 种、3603 册,超过 20 亿字。

辅助工程,包括对相关档案、文献出版,图书资料搜集、保存,以及网络信息库建设。

六、美国"新清史"研究

近几年,"新清史"研究在清史学界引发广泛关注和讨论。"新清史"是20世纪九十年代兴起于美国的清史研究潮流。一些研究者标榜运用族群理论等研究方法,提倡重视满、蒙等少数民族史料,通过对满族形成、满族认同、八旗制度、清朝特色、统治模式等内容研究,强调清朝的"满洲"元素及其独特性质,将清朝在内陆亚洲的活动冠之以"帝国主义"或是"殖民主义",因而与传统的清史研究区隔,称"新清史"(New Qing History)。

1967年,美籍华裔史学家何炳棣(Ping-ti Ho)在美国《亚洲研究》发表《清代在中国历史上的重要性》一文,从清代疆域、人口、政治文化政策、民族政策等方面指出清王朝在中国历史上的重要地位,认为"清代无疑是中国历史上最成功的征服王朝,而这种成功的关键在于满洲早期的统治者采纳了系统的汉化政策"。至1996年,时任美国亚洲研究会主席罗友枝(Evelyn S. Rawski)发表就职演讲《再观清代:清代在中国历史上的重要性》,并刊载于当年《亚洲研究》。罗友枝反对何炳棣的清廷"汉化"论断,认为清朝能维持近三百年统治的关键不在于"汉化",而在于他们在不同地区采取不同政策,满洲统治者是以中亚诸民族的大汗而非中国传统王朝的皇帝身份出现的,反对将大清王朝与"中国"合二为一,强调以"满洲中心观"来评价大清帝国的重要性。1998年,何炳棣又在《亚洲研究》发表《捍卫汉化:驳斥罗友枝的〈再观清代〉》论文,对罗友枝观点进行反驳。

但是,罗友枝的论文还是在当时美国学术界产生很大影响,不少研究者随之迅速出版和发表了一批相关论著,形成一股学术研究潮流。其中,代表性著作包括:罗友枝《最后的皇族:清代宫廷社会史》(1998),柯娇燕(Pamela K. Crossley)《半透明之镜:清帝国意识形态的历史与认同》(1999),路康乐(Edward J. M. Rhoads)《满与汉:清末民初的族群关系与政治权力,1861—1928》(2000),欧立德(Mark C. Elliott)《满洲之道:清朝的八旗与民族认同》(2001),被称为"新清史四书"。其他较为重要的著作还有:柯娇燕《孤军:满人一家三代与清帝国的终结》(1990),米华健(James A. Millward)《嘉峪关外:1759—1864年清朝中亚地区的经济、民族和国家》(1998),白瑞霞(Patricia Berger)《虚静帝国:清代中国的佛教艺术和政治权威》(2003),

米华健、邓如萍(Ruth W. Dunnell)、欧立德、傅雷(Philippe Forêt)《新清帝国史:清朝在承德所建立的内亚帝国》(2004),濮德培(Peter C. Perdue)《中国向西迈进:大清征服中亚记》(2005),艾宏展(Johan Elverskog)《我大清:帝制中国晚期的蒙古人、佛教与国家》(2006),张勉治(Michael G. Chang)《马背上的朝廷》(2007)等。这些研究和论著的出现,形成"新清史"研究潮流。

总的来说,"新清史"的所谓"创新"主要表现在以下三大方面:(1)在研究对象主体上,引入种族和族群特性与国家之间关系的理论,由满族汉化,即以汉族为中心的研究方式,转以满族自身为研究主体,强调清朝的"满洲"元素及其独特性质。(2)在研究空间上,主张将清朝纳入世界历史的范畴,并重新定位在一个亚洲内陆的研究空间,认为"可汗体制"对清朝产生了重要影响,八旗中的辽东汉人与八旗"满洲"、蒙古以及东北亚的部族都认同他们与清政权之间为可汗制关系,清朝对蒙古、西藏、东北和新疆等广大地区的征服,意义在于清朝由此构建了其帝国形成的历史。(3)在研究史料上,强调使用满语和其他少数民族语言(蒙古文、藏文等)史料档案,认为这也是以满洲或其他非汉族群为主体进行研究的必要条件。

"新清史"研究出现之初,在中国学界并未引起太多关注。至2010年以后,不少"新清史"论著被陆续翻译、介绍进来,海峡两岸分别召开了学术研讨会,"新清史"终于引起中国大陆及台湾清史学界的广泛关注和讨论。一些学者认同"新清史"的研究角度和观点,大多数研究者则在肯定其研究具有启发意义的同时,批判他们的研究角度、利用史料乃至学术观点并无创新,甚至不乏错误,指出"新清史"是在异文化视野中观察中国,诠释中国历史,并不符合中国的历史实际。还有一些学者则揭露"新清史"渲染清朝的民族征服、帝国侵略、将清朝与"中国"分隔等,一定程度上带有错误、有害的政治立场及反对、攻击现实中国政治的态度和倾向,并非纯粹的学术研究。

七、关于本书

本书是在我的"清史"课讲稿基础上增补而成的。自2006年开始,我承担南开大学历史学院本科生"清史"课程教学任务。在教学过程中,我陆续

写成讲稿,在课堂上向各院系选修的本科生讲授。对于这门课,我有以下四个字的追求:

全,即全面讲述清朝历史。“清史”选修课,讲述清朝从孕育、发展,到壮大、鼎盛以及衰落的全部历史,讲述这一历史时期政治、经济、文化、外交等各方面情况,希望使同学们获得清史的全面知识。

新,即介绍清史研究的新观点和研究动态。清史研究目前是中国古代史研究中最为兴盛的领域,每年都会有诸多新观点提出来。因此,这门课的讲授注意向同学们介绍清史研究的新观点和新研究动态。如,清世祖死因,前几年有人提出是南征郑成功部时被打死的;清世宗之死,近年又有被曹雪芹等人下毒说,等等。再如,大陆清史学界目前最大的事情是国家清史纂修工程,几乎举全国清史研究之力,得到国家大力支持,是近年清史研究的重要标志性事件。这些最新的研究成果、研究动态,都要在课上向同学们加以介绍。全、新结合,实际上就是全面而深入的了解清史。

研,即重视培养同学们的研究能力。除了由教师讲授全面而深入的清朝历史,我们还注意发挥同学积极性,要求他们课后自己搜集资料,对相关问题加以研究,然后写成讲稿或论文,在课上发表,师生共同讨论,培养和锻炼他们的研究能力。例如,我们曾经以如何评价清朝入关为题,组织同学们进行研究和讨论,收到很好效果。

乐,即力求让同学们快乐地学习清史。历史是过去人活动的记录,是色彩斑斓的过去,也是鲜活的过去。但是,我们的历史书和历史课,过去往往注重政治、经济、军事等重大事件,抽出几条筋骨,忽视鲜活内容,从而使历史书和历史课变得枯燥无味,让听者和读者皱眉却步。“清史”选修课力图有所克服,将对一些清史疑案,如“顺治出家”、“雍正夺嫡”、“乾隆身世”等加以详细介绍,对一些趣事,如金圣叹的倜傥怪诞、曹振镛的明哲保身、清宣宗的节俭打掌等,也重点叙述,娓娓而道,希望同学们在了解清朝政治、经济、军事、文化、外交等大格局的同时,切实感受清朝鲜活的人和事,感受历史的魅力,提高他们的学习兴趣。

秉持全、新、研、乐的追求,“清史”选修课自 2006 年开设以来,取得很好的效果,受到同学们的欢迎。

本书主要以我们南开大学历史研究所明清史研究室的郑天挺主编《清

史》(上册)、杜家骥著《清朝简史》、南炳文等著《清代文化》为依据写成,另外还参考了戴逸主编《简明清史》、朱诚如主编《清朝通史》、李治亭主编《清史》、郭成康等著《康乾盛世历史报告》、李治亭著《清康乾盛世》等。与此同时,我们还从相关专著、论文中吸收了清史研究最新的进展和动态。在参考诸论著的基础上,我们精心设计各讲主题和结构,认真组织各讲内容,使其适合大学选修课教学需要,符合全、新、研、乐的追求。对于相关史料,我们基本进行了复核、增补,以求准确允当。由于体例所限,参考诸论著之处未能一一注明,谨于此致谢。另外,本书得以出版,承蒙杜家骥教授推荐,责编韩凤冉先生督促和把关,研究生任昭君、张静彦、孔德阳帮助校对,也一并致谢。

何孝荣

二〇〇九年三月于南开大学

第一讲

努尔哈赤建立后金政权

清王朝兴起于辽东，努尔哈赤建立的后金政权是清朝政权的前身。

一、满族族源

1. 满族起源传说

清朝是由满族建立的。对于满族的起源，《满洲实录》记载着一个美丽的传说：

> 满洲原起于长白山之东北布库哩山下一泊，名布勒瑚里。初，天降三仙女，浴于泊，长名恩古伦，次名正古伦，三名佛库伦。浴毕，上岸，有神鹊衔一朱果，置佛库伦衣上，色甚鲜妍。佛库伦爱之，不忍释手，遂衔口中。甫著衣，其果入腹中，即感而成孕。告二姊曰："吾觉腹重，不能同升，奈何？"二姊曰："吾等曾服丹药，谅无死理。此乃天意，俟尔身轻，上升未晚。"遂别去。佛库伦后生一男，生而能言，倏尔长成。母告子曰："天生汝，实令汝以定乱国，可往彼处。"将所生缘由，一一详说，乃与一舟："顺水去，即其地也。"言讫，忽不见。其子乘舟顺流而下，至于人居之处，登岸，折柳条为坐具，似椅形，独踞其上。彼时，长白山东南鄂谟辉地名鄂多理城名，内有三姓，争为雄长，终日互相杀伤。适一人来取水，见其子举止奇异，相貌非常，回至争斗之处，告众曰："汝等无争。

> 我于取水处，遇一奇男子，非凡人也。想天不虚生此人，盍往观之？”三姓人闻言罢战，同众往观。及见，果非常人，异而诘之，答曰：“我乃天女佛库伦所生，姓爱新（汉语金也）觉罗（姓也），名布库哩雍顺，天降我定汝等之乱。”因将母所嘱之言详告之，众皆惊异曰：“此人不可使之徒行。”遂相插手为舆，拥捧而回。三姓人息争，共奉布库哩雍顺为主，以百里女妻之，其国定号满洲，乃其始祖也，南朝误名建州①。

《清太祖实录》也记载这一传说，更为详细②。根据这些记载，满族起源传说大体是这样的：长白山天池东北六十里布库里山下，有一布库里湖，湖水澄碧，清波荡漾，湖光山色，风景如画。有一天，从天上飘然而下三位仙女，大姐叫恩古伦，二姐叫正古伦，三妹叫佛古伦。他们在湖中尽情沐浴，欢笑玩耍。上岸时，有一只喜鹊飞来，嘴里衔着一颗红果，放在三妹佛古伦的衣服上。佛古伦拾起红果，爱不释手，便放入口中。待她穿衣服时，一不小心把红果咽到肚子里，因此怀孕。当两个姐姐穿好衣服，准备回天宫时，她却离不开地面了。大姐和二姐仔细给三妹检查后说：“这是天授妊娠于你，等你生产以后，身子轻了再回去罢。”说完便告别了三妹，飘然升天而去。不久，佛古伦生下一个男孩，叫布库里雍顺。她对儿子说：“你是奉天之命生在人间的，让你去平息暴乱，安邦定国。”说完，她做了一只小木船，让儿子坐在上边，顺流而下。然后自己凌空而起，返回天庭。布库里雍顺按照母亲旨意，乘船来到牡丹江和松花江交汇处的斡朵里（今黑龙江依兰南）。城内住有三个姓氏，互争雄长，终日厮杀。有一个人到河边取水，突然见到举止奇异、相貌异常的布库里雍顺，折柳为椅，端端正正独坐其上。他返回城内告诉争斗的人们。人们听到这个消息，停止争斗，一同到河边观看。大家一见，果然是非常之人。男孩对大家说：“我是天女佛古伦所生，姓爱新觉罗（爱新是金的意思，觉罗指姓，合起来意思是金子一样的姓），名叫布库里雍顺，天降我是来平定大乱的，今后你们再也不要互相残杀了。”大家听其所言，都很敬佩，共同推举他为本城首领，并将一个叫百里的女子嫁给他为妻。从此，他就变成了这个民族的首领，后来

---

① 《满洲实录》卷1。
② 《清太祖实录》卷1。

满族的先人称他为始祖。

这个美丽的神话,早在满族先世女真人居住的部落就广为流传。它表明,满族先世也经历过只知其母、不知其父和以鹊为图腾崇拜的原始社会。清太宗即位后,主持编纂清代早期文献时,把它写进了史册,从此成为清朝钦定的始祖"历史",经过大肆渲染,为广大满族人民家喻户晓。清朝皇室试图借助这个故事告诉人们,满洲始祖是天女所生,清朝的发祥地就是长白山,长白山就成了神圣所在。

2. 满族起源

实际上,满族形成于明朝后期,它以建州女真为主体,并融合女真其他各部而逐渐形成。在古代文献记载里,满族祖先很早就生活在我国东北地区。先秦时期称为肃慎,汉代改称挹娄,南北朝时称勿吉,隋、唐时又称靺鞨,发展为粟末、白山、伯咄、安车骨、拂涅、号室、黑水等七大部。黑水靺鞨是满族直系远祖。黑水靺鞨被契丹人称为女真(直),此后,女真称呼逐渐代替了靺鞨。

女真一词语源,一般认为是肃慎转音或同音异译。清朝人所编《满洲源流考》在解释肃慎转音为朱里真(女真)时说:"夫北音读肃为须,须朱同韵,里真二字合呼之音近慎,盖即肃慎之转音。"[①]其含义因随对肃慎不同理解而有三种:一说是鸟名;或说是通古斯语"人"的意思;或据《三朝北盟会编》记女真"本名朱理真",认为是女真的本音。在女真语中,"东方"读音作"诸勒",与朱理音相通,"海青"读音作"申",拼合为诸勒申(朱理真),所以女真含义为东方之鹰(海东青),作为族称即鹰的民族之意。三种说法前后两说意思接近,又符合女真故地产名鹰海东青,以及先秦以来许多世代相传、娓娓动听的史实,当是女真的含义。

辽朝把女真人区别为"熟女真"(开原以南)和"生女真"(开原以北)。辽朝在熟女真地区设置州县,编定民籍,熟女真很快就融合同化。生女真则依旧山居野处,各为雄长,各部经常向辽朝纳贡。十二世纪初年,居住在松花江流域原属黑水靺鞨的后裔、生女真完颜部首领完颜阿骨打完成了本族奴隶制变革。北宋政和五年(辽天庆五年,1115),完颜阿骨打建立金政权,定

---

① (清)阿桂:《满洲源流考》卷1《部族一·肃慎》。

都会宁府(今黑龙江省阿城县南),年号收国。金太宗天会三年(北宋宣和七年,辽保大五年,1125),金灭辽。次年冬,金兵攻克北宋首都开封,俘虏徽、钦二帝,北宋亡。这一年为北宋靖康元年(1126),因此南宋抗金名将岳飞在《满江红》里称为"靖康耻"。金皇统元年(1141),金与南宋签订"绍兴和议",以淮河为分界线。贞元元年(1153),金朝迁都燕京(今北京)。金朝进入中原,很快过渡到封建制,统一了北中国。天兴三年(南宋端平元年,元太宗六年,1234),金被元朝攻灭,入居中原的女真人,只有很少一部分回到东北,大部分留居中原,和汉族融合。

元朝时期,留居东北的女真各部,成为辽阳行中书省所属各路的居民。在东北南部,多居住在辽阳等路辖区内,与汉族杂居,从事农业生产,逐渐汉化。在东北北部的女真人,则分布在松花江和黑龙江中下游,东到海岸,元朝设立五个万户府加以统治。女真各部逐水草为居,以射猎为业,"各仍旧俗,无市井城郭"。元朝对他们"设官牧民,随俗而治"①,并征收赋税,包括貂皮、皮革、海东青等土特产。

元末明初,女真人居住和活动于东濒海,西接兀良哈,南邻朝鲜,北至奴儿干的广大地区。居住在松花江一带的女真人分两大支向南迁移,一支沿牡丹江南迁,最后聚居于浑河流域、鸭绿江以北的长白山北麓,这里是唐朝建州故地。永乐二年(1404),女真胡里改部首领阿哈出到明朝首都南京朝贡,明朝在此设建州卫,以阿哈出为建州卫指挥使,史称建州女真。永乐十年,女真斡朵里部首领猛哥帖木儿也到南京朝贡,明朝增设建州左卫,以猛哥帖木儿为建州左卫指挥使。正统七年(1442),明朝将建州左卫析出建州右卫,由猛哥帖木儿次子董山掌左卫,弟凡察掌右卫。作为满族主体的建州女真,虽有三卫之名,实际上同居一处,会合联姻,部族势力日渐强大,成为后来满族核心。一支向西南方向迁徙,分布于开原以东、辉发河流域及今第二松花江中游一带,这里元朝称为海西,史称海西女真。海西女真后来形成乌拉、哈达、叶赫、辉发四部,清人称为扈伦四部。散布于松花江、黑龙江流域东到海岸的女真人,则被称为东海女真、野人女真。

① 《元史》卷59《地理志二》。

二、努尔哈赤统一女真各部

对建州女真三大部，明朝沿袭了历代羁縻政策，在各部聚居地设置卫所，授予各部头目为卫所都督、都指挥使、指挥佥事、千户、百户等世袭职官，令其统领部众，实现明朝的统辖。同时，明朝利用女真各部之间矛盾，使他们互相牵制，互相争夺。到万历年间，女真各部处在奴隶制发展阶段，"群雄蜂起，称王号，争为雄长，各主其地，互相攻战，甚者兄弟自残，强陵弱，众暴寡，争夺无已时"。原来的建州三卫，实际上已经裂变成建州五部——苏克苏浒部、浑河部、完颜部、董鄂部、哲陈部，和长白山三部——鸭绿江部、朱舍里部、纳殷部。正是在称雄争霸的斗争中，努尔哈赤"恩威并用，顺者以德服，逆者以兵临，始于一旅之师，渐削平诸部而统一之"①，统一了建州各部。

1. 努尔哈赤其人

努尔哈赤(1559—1626)，姓爱新觉罗，其六世祖猛哥帖木儿受明朝册封，为建州左卫指挥使，祖父觉昌安(明人称叫场)、父塔克世(明人称他失)先后继任都指挥，与明朝辽东镇将李成梁结好，皆忠顺出力。努尔哈赤十岁丧母，因继母虐待，十九岁时分家自立。以后常到抚顺、清河(今本溪北清河城)等地经商，广交朋友，学会蒙、汉语言文字，喜读《三国演义》及《水浒传》等小说，从中学习韬略兵法。十八九岁时，隶属于李成梁部为兵，每战必先登，屡立战功，受到器重。

明朝万历二年(1574)，觉昌安协助李成梁攻灭经常侵扰辽东的另一女真首领王杲。王杲死后，其子阿台继续与明朝作对。万历十一年，建州苏克苏浒部图伦城主尼堪外兰，勾引明军镇压阿台，觉昌安孙女嫁给阿台，觉昌安、塔克世先后入城劝降。不想，明军攻城后，觉昌安被焚而死，塔克世为明军误杀。为报偿他们的冤死，明朝授努尔哈赤为建州左卫指挥使。同时，明朝扶持尼堪外兰，为"满洲国主"，当时建州许多部皆归附尼堪外兰。努尔哈赤暂时无力与明朝抗衡，于是把父、祖之死先归罪于尼堪外兰，说："害我祖、

① 《清太祖实录》卷1。

父者，尼堪外兰所构也，必执以与我，乃已。"①他以父亲"遗甲十三副"起兵，征讨尼堪外兰，攻破图伦城，尼堪外兰弃城而逃。努尔哈赤时年二十五岁，从此，他开始了统一女真的事业。

2. 统一女真各部

努尔哈赤用了五年时间，首先统一建州五部。万历十一年(1583)，他征服浑河部。万历十四年七月，攻鄂勒浑城(今抚顺东)，受伤多处，仍奋勇作战获胜，向明朝官吏索杀尼堪外兰，苏克苏浒部为其掌握。万历十五年，征服哲陈部。万历十六年，董鄂部首领何和里率部归顺。同年，完颜部也被征服。接着，万历十九年至二十三年，努尔哈赤又先后夺取了纳殷、朱舍里、鸭绿江等长白山三部。这样，十年之中，努尔哈赤统一了建州女真各部。

努尔哈赤初起时，势力不大，为了先统一建州女真，他对相对强大的海西女真暂避其锋，对蒙古、朝鲜加以拉拢，对明朝则表示恭顺。万历十七年(1589)，明朝封他为都督佥事，十九年升为左都督，二十三年封为龙虎将军，把他看作"保塞有功"、"看边效力"的地方官。努尔哈赤则"借中朝名号，耀东方，势愈强"②。

努尔哈赤势力的发展，使海西女真大为恐慌。万历二十一年(1593)，叶赫部联络乌拉、哈达、辉发三部，与蒙古科尔沁等部，组成九部联军三万人，向努尔哈赤发动进攻。努尔哈赤在古勒山设伏，大败九部联军，威名大震。此后，他利用海西女真四部之间的矛盾和纷争，万历二十九年吞并哈达，三十五年攻灭辉发，四十一年占领乌拉，至四十七年降伏了叶赫部。这样，经过二十六年的征伐，努尔哈赤统一了海西女真各部。

对东海女真，从万历四十四年(1616)，努尔哈赤也派兵进入黑龙江和乌苏里江地区，开始征服东海女真散居各部。至天启五年(1625)，将东海女真大部分统一起来。

---

① 《清太祖实录》卷1，癸未二月甲申。

② (明)瞿九思：《万历武功录》卷1。

三、后金政权的建立

1. 创建八旗制度

在统一女真进程中，为了把部众组织起来，提高战斗力，并便于管理，努尔哈赤建立八旗制度。原来，女真人狩猎或出征时，各出一支箭，每十人中立一个总领，总领称牛录额真。牛录，意为大箭。额真，意为首领、主人。雍正《八旗通志》说："初，出兵校猎，不论人数多寡，各随族长屯寨行，每人取矢一，每十人设一牛录额真领之。"努尔哈赤起兵后，"诸部归附日众"。万历二十九年(1601)，他在此基础上创建旗制，规定每女真壮丁300人设一牛录，首领为牛录额真。他设黄、白、红、蓝四旗，"旗皆纯色，每旗三百人为一牛录，以牛录额真一辖之"。嗣后，努尔哈赤进一步扩大旗制，以五个牛录设一甲喇，首领为甲喇额真。甲喇，意为参领。五个甲喇设一固山，首领为固山额真。固山，意为旗。至万历四十三年，努尔哈赤势力更加壮大，遂建立八旗，"以初设四旗为正黄、正白、正红、正蓝，增设镶黄、镶白、镶红、镶蓝四旗，合为八旗"①，黄、白、蓝三色旗镶红边，红色旗镶白边。这样，共有八种不同颜色的旗帜，称为"八旗"。

八旗制度以旗统人，即以旗统兵，遇有战事，由各旗按牛录为单位抽调兵员，战事完毕，归旗为民，从事生产，以耕养战。八旗每旗七千五百人，八旗共六万人。以后每旗总人数有增加，但最基层和最高层数目都不变，只是将中间单位数目加以增加，如甲喇数目增至八、九、十个为一旗。八旗最高统帅是努尔哈赤，自领两黄旗，其余各旗由他的儿子、侄子、孙子为旗主分领，称为和硕贝勒，各置官属，各有臣民，各不相下。和硕，原意为四方四角。贝勒，原为女真各部首领称号。和硕贝勒，意为一方之主，即旗主，位在其他贝勒(努尔哈赤的兄弟子侄等)之上。八旗制度以八旗为纽带，将全社会的军事、政治、经济、行政、司法和宗族联结成为一个组织严密、生气蓬勃的社会机体，"盖凡隶于旗者，皆可以为兵，非如前代有佥派召募充补之烦，而后

---

① 雍正《八旗通志》卷32《兵制志一·八旗兵制》。

收兵之用也”[1],不仅发展了生产,更是提高了军队战斗力。八旗制度是努尔哈赤的创造,是清朝的核心社会制度,也是清朝定鼎北京、入主中原、统一华夏、稳定政权的一个关键。

2. 创制满文

在努尔哈赤统一各部之前,女真人虽使用同一种语言,但没有通行文字,而使用蒙古文,“必译为蒙古语读之”。这对巩固和发展女真各部之间的政治、经济联系,发展社会生产都是不利的。为此,努尔哈赤决定创制自己的文字。万历二十七年(1599),他命官员额尔德尼、噶盖二人创制满文。二人为难,努尔哈赤指示说:“但以蒙古字合我国之语音,联缀成句,即可因文见义矣。吾筹此已悉,尔等试书之,何为不可?”即以蒙古文字头形体,拼写女真语音,创制出满文。《清太祖实录》称,努尔哈赤“独断,将蒙古字制为国语,创立满文”,“颁行国中,满文传布自此始”[2],此即俗称无圈点满文或老满文。女真各部逐步统一,满文的创制和应用,标志着满族民族共同体已趋向形成。

3. 建立后金政权

八旗制度建立以后,万历四十四年(1616)正月,努尔哈赤在赫图阿拉(今辽宁新宾)称汗登位,号“覆育列国英明汗”,建立大金,又称后金,建元天命,赫图阿拉称兴京。对此,《清太祖实录》记载说:

> 天命元年丙辰春正月壬申朔,四大贝勒代善、阿敏、莽古尔泰、皇太极及八旗贝勒大臣,率群臣集殿前,分八旗序立。上升殿,登御座,众贝勒大臣率群臣跪,八大臣出班,跪进表章。近侍侍卫阿敦、巴克什额尔德尼接表,额尔德尼跪上前,宣读表文,尊上为覆育列国英明皇帝。于是,上乃降御座,焚香告天,率贝勒诸臣行三跪九叩首礼。上复升御座,众贝勒大臣各率本旗行庆贺礼。建元天命,以是年为天命元年。时上年五十有八。

---

① 《清朝文献通考》卷179《兵考一·兵制》。

② 《清太祖实录》卷2,己亥二月辛亥。

按,上引《清太祖实录》为后世所修,故将其称号“汗”改为了“皇帝”。这样,努尔哈赤正式建立了国家政权,脱离与明朝的隶属关系,开始了和明朝对抗时期。

四、萨尔浒之战

努尔哈赤势力发展,建立后金政权后,开始向明朝进攻。明朝感到威胁,从政治、经济、军事等方面施加各种手段,企图阻止事态进一步发展,消灭努尔哈赤势力和后金政权。

1. “七大恨”告天与攻取抚顺、清河

天命三年(万历四十六年,1618)四月十三日,努尔哈赤以“七大恨”告天:

> 我之祖、父未尝损明边一草寸土也,明无端越衅边陲,害我祖、父,恨一也。明虽起衅,我尚欲修好,设碑勒誓,凡满、汉人等毋越疆圉。敢有越者,见即诛之,见而故纵,殃及纵者。讵明复渝誓言,逞兵越界,卫助叶赫,恨二也。明人于清河以南、江岸以北,每岁窃逾疆场,肆其攘夺,我遵誓行诛,明负前盟,责我擅杀,拘我广宁使臣纲古里、方吉纳,挟取十人,杀之边境,恨三也。明越境以兵助叶赫,俾我已聘之女改适蒙古,恨四也。柴河、三岔、抚安三路,我累世分守疆土之众,耕田艺谷,明不容刈获,遣兵驱逐,恨五也。边外叶赫获罪于天,明乃偏信其言,特遣使臣,遗书诟詈,肆行陵侮,恨六也。昔哈达助叶赫二次来侵,我自报之。天既授我哈达之人矣,明又党之,挟我以还其国,已而哈达之人数被叶赫侵掠。夫列国之相征伐也,顺天心者胜而存,逆天意者败而亡,何能使死于兵者更生,得其人者更还乎?天建大国之君,即为天下共主,何独构怨于我国也?初扈伦诸国合兵侵我,故天厌扈伦启衅,惟我是眷。今明助天谴之叶赫抗天意,倒置是非,妄为剖断,恨七也①。

① 《清太祖实录》卷5,天命元年四月壬寅。

其中第四恨，即“明越境以兵助叶赫，俾我已聘之女改适蒙古”，需要作些补充。原来，努尔哈赤大败九部联军后，海西女真四部慑于军威，不得不与努尔哈赤修好结盟。万历二十五年(1597)，叶赫部首领布扬古将其妹妹许配给努尔哈赤。努尔哈赤为各个击破，也答应下来，并送鞍马盔甲等为聘礼。其后，努尔哈赤陆续进攻海西各部，叶赫部与建州关系趋于紧张，叶赫悔婚约，一直未将努尔哈赤已聘之女送往建州，反而又先后许给海西其他三部。至万历四十一年，努尔哈赤攻灭海西三部后，兵指叶赫部。此时，此女尚闺留叶赫，成为老女。叶赫部不敌，向明朝求援。明神宗派兵将援助叶赫，帮其戍守，努尔哈赤只得缓攻。叶赫部依仗明朝援助，又与蒙古联姻，希望共同对抗建州。万历四十三年五月，将此老女嫁给蒙古喀尔喀部首领巴哈达尔汉(明作煖兔)之子莽古尔岱。“叶赫老女”改嫁蒙古，对努尔哈赤及整个建州是个莫大侮辱。努尔哈赤当时表示：“此女生不祥，哈达、辉发、乌拉三部以此女构怨，相继覆亡。今明助叶赫，不与我而与蒙古，殆天欲亡叶赫，以激其怒也。我知此女流祸将尽，死不远矣。”①叶赫老女嫁蒙古后，未一年而死，年三十四。

努尔哈赤的“七大恨”，历数明朝对女真七大罪状。其中第一恨，即谴责明朝害死其祖父、父亲，第一次将积怨公开指向明朝；第二、四、五恨，指斥明朝蚕食疆土、驱逐和杀害其众；第三、六、七恨抱怨明朝偏袒哈达，卫助叶赫，压制建州。“七大恨”既表达了女真人对明朝民族压迫政策的愤慨之情，又找到对明朝动武的政治借口。

次日，努尔哈赤即率步骑两万，兵临抚顺城下。抚顺是明朝辽东城(今辽宁辽阳)以东的边防重镇，也是建州女真出入辽东的门户。努尔哈赤采纳八子皇太极建议，趁抚顺马市贸易的机会，先派八旗兵扮作马商，混入城内。里应外合，守城游击李永芳猝不及防，被迫投降。努尔哈赤瓜分战利品后，大获而归。抚顺败报传至广宁(今辽宁北镇)，明辽东巡抚李维翰大惊，立即下令总兵官张承荫率一万军追击。四月二十一日，张承荫轻进被包围，结果被全歼。五月，后金军攻克明抚安堡、花豹冲堡、三岔儿堡等大小堡十一个。七月，后金军攻入鸦鹘关，占清河堡。至此，明朝抚顺以东诸堡，大都为后金所占。

---

① 《清史稿》卷223《金台石传》。

2. 萨尔浒之战

明朝在辽左接连失利,朝野震惊。明神宗传谕:"辽左覆军陨将,虏势益张,边事十分危急。"他下令发动一场大规模的战争,企图一举消灭建立不久而势力日盛的后金政权,"务期殄灭,以奠封疆"①。

明朝起用原辽东巡抚杨镐为辽东经略,主持进剿事宜。杨镐无勇无谋,"壬辰倭乱"期间,曾率军驰援朝鲜,与侵朝日军作战,弃逃大败。明朝又起用旧将李如柏(李成梁第二子)为镇守辽东总兵,任命勇将杜松、刘綎为总兵,一同进剿。征调、募集关内兵七万,开往辽东,并胁迫朝鲜出兵。国库兵饷不足,明神宗不肯发内帑,遂在全国加征"辽饷",筹饷集粮。

万历四十七年(天命四年,1619)二月,明朝大军八万八千余人,号称四十七万,云集辽沈。杨镐制定了作战方案,即兵分四路,分进合击,直捣后金政治中心赫图阿拉。具体部署是:西路以山海关总兵杜松为主将,率兵二万余人,由沈阳出抚顺关,从西南进攻;北路以总兵马林为主将,率军二万余人,合叶赫兵二千余人,出靖安堡趋开原、铁岭,攻其北;南路以总兵李如柏为主将,率兵二万余人,经清河堡、鸦鹘关,从南面进攻;东路以总兵刘綎为主将,率官军一万五千余人,会合朝鲜兵一万五千余人,出宽甸攻其东。杨镐坐镇沈阳,居中指挥,限令四路明军于三月初二会攻赫图阿拉。杨镐要求,"兵马虽分四路,出边之时,须合探合哨,声息相闻,脉络相通"②,彼此照应。

但是,明军出动之前,"师期已泄",使努尔哈赤得以从容作出决策。当时,后金的八旗兵力共六万余人,与明军相比,处于劣势。努尔哈赤正确分析判断敌情,认为明军东、南、北三路道路险远,不能马上到来,遂决定"凭尔几路来,我只一路去"③,采取集中兵力、逐个击破的作战方针。他把六万八旗兵集结于赫图阿拉附近,准备首先给予孤立冒进的明西路杜松军以迅雷不及掩耳的打击。

三月初一,明东路刘綎军正由宽甸向西开进;北路马林军由开原出发,

---

① 《明神宗实录》卷568,万历四十六年四月丙辰。

② 《明神宗实录》卷579,万历四十七年二月乙亥。

③ (明)夏允彝:《幸存录》卷上《东夷大略》。

叶赫军尚未行动；南路李如柏虽已由清河堡出发，但行动迟缓；只有西路主力杜松部“违期先时出口”，进至萨尔浒（今辽宁抚顺市东大伙房水库）。杜松分兵为二，以主力在萨尔浒扎营驻守，自率万人攻打吉林崖。努尔哈赤针对杜松分兵情况，派遣大贝勒代善等率两旗兵力增援吉林崖，截击杜松，使杜松两部不能互援，自己亲率六旗兵力进攻萨尔浒的杜松军主力。萨尔浒大营的明军以炮、铳逆击抵挡，八旗铁骑奋力冲击，所向披靡，“不移时、破其营垒”，明军“死者相枕籍”。而后，努尔哈赤又驰兵与代善会师，包围进攻吉林崖的杜松。杜松虽奋力拼杀，无奈寡不敌众，力竭战死，部队溃败，横尸亘山野，血流成渠。萨尔浒一战，为这次战争中明军与后金军首战，明军全军覆没，后金军大获全胜，所以后来称整个这次战争为萨尔浒之战。

次日，努尔哈赤又挥师攻击进至尚间崖的明北路马林军。当时马林已知杜松被歼，遂在尚间崖一带就地驻扎防御。马林分兵为三，形成牛头阵，互为犄角。后金军队集中兵力，逐个击破。八旗军奋勇冲击，短兵相接，使明军炮、铳失去威力。明军势不能敌，马林仅带数骑逃往开原，余众大溃，死者遍山谷，血流尚间崖下，河水为之尽赤。这样，北路明军又告失败。

击败马林后，努尔哈赤立即移兵南下，迎击明朝东路刘綎军。当时，刘綎不知西、北路失利，已进军至距赫图阿拉五十里地方。努尔哈赤自率四千兵守城，派遣主力设伏于阿布达里冈，另以少数兵卒冒充明军，持着杜松令箭，诈称杜松已逼近赫图阿拉，要刘綎速进会师。刘綎中计，轻装急进，在阿布达里冈遭到后金军伏击，全军惨败，本人阵亡。然后，努尔哈赤乘势迫降了协同作战的朝鲜军队。

杨镐坐镇沈阳，闻听三路丧师后，急忙传檄南路李如柏军撤兵。李如柏军在回师途中，为小股后金哨探所骚扰，军士惊恐逃奔，风声鹤唳，自相踩踏，死伤千余人，最后总算逃脱被聚歼的命运。

萨尔浒之战是明朝与后金争夺辽东的关键性战役。后金军以劣势兵力，在五天之内，连破三路明军，歼灭明军四万五千余人、文武官将三百余员，缴获大量驼马、甲杖等军用物资，取得决定性胜利。努尔哈赤此战的胜利，不但使后金政权更趋稳固，而且从此夺取了辽东战场主动权，为日后的进一步发展创造了有利条件。而明军自遭此惨败，在战场上完全陷入被动，被迫采取守势，辽东局势日趋危急。

五、后金夺占辽、沈与迁都

1. 后金夺占沈阳、辽阳

萨尔浒大捷后，努尔哈赤挥军西进，亮剑辽、沈。开原东邻建州，西接蒙古，北界叶赫，是明朝在辽东阻截蒙古和女真南进的重要堡垒。天命四年(万历四十七年，1619)六月，后金兵临开原。守将马林全无防备，仓促应战。后金兵夺门而入，城中守军顽强抵抗，尽被杀死，马林阵亡。努尔哈赤夺占开原后，掠牛马财货，焚城而去。七月，努尔哈赤进攻明朝沈阳北部另一军事重镇铁岭。驻守沈阳的辽东总兵李如桢(李成梁第三子)拥兵不救，努尔哈赤又收买内奸，铁岭城中守军虽拼死抵抗，无奈城破，将士战死者四千余人，居民被杀掳万余人。后金攻取开原、铁岭，去除了进兵叶赫、完全统一海西女真的后顾之忧，同时撤除了明朝在辽东防御后金西进的一大屏障。对此，明朝人评论说："铁岭、开原为辽重蔽，既并陷贼，则河东已在贼握中。"① 努尔哈赤兵锋所至，明军望风而逃。

万历四十七年(天命四年，1619)六月，明朝政府派熊廷弼为经略，代替战败的杨镐，赴辽东督师。熊廷弼有胆略，知兵法，善左右射，曾以御史巡按辽东，在辽数年，杜馈遗，核军实，按劾将吏，不事姑息，风纪大振。后因朝廷党争而罢职。八月，熊廷弼到达辽阳。其时，辽、沈地区几乎是人去村空，兵残将惧。面对如此形势，熊廷弼采用"坚守进逼"之策，即厚集兵力，坚守辽阳，北顾沈阳，进逼后金。熊廷弼守辽一年多，大力整顿军务，以守为战，得到了很好的效果，使努尔哈赤不敢轻于西进。但是，明朝不少官员对形势缺乏认识，攻讦熊廷弼持久防御，不敢出击，催促他进攻后金，速战速决。熊廷弼在朝廷压力下去职，由毫无军事才能的袁应泰接替。袁应泰对熊廷弼策略多所更易，甚至还布置对后金反攻，使明军防御体系有所削弱。

天命六年(天启元年，1621)三月十二日，努尔哈赤率领大军围攻沈阳。沈阳为明朝辽东枢纽，是辽阳的屏障，明朝设有重兵把守。十三日，努尔哈赤先以轻骑诱守将出城而歼之，继以大兵攻城，在城内蒙古人接应下，攻克

---

① (明)茅瑞征:《东夷考略·女直》。

沈阳,城内兵民被杀者七万人。

攻克沈阳后,努尔哈赤表示:“沈阳已拔,敌兵大败,今即宜乘势,率众长驱,以取辽阳。”①后金兵旌旗蔽日,弥山亘野,来攻辽阳。辽阳是明朝辽东首府和军政中心,辽东经略、辽东都指挥使司都驻镇于此,守备坚固,“两倍于沈[阳]有奇”。三月十九日,后金军兵临辽阳。袁应泰出城拒战,难以支持,溃败入城。后金兵从东门和小西门两面夹攻,攻入城内,袁应泰自杀身死。二十一日,辽阳被后金攻克。

攻克辽阳后,后金席卷辽河以东,数日之间,金、复、海、盖州卫悉传檄而下。河东大小七十余城,官民俱剃发而降。

2. 迁都辽阳

夺取辽阳后,努尔哈赤认识到其重要地位,决定迁都于此。诸贝勒大臣起初主张放弃辽阳,仍回赫图阿拉。努尔哈赤则指出:“天既眷我,授以辽阳”,“国之所重,在土地人民。今还师,则辽阳一城,敌且复至,据而固守。周遭百姓,必将逃匿山谷,不复为我有矣。舍已得之疆土而还,后必复烦征讨,非计之得也。且此地乃明及朝鲜、蒙古接壤要害之区,天既与我,即宜居之。”②诸贝勒大臣皆称善。

天命六年(天启元年,1621)四月,努尔哈赤将大福晋及诸妃等接到辽阳,居住于都司衙门,正式迁都辽阳。次年三月,努尔哈赤因辽阳城年久倾圮,决定在城东太子河畔兴建新城,修筑宫殿、衙署,称为东京(在今辽宁辽阳市东京陵镇新城村)。四月,城尚未完竣,努尔哈赤即迁入居住。至天命八年,东京城竣工,努尔哈赤又将其祖父(景祖)、父亲(显祖)遗骨移葬于城北,表明要以东京城作为永久都城。

对占领的辽东地区,努尔哈赤实行“计丁授田”。天命六年(天启元年,1621)七月,他宣布将八旗军户与新征服的辽东地区汉户对调,使八旗插入到辽东驻防;圈占辽东五卫及海州等四卫土地三十万日(实际上圈占了整个辽东地区的土地三十六万余日,一日为五亩),分给八旗兵丁;计丁授田,每一男丁种粮田五日,种棉田一日。“计丁授田”剥夺了不少汉人地主、民户的

---

① 《清太祖实录》卷7,天命六年三月庚申。

② 同上书,天命六年三月癸亥。

土地,使汉民沦为农奴。但是,它将土地分给八旗兵丁和官员军将,使他们成为大小封建主,剥削依附在土地上的农奴,确立了封建土地占有制度。这样,女真原来的奴隶制拖克索(庄园)转化为封建制拖克索,农业成为经济的主要部门,这是女真社会发展的一个飞跃。

3. 广宁之战与迁都沈阳

辽阳、沈阳失陷后,明朝大震。天启元年(天命六年,1621)六月,明朝重新起用熊廷弼,命为兵部尚书兼右副都御史,驻山海关,经略辽东军务。针对辽东形势,熊廷弼坚持防御方针,提出"三方布置策",即"广宁用马、步列垒河上,以形势格之,缀敌全力,天津、登、莱各置舟师,乘虚入南卫,动摇其人心,敌必内顾,而辽阳可复"①。也就是说,加强广宁防御,稳住河西,再向东步步推进。

在熊廷弼到任前,明朝又任命王化贞为辽东巡抚,驻守广宁。广宁为明代辽东仅次于辽阳的第二大城,是辽阳通往山海关的咽喉要地。辽阳失去后,明朝辽东巡抚移署驻此。王化贞不懂军事,轻视后金,一意进攻。熊、王二人意见不一,水火不容。但王化贞掌握实权,部署在辽西的十余万明军都由他控制。熊廷弼虽有经略之名,手中仅有兵五千。而且,王化贞得到朝中重臣奥援,熊廷弼反受排挤。

天命七年(天启二年,1622)正月,努尔哈赤得知熊、王矛盾,王化贞疏于防守,遂发兵渡辽河而西,进攻广宁。后金兵先围攻广宁前哨西平堡,熊廷弼、王化贞急忙撤另外两个前哨镇武堡、闾阳驿之军,并由广宁再派兵,三路往援。但是,作为王化贞心腹的援军先锋游击孙得功决意降金。努尔哈赤分兵迎敌,两军刚一接战,孙得功就率先逃跑,大呼兵败。明军阵脚大乱,四面溃散,三万援军悉数被歼。西平守军殊死抵抗,然而众寡不敌,城终为后金攻克。孙得功奔回广宁,王化贞仍委以守城重任。孙得功大呼军民早剃发归顺,命其党羽封府库以待,一城哄然,争夺门走。王化贞茫然不知,幸为参将江朝栋所救,狼狈逃出广宁城,进入山海关。数十万辽西难民相随入关,啼哭之声震动天地。努尔哈赤在孙得功等降将迎接下,进入广宁。接着,后金又连陷四十余城,占领辽河以西的大片土地。可以说,广宁一失,明

---

① 《明史》卷259《熊廷弼传》。

朝全辽尽失。

在夺取辽、沈的基础上，天命十年（天启五年，1625）三月，努尔哈赤又决定迁都沈阳。诸贝勒大臣反对，努尔哈赤分析沈阳的地理、交通、政治、经济、军事等各方面的重要地位，说："沈阳形胜之地。西征明，由都尔鼻渡辽河，路直且近。北征蒙古，二三日可至。南征朝鲜，可由清河路以进。且于浑河、苏克苏浒河之上流伐木，顺流下，以之治宫室、为薪，不可胜用也。时而出猎，山近兽多。河中水族，亦可捕而取之。朕筹此熟矣，汝等宁不计及耶？"①但诸贝勒大臣仍想不通。两天后，努尔哈赤决然迁都沈阳，并开始兴建宫阙。此后，入关前的清政权便以沈阳为固定的统治中心。

六、宁远之战与努尔哈赤之死

1. 宁远之战

辽事大坏，使明朝上下大为惊恐，官员皆以任辽东经略为畏缺，多不愿就职。天启二年（天命七年，1622）八月，大学士孙承宗以原官督山海关及蓟、辽等处军务，经略辽东。他继承熊廷弼"以守为战"的战略方针，采纳部将袁崇焕建议，大力整顿山海关防务，重点加强宁远防御。袁崇焕，万历进士，授福建邵武知县。喜谈兵，尤注意辽事。天启二年（天命七年，1622）正月，他大计在京，单骑出塞，巡历边关。因荐升兵部主事，寻授山东按察佥事山海监军。至辽，为宁前兵备佥事。他主张积极防御，坚守关外，屏障关内，营筑宁远，以图大举，与孙承宗不谋而合。孙承宗派其驻守宁远，兴工修筑宁远城。孙承宗、袁崇焕又修建锦州、大小凌河、松山、杏山及右屯诸要塞，构筑以锦州、宁远为重点的关外防线。但孙承宗不附权阉魏忠贤，为阉党所嫉恨，寻以事罢官。新任辽东经略高第一反孙承宗之策，撤退锦州等处守军，放弃关外。袁崇焕不从，坚守宁远孤城。

夺占广宁后，四年间，努尔哈赤未尝大举进攻明朝，一来因为他忙于巩固内部统治，训练军队，发展生产；二来因为孙承宗、袁崇焕等防守周全，使

① 《清太祖实录》卷9，天命十年三月己酉朔。

他不敢轻易发兵。至此,他伺机而动。天命十一年(天启六年,1626)正月,努尔哈赤率倾国十三万大军,号称二十万,从沈阳出发,直扑宁远。城内明军不满二万,但袁崇焕婴城固守,且以忠义激励将士。宁远城防守坚固,上下齐心,后金兵强攻不克,努尔哈赤亲临前线督战,城上以红衣大炮轰击,后金军伤亡惨重。努尔哈赤久攻不下,只得撤兵回沈阳。宁远之战是努尔哈赤起兵以来首次大败。《清太祖实录》称:"上自二十五岁起兵以来,征讨诸处,战无不捷,攻无不克。惟宁远一城不下,不怿而归。"①

2. 努尔哈赤之死

宁远败后,努尔哈赤悒悒不自得。蒙古察哈尔部、喀尔喀部等趁机背弃盟誓,与后金为敌,向明朝靠拢。四月,努尔哈赤率军远征喀尔喀部,大胜而归。但是,胜利并未排解其心头郁忿。加上年迈体衰,鞍马劳累,积劳成疾。七月,努尔哈赤病势加重,身患毒疽。八月十一日,毒疽突然发作,死于沈阳东四十里叆鸡堡,终年六十八岁。

关于努尔哈赤之死,长期流传一种说法,即努尔哈赤在攻打宁远时受炮伤而致死。其实,努尔哈赤受炮伤之说,当时明朝辽东及京城均无人提及。而且,宁远战后,努尔哈赤并未因伤治病,反而率兵出征蒙古。蒙古科尔沁部首领来沈阳,努尔哈赤还出城十里开帐迎接。因此,这一说法近年已为学者证明为误说。

3. 储位之争

努尔哈赤在世时,家族内部就为其位爆发多次争斗。努尔哈赤共兄弟五人,起兵早期,同母弟舒尔哈齐随同征战,成为副手。明朝为分化努尔哈赤势力,笼络舒尔哈齐,先后封为都督、都指挥。舒尔哈齐居而自傲,欲与努尔哈赤分庭抗礼。后因作战不力,被削夺兵权。舒尔哈齐不愿受羁,带部移居黑扯木,另立门户。后虽回归,然与努尔哈赤矛盾未解。万历三十九年(1611)八月,为努尔哈赤幽杀。

舒尔哈齐死后,万历四十年(1612),努尔哈赤仿照汉族立嫡长子制度,指定长子褚英为继承人。努尔哈赤有儿子十六位。褚英屡立战功,因此被

---

① 《清太祖实录》卷10,天命十一年二月壬午。

委以国政。但他心胸狭隘，素质差，要求诸弟对天发誓，效忠自己，并威胁说：凡是与我不睦诸弟及众大臣，待我即位后，皆诛之。诸贝勒大臣不满，遂向努尔哈赤告发。努尔哈赤夺褚英之权，褚英心生怨望。后努尔哈赤出征乌拉，褚英又诅咒战败，望其早死。万历四十一年三月，努尔哈赤将褚英幽禁。两年后，又将其处死。

天命元年（万历四十四年，1616），努尔哈赤称汗，封次子代善为和硕贝勒，军国事委其执行处理，属意为嗣。努尔哈赤还表示：百年后，诸幼子及大福晋由代善照理。但代善政治才能平庸，处理争端常怀私心，重大问题决策也常与努尔哈赤相左。而努尔哈赤大福晋富察氏结好代善，私相往来，两人关系暧昧。至天命五年（1620），努尔哈赤小福晋德因泽揭发代善与富察氏私通。这样，代善与努尔哈赤之间出现了不可弥补的感情裂痕，不久被废去太子之位。有人说，这是四贝勒皇太极与德因泽联手导演的。

几次储位之争，使努尔哈赤决定废除生前立储旧制，由八旗贝勒共治国政。天命七年（天启二年，1622）三月，他在同诸贝勒谈话时表示："今命尔八子为八和硕贝勒，同心谋国，庶几无失。尔八和硕贝勒内，择其能受谏而有德者，嗣朕登大位。若不能受谏，所行非善，更择善者立焉。……至于八和硕贝勒共理国政，或一人心有所得，言之有益于国，七人宜共赞成之。……若八和硕贝勒中，或以事他出，告于众，勿私往。若入而见君，勿一二人见。其众人毕集，同谋议以治国政，务期斥奸佞、举忠直，可也。"①也就是说，将来新汗不要选豪强之人担任，由八和硕贝勒共同推举产生，新汗与八和硕贝勒并肩共坐，共理国政，八和硕贝勒有权罢免新汗。天命十一年六月，努尔哈赤又谕示诸子要相互和睦，坚持实行"八分"分配（即所掳获按八旗分配），并重申八和硕贝勒共治国政原则。这次谕示，颇有遗嘱的味道。

① 《清太祖实录》卷8，天命七年三月己亥。

第二讲

皇太极时期后金的发展与清朝建立

后金政权到了皇太极统治时期获得大的发展，清朝也正式建立。

一、皇太极继位

努尔哈赤临终前并未指定继承人。他以代善、阿敏、莽古尔泰、皇太极为四大贝勒，阿济格、多尔衮、多铎、济尔哈朗为四小贝勒。天命六年(1621)二月，他曾“命四大贝勒按月分直，国中一切机务，俱令直月贝勒掌理”①。后来，他又要求八和硕贝勒共治国政。在其去世后，继承人问题立即显现出来。

1. 皇太极其人

努尔哈赤指定的共治国政八贝勒中，代善自被揭发与大福晋私通后，声名狼藉，失去太子之位。阿敏、济尔哈朗为舒尔哈齐之子，不可能继承汗位。莽古尔泰为努尔哈赤第五子，性格粗野，她的生母富察氏因私通代善被废，莽古尔泰为了邀宠竟亲手弑母，大失威信。这样，四大贝勒中，只有皇太极最有可能继承汗位。四小贝勒中，阿济格、多尔衮、多铎都是努尔哈赤晚年宠妃乌拉纳喇氏所生，尤其是多尔衮、多铎为努尔哈赤偏爱，年纪虽幼，却分领正白、镶白旗，也不可忽视。

努尔哈赤死后第二天，诸贝勒为了防止乌拉纳喇氏母子一支独大，立即

① 《清太宗实录》卷5，天聪三年正月丁丑。

以努尔哈赤“遗言”为借口，迫使乌拉纳喇氏殉死。《清太祖武皇帝实录》记载：“后饶丰姿，然心怀嫉妒，每致帝不悦。虽有机变，终为帝之明所制。留之恐后为国乱，预遗言于诸王曰：‘俟吾终，必令之殉。’诸王以帝遗言告后，后支吾不从。诸王曰：‘先帝有命，虽欲不从，不可得也。’后遂服礼衣，尽以珠宝饰之，哀谓诸王曰：‘吾自十二岁事先帝，丰衣美食，已二十六年，吾不忍离，故相从于地下。吾二子多尔(哄)[衮]、多(躲)[铎]，当恩养之。’诸王泣而对曰：‘二幼弟，吾等若不恩养，是忘父也。岂有不恩养之理！’于是，后于十二日辛亥辰时自尽，寿三十七，乃与帝同柩。”[①]这个记载，显然经过皇太极时期润色和加工。乌拉纳喇氏殉葬，多尔衮时年十五，多铎时年十三，年幼又失去靠山，也不可能得到诸贝勒大臣推举。

皇太极(1592—1643)，努尔哈赤第八子，生母叶赫纳喇氏。他从小喜爱看书学习，跟随父兄打猎作战，能文能武。努尔哈赤建立八旗，皇太极被任命为管正白旗的贝勒，为四大和硕贝勒之一。此后，在与明朝军队进行的抚顺之战、萨尔浒之战、辽沈大战中，皇太极既能出谋划策，又能带兵冲锋陷阵，立下赫赫战功。当时诸贝勒中，数他实力最强。

2. 皇太极继位

乌拉纳喇氏殉葬后，代善长子岳托等人劝代善说：“国不可一日无君，宜早定大计。四大贝勒才德冠世，深契先帝圣心，众皆悦服，当速继大位。”岳托等洞明形势，倡言由皇太极继承汗位。代善性情宽柔，无意与皇太极争位，马上表示同意。第二天，诸贝勒大臣聚于朝，代善以其议告大贝勒阿敏、莽古尔泰，及诸贝勒阿巴泰、德格类、济尔哈朗、阿济格、多尔衮、多铎、杜度、硕托、豪格等人，得到一致赞同。于是，众贝勒大臣共同起草了劝进书，劝皇太极继承汗位。皇太极假意推辞说：“皇考无立我为君之命，我宁不畏皇考乎？且舍诸兄而嗣位，我又畏上天。况嗣大位为君，则上敬诸兄，下爱子弟，国政必勤理，赏罚必悉当，爱养百姓，举行善政，其事诚难。吾凉德，惧不克负荷也。”据说，他“辞至再三”。而三大贝勒及诸贝勒则继续劝进说：“国岂可无君？众议已定，请勿固辞。”皇太极“又不允，自卯至申，众坚请不已，然

---

① 《清太祖武皇帝实录》卷4。

后从之”①。这种假意推辞,再三劝进,其实是中国历代新君继位前的固定表演模式。

天命十一年(天启六年,1626)九月初一,皇太极在大政殿正式举行登极大典。这一天,三大贝勒、诸贝勒大臣及文武各官聚于朝,具法驾,设卤簿。皇太极率诸贝勒群臣焚香告天,行九拜礼。然后,皇太极即汗位,诸贝勒大臣、文武官员行朝贺礼。诏令以明年为天聪元年。

九月初二,皇太极又率领诸贝勒及其子弟向天地盟誓,表示要共循礼义,行正道,君臣交儆,忠心事上,宣力国家。誓毕,皇太极以三大贝勒推戴,初登宸极,不遽以臣礼待之,率诸贝勒向代善、阿敏、莽古尔泰行三拜礼,各赐雕鞍马匹。这样,继位初期,皇太极一定程度上保留了八和硕贝勒共理国政之制,实行四大贝勒联合执政。

二、改革内政

皇太极继位后,不失时机地对内政加以改革,以巩固和加强君主专制,发展和壮大后金政权。

1. 调整民族压迫政策

努尔哈赤晚年,对辽东民人抗拒者杀戮,俘取者为奴,汉人纷纷逃亡和暴动,社会动荡,生产萎缩,经济陷入困境。皇太极继位后,明确提出:“治国之要,莫先安民。”他宣布,以前汉官、汉民欲潜逃或被人告发者皆赦免,“嗣后惟已经在逃而被缉获者论死,其未行者,虽首告亦不论”②,使汉官、汉民得到一定程度的保护。几天后,他又谕令,以前因为修筑城郭边墙,劳民力役,如今修葺已竣,以后有颓坏者,止令修补,不复兴筑,以体恤民力,发展农业生产;村庄田土,八旗移居已定,今后不许更移,使各安其业。汉民无荒耕种,如各牛录所居有洼下不堪耕种,愿迁移者听之;“满汉之人,均属一体”,凡审拟罪犯,差徭公务,毋致异同。努尔哈赤时期,实行编庄,汉人每十三壮

① 《清太宗实录》卷1,天命十一年八月庚戌。

② 《清太宗实录》卷1,天命十一年九月甲戌。

丁编为一庄，按满官品级，分给为奴。而且，汉人与满官同处一屯，常被侵扰，多致逃亡。皇太极下令按官员品级，每备御止给壮丁八人、牛二头，其余汉人分屯别居，编为民户，“择汉官之清正者辖之”；禁止诸贝勒大臣属下人等私至汉官家需索马匹鹰犬，或勒买器用等物，及恣意行游。史称，“由是汉人安堵，咸颂乐土云”①。这些措施，解放了大量汉族农奴，使他们取得“民户”地位，成为后金政权下的个体农民。

努尔哈赤时规定，凡奴仆讦告诸贝勒如犯私通敌国，及谋害宗室兄弟罪，准许其离开主人，获得自由身份。以其他事讦告诸贝勒者，“俱不许离主”。天聪五年(1631)七月，皇太极修定《离主条例》，明确规定，讦告“私行采猎”、“私行隐匿”、“擅杀人命”、“奸属下妇女”等罪，原告准其离主。第二年三月，又对《离主条例》加以补充，宣布“凡讦告之人，务皆从实。如告两事以上，重者审实，轻者审虚，免坐诬告罪，仍准原告离主。如告数款，轻重相等，审实一款，亦免坐诬告之罪。如所告多实，及虚实相等，原告准离其主”②。《离主条例》的修订和补充，限制了满洲贵族的某些特权，使不少汉人奴仆成为自由农民，缓和了满汉民族矛盾。经过几年的努力，后金农业有了较大发展，粮食基本上能够自给，社会矛盾得到缓和。

对于汉族官员和明朝将领，皇太极也优礼有加，争取支持和归顺。如他对明将马光远以及祖大寿手下将领的争取，对毛文龙部下孔有德、耿仲明、尚可喜等人的厚遇，都收到很好效果，使他们死心塌地为其冲锋陷阵，成为后来八旗汉军的主要力量。这些调整，一定程度上缓和了满汉民族矛盾，对后金政权巩固和发展有积极作用。

2. 削弱诸贝勒旗主权力

皇太极继位初，四大贝勒联合执政。凡文武百官朝见，皇太极与代善、阿敏、莽古尔泰三大贝勒“俱南面坐受”，军政大事由四人轮流分值处理，俨然如四汗。三大贝勒虽然拥立皇太极为汗，但也经常自行其是，威胁皇太极的君主集权。俗话说，卧榻之侧，岂能容他人酣睡。作为一位强势英主，皇太极显然不能容忍。即位不几天，他就下令设立“八大臣”及两班“十六大

① 《清太宗实录》卷1，天命十一年九月丁丑。
② 《清太宗实录》卷11，天聪六年三月庚戌。

臣”,八大臣“总理一切事务,凡议政处,与诸贝勒偕坐共议之。出猎行师,各领本旗兵行。凡事皆听稽察”;十六大臣一班“佐理国政,审断狱讼,不令出兵驻防”,另一班“出兵驻防,以时调遣。所属词讼,仍令审理”①。通过增加四十位“大臣”议政、稽察、审理词讼,皇太极分化了诸贝勒旗主尤其是三大贝勒的权力,加强了对他们的监督和控制。

尽管如此,但三大贝勒仍位高权重,国政由其“分月掌理”。至天聪三年(1629)正月,皇太极借口三大贝勒“分月掌理”国政,烦劳未便,命八大臣传谕,以后国政可令以下诸贝勒代之,倘有疏失,罪坐诸贝勒。三大贝勒无奈,皆称善。皇太极遂以诸贝勒代理直月之事,剥夺了代善、阿敏、莽古尔泰“分月掌理”国政的权力。

其后,皇太极又先后诛革三大贝勒。他先向二贝勒阿敏开刀。天聪四年(1630)六月,因阿敏导致滦州失守、尽屠永平、迁安官民及遽然逃归,皇太极下令议罪。诸贝勒大臣揣得其意,罗列出阿敏十六条罪状,合词请诛。皇太极表示不忍加诛,下令从宽免死,加以幽禁。十年后,阿敏死于幽禁之所。莽古尔泰暴躁无谋,天聪五年八月,大凌河之战,莽古尔泰不听皇太极指挥,且拔刀相威胁。事后,大贝勒代善及诸贝勒等议准,莽古尔泰在御前露刃,革去大贝勒,降居诸贝勒之列。几个月后,莽古尔泰暴死。

天聪五年(1631)十二月,制定次年元旦朝仪,皇太极下令讨论贝勒莽古尔泰“可否仍令并坐”。诸贝勒集议后,“执不可并坐者半”。代善是个明白人,立即上奏说,我们与皇上并坐“甚非礼也”,“自今以后,上南面中坐,以昭至尊之体,我与莽古尔泰侍坐上侧”。奏闻,皇太极“从之”②。至天聪六年元旦,皇太极开始“南面独坐”,真正君临天下。代善宽柔谨慎,至天聪九年九月,皇太极终于也罗织出其四条罪状,众议革大贝勒名号,并削和硕贝勒职。皇太极命免革职,仅夺罚资产。代善经此打击,权势明显跌落。这样,威胁皇太极集权的三大贝勒势力基本消除。

3. 更定官制

皇太极还仿照明朝制度,更定后金官制。皇太极十分注意学习汉族统

---

① 《清太宗实录》卷1,天命十一年九月丁丑。

② 《清太宗实录》卷10,天聪五年十二月丙申。

治经验，强调官制要按照《大明会典》而行。天聪三年（1629）四月，他下令设立文馆，翻译汉文典籍，记注本朝政事。皇太极又吸收汉族官员，如范文程、宁完我等入馆理事，并处理国书、奏章，参政议政。天聪十年三月，文馆改为内三院，即内国史院、内秘书院、内弘文院，各设大学士、学士，实际上发挥明朝内阁、翰林院职能。天聪五年七月，皇太极又接受汉官宁完我建议，仿照明朝设立吏、户、礼、兵、刑、工六部。但稍有不同的是，六部由八旗贝勒分掌部务，对皇太极负责，具有旗、政双轨制性质。各部下设承政，相当于侍郎，各设满、蒙、汉复职。这些改革，无疑加强了皇太极的专制集权。

4. 建立蒙古八旗、汉军旗

努尔哈赤时期，八旗成员主要是女真人，故称满洲八旗。其中有少量蒙古人和汉人，分隶各旗之中。皇太极继位后，蒙古军民归附者不断增加。天聪三年（1629），在原来八旗满洲内蒙古军基础上，皇太极设立蒙古二旗。天聪九年，蒙古二旗扩充为蒙古八旗，旗色和建制同于满洲八旗，成为后金的另一支主要武装力量。

同时，皇太极着手建立汉军旗。八旗满洲开始主要倚重骑兵，长于野战。在攻城略地的战斗中，皇太极逐渐认识到西洋大炮（红衣大炮）的威力。天聪五年（1631）三月，皇太极新编汉军，操练火炮鸟枪，夺明军火器之所长以攻明军。至天聪七年七月，由八旗下抽调汉人为兵，正式设立汉军一旗。

天聪年间，皇太极建立蒙古八旗、汉军旗，扩大了后金军队的兵源，提高了战斗力。不仅如此，建立蒙古八旗、汉军旗，也打破了满洲八旗贝勒对军队的垄断，削弱了他们的权势，从而进一步巩固了皇太极的君主集权。

三、后金军事攻略

在改革内政的同时，皇太极征朝鲜、蒙古，然后入关袭扰明朝内地，展开军事攻略。

1. 征伐朝鲜

宁远之战，后金遭遇了与明军作战以来从未有过的失败，一时对明军、宁远产生畏惧心理。不久,努尔哈赤病死。皇太极继位,一方面改革内政,巩固自己统治,另一方面准备进攻朝鲜,剪除明朝助翼,所以希望稳住西部明军。而明朝方面,升任辽东巡抚的袁崇焕等人也希望借机构筑锦宁防线,暂时与后金缓兵,双方各打算盘。天命十一年(天启六年,1626)十月,袁崇焕遣使到后金,借吊努尔哈赤之丧、贺皇太极继位之名,探听虚实。皇太极将计就计,款待明使。一个月后,皇太极也派出使臣,随明使到宁远,要求议和。十二月,袁崇焕以皇太极书信不合体制为由,遣回后金使者。天聪元年(天启七年,1627)正月,皇太极再次派使,向袁崇焕递交议和书,要求两国和好,明朝给以巨额金银等作报礼。三月,袁崇焕派使到达沈阳,提出后金去"僭号"、奉明朝正朔、归还侵地、献叛降等议和条件。显然,双方条件相去甚远,实际上都是借议和拖延时间,开展各自军事行动。

明朝时期,朝鲜作为藩属国,奉明朝正朔,两国关系友好。万历年间,日本侵略朝鲜("壬辰倭乱"),明朝派大兵援朝抗日,最后打败了日本侵略军,保护了朝鲜主权。萨尔浒之战,朝鲜派军来华,助明朝作战。结果,明军战败,朝鲜军队主帅姜弘立等被俘,兵卒大部分被屠杀,朝鲜与后金形成严重对立。后金希望朝鲜能够归附,与之共同对抗明朝,为朝鲜拒绝。而且,明将毛文龙占据朝鲜西部的皮岛,在朝鲜支持下,不断渡海袭击后金。后金攻克辽沈后,大量辽民又逃入朝鲜。皇太极继位后,决定征讨朝鲜,使其归服。

天聪元年(1627)正月,皇太极命大贝勒阿敏、贝勒济尔哈朗等人率领三万后金军进攻朝鲜。皇太极谕令说:"朝鲜屡世获罪我国,理宜声讨。然此行非专伐朝鲜也,明毛文龙近彼海岛,倚恃披猖,纳我叛民,故整旅徂征。若朝鲜可取,则并取之。"①阿敏等率军乘鸭绿江结冰之机,渡河侵入朝鲜。后金兵临义州(今新义州),城中朝鲜军将毫无防备,仓促应战,很快就被攻陷,城内明兵、朝鲜兵数万被杀。后金兵又分兵进攻占据铁山的毛文龙,但毛文龙已移驻皮岛,未能捉获,只是将其留守官兵消灭。后金军继续东进,进攻安州。安州守将虽婴城固守,但军力悬殊,也被后金军攻克。平壤守军闻风而逃,后金军轻易占领平壤。朝鲜国王李倧眼见不敌,由王京汉城逃往西北的江华岛。二月初,后金兵进至距汉城二百里的平山。李倧向明朝求救,明朝已无力救援。最后,他不得不遣人到后金军营议和。三月,后金与朝鲜达

---

① 《清太宗实录》卷2,天聪元年正月丙子。

成平壤之盟，规定双方和好，各守封疆，朝鲜不得设防，不得收留满洲逃民，并向后金贡纳岁币。后金要求朝鲜断绝与明朝关系，为朝鲜拒绝。至四月，后金兵退出朝鲜。

后金通过武力征伐，暂时让朝鲜屈服，也打击了毛文龙势力，政治、军事上都有所收获。同时，后金从朝鲜得到大量财物作为岁币，与开互市，经济上也获得益处。但是，朝鲜君臣视被后金打败、订立盟约为耻辱，并没有真正屈服。对于盟约中规定的诸条款，朝鲜也不认真执行。后金要求的互市，朝鲜也打折扣。如，后金粮食短缺，要求朝鲜市粜。天聪二年(1628)正月，朝鲜国王李倧回复称，其国"仓库一空"，"今仅得米三千石，以副贵国之意"，"又开中江之市，通两国之货"，"交市者各从所愿，非可抑勒以致之也。贵国若欲多致米货，须平其价值，使自乐趋"[①]。朝鲜仍奉明朝正朔，与后金对立。

2. 统一漠南蒙古

元朝灭亡后，退居大漠的蒙古族分裂为鞑靼、瓦剌、兀良哈三部。明朝中期，鞑靼部达延汗逐步统一各部。明代后期，达延汗死后，蒙古族又分为漠南蒙古、漠北蒙古、漠西蒙古三大部。漠南蒙古包括察哈尔、科尔沁、喀喇沁、土默特、郭尔罗斯及喀尔喀(由漠北移来之部分)诸部。其中，察哈尔部势力最为强大，控制着辽河以西直至河套的广大地区。察哈尔部首领林丹汗驻营广宁(今辽宁北镇)以北，"士马强盛，横行漠南"，自称蒙古大汗[②]，致力于统一漠南诸部。后金兴起后，在辽沈地区与明朝、察哈尔部势力形成对立。明朝为了对付后金，拉拢察哈尔部，给林丹汗以大量封赏，"以西夷制东夷"。林丹汗接受明朝抚赏，经常骚扰后金。后金若要入关，必须征服漠南蒙古，尤其是强大的察哈尔部，免除西部、北部的威胁。

天聪元年(1627)三月，林丹汗以兵相逼喀尔喀。五月，喀尔喀奈曼、敖汗等部归附后金，皇太极给予隆重接待。察哈尔部的一些部落，也不堪林丹汗进犯和欺凌，投归后金。林丹汗感到后金的强大威胁，于是西迁到宣府(治今河北张家口)、大同塞外，进入喀喇沁、土默特等部游牧区。次年初，喀

---

① 《清太宗实录》卷 4，天聪二年二月庚寅。

② (清)福格：《听雨丛谈》卷 2《蒙古》。

喇沁部联合喀尔喀诸部等，与林丹汗大战于赵城(在今内蒙古呼和浩特地区)，林丹汗大败而逃。喀喇沁部致书皇太极，要求合击林丹汗。二月，皇太极率军进攻察哈尔多罗特部，大败之，俘获一万余人。此战打通了与喀喇沁部的通道，震动了漠南蒙古。七月，喀喇沁部归附后金。

天聪二年(1628)九月，皇太极率军会同漠南蒙古科尔沁、喀喇沁、喀尔喀诸部，征讨林丹汗。满、蒙联军连克林丹汗部军，追击至兴安岭，大胜而归。但因林丹汗已西迁，所以联军未能找到其主力。

天聪六年(1632)四月，皇太极再次集合科尔沁、喀喇沁、土默特、喀尔喀诸部，第二次亲征林丹汗。林丹汗闻讯，带领部众"弃本土西奔"，"尽渡黄河"①，逃至黄河及河套以西。皇太极率军越兴安岭，至大儿湖，知林丹汗远遁，追之不及，遂转向归化城(今内蒙古呼和浩特)。六月，皇太极自归化城回师。林丹汗部众在奔逃途中，或为后金收降，或归附明朝，所剩无几。林丹汗逃至青海，后因天花病死。

天聪九年(1635)二月，皇太极再次派出大军，挺进黄河河套地区，收抚察哈尔余部。三月，后金军在宣府附近的西喇珠尔格地方招抚了林丹汗大福晋囊囊，收降一千五百余户。大军继续前进，渡过黄河，最后在鄂尔多斯托里图地方，找到林丹汗三福晋苏泰及子额哲，额哲率部下一千余户归降，并献出传为元朝顺帝逃亡时携走的历代传国玉玺。九月，后金军凯旋，回到沈阳。

后金降服察哈尔部，实现了对漠南蒙古的统一，不仅解除了自己右翼威胁，而且漠南蒙古归附后金，也大大增强了后金力量。而明朝失去察哈尔部策应，其"以西夷制东夷"策略被终结，抵抗后金的力量大大削弱。

3. 进攻辽西与袭扰关内

如前所述，皇太极继位初，明辽东巡抚袁崇焕等人借与后金议和名义，加紧构筑锦宁防线。袁崇焕认识到，与后金军作战，"只有凭坚城、用大炮一策"，因此迅速遣将修缮锦州、中左所、大凌河三城，并"移商民，广开屯种"②，将防线由宁远前推二百里至锦州，进一步加强山海关外军事部署。

---

① 《清太宗实录》卷11，天聪六年四月乙酉。

② 《明史》卷259《袁崇焕传》。

天聪元年（天启七年，1627）五月，在征讨朝鲜胜利后，皇太极以明朝在辽西筑城屯田、没有议和诚意为借口，率军五万余人，进攻锦州、宁远。当时，右屯卫、大凌河城尚未修竣，驻守明军见势逃遁，后金军轻取二城，直趋包围锦州。锦州修筑完备，监军太监纪用、总兵赵率教率明军三万驻守。他们一面凭城固守，一面派人与后金议和，拖延时间，等待援兵。皇太极要求锦州投降，遭拒绝，遂下令攻城。赵率教等炮矢齐下，打得金军死伤累累。围攻半月，锦州城岿然不动。皇太极又从沈阳征调援兵，以一部继续包围锦州，自率主力围攻宁远，希望在宁远得手，再下锦州。宁远有袁崇焕驻守，早有准备。同时，明总兵满桂自山海关来援，驻于宁远城东。皇太极不顾手下反对，下令进攻，结果遭到满桂及袁崇焕城上红衣大炮等火器的猛烈打击。进攻两天，后金军损失惨重，皇太极营帐被炸毁，贝勒济尔哈朗等受重伤。皇太极只得撤军。经过锦州时，皇太极再次攻城，结果又遭到明军炮铳打击，伤亡极大。皇太极不得已，下令撤军回师。

宁锦之战，明军取得大胜，但朝中阉党却攻讦袁崇焕不救锦州。袁崇焕乞归，明廷以王之臣代为督师兼辽东巡抚。不久，明熹宗死，思宗继位，清除阉党，重新起用袁崇焕，擢为兵部尚书兼右副都御史，督师蓟辽，兼督登莱、天津军务。此时，明末农民大起义在陕西爆发，屡败明军。明朝内外交困，两线作战，因此思宗对袁崇焕充满期待，所请多允。袁崇焕许诺，“愿假以便宜，计五年，全辽可复”，即五年收复全辽。至辽后，袁崇焕迅速整顿兵备，使松弛的防务复见起色。总兵官毛文龙据皮岛，经常袭扰后金。但袁崇焕认为他专制欺罔骄横，用计斩之，不无失误，毛部“其后致有叛去者”①。

宁锦之败，后金军再次遭到重创。在驱走察哈尔部，漠南蒙古诸部归附以后，皇太极意识到，山海关、宁远、锦州防守坚固，不易攻克，因此决定绕道蒙古入关，“深入内地，取其无备城邑”②。天聪三年（崇祯二年，1629）十月，皇太极率军从沈阳出发，沿途会合蒙古科尔沁等部，到达蓟镇，从大安口、龙井关、洪山口分别进入长城。十一月，后金军克遵化，明巡抚王元雅兵败自杀。山海关总兵赵率教来援，尽被歼灭。皇太极统军直趋北京，北京戒严。后金军连克玉田、三河、香河，驻通州。袁崇焕带兵驰援，兼程赶至北京。两

① 《明史》卷259《袁崇焕传》。

② 《清太宗实录》卷6，天聪四年二月甲寅。

军在广渠门外激战，城上明军开炮助战，后金兵伤亡较大，退屯南海子。

其时，京中流传袁崇焕“纵敌拥兵”、“引敌胁和”流言。袁崇焕要求率兵入城，遭到朝廷拒绝。后金兵移营南苑，皇太极施反间计，令人故意靠近被俘的明朝杨姓太监耳语说：“今日撤兵，乃上计也。顷见上单骑向敌，敌有二人来见上，语良久乃去。意袁巡抚有密约，此事可立就矣。”不几天，后金故意放跑杨某，杨某立即将所谓袁崇焕通敌情报报告给明思宗。十二月，明思宗逮捕袁崇焕，指责他擅杀毛文龙，与后金和议，私通后金。随同袁崇焕驰援北京的锦州总兵祖大寿大惊，“率所部奔锦州，掠夺民物，毁山海关而出”①。次年八月，袁崇焕被杀。

随后，明朝任命总兵满桂为武经略，统领各路援军。皇太极与满桂战于永定门外，大败之，满桂战死。有将领提出乘势攻下北京，皇太极笑着说：“城中痴儿，取之如反掌耳。但其疆圉尚强，非旦夕所能破。得之易，守之难。不若简兵练旅，以待天命可也。”②十二月末，皇太极留下一封信致明思宗，重申议和，然后率军东退。天聪四年(崇祯三年，1630)正月，后金兵先后攻取永平、滦州、迁安、遵化四城，留阿敏据守，其余部队退回沈阳。不久，明军反攻，阿敏杀四城降官、降民，逃回沈阳。

天聪三年(崇祯二年，1629)袭扰关内之役，无论对后金，还是对明朝，都有较大影响。从后金来说，第一次将进攻明朝的战争从山海关外引进关内，熟悉了进攻路径和明朝虚实，为以后再次入关袭扰打下基础；用反间计杀袁崇焕，在战斗中斩杀赵率教、满桂等，使明朝辽左名将丧失殆尽，军威大振；后金在明朝内地大肆抢掠，满载而归，缓解了当时因灾荒带来的社会危机。从明朝来说，长城被突破，北京被包围，山海关宁锦防线再也挡不住敌军铁骑，国防危急，朝野惊恐；损兵折将，部队士气、战斗力都大大降低，《明史·袁崇焕传》谓：“自崇焕死，边事益无人，明亡征决矣”；西有农民起义军，东有后金军，明朝两翼作战，负担更重，难以应付；敌军掳掠，京畿残破，各地勤王，军费剧增，国库匮乏，加派于民，更加深了明朝的统治危机。

后金兵围北京，明朝起用大学士孙承宗兼兵部尚书，主持军事。天聪五年(崇祯四年，1631)，孙承宗督理辽东军务，驻山海关。明朝为了恢复辽东，

---

① 《清太宗实录》卷5，天聪三年十一月戊申、庚戌。

② (清)昭梿：《啸亭杂录》卷1。

下令筑大凌河城，再恢复右屯卫城，进逼广宁。七月，总兵祖大寿兴工筑大凌河城，运粮建舍。皇太极闻报，生怕城成后变为宁远、锦州之东又一座坚垒，遂亲率军往毁。八月，城工甫竣，后金军联合蒙古军，携新铸红衣大炮至。城中仅有兵马一万四千余人，但精锐能战，且配备大炮。吸取此前攻城屡为明军大炮所伤教训，皇太极表示："攻城恐士卒被伤，不若掘壕筑墙以困之。彼兵若出，我则与战。外援若至，我则迎击，于计为便。"①于是，他下令沿大凌河城掘长壕三道，将其与外界隔绝。同时，在大凌河至锦州间驻扎重兵，准备打援。皇太极多次劝降，均为祖大寿拒绝。祖大寿几次出击突围，皆未成功，遂困守城中。九月，明朝派遵化总兵吴襄、山海关总兵宋伟来援，被击败。至十月底，大凌河城内粮绝薪尽，杀人为食，析骸而炊，旦夕不能支。祖大寿力竭计穷，被迫出城投降。但他随后佯称往锦州为后金内应，终得逃还锦州。十一月，皇太极毁大凌河城，携缴获的炮枪等大量战利品回师沈阳。

后金兵围大凌河城之际，明朝登莱巡抚孙元化派参将孔有德及李九成之子千总李应元率兵千人往援。孔有德、李九成、耿仲明均为辽东人，原为毛文龙部下、义子，毛文龙死后，调归宁前兵备道孙元化。孙元化升登莱巡抚，三人分别为参将、偏裨、中军。十一月末，兵至吴桥，发生哗变，李九成遂与孔有德叛变，回军攻莱州、登州（今山东烟台）。崇祯五年（天聪六年，1632）正月，耿仲明在登州城内举兵响应，叛军遂占领登州。孔有德自称都元帅，李九成为副元帅，耿仲明为总兵官，铸印置官。叛军先后杀死两任登莱巡抚，势焰嚣张，关内督抚将官一筹莫展。八月，明朝被迫调来辽东祖大寿军，才解莱州围，进围登州。崇祯六年二月，孔有德、耿仲明率兵逃往海上，李九成先已突围战死。四月，孔有德、耿仲明携船六十余艘、兵丁家口一万三千余人投降后金。皇太极大喜，分授都元帅、总兵官，并许领其众，号天佑军。次年二月，广鹿岛副将尚可喜亦率兵丁三千余人投降后金。皇太极授为总兵官，号其军为天助军。

天聪八年（崇祯七年，1634）五月，皇太极再次向明朝发动入塞之战。这次，他选择的突破口是九边重镇宣府和大同。皇太极率军经过蒙古地区，漠南蒙古各部纷纷来会合。七月初，到达宣大地区，皇太极兵分四路，前两路

① 《清太宗实录》卷9，天聪五年八月戊申。

军由独石口、得胜堡入关,至朔州(今山西朔县)会师,后两路军由龙门、尚方堡入关,进攻宣府、应州(今山西应县)。后金军的一支,略保安州(今河北涿鹿)、延庆州(今北京延庆),明朝京师戒严,调辽兵来援大同。八月,皇太极率军攻克代州,赴大同,败明援兵。皇太极致书守卫大同的明总兵曹文诏,假意和议,遭拒绝,遂攻城,但数日不下。于是,后金军转攻怀远,后攻克万全左卫。闰八月,皇太极率军从尚方堡出边班师。这次入塞,后金军攻克城池甚少,但往来奔突于宣府、大同一带,"禾稼尽蹂躏,庐舍尽焚毁,台堡之人俘斩甚众,遇哨卒辄击败之,军威丕振,明之边吏震恐"①。

四、皇太极建立清朝

1. 皇太极建立清朝

天聪十年(崇祯九年,1636)四月,皇太极在沈阳正式即皇帝位,称"宽温仁圣皇帝",改国号为"大清",改元崇德(当年为崇德元年)。对此,《清史稿》概括说:"崇德元年夏四月乙酉,祭告天地,行受尊号礼,定有天下之号曰大清,改元崇德,群臣上尊号曰宽温仁圣皇帝,受朝贺。"②皇太极就是清太宗。这样,中国历史上最后一个封建王朝——清朝建立了。

皇太极为何改国号"金"为"清"?清代官方文献未作说明。后来学者有种种猜测,争论不已。民间有传说,当年努尔哈赤落难,骑一匹青色马逃跑,后面追兵很急,努尔哈赤骑着马昼夜逃跑,结果把青马累死。努尔哈赤非常伤感,说:"将来我得天下,国号就叫'大清'。"这是个传说,不必当真。历史上,女真人曾建立金朝,统治了半个中国,辉煌一时。当初,努尔哈赤建立政权,自诩为金朝后裔,因此用"金"作国号,表示自己继承金朝辉煌事业,同时也用来团结各部女真人。皇太极继位后,经过十余年征讨和经营,君主专制统治日益巩固和加强,后金国力更加强大,历代传国玉玺也为其所获,所谓

---

① 《清太宗实录》卷20,天聪八年闰八月庚寅。

② 《清史稿》卷3《太宗本纪二》。

“征服朝鲜，混一蒙古，更获玉玺，受命之符，昭然可见”①。皇太极已经不满足于继承金朝，为地处一隅的女真族首领，而是要建立新的国家和朝代，取明朝而代之，做天下共主了。为此，他否认为金后裔，以避免汉族人“以宋为鉴”。他也不愿意再把自己看作是曾被由蒙古人建立的元朝灭亡的金国女真人后代。而要建立新的国家和朝代，沿用“金”的国号显然不合适。“清”为“金”的汉字转音，二字读音相近。于是，皇太极和臣僚们选择“清”作为新国号，以示开创新的纪元。

努尔哈赤起初称“汗”，皇太极即位前期沿用，因为在女真族概念里，“汗”等同于“皇帝”。但是，在汉族传统里，“汗”是用来指称边境少数民族首领的，而“皇帝”才是天下共主。皇太极建号“大清”，也不再称“汗”，而是改称“皇帝”，因为他要做天下共主。“汗”的称号，以后被他封给外藩蒙古王公。此前，天聪八年四月，他已改沈阳为“盛京”，袭用中原一统王朝首都称“京”的习惯。

四月十一日，皇太极率群臣祭告天地，然后举行上尊号、建国、改元大典，正式宣布建立清朝。次日，清太宗到太庙追尊祖先。第三日，定宫殿名。四月二十三日，分封诸兄弟子侄，册封大贝勒代善为和硕礼亲王，贝勒济尔哈朗为和硕郑亲王，墨尔根戴青贝勒多尔衮为和硕睿亲王，额尔克楚虎尔贝勒多铎为和硕豫亲王，贝勒豪格为和硕肃亲王，岳托为和硕成亲王，阿济格为多罗武英郡王，杜度为多罗安平贝勒，阿巴泰为多罗饶余贝勒。又分封蒙古诸贝勒以亲王、郡王等。二十七日，封孔有德为恭顺王，耿仲明为怀顺王，尚可喜为智顺王。

2. 继续改革和完善各项制度

清太宗继续更定官制。崇德元年（崇祯九年，1636）五月，他仿照明朝制度，设立都察院。他给都察院规定的职责是：“凡有政事背谬，及贝勒大臣骄肆慢上者，许直言无隐。”②即行使劝谏、弹劾、纠察职权。清太宗在中央官制上的创新，是设立理藩院。明朝处理少数民族事务，主要由礼部负责。皇太极继承汗位后，漠南蒙古各部纷纷归附，后金与蒙古上层结为紧密政治、

---

① 《清太宗实录》卷28，天聪十年四月己卯。

② 《清史稿》卷115《职官志二》。

军事联盟。崇德元年六月,清太宗创设蒙古衙门,专门负责处理蒙古事务。至崇德三年七月,蒙古衙门改称理藩院,地位与六部平行。六部与都察院、理藩院合称八衙门,是在参酌明朝制度基础上建立的基本完整的国家机构,清朝专制主义中央集权政治体制大体确立。

与此同时,清太宗完善八旗制度。天聪年间,在满洲八旗的基础上,增设蒙古八旗、汉军旗。到了崇德年间,归附汉军、汉人大量增加。崇德二年(1637)七月,清太宗将汉军旗分为两旗。崇德四年,扩编为四旗。崇德七年六月,又扩编为八旗。这样,汉军八旗正式成立。八月,应孔有德、耿仲明、尚可喜请求,将其所领部众归并汉军兵少之旗。

此前,天聪六年(1632),皇太极命达海改进无圈点满文(老满文)。老满文在女真地区推行三十余年,对后金的发展和巩固、女真民族的团结和凝固都起了很好的作用。但是,老满文也有许多不足,如字母数量少,清浊辅音不分,上下字无别,语法不规范,字形不统一等。达海"承命寻绎,字旁回圈点,又以国书与汉字对音,补所未备","犹不能尽协,则以两字合音为一字","国书始大备"[①]。此即新满文,其创制对满族共同体的形成起了积极推动作用。

至天聪九年,皇太极又改族名女真为满洲。为什么叫满洲呢?有的说是人名,有的说是地名,有的说是部名,即努尔哈赤所在部落当初就叫满洲(建州是明朝人对他们的称呼),有的说是佛名,始终是一个谜。不过,从此满洲族(简称满族)名称正式出现在中华和世界的史册上。

五、清军入关袭扰与松锦之战

皇太极建立清朝以后,又三次派兵入关,袭掠明朝京畿乃至山东一带;发动松锦之战,消灭明朝在辽东的主力。

1. 清军入关袭扰

崇德元年(崇祯九年,1636)五月,清太宗命军第三次入关。师出前,他对统领清兵的武英郡王阿济格等说,明朝城池度可取则取,不可取则不取,

① 《清史稿》卷228《达海传》。

得到俘虏，不论多少，尽快送回。六月，阿济格等从独石口分三路入长城，大掠八日，会师于延庆州。七月，清兵攻克昌平，巡关御史王肇坤战死，总兵巢丕昌投降。明思宗大为惊恐，再次传檄各地入京勤王。但清军无意攻打北京，而是转趋良乡，先后攻克宝坻、定兴、房山、文安、永清、雄县、顺义、安肃、安州、容城等。明朝督师兵部尚书张凤翼、宣大总督梁廷栋惧不敢战，尾追而不敢近，日服大黄而求死。九月，清军自建昌路冷口关出边，满载而归。出关时，清军又在木牌上大书“各官免送”字样，嘲讽和戏弄明朝将兵。清军这次入关两月余，蹂躏京畿，“明人震詟，莫敢逆拒”，“克十二城，凡五十六战皆捷，共俘获人口牲畜十七万九千八百二十”①。

崇德三年（崇祯十一年，1638）八月，清太宗派多尔衮、岳托各率一军，第四次入关袭扰。九月，两路清兵分别从密云东北墙子岭口、青山关毁墙而入。明蓟辽总督吴阿衡、总兵吴国俊仓促应战，均败殁。清兵越迁安，过丰润，会于通州河西，直抵北京近郊。然后，清兵自涿州分兵八路，一路沿太行山西进直指山西，一路沿运河南下攻取山东，其余六路纵横山河之间。清兵攻城略地，连克诸府县，明朝宣大总督卢象昇战死于巨鹿贾家庄。崇德四年正月，清军渡过运河，经临清，包围济南。济南无备，为清军轻取，德王被俘。然后，清军转攻济宁、临清、兖州等地。时明朝大学士刘宇亮督师，会师十八万于晋州，惧不敢进。三月，清军出青山口班师。这次入关，清军横行京畿、山东地区，败明军五十七阵，攻克济南府并三州、五十五县、二关，斩明朝二总督及以下将领甚众，又生擒德王等，俘获人畜计四十六万二千余，金银百余万两。

松锦之战后，一些汉官建议乘胜直取北京，定鼎中原。但是，清太宗指出，“取燕京如伐大树，须先从两旁斫削，则大树自仆。朕今不取关外四城，岂能即克山海？”②他认为，明朝这棵大树还不会马上就倒，尚须斫削其根茎枝叶。崇德七年（崇祯十五年，1642）十月，清太宗命贝勒阿巴泰率领八旗满洲、蒙古、汉军之半，会合蒙古喀喇沁等部，共八万余骑，第五次入关袭扰。十一月，清军分两路从界岭口（今河北迁安与抚宁交界处）、黄崖口进入长城，明朝军民闻风溃逃。清军一路所向披靡，连克蓟州、迁安、三河，分趋通

① 《清太宗实录》卷31，天聪元年九月己酉。

② 《清太宗实录》卷62，崇德七年九月壬申。

州、天津。明朝京师戒严，调各地兵来援。清军深入内地，克霸州、文安，向山东进发。闰十一月，攻占明朝漕运重镇临清，明朝总兵刘源清兵败自杀，前宣大总督兵部右侍郎张宗横等被杀。然后，清兵分五路，进攻东昌、馆陶等地。十二月，攻克兖州，鲁王被俘自杀。清军继续向南进攻，先后攻克沭阳、丰县、赣榆等县。崇德八年，清军回攻山东、北直隶，逼近京畿。四月，大学士周延儒自请督师，思宗又调蓟辽总督赵光抃、关外督师范志完堵截。但周延儒驻通州，惟与幕客饮酒娱乐，不敢一战，却每天报捷。赵光抃等与清军战于密云，两总兵战殁，"八镇兵皆溃"。五月，清军合攻墙子岭，斩关而出。明思宗追论，周延儒赐死，赵光抃、范志完弃市。这次入关袭扰，清军连败明朝各路兵三十九次，诛杀总兵五员，克三府、十八州、六十七县，归顺者一州五县，共俘人畜九十二万三百，袭扰范围、破坏程度都大于前四次，明朝"兵势大衰，人心震恐，东西逃窜"，"力莫能支"①。

清军数次迂道入关袭扰，将明朝长城防线轻易打破，精兵宿将歼灭殆尽，军民士气摧毁无余，人口财富大量掠夺，大大削弱了明朝的政治、经济、军事实力，为李自成农民军推翻明朝统治、清军入关统一中原打下了基础。但是，清军一再入关袭扰，肆意杀掠，给内地广大人民带来重大灾难。

2. 松锦之战

在派兵入关袭扰抢掠的同时，清太宗也没有停止对明朝关外锦宁防线的进攻。对于清朝来说，锦宁防线坚横在前，虽然每次迂道从北部蒙古入关，袭扰明朝可达千里，但是攻城略地后，还得退回关内。要想稳居辽东，甚至进一步入据中原，都必须打破锦宁防线，夺取山海关。从明朝来说，辽东已失，若想保住辽西，并扼制清朝西进、北来，进而恢复辽东，则必须保住锦宁防线，因此集中了辽东精锐部队驻守。锦宁防线以山海关为依托，宁远为中坚，锦州为前锋。崇德五年(崇祯十三年，1640)二月，清太宗接受汉族降官祖可法等人建议，决定采用"剪枝"之术，先攻取关外的锦州、宁远。三月，他派济尔哈朗、多铎率军前往锦州北九十里的义州屯田，割锦州周围庄稼，对锦州加以围困。五月，清太宗又下令，将围城清兵分作几班，轮班戍守。次年三月，清军在锦州城外大挖深壕，严密包围，并调来炮兵，准备再次围城

---

① 《清太宗实录》卷65，崇德八年七月丁巳。

打援。

此时，明朝负责辽东防务的是兵部尚书总督蓟辽军务洪承畴。洪承畴，万历进士。崇祯年间，在陕西镇压农民起义有功，历官至陕西三边总督，加太子太保、兵部尚书。崇祯十一年（崇德三年，1638），清军入关袭扰，被征调入卫京师。第二年春，移为总督蓟辽军务，主持辽东防务。锦州守将，则是前锋总兵祖大寿。清军驻义州，围锦州，洪承畴急忙派兵往援，双方互有胜负。崇祯十三年（崇德五年，1640）七月，明军将粮食运进锦州，并在附近的塔山、松山、杏山驻兵存粮。洪承畴见清军势盛，要求朝廷集兵十五万，存一年粮才能与战。次年春，清军大筑深壕，将锦州围成铁桶，朝廷屡催洪承畴进兵解围。七月，洪承畴不得已率领调集来的九边精锐十三万，自宁远来救锦州。洪承畴留粮饷于锦州西南三十里杏山和塔山笔架山，自己领兵六万，进至锦州城南十八里松山城北乳峰山，与围城的多尔衮军作战，败之。

八月，清太宗闻听明援军至松山，乃亲统大军自沈阳赶至宁锦前线。他"陈师于松山、杏山之间，横截大路驻营"①，筑深壕三道，包围松山的洪承畴大军，切断其与后方杏山、塔山联系。他又派兵进攻塔山，夺笔架山明军粮饷。洪承畴见后路被断，大惧，率诸将退遁。但是，明军兵将失律，争奔而逃，结果被清兵斩杀五万余人，洪承畴仅带万余人退入松山城。皇太极乘势包围松山、杏山、塔山。清军围困松山达半年之久，洪承畴多次突围，均被击回，城中糗粮罄绝，人皆相食。崇德七年（崇祯十五年，1642）二月，清军以明军松山副将夏承德为内应，攻破松山，洪承畴被俘，后降清。当时，北京传说洪承畴不屈被杀，明思宗还下令，为洪承畴建祠赐祭。

攻克松山后，清太宗又对祖大寿加以劝降。祖大寿困守锦州，至此也援尽粮绝。三月，祖大寿降清。四月，清军连破塔山、杏山两城。

此后，明军在关外主力尽失，明朝与清朝在辽东的争夺接近尾声。

六、征服朝鲜与统一黑龙江流域

建立清朝后，清太宗不仅在中原、辽东与明朝展开争夺，而且出兵征服

---

① 《清太宗实录》卷 57，崇德六年八月壬戌。

朝鲜,使其成为清朝藩属国,经营黑龙江流域,基本统一整个东北地区。

1. 征服朝鲜

天聪年间一征朝鲜后,朝鲜并没有真正屈服。他们仍奉明朝为宗主国,助明朝对抗后金。天聪十年(1636)二月,皇太极称帝前,派人到朝鲜,希望朝鲜也能遣使前来,共同拥戴他即位。但朝鲜敌视后金,争击其使团,后金使团怒而离开。朝鲜国王李倧为缓和矛盾,遣使到后金道歉。四月十一日,皇太极举行即皇帝位大典,满洲、蒙古、汉官行三跪九叩之礼,而朝鲜使臣则坚持不参拜,在旁的八旗贝勒等拳打脚踢,朝鲜使臣衣冠尽破,终不屈腰。清太宗即位后,下令朝鲜送子弟到清朝为质,又遭拒绝。于是,他决定征服朝鲜,并攻灭皮岛明军。

清太宗先以征明为名,调集清朝及蒙古各部兵十万。崇德元年(1636)十二月,清军突然剑指朝鲜,多尔衮、豪格领左路,由宽甸入长山口,清太宗、代善领右路,从镇江渡鸭绿江入朝鲜。朝鲜准备不足,清军一路疾进,连克义州、定州,占领王京。李倧将宗室嫔妃送往江华岛,自己逃往汉江南岸南汉山城。清军包围南汉山城,击败来援的朝鲜军队。崇德二年(1637)正月,李倧被迫投降,接受清朝条件,包括改奉清朝正朔;国王以世子、大臣以子弟为质,送往清朝;清朝征明时,朝鲜调兵从征;新旧城垣,不许再筑;每年向清朝进贡金银米布等若干。二月,清太宗先行班师,而令将往攻皮岛。四月,清军攻取皮岛,拔除了明朝在辽东沿海的最后一颗钉子。至此,清朝完全征服朝鲜,朝鲜成为清朝藩属国。

2. 统一黑龙江流域

明朝后期,黑龙江流域居住着众多民族部落。努尔哈赤起兵后,用兵东海女真,将散布于松花江、黑龙江流域的女真人统一起来。但是,对于黑龙江流域的其他部族,努尔哈赤还无暇顾及。皇太极继位后,认为女真(满族)与黑龙江流域诸民族为一体关系,指出“此地人民,语音与我国同”,“本皆我一国之人”①。天聪前期,皇太极忙于征伐东面的朝鲜、西面的蒙古、南面的明朝,也无暇北顾。

---

① 《清太宗实录》卷21,天聪八年十二月壬辰。

后金的崛起，引来黑龙江流域各部族归附。早在天命十一年（1626）十二月，就有“黑龙江人”来朝，进贡方物。天聪元年（1627）十一月，萨哈尔察部落来朝，贡貂皮等。萨哈尔察部，为居住在精奇里江至黑龙江汇合处的达斡尔族。天聪五年六月，“黑龙江地方”伊扎纳等来朝。七月，居住在黑龙江中下游的虎尔哈部来朝，贡方物。其后，天聪七年六月、十一月，居住在黑龙江下游的东海使犬部、萨哈尔察部先后来朝贡。天聪八年正月，“黑龙江地方”羌图里、嘛尔干来朝贡。五月，“黑龙江地方头目”巴尔达齐来朝贡。巴尔达齐是达斡尔人，为索伦部重要首领，索伦部是当时对黑龙江中上游的鄂温克、达斡尔、鄂伦春等族的总称。巴尔达齐归附后，几乎年年带领索伦各部首领来朝贡。皇太极嘉奖其内附，将皇族女嫁给他，招为额驸。巴尔达齐得到后金（清）的支持，成为索伦部大首领。

但是，黑龙江流域还有不少部族不向后金朝贡，没有归附。天聪后期，在对蒙古、明朝、朝鲜都取得很大胜利的基础上，皇太极决定对诸部族加以剿抚，使其归顺。天聪八年（1634）十二月，皇太极派兵二千五百人，往征索伦部。至次年四月，清军共收服编户壮丁二千四百余人，人口七千三百余人，及马、牛、貂皮等特产若干。在后金军威慑下，索伦部各部族争相来朝贡，表示归顺。

在索伦诸部中，另一位重要首领为博穆博果尔。博穆博果尔为乌鲁苏穆丹屯长，精于骑射，黑龙江南北诸城屯俱附之。崇德二年（1637）四月、三年十月，他迫于形势，两次来清朝朝贡。此后，他便不再朝贡，拒绝归顺。清太宗虑其势盛不可制，遂于崇德四年十一月，派军前往黑龙江上游征讨。清军连克雅克萨、乌库尔、铎陈、阿萨津、多金诸城，博穆博果尔领兵六千来战，清军设伏败之，斩杀甚众，博穆博果尔逃走。战斗中，清军得到巴尔达齐所率诸部屯的配合。至崇德五年三月，清军共俘获男子三千一百余名，妇幼三千八百余名，马、牛、貂皮等若干。后来，所获男妇均隶八旗，编为牛录。

崇德五年（1640）七月，为擒获博穆博果尔，清太宗再次派兵出征。他扬言派军到黑龙江追捕博穆博果尔，而实际上暗中令蒙古诸部精选兵将，秘密从蒙古北边出击。博穆博果尔闻讯北遁，正好撞上蒙古兵将，遂被擒获，包括其部众九百五十六口，马、牛八百余。崇德六年正月，博穆博果尔被押解回盛京。

崇德八年（1643）三月，清太宗又派兵征讨虎尔哈部。清军攻克波和理、诺尔噶尔、都里三屯，招降小噶尔达苏、大噶尔达苏、绰库禅、能吉尔四屯。七月，清军回师盛京，共携所俘获、归顺男妇二千五百余人，牛、马等四百五十余，貂皮等若干。皇太极下令，将男子按丁披甲，编入八旗。

至此，清朝基本完成对黑龙江流域的统一，这是继辽朝以来对黑龙江流域最为有效的管辖。整个东北地区，除辽西个别城镇外，已尽属清朝所有。

七、太宗之死与世祖继位

1. 太宗之死

崇德八年(1643)八月初九，太宗皇太极在盛京皇宫去世，在位十七载，年五十二。《清太宗实录》记载说："是夜亥刻，上无疾端坐而崩。"[①]清代的官修史书，也都记载皇太极是无疾而终。

其实，清太宗是病死的。他从小身体很好，到中年有些肥胖，出征时穿戴较重铠甲，连坐骑也承受不了。他有两匹喜爱的白马，乘小白只能日行百里，乘大白才五十里。由于一生劳累，精神长期处于紧张状态，他患上高血压。从崇德五年(1640)起，病况频频发生。崇德六年八月，松锦大战前夕，洪承畴带大军来援锦州，前线告急。清太宗立即调集兵马，定于八月十一日亲征。不想，他患病鼻子出血，被迫推迟出征。至十四日，鼻血仍不止。他带病出征，三天后才好转。九月，他宠爱的宸妃病亡，清太宗从前线赶回，悲悼不已，致使情志不舒，痰火上升，头晕目眩。崇德八年正月至四月，实录中多次出现他"圣躬违和"的记载，可见高血压、中风病连续发作。清朝还曾向朝鲜表示，"皇帝病风眩，愿得竹沥，且要见名医"[②]。至八月九日晚，清太宗中风发作，猝然而死，生前未能实现夺取全国政权的愿望。

2. 世祖继位

清太宗皇太极生前，没有指定继承人。他有十余位兄弟，还有十一个儿

---

① 《清太宗实录》卷65，崇德八年八月庚午。

② 《朝鲜李朝实录中的中国史料》上编卷58，仁祖二十一年四月己巳。

子。在他死后，诸王贝勒大臣等只顾办理丧事，一时谁也没有提出选择新皇帝的问题。但是，在人们心目中，主要的人选有两位，一位是清太宗的弟弟睿亲王多尔衮，一位是清太宗的长子肃亲王豪格。多尔衮是努尔哈赤的第十四子，为努尔哈赤晚年所偏爱。努尔哈赤死，多尔衮或许就能继位，但后来汗位为兄皇太极获得。皇太极对多尔衮十分器重，不断提拔重用。多尔衮多才多智，英勇超群，屡立大功，清太宗封为睿亲王，地位远在诸兄弟子侄之上。多尔衮与同母兄弟阿济格、多铎领有两白旗，是其支持者。豪格为清太宗长子，时年三十五岁，大多尔衮三岁，领有正蓝旗。豪格多次统兵征战，屡立战功，清太宗封为肃亲王。豪格不仅能战，且有谋略，也位高权重。豪格得到清太宗生前亲自统领的两黄旗坚定支持，诸王贝勒不少人也主张拥立他为帝。显然，由豪格来继承皇位顺理成章。但是，多尔衮觊觎皇位。皇位是长子继承，还是兄终弟及，皇室旗主内部意见不一。

八月十三日，清太宗死后第四天，多尔衮首先在三官庙召见两黄旗实力派人物索尼，询问意见，争取支持。不想，索尼明确表态说，先帝有诸皇子在，必立其一。多尔衮碰了钉子不死心，第二天又召集诸王大臣讨论。两黄旗大臣效忠清太宗，发誓拥护豪格继位，两旗禁军还包围会场。会上，索尼等两黄旗大臣首先发言，要求豪格承继大统。多尔衮以八和硕贝勒共议国政、外人不得与闻为借口，将索尼等外姓大臣赶走，只留下诸王继续讨论。礼亲王代善、郑亲王济尔哈朗先后发言，都支持豪格。不料，豪格却说："福下德薄，非所堪当"，竟告辞而去。豪格性格柔弱，此举可能是假装谦让。多尔衮顺势说，豪格让退，没有继统之意。于是，英亲王阿济格、豫亲王多铎提出由多尔衮即位，多尔衮惮于诸王态度和两黄旗势力，正犹豫不决。多铎又自荐为帝，说：若不允，当立我，我名在太祖遗诏中。多尔衮斥责道：肃亲王也有名，不独是你。这样，把豪格、多铎都排除在外。多铎转而请立代善。代善老成持重，拒绝拥立，并怒而退出会场。这时，两黄旗大臣张弓拔剑，要求立太宗之子，并以死相威胁。

多尔衮知道自己继位已无望，但又不愿豪格继位，于是提出一个折中方案，即由清太宗第九子、六岁的福临继位，而以自己及郑亲王济尔哈朗共同辅政,分掌八旗军兵。待皇帝"年长之后,当即归政"[1]。这一方案,为各方所接受。一场剑拔弩张、一触即发的皇位争夺斗争,竟戏剧性地和平落幕,清朝政权实现了和平过渡。崇德八年(1643)八月二十六日,福临登基,明年改元顺治,为清世祖。清军入关,清朝统一全国,已指日可待。

---

① (朝鲜)佚名:《沈馆录》卷6《沈阳状启》。

第三讲

清军入关和统一中国

顺治元年(崇祯十七年,1644),明末农民起义推翻了腐朽的明王朝统治,清军入关,定都北京。顺治年间,以多尔衮、清世祖为首的清朝最高统治者镇压农民起义,攻灭南明诸政权,统一了中国大陆。

一、农民起义推翻明朝统治

明朝天启、崇祯年间,在清军不断入关侵掠的同时,陕西、河南等地也爆发了李自成、张献忠等领导的反抗明朝黑暗腐朽统治的大规模农民起义。

明朝自万历以来,皇帝怠于政事,宦官专权擅政,廷臣党争攻讦,贪官污吏横行不法,政治日趋黑暗腐朽;土地兼并剧烈,赋役和加派沉重,私派私征更高于正赋,农商交困;自然灾害频发,民不聊生,明朝"溃败决裂,不可振救"①。尤其是陕西地区,地瘠民穷,官吏贪横。延绥巡抚朱童蒙等为阉党余孽,贪酷不知恤民,对穷苦百姓敲骨剥肤,以充私囊。宗室秦、韩等四王占有大量土地,军民佃以为业,有租复有赋,百姓赋税负担沉重。明朝在陕西设有延绥、宁夏、固原三镇,驻重兵以抗击蒙古,运粮筑城之役倍于他省,所谓"陕西外供三镇,内给四王,民困以极"②。而且,明朝后期,国库匮乏,边镇缺饷,贫困军士经常溃变逃散。加上连年灾害频发,农商破产,民不聊生,

---

① 《明史》卷21《神宗本纪赞》。

② 《明史》卷16《秦王传》。

流离失所。饥民与贫军“相聚为盗”,明末农民大起义首先在陕西爆发。

天启七年(1627)三月,陕西白水王二等不堪忍受澄城知县张斗耀的催征逼敛,聚众起义,揭开了明末农民大起义的序幕。次年,王嘉胤起义于府谷,不粘泥起义于西川,王自用起义于延川,王左挂起义于宜川,高迎祥起义于安塞,陕西各地饥民贫军纷纷起义,在十余年战斗中,逐渐形成李自成、张献忠两股势力强大的农民起义队伍,征战于陕西、河南、山西、湖北、湖南、四川等地,屡败明朝官军。

李自成,陕西米脂人。幼时家贫,为人牧羊。天启末,充当驿卒。崇祯三年(1630),参加明末农民起义。后投闯王高迎祥,称闯将。高迎祥战死,遂称闯王。率部避开明朝官军“四正六隅”包围圈,屡败明军。后进入河南,提出“均田免粮”等口号,得民众拥护。崇祯十四年,克洛阳,杀福王朱常洵,势力大振。张献忠,陕西延安人。供役为捕快、边兵,崇祯三年在米脂起义,自号八大王。曾合兵破凤阳,焚明皇陵。崇祯十四年,率军破襄阳,杀襄王朱翊铭,明督师杨嗣昌畏罪自杀。这一时期,后金(清朝)崛起,明朝在辽东战场连吃败仗,不得不把大批强将精兵调往辽东,两面作战,腹背受敌,疲于应付,中原地区的农民起义军势力遂得迅速发展。崇祯十六年正月,李自成在襄阳建立新顺政权。十七年正月,李自成又改西安为西京,建国号为大顺,改元永昌。同时,崇祯十六年五月,张献忠在武昌称大西王。

崇祯十七年(1644)二月,李自成亲率主力,渡过黄河,兵指太原,明军望风投降。占领太原后,大顺军兵分两路,一路东出固关,趋大名、真定;李自成亲率主力,克忻州、代州、大同、宣化,由北路下居庸关。明思宗征天下兵勤王,调驻守宁远的辽东总兵吴三桂等率兵入卫。但是,还没等各地勤王兵到,三月十七日,李自成南北两路大军已先后到达北京城外,包围北京,明朝守城部队四溃而散。十八日,太监曹化淳开彰义门投降,大顺军占领北京外城。明思宗知道凶多吉少,让太子等换上旧衣服出宫,希望能够逃脱,以后再报仇。他逼皇后周氏自杀,又用剑砍死昭仁公主,砍伤长平公主,说:“汝何故生我家!”[①]然后他也换了衣服,带太监等突围。守城太监不明就里,矢石相向。十九日凌晨,突围无望后,明思宗登上万岁山(煤山,即景山)自缢而死。十九日上午,大顺军攻开内城各城门,进入北京。明朝宣告灭亡。

---

① 《明史》卷121《长平公主传》。

李自成进入北京后，废除明朝政治制度，实行大顺官制，国中大事由李自成与刘宗敏、李过等议定；挑选、留用一些明朝官员，开科考试举人；由刘宗敏、李过等主持向官员富户“追赃助饷”，“无论用舍，俱责输纳”，勒令他们献出剥削贪贿而来的金银，“阁臣十万，京堂、缇帅七万，科道、铨司五万或三万，词林三万或一万，各部曹以下亦千计，勋戚无额，人财并尽”，“如云不办，即严拷勒”①。同时，大顺政权又派出州县官员到占领区的畿内和河南、山东各州县任职，推行“均田免粮”和“追赃助饷”。

不可否认，李自成农民军在北京、山东等地“追赃助饷”、“均田免粮”有其积极意义。但是，他们却因剥夺和拷掠原来的明朝贵族官员、大小地主，而使自己陷于孤立，得不到他们的支持，而与大顺军为敌。大顺军在北京追饷得银七千余万两，也没有用以赈济京城及各地贫民，不利于争取人民的拥护。更重要的是，对四面强劲之敌，特别是东北的清朝和江南的明室残余，大顺军领导者们缺乏清醒认识，骄躁轻敌，甚至认为山海关是弹丸之地，“不足当京师一角，用脚尖踢倒耳”②；江南地区不需重兵进攻，可传檄而下。北京城内忙于筹备李自成的登极大典，将领军士们沉湎酒色，“追赃”积财，准备还乡。

二、多尔衮决策进关和迁都北京

1. 多尔衮决策进关

清世祖继位时，定制由济尔哈朗与多尔衮共同辅理国政，济尔哈朗排名在多尔衮前，但济尔哈朗的军功、谋略、治国才能都不如多尔衮。到顺治元年(1644)正月，济尔哈朗就自居其次，以多尔衮为首。《清世祖实录》记载，济尔哈朗集内三院、六部、都察院、理藩院堂官谕曰：“嗣后凡各衙门办理事务，或有应白于我二王者，或有记档者，皆先启知睿亲王。档子书名，亦宜先书睿亲王名。其坐立班次，及行礼仪注，俱照前例行。”因此，当时实际主政

---

① (清)谈迁:《国榷》卷100，崇祯十七年三月甲寅。
② (清)张怡:《谀闻续笔》卷1。

者是多尔衮。

多尔衮等清朝最高统治者在经理皇太极之丧、拥立福临即位后,没有停止进攻明朝的步伐。他们决定,攻取宁远至山海关之间残存的明军中后所、中前所、前屯卫三个小城,进一步孤立宁远、山海关,为进兵中原做准备。崇德八年(崇祯十六年,1643)九月,清朝命济尔哈朗、阿济格率军,越过宁远,包围中后所城。经过一天激战,“随拔其城”,擒斩明军游击吴良弼等及马步兵四千五百人,俘四千余人。清军转攻前屯卫城,克之,斩明总兵李赋明、袁尚仁等及兵四千余级,俘获二千余人。又攻中前所,明总兵黄色弃城而遁,清军遂拔中前所,俘获千余人。至此,宁远成为关外孤城,处于清军严密监控之下。但是,清军并没有立即进攻宁远,而是希望以守将吴三桂的舅父祖大寿等降清将领来招降宁远,以收不战而取之效。

清朝对关内农民军的动向和进展有一定的了解。早在崇德七年(崇祯十五年,1642)十月,清太宗命阿巴泰第五次入关袭扰时,就嘱咐说,如果在关内遇到“流寇”即农民军,要善待他们。如果他们派来使者或有书信,要尽快带回来。显然,清太宗希望与农民起义军合作,一起对抗明朝。但当时农民军兵锋还未发展到京畿一带,所以双方没有接触。顺治元年(崇祯十七年,1644)正月,多尔衮又遣使携书到陕西榆林,向李自成农民军寻求联合伐明。但李自成没有理睬,遂使多尔衮这一谋划落空。

崇祯十七年(顺治元年,1644)二月,大顺军经由山西、河北向北京进军,明思宗急令辽东总兵吴三桂放弃宁远,入京勤王,并封三桂为平西伯。吴三桂,祖籍南直隶高邮,辽东人。其父吴襄,天启武进士,初隶祖大寿部,娶其妹,官至宁远总兵。崇祯十七年正月,吴襄被起用为中军府都督,提督京营。李自成攻占北京后,吴襄被俘。三桂自幼习武,中武举,承父荫授都督指挥,历官游击、副将。崇祯十二年七月,以二十七岁授宁远团练总兵,成为明朝在辽东抗清的重要将领。清朝曾多次对其招降,均被拒绝。崇祯十七年三月,吴三桂奉命放弃宁远,撤军向北京进发。多尔衮闻讯,马上下令修整军器,储粮秣马,准备大举征讨明朝。

四月初,范文程上进取中原策,认为清朝将与农民军争夺天下,希望清军严明纪律,收服中原。他说,“明之受病种种,已不可治”,“我国虽与明争天下,实与流寇角也”,“当申严纪律,秋毫勿犯”,“而官仍其职,民复其业,录其贤能，恤其无告”，“则大河以北，可传檄而定也”[①]。不久，农民军占领北京、明朝灭亡的消息传到盛京，多尔衮立即召开会议，商讨对策。范文程在会上说：“闯寇涂炭中原，戕厥君后，此必讨之贼也。虽拥众百万，横行无惮，其败道有三：逼殒其主，天怒矣。刑辱缙绅，拷劫财货，士忿矣。掠人货，淫人妇，炎人庐舍，民恨矣。备此三败，行之以骄，可一战破也。我国上下同心，兵甲选练，声罪以临之，恤其士夫，拯其黎庶。兵以义动。何功不成？”[②]范文程强调，清军与农民军争夺天下，农民军必败，清军必胜。范文程的分析，坚定了多尔衮进军关内的决心。四月初八，清世祖授多尔衮以“奉命大将军”印，令代统大军，往定中原。初九，多尔衮统率约占三分之二的满洲、蒙古八旗兵和降将孔有德、耿仲明、尚可喜等汉军，离开盛京西行，准备仍绕道蒙古，进攻中原。

2. 吴三桂降清与山海关之战

三月二十日，吴三桂率宁远军到达丰润，得知明思宗自杀，李自成已占领北京，立即退驻山海关。李自成命其父吴襄写信招降，许封为侯，得吴三桂允诺。李自成遂派将领带白银四万两犒师，调两万起义军去山海关接防。吴三桂缟素为思宗治丧，然后率军由永平（今河北卢龙）来京，准备投降农民军。途中，遇到从北京逃来的家人，得知大顺军拘禁了他的父亲，家被抄掠。尤其是，大顺军首领刘宗敏将其爱妾陈圆圆夺占，顿时勃然大怒，感到奇耻大辱，立即下令部队停止前进，返回山海关，击败接防的农民军，举兵反大顺政权。清初诗人吴伟业的著名长诗《圆圆曲》中说：“恸哭六军俱缟素，冲冠一怒为红颜”，就描述了吴三桂因为明朝灭亡、爱妾被掳而与大顺军反目之事。

四月十二日，李自成召集诸将，商议征讨吴三桂。大将刘宗敏、李过等人耽乐已久，迟疑不应。十三日，李自成遂亲率大军六万，号称二十万，带着吴襄，仓促东征。吴三桂思忖不敌，就派副将杨坤、游击郭云龙向多尔衮请兵，助其“讨贼”，抵抗大顺农民军。四月十五日，清军师次翁后（今辽宁阜新），遇到吴三桂的请兵使者。多尔衮虽然疑信各半，仍喜出望外，随即改变

---

① 《清世祖实录》卷 4，顺治元年四月辛酉。

② 《清史稿》卷 232《范文程传》。

进军路线,日夜兼程向山海关进发,要求吴三桂降清。二十一日,李自成农民军赶到山海关,在石河与吴三桂军展开激战,吴军困苦难支。吴三桂盼望清兵早点到来,派人相望于道,先后往返八次。夜间,清军到达山海关外,驻扎观望。

二十二日清晨,已经处于绝境的吴三桂亲自到多尔衮营中,剃发降清,清军开进山海关城。这天,李自成与吴三桂在山海关外石河西再战,大顺军全部上阵,排成一字长蛇阵,炮声如雷,矢集如雨,吴军渐渐不敌。中午时分,忽起大风。以逸待劳的清军突然从城中冲出,自侧翼猛攻农民军,农民军阵脚大乱,刘宗敏中箭坠马,其他选锋骁将也多受伤。李自成得知清兵参战,急忙策马先走,大顺军败溃。李自成退至永平,斩吴襄。二十六日,返回北京。他预计北京不能坚守,决定退回山、陕。二十九日,李自成在武英殿仓促举行典礼,宣布即皇帝位,接受文武官员朝贺。三十日,大顺军撤出北京。

3. 清朝迁都北京

在山海关击败农民军后,多尔衮立即以清世祖名义,封吴三桂为"平西王",同时下令山海关城内军人各剃发,以马步兵一万隶平西王,随多尔衮直趋燕京,追杀李自成农民军。多尔衮与吴三桂军自山海关南下,向沿途官员传檄宣布,清军"为尔复君父仇,非杀尔百姓,今所诛者唯闯贼"①,明朝永平、抚宁、昌黎、滦州、玉田、蓟州、丰润等地官员早已领教过清军兵锋,相继投降。五月一日,多尔衮和吴三桂顺利到达通州。吴三桂欲带兵进入北京城,多尔衮不许,命其随同阿济格、多铎追击农民军。五月二日,多尔衮率清军由朝阳门进入京城。多尔衮在明皇宫武英殿升座,明朝官员纷纷跪而投降。

清军占领北京后,多尔衮宣布,严禁军队骚扰、抢掠,取消剃发令,为明思宗治丧,清朝迁都北京。一些满洲王公贵族反对迁都,多尔衮则再三劝说,严明迁都决心。他给清世祖奏报说:"燕京势踞形胜,乃自古兴王之地,有明建都之所。今既蒙天畀,皇上迁都于此,以定天下,则宅中图治,宇内朝宗,无不通达,可以慰天下仰望之心,可以锡四方和恒之福。伏祈皇上熟虑

---

① 《清史稿》卷232《范文程传》。

俯纳焉。"[1]实际上,清世祖年龄太小,国事听命于多尔衮,请示迁都只是形式而已。九月,世祖自盛京到北京。十月初一日,世祖在北京又举行一次登基大典,祭告天地,加封多尔衮为叔父摄政王,济尔哈朗为辅政叔王,在关内建立起清朝统治。

三、镇压明末农民起义军

清朝建都北京后,全国遍布着反抗其统治的武装力量,清朝开始统一全国的战争。兵锋所指,首先是追击李自成农民起义军。

1. 镇压李自成农民军

李自成率领大顺军退出北京后,吴三桂、阿济格、多铎率清军追击。顺治元年(1644)五月,在定州(今属河北)、真定(今河北正定),吴三桂等先后与农民军交战,皆败之。大顺军大将李岩请求带兵回故乡河南经营,却为李自成谋士牛金星挑拨为背叛,结果李岩被杀。军师宋献策闻讯,扼腕愤叹,无奈离去。刘宗敏按剑切齿,辱骂牛金星。农民军内部文武失和,军心不稳,战斗力下降。清军一路急追,李自成率军轻装疾退,经获鹿、井陉、固关,进入山西。他命大将李过把守固关,阻挡追击清兵。吴三桂等追击至此,一时不能攻克,遂率部返回北京。随着大顺军退出,河北、河南、山东等地原明朝官绅将吏,纷纷乘机而动,袭杀大顺将吏。清朝派降官前往招降,于是山东、河北等地悉归降清朝。

八月,李自成经平阳撤至西安。尽管大顺军受到严重挫折,但在陕西、山西、河南一带仍有不小的力量。其间,他们先后发动反攻,稍败清军,甚至打到山东东昌、北直隶顺德一带。十月,摄政王多尔衮下令,清军分兵两路,向大顺军追击。一路由靖远大将军英亲王阿济格率领,吴三桂、尚可喜率部而从,由大同向榆林、延安进兵,南下西安;另一路以定国大将军豫亲王多铎为帅,带领孔有德、耿仲明等军,由河南怀庆直插潼关,以期在西安会师,全歼李自成大顺军。

---

① 《清世祖实录》卷5,顺治元年六月丁卯。

不久,阿济格部占领太原、平阳及山西全境,向西安进发。多铎一路占领河南卫辉后,于顺治二年(1645)正月经孟津、洛阳,到达潼关。潼关为西安门户,关系西安存亡。李自成、刘宗敏亲自带兵来援,清军与战多次,屡败之,李自成被迫撤军回西安。随之,多铎率清军占领潼关,向西安进攻。李自成估计西安也不能守,遂焚宫室而撤,清军又占领了西安。二月,阿济格部亦到达西安。李自成经蓝田,出武关,由陕西进入河南内乡,多铎、阿济格先后领军尾追而来。大顺军的河南守将,陆续向清军投降。李自成只得退走襄阳、武昌,阿济格率清军追击,屡败大顺军。

2. 李自成之死诸说

顺治二年(1645)五月,李自成率军经过湖北通山县九宫山,自带二十余骑殿后,登山观察形势,遭到地主武装团练程九伯等人突然袭击,被杀身死[①]。时年三十九岁。而《清世祖实录》卷十八则记载,据说李自成是被围自缢而死:"自成窜走时,携随身步卒仅二十人,为村民所困,不能脱,遂自缢死",清军"遣素识自成者往认其尸,尸朽莫辨"。《明史·李自成传》则两说皆存:"自成走咸宁、蒲圻,至通城,窜于九宫山。秋九月,自成留李过守寨,自率二十骑略食山中,为村民所困,不能脱,遂缢死。或曰,村民方筑堡,见贼少,争前击之,人马俱陷泥淖中,自成脑中锄死","验其尸,朽莫辨。"可见,通山县,或说为通城县。五月,或说为九月。九宫山,也有记载为九公山、罗公山。

1944年,郭沫若根据《明史》等记载,在《甲申三百年祭》一文中,说李自成牺牲于通城县九宫山。1955年,通城县在九宫山为李自成修墓,郭沫若题词。但是,通山县以及一些学者考证,认为李自成死于通山县九宫山。第二年,郭沫若宣布注销为通城县李自成墓的题词,认同李自成死于通山县九宫山之说。自此以后,这一说法基本为史学界所信奉。1979年,通山县修建了李自成墓(闯王陵)。1988年,通山县李自成墓成为全国重点文物保护单位。

自乾隆以后,也有一些记载说,李自成兵败后,并没有牺牲,而是在湖南石门县夹山寺出家为僧,号奉天玉和尚,隐迹遁形,在幕后指挥大顺军抗清。

① (清)文秉:《烈皇小识》卷8;(清)费密:《荒书》。

1980年，湖南石门县文物和考古工作者，以及一些明史学者，在当地挖掘了奉天玉和尚墓，并根据当地征集的文物，认定奉天玉和尚是李自成，也修建了一座闯王陵。但是，也有一些学者认为，石门出土文物的可信性不足。李自成通山县九宫山遇害说，与石门县禅隐说，双方学者各有论据，20世纪八九十年代曾经引起一场大争论。

至本世纪初，又有人提出李自成归隐青城之说。2005年10月，在甘肃榆中青城镇苇茨湾村发现了抄修于康熙三年的《李氏家谱》，其中记载李自成兵败后，化装为和尚，投靠在榆中青城的叔父李斌，晚年生活在附近深山大沟里，并葬于龙头堡子山下。不过，这一说法也基本为学界否定。

不管李自成结局如何，但自此他已退出大顺农民起义军领导之位。此后，大顺军分散活动，其部将郝摇旗、田见秀、袁宗第等在湖南，李自成侄李锦与自成妻弟高一功率部在荆州，从事抗清活动，不久又与南明合作，拥明抗清。

3. 镇压张献忠农民军

在此稍后，清朝开始镇压张献忠农民起义军。崇祯十七年(顺治元年，1644)初，张献忠率领大西军进入四川，先后攻占重庆、成都。十月，张献忠在成都称帝，国号大西，改元大顺，定成都为西京。《明史》等书记载说，张献忠嗜好杀戮，在四川创造多种杀人方法，共计屠杀了六亿人："献忠黄面长身虎颔，人号黄虎。性狡谲嗜杀，一日不杀人，辄悒悒不乐。诡开科取士，集于青羊宫，尽杀之，笔墨成丘冢。坑成都民于中园，杀各卫籍军九十八万。又遣四将军分屠各府县，名草杀。伪官朝会拜伏，呼獒数十下殿，獒所臭者，引出斩之，名天杀。又创生剥皮法，皮未去而先绝者，刑者抵死。将卒以杀人多少叙功次，共杀男女六万万有奇。"①民间还传说，张献忠有"七杀碑"："天生万物以养人，人无一德以报天。杀杀杀杀杀杀杀。"

当代研究者一般认为，所谓张献忠"嗜杀"、"屠川"，不过是地主阶级及其文人对张献忠及其农民起义军的蓄意捏造和诬蔑。所谓"七杀碑"，也是不存在的。不可否认，张献忠在四川杀死和镇压了大批明朝官吏将领、大小地主，甚至士人、贫民，存在杀人扩大化问题。但是，当时全国总人口也达不

---

① 《明史》卷309《张献忠传》。

到六亿,张献忠怎能在四川屠杀六亿?清初四川人口急剧下降,是明、清尤其是清兵屠杀等共同造成的,而清初官府及地主阶级文人把全部责任推到了张献忠身上。

顺治二年(1645),清朝两次招降张献忠,均被拒绝。顺治三年正月,清朝命肃亲王豪格为靖远大将军,领兵向四川进军。三月,豪格军到达西安。五月,攻占汉中。九月,张献忠自成都北上迎敌,经顺庆(今四川南充),至西充凤凰山下。十一月,大西叛将刘进忠,自汉中引清兵入四川,偷袭大西军。这天,云雾四塞,咫尺莫辨,清军悄悄接近。待到大西军营,据说云雾四开。营外有军声,张献忠以为其他部农民军,不为备,“衣飞龙半臂,不披甲胄,腰插三矢,率伪牙将出营觇敌,与大兵仅隔一溪”。刘进忠望见,指曰:“此即八大王也。”①张献忠方引弓,清将雅布兰射之,张献忠中箭而死,时年四十二岁。也有的记载说,张献忠被鳌拜斩于阵中。豪格分兵追击,大西军四处溃散。其后,张献忠部将孙可望、李定国等四将军急领兵由顺庆南下,经重庆,败原明朝残余曾英军,渡江南下,至綦江。次年正月,进军遵义。三月,大西军余部占领贵阳,向云南发展,最后也与南明合作,走上拥明抗清的道路。

四、攻灭南明诸政权

明朝灭亡后,明朝宗室先后在江南、西南等广大地区建立了弘光、鲁监国、隆武、绍武、永历等割据政权,企图延续和恢复明朝的统治。清朝在追剿农民军的同时,也先后进攻和消灭这些南明政权。

1. 攻灭弘光政权

崇祯十七年(顺治元年,1644)三月,明朝统治被推翻,思宗自杀。四月,消息传到南京,南京文武大臣议立新君,图谋复明。因不知思宗太子下落,兵部尚书史可法等主张拥立明神宗之侄潞王常淓,凤阳总督马士英等主张拥立明神宗之孙福王由崧(常洵长子)。兵部侍郎吕大器、右都御史张慎言、翰林院詹事姜曰广等人认为,福王品行不端,不可立,主张拥立潞王。但马

---

① (清)叶梦珠:《续编绥寇纪略》卷1《蜀川沸》。

士英握有重兵，内贿操江诚意伯刘孔昭，外结总兵黄得功、刘泽清、刘良佐、高杰等，连兵驻江北，势甚张。五月，马士英胁迫诸臣拥立福王，定明年为弘光元年。

福王政权虽有兵五十万，控制着淮河下游以及长江以南广大地区。但是，福王十分昏庸。他任命马士英、史可法为大学士，入阁办事。马士英有拥戴之功，因此控制朝政。他嫉史可法持正有为，加以排挤，逼迫史可法到扬州督师。他起用崇祯朝阉党阮大铖，树党营私，排斥忠良，内部党争不断，极度腐败。福王整日深居宫中，天天以演杂剧、饮醇酒、淫幼女为乐。他十分欣赏明人朱存理的两句诗："万事不如杯在手，一年几见月当头。"命大学士王铎写为宫中楹联。

对当时形势，弘光政权认识不清，仍把大顺军看作主要敌人，要与清朝议和。但清朝拒绝议和。七月末，多尔衮给史可法写信，要求弘光政权"削[帝]号称藩"，共同"讨贼"，否则清兵南下，"南国安危，在此一举"①。史可法复书，表示愿与清朝"合师进讨，问罪秦中"，然后"两国世通盟好"②。但这样的条件，清朝根本不接受。史可法为了防止清兵南下，令黄得功、刘泽清、刘良佐、高杰等分驻江北庐州（今安徽合肥）、泗州（今安徽泗县一带）、淮安等地，保卫南京。

多尔衮对当时的形势判断十分准确，视李自成农民军和弘光政权同为大敌。顺治元年（1644）十月，多尔衮在派阿济格领军镇压大顺军的同时，令多铎率师征讨弘光政权。只是因为当时大顺军发动反击，才决定多铎部暂停南下，改为西进，配合阿济格镇压大顺军。在完成既定军事计划后，顺治二年（弘光元年，1645）三月，清朝马上令多铎等分三路南下，进攻弘光政权。

这时，弘光政权内部却发生严重内讧。弘光政权的军事力量，主要是黄得功、刘泽清、刘良佐、高杰等江北四镇，以及湖广左良玉部。先是，顺治二年（弘光元年，1645）正月，驻睢州总兵许定国诱杀高杰，高杰部将攻入睢州，许定国降清。黄得功与高杰有宿怨，又乘机袭杀高杰眷属。三月，左良玉因不满马士英擅政及压制，又为避大顺军进入湖广兵锋，以清君侧为名，率数十万军队从武昌顺江东下，来攻南京。马士英大为紧张，不顾史可法反对，

---

① （清）计六奇：《明季南略》卷2《清朝移史可法书》。

② 《明季南略》卷2《史可法答书》。

调黄得功部来对付左军,一时江北空虚。四月,左良玉病死于九江,左兵才停止进攻。

四月初,清军攻占归德后,一路疾进南下。四月十八日,清军到达扬州城下。扬州城守备力量单薄,但史可法坚持抵抗。清军以大炮轰城,城墙屡毁屡复。终因孤立无援,二十五日城破,史可法被俘,拒绝投降,英勇就义。清兵在城中杀掠十日,繁华的扬州被焚毁殆尽,史称“扬州十日”。五月初九,清军渡江,十五日到达南京,福王逃往芜湖。次日,清军占领南京。二十二日,福王在芜湖被俘,押解到北京,次年被清朝处死。弘光政权灭亡。

2. 攻灭鲁监国政权

弘光政权灭亡后,潞王常淓等逃至杭州。多铎命兵追击,顺治二年(1645)闰六月,清军占领杭州,潞王降清。浙江各地的原明朝、南明官员、百姓也纷纷起兵抗清,并公推举人张煌言到台州(今临海),迎明太祖十世孙鲁王以海至绍兴,建立临时政权,号为监国。鲁监国初期打过一些胜仗,收复富阳,败清军于杭州。但是,鲁监国政权与同时在福建建立的南明唐王隆武政权互相倾轧,内部矛盾重重。

顺治三年(1646)二月,多尔衮授贝勒博洛为征南大将军,来攻鲁监国政权。五月,博洛进至杭州。时鲁王兵马“营于钱塘江东岸,绵亘二百里,舣舟江上”。清兵来攻,鲁监国总兵官方国安“望风胆落,尽弃战舰”,撤钱塘江之防,“急趋绍兴”,劫持鲁王“遁保台州”①。江上诸部,闻讯皆溃。六月,清兵占领绍兴。方国安欲执鲁王降清,鲁王逃脱。不久,清军占领浙东。其后,鲁王先后流落舟山、中左所(今厦门)、金门等地,顺治十年去监国号,投向南明永历政权。

3. 攻灭隆武、绍武政权

顺治二年(1645)闰六月初,在鲁监国政权建立前夕,明太祖九世孙唐王朱聿键由杭州到达福建。二十七日被原明朝总兵郑芝龙、礼部尚书黄道周、福建巡抚张肯堂等拥立在福州即帝位,建元隆武。

唐王朱聿键是南明诸帝中少有的胸怀壮志之主。他节俭勤政,立志抗

---

① 《清世祖实录》卷26,顺治三年六月丁酉。

清，中兴明朝。当时，原来明朝的官吏将领，以及南明弘光政权排挤的一些官员，也都拥护唐王，浙江、福建、江西乃至湖广、四川、云贵、两广都听令节制。大顺各部农民军分别与听命隆武政权的湖广总督何腾蛟和巡抚堵胤锡联络，投依南明抗清，刘体仁、郝摇旗部十余万人驻湖南，高一功、李锦部数十万众驻湖北北部，号荆襄十三家。隆武元年（顺治二年，1645）冬，南明军向湖北清军发起攻势，进攻襄阳、承天等地，围攻荆州达半年之久。

唐王政权"内外文武济济"，实力颇盛。但是，朝政大权控制在郑芝龙手中，所谓"兵饷战守事宜，俱郑芝龙为政"①。郑芝龙是个军阀和投机商，只求保存财产禄位，并不想奋力抗清。隆武元年（顺治二年，1645）正月，在唐王与诸臣不断催逼下，郑芝龙派军往攻浙东、江西，但师出后迁延不进。七月，大学士黄道周自请赴江西募兵，征讨清朝，唐王加以支持，但郑芝龙不与一钱资助。十二月，黄道周在婺源与清兵交战，因寡不敌众，兵败被擒。其后，唐王又决定亲征。郑芝龙加以阻挠，至十二月才出兵，部队也迁延不进。

顺治三年（隆武二年，1646）七月，清军攻灭鲁监国政权后，分兵两路进攻福建。郑芝龙"间使约款于大清，尽撤施福等守关将军还安平"②，即暗中降清，撤仙霞关守兵，使清军长驱直入。八月，唐王在汀州被清军杀死。

唐王死后，弟聿鐭浮海逃往广州。十一月，原大学士苏观生等拥立聿鐭称帝，年号绍武。他们与肇庆的永历政权争夺正统，相互交兵。十二月，清兵由降将李成栋率领攻陷广州。苏观生自杀，聿鐭被俘，绝食死，称帝仅四十五日。

4. 攻灭永历政权

顺治三年（1646）十月，原明朝两广总督丁魁楚、广西巡抚瞿式耜等人在肇庆拥立明神宗孙桂王由榔监国，一个月后即位称帝，建元永历。次年正月，清军攻占肇庆。桂王逃到桂林。大顺军余部，也随何腾蛟、堵胤锡归附永历政权，何腾蛟、瞿式耜等先后在全州、桂林击败清军，稳定广西局势。后来，永历政权军队又在湖广、江西连续取得战斗胜利。顺治五年（永历二年，1648）正月、四月，降清的明朝将领金声桓、李成栋先后在江西、广东叛清，归

---

① 《明季南略》卷7《郑芝龙议战守》。

② （清）邵廷采：《东南纪事》卷1《唐王聿键》。

降南明。八月,桂王迁回肇庆。至此,永历政权控制了两广、云贵、湘赣、四川等七省地区。

但是,永历政权内部矛盾重重,结党相争,互相攻讦。先是官员将领广东、广西两派互争,后来形成吴、楚两党,“主持吴局者,阁臣朱天麟、吏部侍郎吴贞毓、给事张孝起、李用楫,外则制辅堵胤锡也。而江右之王化澄、万翱、雷德复,蜀中之程源、粤东之郭之奇实为之魁。主持楚局者,丁时魁、蒙正发、袁彭年”,“陕西刘湘客、杭州金堡既与时魁等合,桂林留守瞿式耜亦每事关白,居然一体矣”。其他人则“浮沉吴、楚之间,或无所依附”①。对于大顺军,永历政权则利用、限制。这样,桂王等就断送了大好的抗清形势。

顺治五年(永历二年,1648)三月,清军由征南大将军满洲正黄旗固山额真谭泰率领,进攻江西。九月,清朝又派定远大将军郑亲王济尔哈朗率军,进攻湖南。顺治六年正月,谭泰军至南昌,金声桓战败,投水自杀。李成栋领兵来援,三月,与清军在信丰相遇,李成栋败死。江西州县又被清军占领。济尔哈朗军进攻湘潭,俘何腾蛟,数败永历政权军队,重新夺回湖南。而原来归附何腾蛟的大顺军余部也各自离散,余部在李来亨、刘体纯、郝摇旗等率领下,退至川东一带,继续抗清,号称夔东十三家军。

顺治六年(永历三年,1649)五月,清朝改封孔有德为定南王,进攻广西;耿仲明为靖南王,尚可喜为平南王,进攻广东。次年二月,清军包围广州。广州城池坚固,守将坚持不投降,拼死抵抗。清军围城达八个月,死伤累累,至十一月才攻陷广州。孔有德一路,平定湖南,进攻广西,占领全州。顺治七年十一月,清军进逼桂林。城内兵将或逃或降,留守桂林的大学士瞿式耜被俘,拒不投降,囚禁四十日后被杀。桂王由肇庆逃南宁,辗转到达广西西部的濑湍。

顺治九年(永历六年,1652)正月,占据云贵的大西军首领孙可望派兵接应桂王,护送到贵州安隆,又拥明抗清,永历政权得以残存。三月,大西军分两路北伐,一路由刘文秀率领向四川出兵,一路由李定国率领,出师湖广,向全州、桂林进军。刘文秀军攻破重庆,占领成都。清朝急调吴三桂领兵入川,双方互有胜负,后刘文秀败退。李定国军大败清军,收复广西,清将孔有德兵败自杀。八月,李定国北伐湖南,先后攻取衡州(今湖南衡阳)、长沙、常

① (清)钱秉镫:《所知录》卷3。

德以及江西永新、安福等地。清朝又派定远大将军敬谨亲王尼堪领兵十万，进军湖广。李定国在衡州设伏，重创清军，斩尼堪。桂林与衡州之战，李定国“两蹶名王，天下震动”，时人称为“万历以来全盛之天下所不能有”①，极大地鼓舞了各地反清力量士气。但是，孙可望妒忌李定国之功，不仅对其进军加以阻挠，甚至谋杀李定国，大西军内部出现分裂。顺治十三年三月，李定国迎桂王至昆明。次年七月，孙可望又整兵进攻昆明。十月，孙可望兵败降清，并向清朝献策进攻云贵。

顺治十五年(永历十二年，1658)正月，清朝命吴三桂等率三路大军，分别从湖南、四川、广西向云贵进军。七月，三路清军进入贵州。九月，清朝派多罗信郡王铎尼到贵州统率清兵，分三路进攻云南。李定国派兵阻截，先后失败。十二月，李定国拥桂王撤离昆明，向滇西撤退。次年正月，清军占领昆明。二月，李定国在磨盘山设伏，败追击的吴三桂军，但自己也损失惨重，桂王则逃往缅甸。缅甸接纳桂王，而拒李定国于境外。李定国“驻遐荒，用永历之敕印，将土司概加勋爵，令其内应”②，继续抗清。但是，他已无能为力了。

桂王逃至缅甸，清朝度外置之，议撤兵节饷。但吴三桂上疏，必欲俘获桂王。顺治十八年(1661)十一月，吴三桂统清军进入缅甸，缅甸献出桂王。康熙元年(1662)四月，桂王在昆明被吴三桂用弓弦缢杀。六月，李定国病逝于勐腊。

这样，南明诸政权先后为清朝攻灭。至此，清朝已经基本统一了中国大陆。

五、平复其他反清势力

顺治年间，南明诸政权、大顺与大西两个农民军政权及其余部与清朝的战斗，无疑是反清抗清主体。除此而外，全国各地还有一些其他军事武装力量，也开展反清抗清斗争，先后为清朝平复。

---

① (清)黄宗羲:《行朝录》卷5《永历纪年》。

② 《明季南略》卷15《吴三桂率清兵取云贵》。

清军进入北京后,由于强行剃发、圈地、掠人为奴等错误政策,京畿一带人民群起反抗,三河、昌平、天津、保定、真定、宣化、大同等地先后爆发反清起义,“盗贼”千百成群,以至辇毂近地“几同化外”,直接威胁京师安全。在内黄(今属河南),农民军将领王鼎铉占据县城,勾结“土寇”苏自兴等,各称总督大元帅,并联合山东、河南“贼寇”,势将燎原。

在山东,顺治元年(1644)九月,李自成裨将赵应元领导的起义军诈降入青州,杀清山东招抚侍郎王鳌永,据其城。各地义军纷起响应。顺治三年十一月,谢迁在高苑率众起义,“结连南山诸贼”,攻占县城。次年,又攻克长山、新城、淄川等县。起义军往南曾打到苏北,占领宿迁,坚持斗争六七年之久。鲁南和鲁西南人民的反抗斗争声势也很大。其中,特别是鲁西南嘉祥县满家洞农民军和曹州榆园农民军最为著名。满家洞地处四县交界处,“穴有千余,周回二三百里”,明末爆发农民起义,“穷民走险,聚众其内,分布四面,各数十里”。清军占领山东后,他们转而抗清。顺治元年(1644)七八月间,满家洞农民军“劫掠焚杀,殆无虚日”。河道总督杨方兴派兵往剿,农民军“大溃”。但至顺治二年正月,农民军“复猖獗”。清兵来剿,农民军战不利,“俱窜伏洞中”。洞内有重关夹道,暗伏火器,清军不敢入,遂以兵围困。到六月,洞内水绝,农民军皆自缢死,“诸洞悉平”①。榆园农民军以任七、张七为首领,以濮州、范县为根据地,活动于朝城、观城、郓城、城武等县。起义军出没于树间,“凡数百里,始因地荒不耕,榆钱落地,岁久皆成大树”,众号百万,建立天正政权。顺治六年(1649),清朝派兵镇压,但“无径路可入”。起义军“又掘地道,出入无时,屡败官军”。至顺治十二年,因黄河决口,水灌榆林,“地道亦坏无余”,清军“乘之乃灭贼”②,终将起义军镇压。

在山西,清军进入后,遭到该地大顺军猛烈抗击,各地农民也纷纷占山结寨,抗击清军。顺治五年(1648),清朝大同总兵姜瓖也起兵反清。次年,全省各支义军互相配合,攻城略地,直逼太原省城。

在陕西,农民也奋起抗清,并与其他农民军配合,围攻西安达七个月之久。在甘肃,顺治五年(1648)三月,爆发了米喇印、丁国栋等人领导的回民起义。他们乘清朝调兵征川之际,“倡谋作乱”。因变起仓促,竟执杀清朝高

---

① 《清世祖实录》卷17,顺治二年六月庚午。

② (清)王士禛:《居易录》卷14。

官十余名，包括甘肃巡抚张文衡、总兵官刘良臣等，庄浪参将翟大有“战殁”。起义军先后攻陷河州、甘州、肃州。至九月，丁国栋等被擒，清军将回民起义扑灭。

北方各地的农民抗清起义，沉重打击了清军。但是，由于缺乏统一领导，这些起义先后被清军各个击破，陆续镇压下去。

在南方，清朝消灭弘光政权后，顺治二年(1645)六月，清政府重申剃发令，促使民族矛盾进一步激化，大江南北各地人民纷起抗清。其中，尤以江阴、嘉定人民的抗清斗争最为壮烈。

顺治二年(1645)六月，清朝占领江阴后，新任知县方亨强迫剃发，常州府檄文也强硬宣布：“留头不留发，留发不留头。”这激起城乡人民的强烈反抗，他们表示：“头可断，发不可剃。”闰六月初一，群众杀方亨，公推本县典史陈明遇和前任典史阎应元为首领，集众抗清。时清兵南下，“所过邑无坚城，守土吏或降或走，即闭门抵拒，攻之辄拔，迟不过旬日”。因此，清军来攻，轻视江阴。不想，阎应元等坚守孤城，“凡守御之法，殚极智巧”，多次打退清军进攻。清军派降将刘良佐来劝降，阎应元斥责道：“有降将军，无降典史！”后来，清军调来马步军二十余万，又用大炮轰城，阎应元等全部战死，计坚守八十一天。时人叹曰：“应元之守善矣。惜所守者小邑耳！使南京得如应元者而守之，明岂其亡哉！”①八月，清军占领江阴后，对这个拥有二十多万人口、工商业发达的江南城镇进行了血洗，房屋被夷为平地。

与此同时，嘉定(在今上海市)也爆发了十多万人参加的反剃发斗争。闰六月，清朝嘉定知县张维熙强迫剃发，民众遂发动起义，赶走张维熙，公推进士黄淳耀、原明朝左通政侯峒曾出面领导抗清。清朝吴淞总兵李成栋来攻，“所过攘掠，民愤甚”。侯峒曾等利用城外团练乡兵阻遏，烧毁清军船只。李成栋数发兵攻城，城中出兵邀击，一败之于罗店，再败之于仓桥。七月初三日，清兵包围嘉定，次日破城，侯峒曾投河死，黄淳耀自缢，城中无一人投降。清军愤而屠城，杀两万余人，弃城而去。次日，江东人朱瑛又率众入城，组织抗清，旋败，再遭清兵屠杀。八月十六日，明将吴之藩起兵，反攻嘉定，亦败，嘉定第三次遭屠城。史称“嘉定三屠”。

---

① (清)温睿临：《南疆逸史》卷32《阎应元传》。

六、郑成功抗清与收复台湾

在广东、福建沿海等地,郑成功所领导的海上义师是最后一支抗清力量。

1. 郑成功抗清

郑成功(1624—1662),祖籍福建南安,出生于日本长崎平户。父芝龙,原为海盗首领。母田川氏,日本人。明亡后,郑芝龙在福州拥立唐王朱聿键为帝,建立南明隆武政权。郑成功原名森,字明俨,号大木。唐王赐国姓朱,易名成功,故又称为"国姓爷"。顺治三年(1646)七月,清军进攻福建,隆武政权灭亡,郑芝龙降清。郑芝龙派人来招郑成功投降,郑成功回信说:"从来父教子以忠,未闻教子以贰。今吾父不听儿言,后倘有不测,儿只有缟素而已。"郑成功拒绝父亲和清朝招降,"背父救国",率部乘巨舰入海,收集余众数千,占据南澳而居。他奉隆武年号,组织义军抗清。顺治四年(1647),他从南澳出兵,攻占福建同安、海澄、广东揭阳、潮阳等地,不久占据金门、厦门。顺治六年(1649),郑成功改奉南明永历年号,桂王先后封他为威远侯、广平公、延平郡王。厦门时称中左所,他改名思明州,并在此建立政权,实是独立作战的抗清力量。

其时,清军主力羁于西南战场,镇压永历政权及大西军余部。郑成功乘机发展海上贸易,以商养战,建立起强大的军事力量。鼎盛时期,他拥有水陆精兵二十余万,船舰五千多艘。顺治八年(1651)闰二月,清军袭击厦门,寻以重兵移驻漳、泉、福。顺治九年春,清浙闽总督陈锦率兵来攻,为郑成功击败,陈锦被杀。李定国在广西、湖南也连败清军,邀郑成功会师。双方配合作战,郑成功逐步收复漳、泉,并同鲁王监国部下张名振数次出师长江,攻舟山。

顺治十二年(1655),清廷派八旗兵入闽。郑成功将清军引到海上,大败之。顺治十六年六月,郑成功率水陆大军十七万北伐,从长江口溯江西上,"金鼓震作,与江声相沸腾,士卒皆下马殊死战,郡中惧,走降相继,属邑皆下"。郑军声势大振,占领镇江、芜湖,直逼南京城下。当时,城中守兵不过三万人,清朝总督郎廷佐假称投降,行缓兵之计。郑成功被胜利冲昏头脑,

"轻敌不备，纵酒为欢"①，对南京围而不攻。结果，清军偷袭夹攻，郑军惨败，退回厦门。清朝为了彻底消灭郑成功，派安南大将军达素等三路进攻厦门。顺治十七年五月，郑成功与达素在漳州大战，"北兵大败，横尸满海"②。达素率残军退往福州，后返回北京。

2. 郑成功收复台湾

北伐失败后，郑成功决定收复台湾，作为根据地，长期抗清。台湾与福建隔海相望，自古就是中国领土，与大陆联系不断。元朝时，曾在澎湖设巡检司，管辖澎湖、台湾。明朝仍设巡检司，并派兵汛守澎湖。天启四年(1624)，荷兰殖民者窃据台湾西南的海港鹿耳门，在沙洲上修建热兰遮城(今安平)，当地人称"红毛城"或"番仔城"。次年，又侵入台南，修建赤嵌城(今台南)。崇祯年间，福建大旱，郑芝龙曾召集流民数万，去台湾垦荒，收取租赋。台北的鸡笼(今基隆)等地，被来自吕宋的西班牙殖民者占据。崇祯十五年(1642)，荷兰殖民者从西班牙殖民者手中夺取了鸡笼和淡水。荷兰殖民者对台湾人民横征暴敛，烧抢屠杀，甚至掠卖为奴，实行残暴的殖民统治。

当郑成功准备收复台湾时，曾担任荷兰通事的爱国志士何廷斌从台湾来到厦门，献上台湾地图。顺治十八年(1661)正月，适逢清世祖"新薨"，清朝未暇战征，郑成功遂决意取之。

三月二十三日，郑成功留儿子郑经守金门、厦门，亲率士兵二万五千名渡海，于四月初一在鹿耳门登陆。郑军与荷兰殖民者展开激战，在海上击沉荷军主要舰只赫克托号，在陆上歼灭荷军上尉贝德尔以下百余人，包围赤嵌城。四月初六，赤嵌城孤城援绝，城中乏水，荷兰守军投降。接着，郑成功集中兵力围攻热兰遮城。该城城坚炮利，郑军强攻失利。郑成功认为，热兰遮城"孤城无援，攻打未免杀伤"③，于是决定长期围困，并令部队分汛屯垦。七月，侵占印尼巴达维亚的荷兰殖民者派兵来援，郑成功败之。十月，援军逃走。

---

① (清)徐鼒:《小腆纪传》卷38《朱成功传》。

② (清)夏琳:《海纪辑要》卷1。

③ (清)杨英:《从征实录》。

几个月的围困,使热兰遮城中荷军粮食、弹药日缺,加以疾病传染,战死病亡达一千六百余人,仅存七百余名荷军负隅顽抗。十二月初六,郑成功下令总攻,十三日,困守热兰遮城的荷兰总督揆一投降。双方达成协议,荷方交出热兰遮城,退出台湾。这样,郑成功驱逐荷兰殖民者,收复了台湾。

郑成功收复台湾后,将热兰遮城改名为“安平”,并将指挥部移至此城,又将赤嵌城改名为“承天府”,作为全台政治中心。因此,人们说,台湾的历史自台南始,台南的发迹自安平起。郑成功在台湾设一府(承天府)二县(天兴县、万年县),任命官吏,加以治理。他又设学校,“招沿海居民之不愿内徙者数十万人东渡,以实台地”,“分地开垦”,即招徕大陆移民屯垦,在高山族聚居地区推广先进生产技术,“围生牛而教之耕”,“限沟渠,时蓄泄”,“察举孝弟力田及有奇才异能者试用”①,促进了台湾的开发和发展。次年五月,郑成功病逝。

至此,除台湾由郑氏子孙据守,川东一带有夔东十三家活动以外,清朝基本上确立了对中国大陆的统治。

---

① (清)沈云:《台湾郑氏始末》卷4。

第四讲

顺治时期的统治政策

顺治时期，清朝效法明朝而创新政治制度，采取措施恢复封建经济，实行民族压迫，执行一整套的统治政策。

一、顺治年间政局

顺治年间的政局，大体可以分为两个阶段，即顺治七年十二月以前为多尔衮主政时期，以后则为世祖亲政时期。

1. 多尔衮主政

清世祖即位初，定制由济尔哈朗与多尔衮辅政。崇德八年(1643)十二月，多尔衮为了专权，借口作为国家最高决策机构的议政王大臣会议人多嘴杂，决定停其运行，由他与济尔哈朗二人专政，“所行善惟我二人受其名，不善亦惟我二人受其罪。”[①]起初，国家政务大事由多尔衮负责，而军事征伐等则由济尔哈朗掌管，所谓“刑政除拜，大小国事，九王[多尔衮]专掌之；出兵等事，皆属右真王[济尔哈朗]”[②]。从二人的分工看，多尔衮实际上处于辅政的主导地位。由于多尔衮工于谋略，雄心勃勃，济尔哈朗也不愿与他争锋。顺治元年(1644)正月，济尔哈朗自居其次，以多尔衮为首席辅政大臣。

---

① 《清世祖实录》卷2，崇德八年十二月乙亥。

② (朝鲜)佚名：《沈馆录》卷6《沈阳状启》。

领兵占领北京后，十月，多尔衮被晋封为“叔父摄政王”，逐渐掌握朝政。但他仍不满足，继续排挤济尔哈朗。顺治四年(1647)十月，他以济尔哈朗“府第逾制”为借口，罚银两千两，罢去其辅政，将其排斥出统治集团核心。

随着权位的巩固，多尔衮开始消灭政敌豪格。争夺帝位失败后，原来支持多尔衮的一些人，如其胞弟多铎，不满被多尔衮抑压，与其不和，而与豪格越走越近。早在崇德八年(1643)八月，因多铎与多尔衮“不协”，令人“往吓”多尔衮属下采蜜之人。十月，多铎色胆包天，竟抢夺大学士范文程妻子。事发，罚银一千两，夺十五牛录。而豪格知情不报，也被罚银三千两。有一天，多铎竟对豪格说，当初没有支持豪格，“殆失计矣，今愿出力效死于前”。而豪格也后悔当初谦让皇位，抱怨两黄旗大臣索尼等转而“附和”多尔衮。多尔衮身体多病，豪格诅咒早死，说：“和硕睿亲王非有福人，乃有疾人也，其寿几何，而能终其事乎?”[①]豪格以此恐吓大臣官员，要求他们归附自己。顺治元年(1644)四月，事发。豪格被幽禁，寻释放，废为庶人。十月，因豪格功大势大，复王爵。

顺治三年(1646)正月，多尔衮命豪格领兵攻打大顺军余部和大西军。五年二月，豪格得胜还朝。三月，多尔衮却指责豪格出征四川，已及二载，地方全未平定，地方官亦未有以投诚平定入奏者，并隐匿部将冒功事。其实，当时全国各地归附清朝者多出现反复，并非四川一地。但多尔衮独拿豪格开刀。诸王贝勒受其指使讨论，拟以死罪。世祖时十一岁，认为“如此处分，诚为不忍，不准行”。但是，诸王大臣执争不已，世祖拗不过去，“乃从众议，免肃亲王死，幽系之，夺其所属人员”[②]。豪格被逮捕，不久死于狱中。

随后，多尔衮又查处曾经谋立豪格的满族贵族，兴起大狱。济尔哈朗也被株连，诸王大臣拟以死罪。世祖令免死，降为郡王。闰四月，济尔哈朗恢复王爵。九月，多尔衮命他领兵出征湖广。七年(1650)正月，济尔哈朗胜利还师。但多尔衮异常冷淡，既不按照故事迎接，也不表彰奖励。

多尔衮辅政，确实功勋卓著，因此诸王贝勒、满汉大臣不断推尊、谄媚。顺治元年(1644)十月，多尔衮受封为“叔父摄政王”，册文中将其比于周公。多尔衮起初也以周公自况，注意尊君循礼，守制而行。顺治二年五月，济尔

---

① 《清世祖实录》卷4，顺治元年四月戊午朔。

② 《清世祖实录》卷37，顺治五年三月辛丑。

哈朗等人提出，多尔衮"代天摄政"，体统尚未崇隆，一切仪制亦应加礼。多尔衮不同意，说"未敢违礼"。次日，多尔衮入朝，满洲诸臣皆跪迎。多尔衮于心不安，引舆而返。不久，因陕西道监察御史赵开心奏，多尔衮被改称"皇叔父摄政王"。礼部议定多尔衮仪注，遇大礼，诸王贝勒等聚集等候，"各官则视王所往，列班跪送"。多尔衮回，"令诸王退则退，贝勒以下，送及王府门方退。其集候各官跪迎如前"。遇元旦及庆贺礼，"满汉文武诸臣朝贺皇上毕，即往贺皇叔父王"①。

在消灭豪格、排挤济尔哈朗以后，多尔衮越发权高位重。面对推尊、谄媚，他不再推辞，逐渐逾名越分。顺治四年(1647)十二月，诸王贝勒、满汉大臣等提出，"今国家既定，享有升平，皆皇叔父王福泽所致"。他们要求，来年元旦，多尔衮率领百官行礼及进酒时入班行跪礼，俱应停止。多尔衮不敢免去自己行大礼时的跪拜，但同意进酒时不入班行跪礼。顺治五年十一月，多尔衮再加封号，称"皇父摄政王"。多尔衮虽无皇帝之名，而有皇帝之实，清世祖惟拱手以承祭祀，天下国家之事，世祖既不预，多尔衮亦不详陈。皇帝印玺收贮宫中，使用不便，早在顺治三年五月，多尔衮便将其搬到自己王府。朝鲜《李朝仁祖实录》仁祖二十七年(顺治六年，1649)二月壬寅记载，当时的朝鲜人说，多尔衮"与皇帝一体"，成为"二帝"。

多尔衮的仪仗侍从，也僭拟至尊。他好色，先后娶了六妻四妾，仍不满足，又在八旗、部属中，甚至远至朝鲜，广选美女入府。他迫害豪格死，又纳其妃。他的府第，与宫阙无异。多尔衮甚至私制、私藏八补黄袍、大东珠素珠、黑狐褂等御用之物，僭越至极。

顺治四年(1647)十月，罢济尔哈朗辅政后，多尔衮以自己同母弟多铎为辅政叔王。后多铎死，朝政倚信巽亲王满达海(代善子)、端重亲王博洛(阿巴泰子)、敬谨亲王尼堪(褚英子)处理，称"理政三王"。顺治七年十一月，多尔衮因长期患"风疾"，加上纵欲过度，身体不好，赴边外围猎。十二月，多尔衮从马上摔下，死于喀喇城(今河北承德市郊)，年三十九岁。世祖命以皇帝礼治丧，上尊号为"诚敬义皇帝"，庙号"成宗"。

---

① 《清世祖实录》卷16，顺治二年五月甲辰。

2. 世祖亲政

多尔衮死后,清世祖亲政。他立即命人到多尔衮王府取回印符、赏功册,收贮大内。吏、刑、户部尚书缺员,正蓝旗固山额真未补,世祖马上补缺,建立自己的政权班底。多尔衮同母弟阿济格手握军权,图谋夺取摄政权,世祖令议罪。阿济格被削爵幽禁,后赐死。

顺治八年(1651)正月,世祖举行盛大的亲政大典。济尔哈朗重新得到重用,顺治九年二月,加封为叔和硕郑亲王,推居诸王之上。对于自己的长兄豪格,世祖平反昭雪,复封和硕肃亲王,"立碑表之"。曾反对多尔衮而遭排斥打击的鳌拜、索尼、遏必隆、苏克萨哈四人,均授领侍卫内大臣、议政大臣。以济尔哈朗为首的满族贵族控制了议政王大臣会议,恢复议政。

多尔衮一死,不断有人揭发他的各种罪状。二月,济尔哈朗与理政三王等上疏,追议多尔衮之罪,称其"擅作威福"、"僭拟至尊","显有悖逆之心"。世祖下诏,将其罪行"谨告"天地、太庙、社稷,并"布告天下,咸使闻知"①,追削多尔衮封爵,籍没家产入官。据说,又把多尔衮尸体挖出,棍打鞭抽,斩首示众。对于多尔衮亲信和党羽,世祖继续加以清算。大学士刚林、祁充格依附多尔衮,朝夕献媚,擅改实录,助为密谋逆迹,被斩首,并籍没家产。四月,户部尚书觉罗巴哈纳被揭发依附多尔衮,将库内金银等私送到其府中,又私厚两白旗兵丁,世祖下令革职,籍没家产三分之二。内大臣冷僧机属满洲正黄旗,投靠多尔衮,深得信任。至此,被革职,籍没家产。八月,有人揭发固山额真吏部尚书谭泰阿附多尔衮等罪十款,论死,籍没家产。不久,理政三王也得罪降爵,停罢理政。满达海与博洛病死,尼堪复王爵,为定远大将军,领兵南征,在湖南衡州战死。

世祖倾慕汉文化,亲政后继续信用汉官,仿行明制。汉官陈名夏、陈之遴、范文程、宁完我、洪承畴并任内三院大学士,而满族大学士只有希福、雅泰、额色赫三人。在六部,陈名夏署吏部尚书,陈之遴为户部尚书,王永吉为兵部尚书。至顺治十年(1653),世祖任命范文程为议政大臣。次年二月,又特命宁完我任议政大臣。可以说,汉官掌握了朝廷相当部分的实权。这在此前是没有的,此后的清朝也不再有。世祖的政策引起满族贵族甚至早期

---

① 《清世祖实录》卷53,顺治八年二月己亥。

降清汉官的不满。陈名夏为宁完我弹劾结党怀奸，情事叵测，论斩，改绞刑处死。陈之遴被御史弹劾植党营私，市权豪纵，发盛京居住。

顺治十二年(1655)五月，济尔哈朗病死，索尼、苏克萨哈、遏必隆、鳌拜等议政大臣兼领侍卫，传达孝庄太后懿旨，逐渐得到太后支持。顺治十八年正月，世祖驾崩，孝庄太后立八岁的皇子玄烨继位。索尼、苏克萨哈、遏必隆、鳌拜四大臣奉诏辅政。

3. “太后下嫁”、“顺治出家”疑案

顺治年间，有所谓“太后下嫁”、“顺治出家”两大疑案。

清世祖福临以六岁幼儿，得以取代战功赫赫的豪格、多尔衮而登上皇帝宝座，原因何在？当时就有传说，掌握实权的多尔衮在难以压倒对手豪格自登皇位的情况下，拥立孝庄太后之子福临，孝庄太后下嫁多尔衮。这一传说，当时甚至传到了江南。抗清义士张煌言作《建夷宫词》，其中咏曰：“上寿觞为合卺尊，慈宁宫里烂盈门。春官昨进新仪注，大礼恭逢太后婚。”[①]就是讽刺此事。蒋良骐《东华录》记载，顺治八年(1651)济尔哈朗等检举多尔衮生前“谋篡大位”，疏中有“自称皇父摄政王，又亲到皇宫内院”[②]。一些人认为，这是多尔衮与太后成婚的隐讳说法。主张“太后下嫁”说者还认为，寡嫂嫁叔是满洲习俗，为当时道德规范承认。况且多尔衮权高位重，孝庄太后为争取、保全儿子皇位，完全有可能采取下嫁之策。而且，顺治五年(1648)，多尔衮由“叔父摄政王”进为“皇父摄政王”，证明多尔衮已从福临亲叔成为他的父亲。他们还提出，孝庄太后死于康熙二十六年(1687)，没有与皇太极合葬在盛京昭陵，而是葬在河北遵化东陵。可见，太后因下嫁之故，心有愧怍，无颜与亡夫相见于地下，所以与儿子福临葬到一处。甚至有人说，清廷将太后葬于东陵风水墙外，罚她为东陵看门。几百年来，“太后下嫁”之说广泛传播，与“顺治出家”、“雍正夺嫡”并称为清宫三大疑案。加上乾隆身世，又称四大疑案。史学界也争论纷纭，莫衷一是。

但是，也有不少论者不认同“太后下嫁”说。他们对此说法的论据逐条都有反驳，归纳起来是：张煌言《建夷宫词》对满族、清廷极尽丑化和诋毁，且

---

① (清)张煌言：《张忠烈公集》卷11《建夷宫词其七》。

② (清)蒋良骐：《东华录》卷6，顺治八年二月。

道听途说,不能为证据;古代君主尊礼权臣有"尚父"、"仲父"等说法,所以多尔衮封"皇父摄政王",不能作为太后下嫁的确凿证据;多尔衮出入皇宫内院,可能是与孝庄太后商量朝政,而不是两人有私情;虽然满族早期存在寡嫂嫁叔风俗,但不等于孝庄太后就下嫁了多尔衮。对于孝庄太后死后未葬在盛京昭陵,不少专家指出,盛京昭陵已有孝端皇后合葬,第二后另葬别处在清代就有不少。而且,弥留之际,孝庄太后对圣祖说:"太宗文皇帝梓宫安奉已久,不可为我轻动。况我心恋汝皇父及汝,不忍远去,务于孝陵近地,择吉安厝,则我心无憾矣。"①圣祖对孝庄太后感情很深,遵嘱在遵化陵区选址建陵,并一直将梓宫置于暂安奉殿而未葬。至雍正三年(1725),才葬入昭西陵。从地理角度看,昭西陵与皇太极昭陵遥相呼应,若将其圈入东陵风水墙内,反而形成阻隔。因此,该陵建于风水墙外顺理成章,毫无贬抑之意。

总之,"太后下嫁"之说执论双方都缺乏确凿证据,谁也说服不了谁,使这一疑案成为千古之谜。

"顺治出家"是清初另一大疑案。比较流行的说法是,清世祖在顺治十八年(1661)没有死,而是到五台山出家。后来,清圣祖四次游巡五台,且每次都要屏退从人,独登高峰。实际上是去看望父亲。

据史学家考证,世祖确实信佛,但是并没有出家。世祖先后在多尔衮、孝庄太后主持下,册立两位皇后,但关系都不好。他宠幸内大臣鄂硕之女董鄂氏(传说是江南名妓董小宛)。董鄂氏为皇弟博穆博果尔妻,被世祖看中夺得,百般宠爱。顺治十三年(1656)八月,立为贤妃,十二月进封皇贵妃。十四年十月,董鄂妃生一子,至次年正月卒。世祖信奉佛教禅宗,自称"行痴道人",曾先后召江南禅僧憨璞性聪、玉林通琇、茆溪行森、木陈道忞等来京,在万善殿内结制、说法、问道。《啸亭杂录·世祖善禅机》称:世祖"于禅语尤为阐悟,尝召玉琳、木陈二和尚入京,命驻万善殿。机务之暇,时相过访,与二师谈论禅机,皆彻通大乘"。顺治十七年八月,一同奉佛的董鄂妃病死,世祖悲痛欲绝,辍朝五日,得皇太后允准,追封为皇后。其后,世祖决意出家,由僧行森剃度净发。十月,僧通琇自杭州来京阻止,世祖许再蓄发。对此,清人记载说:"师(指僧通琇)到京,闻[行]森首座为上净发,即命众集薪烧

① 《清圣祖实录》卷132,康熙二十六年十二月壬申。

森。上闻，遽许蓄发，乃止。”[1]次年正月，世祖病痘而死，年二十四岁。四月，遗体由僧行森主持火化。

本世纪初，关于世祖之死，又出现第三种说法。2004 年，一些媒体报道，郑成功后人首次公布“家传手抄本《延平王起义实录》”，里面说世祖是被郑成功军队炮击而死的。如前所述，郑成功北伐失败后，清朝派达素等三路进攻厦门。顺治十七年(1660)四月，郑成功在漳州大败清军。《延平王起义实录》说，当时世祖亲征，被炮击而死，达素秘而不敢宣。京城中找不到皇帝，就招达素回京，达素畏罪自杀。圣祖继位，为报复而杀郑芝龙。这种说法可信度很低，因为没有证据表明世祖亲征，达素也没有自杀，圣祖杀郑芝龙是在郑成功占领台湾、郑芝龙已无招降郑成功价值以后。

二、创新政治制度

清朝入关前已经参用明制，建立政权。皇太极时期，设内三院、六部、都察院、蒙古衙门(理藩院)，处理政务。清朝统一全国之初，“因明遗制”，建立了从中央到地方的全套政权组织。

1. 中央官制

议政王大臣会议是清朝“祖制”，由满族贵族上层与八旗大臣“偕坐议政”，掌握着国家大政的决定权，诸王大臣佥议既定，虽至尊无如之何。清朝入关后，继续保留议政王大臣会议。不过，多尔衮摄政时期，议政王大臣会议受到压制，名存实亡。多尔衮死后，议政王大臣会议有所恢复，一切大政仍归议政王大臣会议解决。

皇太极时设立内三院，各设大学士一人，分别管理诏令、文书诸事，不参予军国政务。顺治元年(1644)，增设大学士。二年，以翰林院官分隶内三院，称内翰林国史院、内翰林秘书院、内翰林弘文院，行使明朝内阁职责，三院大学士满、汉兼用。顺治十五年，沿用明制，改内三院为内阁。内三院满

---

① (清)聂先:《续指月录》卷 19《六祖下三十五世·临济宗·湖州报恩玉林禅师》。

汉大学士改加殿阁大学士衔,兼管某部尚书事,统称为内阁。内阁辅佐皇帝处理军国大事,领导百官,是名义上的最高行政机构,但不是真正的权力中心。

六部始设于入关前,当时各以贝勒一人管理部务,各部职责与明朝大体一致。顺治元年(1644),取消诸王管理部务。当时,多尔衮借口诸王大臣会议聚讼纷纭而停之,国家政事改由他与济尔哈朗承担。又以二人"既已摄政,不便兼理部务","而诸王仍留,亦属未便",遂连同贝子、公等管理部务"概行停止"①。同时,各部"承政"、"参政"等也改用明朝名称"尚书"、"侍郎"等。六部尚书原由满人担任,顺治五年(1648)增设汉尚书,实行满、汉复职,但实权掌握在满尚书手中。

都察院也设于入关前,主管监察事宜。顺治元年(1644),都察院长官"承政"依明制改名"左都御史"。同时,将独立行使监察的六科给事中及十三道监察御史都并入都察院。都察院长官,也是满、汉各二人。

其他所谓"大九卿"衙门(六部、都察院、通政司、大理寺)以及"小九卿"衙门(宗人府、詹事府、太常寺、太仆寺、光禄寺、鸿胪寺、国子监、顺天府尹、翰林院),入关前已设者继续保留,未设者依照明制增设,职责也大同小异。

清初另一有特色的中央机构是理藩院。崇德元年(1636)创设蒙古衙门,专门负责处理蒙古事务。三年七月,改称理藩院,处理蒙古及其他少数民族事务。入关后,保留理藩院。顺治元年(1644),改理藩院长官"承政"、"参政"名分别为"尚书"、"侍郎",满、蒙参用。

清初创设内务府,作为管理宫廷事务的机构。努尔哈赤、皇太极时,不用宦官。清朝入关后,以内务府统领宦官。内务府渊源于满族社会的包衣(奴仆)制度,其主要人员分别由满洲八旗中的上三旗(即镶黄、正黄、正白旗)所属包衣组成。最高长官为总管内务府大臣,由皇帝从满洲大臣中选任。凡皇帝家的衣、食、住、行等各种事务,都由内务府承办。宦官不能担任内务府官员,只有服侍的工作,杜绝宦官擅权。但至顺治十年(1653),世祖裁革内务府,仿明制设宦官十三衙门,"酌用寺人"②,任用宦官担任十三衙门官员。

---

① 《清世祖实录》卷2,崇德八年十二月乙亥。

② 《清世祖实录》卷76,顺治十年六月癸亥。

2. 地方官制

以行省为最高，与省平行的还有边疆特区。一省或数省设总督一人，各省设巡抚一人，总督管辖数省，巡抚专任一方。总督，从一品，“掌厘治军民，综制文武，察举官吏，修饬封疆”。巡抚，从二品，“掌宣布德意，抚安齐民，修明政刑，兴革利弊，考核群吏，会总督以诏废置”。总督、巡抚在明代系因军事或庶政而临时差遣，加总督或巡抚头衔，事毕即撤销，无定员。清朝入关后，将其固定下来，变为一省区或数省区最高行政长官。顺治十年(1653)，世祖谕会推督、抚，“不拘品秩，择贤能者具题”[①]。督抚以下，设承宣布政使司、提刑按察使司，布政使管一省民政、财政及人事，“会督抚议行”，又称“藩台”，按察使管一省司法、刑狱、纠察，又称“臬台”。各省还设提督学政(督学道)，管教育、科举、考试，又称“学台”。边疆特区一般由将军统辖。

省与府之间设道，长官称道员，又称“道台”。道有分守道与分巡道，前者管钱谷，后者管刑名。还有专职道，主管一省某一方面事务，如盐法道、兵备道、河工道等。

道下有府，但隶省所管。府设知府，掌总领属县，宣布条教，兴利除害，决讼检奸，主管一府庶政、司法。府下有县，是最基层的行政单位，设知县，掌一县治理。

3. 军事制度

清朝的正规军有八旗兵与绿营兵。八旗创于入关前，分满、汉、蒙各八旗。清朝入关后，将八旗分为京营与驻防两种，京营驻扎在北京城内外，是八旗的主体。驻防八旗始于顺治元年(1644)留都盛京，以后每得一地，总要留一部分八旗军驻守，驻防八旗渐及于地方。八旗自成系统，一律由中央八旗都统指挥，不问地方行政，地方督抚也无权调动，逐渐由军政合一过渡为简单的军事组织。绿营兵是入关后新编的，由明朝降兵与各省改编的军队组成，绝大多数是汉人。用绿色旗帜，按营建制，故称“绿营”。驻京师绿营称巡捕营，隶属步兵统领管辖。分驻各地的由所在各省总督、巡抚、提督、总兵指挥。清朝将八旗兵分驻在京城和各省城镇要地，将绿营兵配合驻防，二

---

① 《清史稿》卷116《职官三》。

者互相穿插交错,在全国构成军事控制网。

4. 法律

清初沿用明朝法律。顺治元年(1644),清朝下令,“详译明律,集议裁定之”。次年,以给事中孙襄言,命“参酌同异,毋事过为纷更”。[①] 至顺治四年三月,《大清律》成,共十卷,颁行中外。《大清律》内分名例、吏律、户律、礼律、兵律、刑律、工律七篇,实是对《大明律》在内容上作一些删订而成。

三、恢复封建经济

经过明末以来长达四十年的战乱,顺治年间,社会经济遭到严重破坏,耕地荒芜,农民死亡逃徙。顺治二年(1645)正月,总督河道杨方兴疏报,山东“地土荒芜,有一户之中止存一二人、十亩之田止种一二亩者”[②]。在江南各省,清军先后与南明政权和抗清武装厮杀二十年,经济残破,田舍一空。湖南、四川、两广等地,顺治九年给事中刘余谟奏称,“弥望千里,绝无人烟”[③]。顺治六年四月,清朝统治者承认说:“自兵兴以来,地多荒芜,民多逃亡,流离无告,深可悯恻。”[④]为了稳步建立起对全国的统治,清朝统治者一面进行统一全国的战争,一面迅速采取措施恢复封建经济。其措施主要有:

1. 取消明末加派,蠲免赋税

明代后期,因国家财政入不敷出,开始实行田赋加派,加重对广大民众的剥削和榨取。明末,与后金及农民起义军同时作战,明朝国家财政枯竭,遂有“辽饷”、“剿饷”、“练饷”三饷加派,“数倍正供”,各地方官又乘机暗加私派。可以说,明末加派是“弊政厉民最甚者”,它导致“民穷盗起”,加速了明朝的灭亡。早在顺治元年(1644)七月,摄政王多尔衮就宣布取消“三饷”加派等,禁止私派。如有混征暗派者,“必杀无赦”。十月,世祖再即位于北京,

---

① 《清朝文献大通考》卷195《刑考》。

② 《清世祖实录》卷13,顺治二年正月己丑。

③ (清)刘余谟:《垦荒兴屯疏》,见(清)贺长龄:《清朝经世文编》卷34《户政九·屯垦》。

④ 《清世祖实录》卷43,顺治六年四月壬子。

颁诏重申："地亩钱粮俱照前朝《会计录》原额，自顺治元年五月初一日起，按亩征解。凡加派辽饷、新饷、练饷、召买等项，悉行蠲免。"即赋税征收以万历初年《赋役全书》为准，取消一切加派。

不仅如此，清朝还对百姓赋税加以蠲免。顺治元年（1644）六月，多尔衮谕令，京城内官民房屋被圈占者，皆免三年赋税。清兵经过之处，田地被伤者，免田赋之半，河北各府州县免三分之一。八月，又下令，明末各项税课，除已征收外，凡有亏欠，俱予蠲免。十月，世祖登极诏书正式宣布："其大兵经过地方，仍免正粮一半。归顺地方，不系大兵经过者，免三分之一。就今年一年正额通算"；"各直省起存拖欠本折钱粮。""念小民困苦已极，自顺治元年五月初一日以前，凡未经征收者，尽行蠲免。"有的征收二分之一，有的征收三分之一，有的甚至全免。

2. 整顿赋役制度

为了确定赋税征收的依据，同时避免官吏作弊，顺治三年（1646）四月，清朝下令详定《赋役全书》，颁行天下。但当时全国各地尚未平服，重修《赋役全书》无法完成。至十四年，在全国基本统一时，世祖令将各直省每年额定征收、起存、总征实数编列成帙，详稽往牍，参酌时宜，汇成一编，名曰《赋役全书》，颁布天下。新《赋役全书》规定，恢复万历年间三饷加派前的原额，赋税征收以土地肥瘠和丁口贫富为差，全书总载地亩、人丁、赋税定额，以及荒亡、开垦、招徕之数，作为征收依据。同时，清朝另立鱼鳞册（土地丈量册）、黄册（户口册），与其相配合。在赋税征收时，采用明朝万历年间的"一条鞭法"。为了防止官吏私派，清朝政府对民户发给"易知由单"（通知单），刊载纳银米实数，以防发生差错；又发给"截票"，对钱粮征纳分限而截，票分二联，一给农户，一存政府，用作缴纳凭证。

3. 招徕流民，奖励垦荒

要解决国穷民贫，根本还是要恢复和发展生产。因此，清朝统治者千方百计招徕流民，奖励垦荒。清朝初入关，即下令将各地无主荒地分给流民及驻守官兵屯种，无力耕种者，官府贷给牛、种。顺治六年（1649）四月，清朝又下令招徕流民垦荒："凡各处逃亡民人，不论原籍、别籍，必广加招徕，编入保甲，俾之安居乐业。察本地方无主荒田，州县官给以印信执照，开垦耕种，永准为业，”“务使逃民复业，田地垦辟渐多。”①

为了鼓励垦荒，清朝政府减免赋税。顺治元年(1644)，令山西新垦地免赋税一年。六年四月，令各地招徕流民垦荒，免六年赋税，“俟耕至六年之后，有司官亲察成熟亩数，抚按勘实，奏请奉旨，方议征收钱粮。”②十年，对应招到辽东垦荒者，官给口粮、牛、种。对招徕流民垦荒有成绩者，清朝政府加以奖励。招徕流民至辽东垦荒达百人者，文职授予知县，武职授给守备，超过百人，每增加百人即升官一级。十四年四月，户部议准官吏督垦荒地劝惩则例：督、抚、按一年内垦至二千顷以上者纪录，六千顷以上者加升一级；道、府垦至一千顷以上者纪录，二千顷以上者加升一级；州、县垦至一百顷以上者纪录，三百顷以上者加升一级；卫、所官员垦至五十顷以上者纪录，一百顷以上者加升一级；文武乡绅垦五十顷以上者，现任者纪录，致仕者给匾旌奖；贡监生、民人有主荒地仍听本主开垦，如本主不能开垦者，该地方官招民给予印照开垦，永为己业。若开垦不实及开过复荒，新旧官员俱分别治罪。以垦荒数作为考核官吏的一项内容。

在清朝政府鼓励、推动下，顺治年间农业生产得到一定程度的恢复，丁口、耕地数字有相当增长。以丁口言，顺治八年(1651)统计有 1063 万余，十八年达到 1920 万余；以耕地言，顺治八年有二亿九千万余亩，十八年达到五亿四千九百万亩。十年之间，翻了将近一番。

四、实行民族压迫

顺治年间，在采用汉制、恢复经济的同时，为了保护满族习俗，维护满族贵族特权，统治者还颁行剃发令，大搞圈地，推行逃人法，对广大汉地人民实行血腥残暴的民族压迫政策，加剧了民族矛盾。

1. 颁行剃发令

满族习俗，男子将顶发四周边缘剃去寸余，中间保留长发，分成三绺编

① 《清世祖实录》卷 43，顺治六年四月壬子。

② 同上。

成长辫，垂于脑后，名为辫子，或称发辫。除父母丧或国丧，四周头发不得蓄长，时时剃除，名为剃发或剃头。早在努尔哈赤时，汉族及其他各族人民归顺后金，皆以剃发为标志。皇太极时期，严格剃发令，后金（清）军每到一处，首先宣布该地人民必须剃发，强制汉族人等从满族习俗，以保持满族政权的特点。

顺治元年（1644）四月，清兵入关，山海关城内军民皆剃发归降。五月，清兵进入北京。多尔衮下剃发令，命“各处城堡，著遣人持檄招抚，檄文到日，剃发归顺者，地方官各升一级，军民免其迁徙”，“有虽称归顺而不剃发者，是有狐疑观望之意，宜核地方远近，定为限期，届期至京，酌量加恩。如过限不至，显属抗拒，定行问罪，发兵征剿”①。清朝统治者以剃发为标准，判断汉人是否归顺，即所谓“令其剃发，以别顺逆”。汉族习俗，反对毁伤身体发肤。《孝经》说：“身体发肤，受之父母，不敢毁伤，孝之始也。”秦汉以来，宽衣大袖、峨冠博带的服饰，加上蓄发、束发，已经构成汉民族延续上千年的传统。因此，多尔衮剃发令下达后，广大汉族官民激烈反抗，纷纷外逃，京畿一带“土寇蜂起”。在此形势下，不久，多尔衮下令罢除剃发，“自兹以后，天下臣民照旧束发，悉从其便”②。据说，建议罢剃者为降将吴三桂。当时，朝廷内外，汉族官民有剃发者，也有未剃发者，清朝奉行不严。

顺治二年（1645）五月，清军攻下南京，消灭弘光政权，大顺军在西北也被清军大败。部分汉族官员，如孙之獬、李若琳、冯铨等又倡议剃发。于是，多尔衮决定恢复剃发。六月，他派官往南京传令：“各处文武军民，尽令剃发，傥有不从，以军法从事。”③接着，多尔衮又令礼部向全国颁令，限各地十日内剃发：“自今布告之后，京城内外限旬日，直隶各省地方，自部文到日亦限旬日，尽令剃发。遵依者为我国之民，迟疑者同逆命之寇，必置重罪。若规避惜发，巧辞争辩，决不轻贷，”“不随本朝制度者、杀无赦。”④从此，剃发制度成为清朝一项绝对命令，“留头不留发，留发不留头”，任何情况下都不许改变。

清朝严行剃发，加剧了民族矛盾，激起了内地汉人激烈的反剃发斗争，

---

① 《清世祖实录》卷5，顺治元年五月庚寅。

② 《清世祖实录》卷5，顺治元年五月辛亥。

③ 《清世祖实录》卷17，顺治二年六月丙辰。

④ 《清世祖实录》卷17，顺治二年六月丙寅。

成为当时抗清斗争的重要组成部分。清朝从入关到进入北京才二十余日，从进入北京后西征打败大顺军主力，转而南下消灭弘光政权，前后也仅一年。但在攻克南京后，征服东南、西南，统一全国，却历时近二十年。可以说，清朝统一全国的战争因剃发而变得异常艰难，更加血腥残酷。

2. 大肆圈地

满族在辽东实行奴隶制性质的计丁受田制。据说“沈中禾稼颇登”，因而南迁时多有怨苦者。入关后，清朝统治者决定圈地，分配给满族贵族和旗兵居住和耕种。顺治元年(1644)五月，多尔衮进入北京，命以北京之半屯驻八旗军兵，将城内原来居住的汉民赶出，仅以南城为民居，而东城、西城、北城、中城皆被圈为营地。十二月，多尔衮向户部颁布圈地令：“凡近京各州县民人无主荒田，及明国皇亲、驸马、公侯伯、太监等死于寇乱者，无主田地甚多。尔部可概行清查，若本主尚存，或本主已死而子弟存者，量口给与。其余田地，尽行分给东来诸王、勋臣、兵丁人等。此非利其地土，良以东来诸王、勋臣、兵丁人等无处安置，故不得不如此区画。然此等地土，若满、汉错处，必争夺不止。可令各府州县乡村，满汉分居，各理疆界，以杜异日争端。今年从东先来诸王各官兵丁，及见在京各部院衙门官员，俱著先拨给田园。其后到者，再酌量照前与之。”①这一圈地令，虽然要求圈占近京各州县无主荒地，及原来明朝贵族土地，但在实际执行中，汉族大小地主乃至普通农民的土地都被圈占，后来发展到连房屋也在圈占之列，广大农民从土地上被驱逐，迫令迁徙，给人民带来极大痛苦。

顺治二年(1645)九月，清朝政府第二次大规模圈地，下令将河间、滦州、遵化等地凡无主之地，查明给予八旗下耕种，原明朝公侯伯、驸马、皇亲、太监地，酌照家口给发外，余给八旗。至顺治四年正月，清朝政府第三次大规模圈地，范围是顺天、保定等四十二州县。

三次大规模圈地，夺占了汉人大量土地、房屋财产，激化了民族矛盾，“被圈之民，流离失所，煽惑讹言，相从为盗”，近京地区人民不断起来反抗。顺治四年(1647)三月，多尔衮才下令停止圈地：“自今以后，民间田屋，不得

---

① 《清世祖实录》卷12，顺治元年十二月丁丑。

复行圈拨,著永行禁止。”[1]此后,清朝虽然没有再大规模圈地,但零星圈地直到圣祖亲政以后才真正停止。

3. 推行逃人法

满族入关时,从辽东带来大批奴仆。随着圈地的大规模进行,许多丧失土地的汉族农民也被迫投充为满族贵族之奴。一些汉族地主,为了保护自己,也带地投充。而一些无赖甚至暗以他人土地投向满人,部分满族贵族及其帮凶还逼迫汉人投充为奴。由于投充盛行,加上满族贵族可以通过战争掠夺人口为奴,以及从市场上购买人口,使满洲贵族手中奴仆数量大增,汉族人民饱受奴役之苦。至顺治四年(1647)三月,清朝下令,“自今以后,投充一事,著永行停止”[2]。

对手下奴仆,满洲贵族实行残酷的剥削和压迫,不堪忍受奴役的奴仆纷纷逃跑。顺治三年五月,多尔衮令兵部制定逃人法,规定:查获逃人鞭打一百,“归还原主”;隐匿逃人者“从重治罪”,本犯处死,家产没收,“邻佑九家、甲长、乡约各鞭一百,流徙边远”;首告者给赏。逃人法重在处治窝主,轻处逃人,这是保护满族贵族利益的需要。为此,清朝设兵部督捕衙门,专责追捕逃人。但是,一些地方无赖往往通过旗下奸人,冒充逃人,妄指平民为窝主,加以敲诈勒索。而且,此时满族贵族的汉族奴隶多是来自封建社会的人民,他们逃亡已不会是再投依其他奴隶主,而是逃回家园隐匿或聚众自保。根据逃人法,逃人回家要全家受株连,因此他们不敢回家,只好四处流浪,一些人被迫参加了抗清起义队伍。奴仆的大量逃亡,使满族贵族不得不逐渐以封建租佃制代替其落后的剥削方式。清朝政府也规范逃人法的执行,顺治十五年五月下令,不许“奸徒假冒逃人,诈害百姓,将殷实之家指为窝主,挟诈不已”,违者“许督抚逮捕,并本主治罪”。史称,“逃人祸自此渐熄”[3]。

---

① 《清世祖实录》卷31,顺治四年三月庚午。

② 《清世祖实录》卷31,顺治四年三月己巳。

③ 《清史稿》卷244《李裀传》。

第五讲

康熙时期中央集权统治的加强

顺治十八年(1661)正月,圣祖玄烨继位,清朝历史进入以康熙为标志的蓬勃发展的新时代。

一、圣祖继位

顺治十八年(1661)正月,清世祖福临病死。世祖在世时,起先没有考虑皇位继承人问题。当他患天花病重时,才想到立嗣。世祖共有八子,长子钮钮及其他三子已夭折,当时在世的有四个,即皇二子福全,皇三子玄烨,皇五子常宁,皇七子隆禧。福全时年九岁,玄烨八岁,常宁、隆禧尚在襁褓中。福全长于玄烨,生母为宁悫妃董鄂氏,因此世祖想立福全为太子。但福全没有出过天花,而玄烨出过,孝庄皇太后倾向于立玄烨。世祖拿不定主意,征询在宫中当差的西洋传教士汤若望。汤若望也认为,玄烨出过天花,对天花有终身免疫力,应当立玄烨。

天花,中医称"痘疮",是由天花病毒引起的一种烈性传染病。症状为先发高热,全身起红色丘疹,继而变成疱疹,最后成脓疱。十天左右结痂,痂脱后留有疤痕,俗称"麻子"。天花来势凶猛,对未免疫人群感染后,十五至二十天内致死率高达30%。晋朝时就有痘疹病理记载。直到清初,天花依然被视为不治之症,令人谈痘色变。

玄烨生母佟佳氏,祖籍辽东,原隶汉军正蓝旗,其祖父即是清朝开国功臣佟养真,是汉人后裔。佟妃于顺治十一年(1654)三月生下皇子玄烨,但并没有得到世祖的宠爱，一直遭受冷遇。幼小的玄烨也没有得到父亲的欢爱，世祖借口他未曾出痘，出生不久就令保姆带到紫禁城外的一座府邸（世宗继位后改作喇嘛庙福佑寺）居住。圣祖晚年回忆说："朕幼年时未经出痘，令保母护视于紫禁城外，父母膝下未得一日承欢，此朕六十年来抱歉之处。"[①]二岁时，玄烨也患上天花。在保姆、正白旗汉军包衣曹玺（曹雪芹的曾祖父）之妻孙氏照料下，玄烨战胜天花，生存下来，但脸上留下与痘魔殊死搏斗的点点痕迹。

世祖及孝庄皇太后对汤若望的建议一致表示赞同，玄烨当时还没有汉名，弥留之际的世祖为取名玄烨，立为太子。对此，实录记载说：顺治十八年正月，"壬子（初二），世祖章皇帝不豫。丙辰（初六），遂大渐。召原任学士麻勒吉、学士王熙至养心殿，降旨一一自责，定皇上御名，命立为皇太子，并谕以辅政大臣索尼、苏克萨哈、遏必隆、鳌拜姓名"[②]。至于其满文名字，因史料湮没，后来已经无人知晓了。正月初九，在世祖去世后的第三天，玄烨即帝位，改明年为康熙元年，是为清圣祖。自此，清朝历史进入康熙时代。

二、四大臣辅政

1. 四大臣辅政

圣祖即位，年仅八岁，尚无处理政事的能力。如何维持国家机构的正常运转，是世祖临终前和孝庄皇太后思考的问题。历代幼君继位，政体维持不外乎三种形式，一是母后临朝，委政外戚，一是亲王辅政，一是朝中重臣辅政。母后临朝，孝庄皇太后出身于蒙古，玄烨母亲出身于汉军，垂帘听政以及委用自己的母家兄弟辅政都不能为满洲贵族同意。亲王辅政，前有顺治年间多尔衮辅政专权的教训，世祖及孝庄皇太后记忆犹新，也不会考虑。因此，只剩下朝中重臣辅政可供选择。这样，出身于由皇帝掌握的满洲上三旗的索尼（正黄旗）、苏克萨哈（正白旗）、遏必隆（镶黄旗）、鳌拜（镶黄旗）四大

① 《清圣祖实录》卷290，康熙五十九年十二月甲辰。

② 《清圣祖实录》卷1，顺治十八年正月辛亥朔。

臣奉诏辅政。

从皇太极到福临,清朝(后金)皇(汗)位继承者一直是由诸王贝勒共同推举,而圣祖继位、四大臣辅政均未与诸王贝勒商量,因此索尼等四人跪着对诸王贝勒说:“今主上遗诏,命我四人辅佐冲主。从来国家政务,惟宗室协理。索尼等皆异姓臣子,何能综理?今宜与诸王贝勒等共任之。”诸王回答说:“诏旨甚明,谁敢干预?四大臣其勿让。”①于是,世祖死后,康熙初年,四大臣掌握了朝政。

四大臣是满洲贵族中民族狭隘性比较强烈的人物,他们对多尔衮执政以来任用汉族官员、借鉴汉族统治制度、加速汉化的一系列做法不满。世祖死后,他们在孝庄皇太后支持下,以世祖遗诏自责形式,罗列了世祖十四条罪状,第一条即是“纪纲法度,用人行政,不能仰法太祖、太宗谟烈”,“且渐习汉俗,于淳朴旧制日有更张”。其他各条的主要内容有:对满洲宗室诸王贝勒等“晋接既疏,恩惠复鲜”;对满洲诸臣“不能信任”,“委任汉官,即部院印信间亦令汉官掌管”,以致满臣“无心用事”;仿效明朝设立十三衙门,任用宦官,“以致营私作弊,更逾往时”;对皇太后不孝顺,“子道不终”,对董鄂妃丧礼过从优厚,以及朝政不能听言纳谏,宫中未能节省,营建殿宇“靡费甚多”等等②。四大臣借口率循祖制,咸复旧章,取消了入关后许多借鉴汉族统治的制度和政策,恢复了一些满族原来的统治方式。它们包括:① 改十三衙门为内务府。顺治年间,设十三衙门,统领后宫宦官。四大臣辅政后,宣布革去十三衙门,宦官由内务府统领。② 恢复理藩院与六部并列的地位。理藩院原与六部并列,顺治十六年(1659)改隶礼部下,至此恢复与六部并列地位,居工部之后。③ 废除内阁和翰林院,恢复内秘书院、内国史院、内弘文院内三院。各设满、汉大学士和满洲学士、汉军学士、汉学士。

顺治年间借鉴汉族统治政策和制度,有的是较先进的,也有的是落后的。四大臣变革,有的是一种退步行为,如取消内阁和翰林院,也有的是合理的,如改十三衙门为内务府,恢复理藩院与六部同阶等,不可一概而论。但总体上,四大臣是思想保守的满族贵族代表。

四大臣辅政,也继续执行世祖时期的一些政策。他们重视吏治,重申顺

---

① 《清圣祖实录》卷1,顺治十八年正月辛亥朔。

② 《清世祖实录》卷144,顺治十八年正月丁巳。

治年间一些惩贪政令。军事上，继续镇压南明残余势力和农民军抗清活动。至康熙三年(1664)，以李来亨为首的大顺军夔东十三家全部被消灭。对据守台湾、仍奉南明桂王政权年号的郑氏政权，也采取招抚政策，郑军不少将官投降朝廷。经济上，则奖励垦荒，蠲免赋税，废除圈地，推进经济发展。

2. “哭庙案”和“奏销案”

四大臣辅政期间，为维护满族贵族的利益，加强了对汉族特别是江南士绅的控制和打击。其突出表现，是“哭庙案”和“奏销案”。

“哭庙案”　先是，苏州吴县知县任维初严行苛征赋税，贪污中饱私囊，激起众怒。顺治十八年(1661)二月，世祖去世诏书到达苏州，苏州府堂设世祖灵位，所属官员齐聚哭临三天。吴县诸生倪用宾、金人瑞(圣叹)等百余人，到文庙哭泣。然后，鸣钟击鼓，带领千余人奔向府堂，乘江宁巡抚朱国治等在时跪进揭帖，并呼喊口号，欲驱逐知县任维初。巡抚朱国治等指为“震惊先帝之灵，聚众倡乱，摇动人心”，罪大恶极，将为首者十八人逮捕，报告朝廷。清朝命侍郎叶尼等往勘，“皆定为不分首从处斩”①。

金人瑞，字圣叹，倜傥怪诞，常以佛经诠释儒、道，好评解稗官词曲，如《水浒》《西厢》等，自成一家，是有名的才子。据说，临刑之日，金圣叹写了一封家信，托狱卒转给妻子。临刑时，大呼说：“杀头至痛也，灭族至惨也，圣叹无意得此，呜呼哀哉！然而快哉！”遂引颈受戮。圣叹死后，狱卒不敢为他擅送书信，而转呈给上官审查。上官怀疑其中必有诽谤之语，打开一看，上面写着：“字付大儿看，盐菜与黄豆同吃，大有胡桃滋味。此法一传，吾无遗憾矣。”上官十分尴尬，笑说：“金先生死且侮人！”②

“奏销案”　顺治年间，各省赋税钱粮拖欠严重。世祖死后，四大臣即谕吏部、户部，责成各级官员督催钱粮。如限内拖欠钱粮不完，或革职，或降级处分。不久，他们又提出，“直隶各省钱粮逋欠甚多，征比难完，率由绅衿藐法，抗粮不纳。地方官瞻徇情面，不尽法征比”，命督、抚责令通府州县各官“厉行禁饬，严加稽察”，“如仍前抗粮，从重治罪。地方官不行察报，该督、抚

---

① (民国)黄鸿寿：《清史纪事本末》卷12《康熙勤政》。

② (清)许奉恩：《里乘》卷9《金圣叹》。

严察,一并题参重处”①。

新令一下,各省官吏严加追征,喧扰不堪。而江南赋税倍于他省,苏、松、常、镇四府赋税尤重,积欠数十万。因此,旧积新欠一并追征,破产倾家者比比皆是。六月,江宁巡抚朱国治上疏报告,四府欠交赋税的文武绅士共一万三千五百余人、衙役二百五十四名,号曰“抗粮”。清朝政府下令,不问身份高低及亏欠多少,在籍绅衿按名黜革,秀才、举人、进士凡钱粮未完者,皆革去功名出身;现任官概行降两级调用。不少人被逮捕,械送刑部议处。其中,叶方蔼中顺治十六年(1659)一甲第三名进士及第(“探花”),“欠折银一厘”,也被黜革。当时银一厘准制钱一文,故有“探花不值一文钱”之说。从江苏开始,安徽、浙江等地相继褫革所谓“抗粮”缙绅。吴伟业、徐乾学、徐元文等江南缙绅名人几乎全部罗织在内,江南士绅遭到沉重打击。奏销案表面上是清理钱粮积欠,而更主要的目的是打击对清朝统治素有反抗意识的江南士绅。

三、圣祖亲政与清除鳌拜集团

1. 鳌拜专权

世祖遗命索尼等四大臣辅政,共同辅佐幼君圣祖,直至亲政为止。为防止辅政大臣个人专断政务,还特别规定,凡事须由四人协商一致,然后集体请示皇帝或皇太后批准,再以皇帝的名义公布,禁止个人单独谒见皇帝或孝庄皇太后,不许个人独断大事。四大臣辅政初期,尚能和衷共济,共同决策,朝廷内外相安无事。但是,不久,鳌拜就培植私党,排斥打击其他辅臣,跋扈专政。

四大臣中,索尼年纪最长,地位最尊。康熙四年(1665),索尼孙女被立为皇后,索尼一家成为显赫的贵戚。鳌拜出身将门,武艺高强,勇猛善战,顺治年间先后追击李自成、张献忠,多立战功。他不依附多尔衮,曾三次论死。多尔衮死后,被世祖拔为议政大臣、领侍卫内大臣,很得信用。鳌拜自恃有

---

① 《清圣祖实录》卷2,顺治十八年三月戊午。

战功，结党擅权，遏必隆依附鳌拜。苏克萨哈原为多尔衮旧属，在政治上无一定主张，且与索尼、鳌拜不和，“每以论事相争而成隙”。索尼与鳌拜成为主要的决策者。

入关之初，圈占京畿地区土地，按照八旗左右翼顺序分配给八旗将士。但是，摄政王多尔衮出于一己之私，下令将应拨给镶黄旗的永平（今河北卢龙）地区的好地，拨给自己所属正白旗，而把保定、河间、涿州等处贫瘠土地拨给镶黄旗。其时，多尔衮势大，镶黄旗将士忍气吞声，被迫接受。至康熙初年，二十余年，旗民已各安其业。康熙五年（1666）正月，鳌拜为报当年本旗受压之气，“立意更换”，提出多尔衮违背祖宗规定的八旗布列各有定序原则，镶黄旗现有土地不堪耕种，要求和正白旗换地，如果正白旗地不足，“别圈民地补之”。对鳌拜的主意，索尼、遏必隆“共附和之”。于是，命大学士兼户部尚书苏纳海（满洲正白旗人）、直隶总督朱昌祚、巡抚王登联等办理圈换事宜。苏纳海上疏反对，表示地土分拨已久，且康熙三年奉有民间地土不许再圈之旨，不便更换，请将鳌拜之议驳回。朱昌祚、王登联也上奏疏，反对圈换。如王登联奏疏说：“旗民皆不愿圈换，自闻命后，旗地待换，民地待圈，皆抛弃不耕，荒凉极目，亟请停止。”①

鳌拜大怒，将三人逮捕，要求处死。圣祖召见四大臣，过问此事，苏克萨哈属正白旗，反对圈换，不同意处死。圣祖感到此事复杂，不便马上作出决定，没有同意处死苏纳海等。但是，鳌拜出，却假传圣旨，说苏纳海“迟延藐上”，朱昌祚、王登联“妄行具奏”，“情罪俱属重大”，将三人“处绞”②。鳌拜又重新派人办理圈换事宜。事实上，正白旗与镶黄旗迁出的壮丁，并不是换到对方田地，而是各自圈占了民地。所谓“圈换”，其实是在京畿地区恢复推行圈地制，继续占夺汉民土地。八旗人民也因迁移新地，弃业流离，造成极大纷扰。

2. 圣祖亲政

康熙六年（1667），圣祖十四岁，照世祖之例，已经到了亲政年龄。索尼以自己年老多病，又见鳌拜跋扈，遂提议圣祖亲政。苏克萨哈、遏必隆表示

---

① 《清圣祖实录》卷20，康熙五年十一月丙申。

② 《清圣祖实录》卷20，康熙五年十二月丙寅。

赞成,鳌拜不敢公开反对。三月,四辅臣联名上疏,请圣祖亲政。圣祖以自己年幼,表示要再等几年。六月,索尼病死,鳌拜再无顾忌,以首辅大臣自居。鉴于政情变化,七月,孝庄皇太后同意圣祖亲政。圣祖虽然宣布亲政,仍然保留三位辅政大臣。而鳌拜则把持权力,不肯归政。这时,苏克萨哈上疏,表示自己“身婴重疾,不能始终效力于皇上之前”,要求辞去辅政,“往守先皇帝陵寝,如线余息,得以生全。”苏克萨哈眼见鳌拜专横,希望急流勇退,保全生命。但此疏无疑是将了鳌拜一军,因为它表明皇帝已经长大,可以结束辅政局面了。倘若圣祖同意,其他两位辅政大臣也势必要辞职。鳌拜心有不甘,立即以圣祖名义斥责说:“苏克萨哈系辅政大臣,并无危急之处,在此何以不存伊命?令往陵寝,伊命得生?方归政于皇上,伊即欲往守陵寝,岂非不愿归政之意?”[①]他诬陷苏克萨哈对皇帝不满,不想归政,进而罗织了二十四条罪状,苏克萨哈与长子内大臣查克旦均拟凌迟处死,家产籍没。此案上奏后,圣祖不允。鳌拜在圣祖面前挥舞胳膊,多次强奏,最终迫使圣祖同意改处苏克萨哈绞刑。

除去苏克萨哈后,四辅政大臣仅剩两人,遏必隆对鳌拜又俯首听命,鳌拜更加专横。蒙古都统俄讷等议政时没有附和鳌拜,鳌拜马上宣布蒙古都统不得参加议政会议。工部满尚书缺员,鳌拜将圣祖素无了解的济世强行推补。户部满尚书缺员,鳌拜想任命自己的侄子玛尔赛,圣祖已经委任玛希纳,鳌拜竟然援引顺治年间故事,在户部设置二位满尚书,除授玛尔赛。汉尚书王弘祚领户部多年,玛尔赛不得自擅,鳌拜借故将王弘祚革职。玛尔赛死,圣祖命祭葬如例,鳌拜却擅自赐谥“忠敏”。鳌拜结党营私,弟穆里玛受命为靖西将军,镇压李来亨军有功,超授一等阿思哈尼哈番(世袭二品爵),握有兵权。鳌拜兄弟与秘书院大学士班布尔善、吏部尚书阿思哈、侍郎泰必图、兵部尚书噶褚哈、工部尚书济世、内秘书院学士吴格塞等互相勾结,把持朝政,凡事即在鳌拜家定议,然后施行。每当朝廷议事,廷臣言论稍有不合鳌拜意者,鳌拜就在圣祖面前高声呵斥。每决一事,必欲圣祖屈从他的意志。

① 《清圣祖实录》卷23,康熙六年七月乙卯、已未。

3. 清除鳌拜集团

不仅如此，鳌拜甚至想谋害圣祖。康熙八年(1669)五月，鳌拜托病不上朝，让圣祖去看他。圣祖走进卧室，御前侍卫发现鳌拜神色不对，急奔至床前，在席子下面竟搜出一把短刀。按照规定，臣僚面见皇帝，不许携带任何凶器，否则即以图谋不轨论处。圣祖装作并不介意，笑着说："刀不离身，乃满洲故俗，不足异也。"

回宫以后，圣祖决计清除鳌拜。但是，鳌拜掌握朝中大权，宫中侍卫也由其安排，势力广布朝廷内外，弄得不好，会招来一场大乱。于是，圣祖以下棋为名，召集索尼第二子索额图入宫，仔细谋划。索额图原领侍卫，后任吏部侍郎，至此自请解任，在皇帝左右效力，仍为一等侍卫，帮助圣祖清除鳌拜。谋划既定，圣祖不动声色，挑选了一批少年侍卫，每天在宫中练习"布库"(满语，摔跤的意思)游戏。鳌拜入宫奏事，看到圣祖经常与少年侍卫游戏，以为年少贪玩，也不加戒备。不久，圣祖有意把鳌拜的党羽亲信陆续派出京城，削弱鳌拜势力。康熙八年(1669)五月，圣祖召集诸少年侍卫问："汝等皆朕股肱耆旧，然则畏朕欤，抑畏拜也?"众少年侍卫齐声答道："独畏皇上!"于是，圣祖"谕鳌拜诸过恶，立命擒之"①。他召鳌拜入宫。鳌拜刚入宫中，就被布库少年按倒在地，束手被擒。

圣祖将鳌拜交议政王审问，康亲王杰书等勘问鳌拜三十条罪状，遏必隆依附鳌拜有罪状十二条，班布尔善附和鳌拜有罪状二十一条。鳌拜专横气焰全消，恳请圣祖见一面。见面时，鳌拜撩起衣服，让圣祖看他身上为了搭救太宗留下的伤疤，诉说自己过去的赫赫战功，希望保全一命。圣祖念鳌拜效力年久，不忍加诛，令革职，籍没拘禁。鳌拜后来死于狱中。其党羽也受到不同程度的惩处，鳌拜集团势力由此被清除。此后，圣祖废除了辅政体制，收回了专制大权。

清除鳌拜集团以后，圣祖为遭鳌拜迫害致死的诸王大臣平反昭雪，包括苏克萨哈、苏纳海、朱昌祚、王登联等恢复原官、爵位，给予谥号。同时，对一些政策加以调整：① 严禁买良民为奴，违者从重治罪。② 停止圈地，陆续进行了二十多年的圈地，至此方告结束。③ 恢复内阁和翰林院，均按顺治十

---

① (清)昭梿:《啸亭杂录》卷1《圣祖拿鳌拜》。

五年(1658)旧制。④ 将满汉官员品级划一,提高汉官地位。

圣祖在清除鳌拜集团后的三四年间,采取多种措施,使得辅政时期激化了的各种矛盾得到一些缓和,清王朝进一步封建化,为恢复和发展生产、消灭分裂割据势力、反对外来侵略扫清了道路。

四、平定三藩之乱

1. 三藩势大

三藩指吴三桂、耿精忠(耿仲明孙)、尚可喜三支割据势力。吴三桂、耿仲明、尚可喜原来都是明朝将领,清兵入关前先后降清,随清军西进南下,镇压明末农民起义、南明诸政权以及各地汉族人民的反清抗清斗争,为清王朝统一全国、建立对全国的统治立下功劳。清廷封吴三桂为平西王,留镇云南;封尚可喜为平南王,留镇广东;封耿仲明为靖南王,其子耿继茂(耿精忠父)袭封,留镇福建。

三藩各拥重兵,久据数省。尚、耿二藩各有兵力十五佐领(每佐领二百人),绿营兵六七千,以及丁口二万人;吴藩所属兵力五十三佐领,绿营兵一万二千,丁口数万人。此外,三藩还各自蓄养私人武装甚众。三藩耗费国家大量钱粮。顺治十七年(1660),云南省俸饷九百余万,加以粤、闽二藩,年需饷两千余万。而当时全国一年的军饷,也不过一千七百余万两,所谓"天下财赋,半耗于三藩"[①]。吴三桂初镇云贵,清廷曾准予便宜行事,云贵督抚皆受其节制,"部兵所辖文武将吏,选用自擅","各省员缺,时亦承制除授",所除授文武官员几遍各地,号称"西选"[②]。

吴三桂自恃势重,更加骄纵,据南明桂王五华山旧宫为藩府,增崇侈丽。又尽据明黔国公沐氏旧庄七百顷为藩庄,并圈占民田。他还借疏河修城,广征关市,重榷盐井,开矿鼓铸,垄断其利,所铸钱时称"西钱"。吴三桂专制云南十余年,日练兵马器械,暗存硝磺等禁物。他通使西藏达赖喇嘛,互市茶

---

① (清)魏源:《圣武记》卷2《康熙勘定三藩记上》。

② 《清史稿》卷474《吴三桂传》。

马，蒙古之马由西藏入云南，每年达数千匹。他遍布私人于水陆要冲，各省提镇多有心腹。其子吴应熊在京为驸马，朝政巨细，旦夕密报。

耿精忠袭封王爵后，“横征盐课，擅设报船，苛派夫驿，勒索银米”，掠取大量财富，“久为民害”①。他不顾禁海令，大肆进行走私贸易。耿精忠还广集宵小之徒，因谶纬有“天子分身火耳”之谣，妄称“火耳者，耿也。天下有故，据八闽以图进取，可以得志”，待机叛乱。尚可喜在广东也横征暴敛，大肆走私贸易，每岁所获银两不下数百万。尚可喜对清廷比较效忠，但年老多病，将兵事交给儿子尚之信掌管。尚之信桀骜横暴，性嗜酒，醉则杀人。他招纳奸宄，布为爪牙，罔利恣行，官民怨恨。三藩各据一方，互通声气，广布党羽，成为威胁清朝统治和国家统一的割据势力。

2. 吴藩叛乱

圣祖亲政以后，“以三藩及河务、漕运为三大事，夙夜廑念，曾书而悬之宫中柱上”②。清除鳌拜集团后，圣祖开始准备解决三藩问题。康熙十二年(1673)三月，平南王尚可喜上疏，请求返回辽东养老，以儿子尚之信承袭王爵驻粤。议政王大臣等根据圣祖旨意，讨论后提出，应如所请，“但该王之子尚之信仍带领官兵，住居粤东，则是父子分离，而藩下官兵，父子兄弟宗族亦至分离。今粤省已经底定，既议迁移，似应将该藩家属兵丁均行议迁”③。清廷借机以父子宗族不宜分离为由，命令尚可喜带领所属兵丁、家口全部撤回原籍。

七月，吴三桂、耿精忠也不得不作出姿态，提出撤藩请求，试探朝廷态度。议政王大臣和朝中九卿等讨论后，提出同意耿精忠撤藩请求。而对吴三桂的请撤，大学士索额图、图海等因顾忌吴三桂势大，反对撤藩，而刑部尚书莫洛、户部尚书米思翰、兵部尚书明珠等少数几人则主张坚决撤藩，意见不一。圣祖认为：“三桂久蓄异志，撤亦反，不撤亦反。不若及今先发，犹可制也。”④长痛不如短痛，决意一并撤藩。八月，清廷命礼部侍郎折尔肯等往云南，户部尚书梁清标等赴广东，吏部侍郎陈一炳等去福建，各持敕谕，办理

① 《清圣祖实录》卷94，康熙二十年二月甲午。
② 《清圣祖实录》卷154，康熙三十一年二月辛巳朔。
③ 《清圣祖实录》卷41，康熙十二年三月丁酉。
④ 《清史稿》卷474《吴三桂传》。

移藩事宜。吴三桂原以为,清朝定会极力挽留他驻藩云南。圣祖的撤藩决定,让他愕然失望。他表面拜诏,而一再拖延,准备叛乱。十一月,吴三桂杀云南巡抚朱国治,拘捕折尔肯等人,自称"天下都招讨兵马大元帅",后来又自称周王,举兵叛乱,云贵总督甘文焜自杀。同时,吴三桂还致书尚、耿二藩及各地故旧将吏,并移会割据台湾的郑经,邀约响应。三藩之乱由此开始。

3. 平定三藩之乱

吴三桂竖旗叛乱,也出乎圣祖意料,朝廷仓促应战。大学士索额图认为,吴三桂叛乱,是由撤藩而引起,主张将建议撤藩的大臣处死。圣祖斥责说:"此出自朕意,伊等何罪!"圣祖急命停止广东、福建"撤藩",以稳住耿、尚,集中力量对付吴三桂。同时,圣祖下诏削去吴三桂官爵,向全国公布其叛乱之罪。在军事上,圣祖派都统巴尔布率满兵三千由荆州驻常德,都统珠满领兵三千由武昌往岳州,随后任命郡王勒尔锦为宁南靖寇大将军,统率八旗兵赴荆州,阻击吴三桂部;命安西将军瓦尔喀率骑兵赴四川,武英殿大学士兼兵部尚书莫洛驻扎西安,经略陕西军事。

吴三桂起兵后,即鼓动各地汉族军将叛乱。十一月,贵州提督李本深首先响应,巡抚曹申吉、总兵王永清降附。次年正月,四川巡抚罗森、提督郑蛟麟、总兵吴之茂、谭宏等叛乱。控制西南后,吴三桂以主力进攻湖南,常德、澧州、岳州、长沙先后陷落。康熙十三年(1674)二月,广西将军孙延龄自称安远大将军,起兵叛乱。不久,柳州提督马雄响应,广西全省都脱离了清朝统治。三月,湖北襄阳总兵杨来嘉也起兵叛乱。吴三桂亲到常德督战,由长沙进兵,攻取江西三十余城。在福建,虽然圣祖急令追回撤藩令,然而为时已晚。三月,耿精忠起兵叛乱,在福州自称总统兵马大元帅,分兵进攻浙江和江西。四月,据守台湾的郑经领兵渡海,攻克福建思明州(原中左所)、同安、泉州等地。在陕西,十二月,陕西提督王辅臣袭杀大学士、兵部尚书莫洛,投向吴三桂,北攻陕甘。康熙十四年,王辅臣先后攻占兰州、固原、秦州、巩昌、定边、靖边、临洮、庆阳、绥德、延安、花马池等地。这样,在一年多时间里,西北起自陕甘,东南至于台湾、福建,都被吴三桂鼓动掀起叛乱,"东南西北,在在鼎沸"①,战争波及十一个省。只有广东,尚可喜上书效忠清朝,圣

---

① (清)赵翼:《皇朝武功纪盛》卷1《平定三逆述略》。

祖晋封为亲王。

吴三桂占领湖南以后，令部将停止北进，放还折尔肯，又通过达赖喇嘛传话，希望与清朝裂土议和，划江为国。吴三桂之所以停兵不进，是因为他与清军作战多年，深知清军在平原地带骑射之长，而图谋利用江南依山阻水地势，以便自守，分裂割据。圣祖断然拒绝吴三桂的分裂要求，并将逮捕的三桂长子吴应熊处死，以绝其妄想。

清朝在经历了仓促应战与失败后，逐渐稳住阵脚。康熙十三年(1674)夏，圣祖派满族诸王领兵南下，倾全力镇压叛乱：多罗贝勒尚善为安远靖寇大将军，增援岳州；安亲王岳乐为定远平寇大将军，进攻江西；简亲王喇布为扬威大将军，镇守江西；多罗贝勒董额为定西大将军，与莫洛合兵由陕攻川；康亲王杰书为奉命大将军、贝子傅喇塔为宁海将军，由浙江攻打福建。不久，王辅臣在陕甘叛乱。清军又在陕甘开辟战场，镇压王辅臣。

清军在正面战场湖南与吴三桂军对峙，而在东、西两翼则全力进攻，力图先剪除陕甘和福建等地叛乱势力。康熙十五年(1676)二月，清廷又任命大学士图海为抚远大将军，加强对王辅臣部的进攻，同时展开招抚。六月，王辅臣在平凉投降清朝。在浙赣闽，清军杰书与岳乐两路分别向浙江和江西进军，直取福建，向耿精忠军展开攻击。耿精忠与郑经勾结，郑经带兵进攻福建。清军与耿军、郑军作战，先互有胜负，后数败叛军。康熙十五年十月，杰书抵延平，耿精忠请降。杰书军进驻福州，耿精忠开城迎降。次年二月，郑军也战败退走厦门，福建又为清军占领。在广西，康熙十五年冬，孙延龄在部将傅弘烈、妻孔四贞等人劝说下，准备向清朝投降。吴三桂派兵杀孙延龄，占领桂林。但不久，孙延龄部下杀吴军桂林守将，投降清朝。驻守柳州的马雄死后，子马承荫降清。在广东，康熙十五年春，因吴三桂部队自湖南攻打广东肇庆，尚之信遂乘机幽禁尚可喜，举兵附吴三桂叛乱。清军在福建、广西获胜后，十二月，尚之信见形势不妙，遣使向移驻南昌的清简亲王喇布行营请降。这样，康熙十五年(1676)冬到次年春，整个战争形势发生了急剧转变，吴三桂日益孤立。

康熙十七年(1678)，清军集中兵力猛攻湖南。岳乐军攻下平江、湘阴，在湘潭招降吴三桂水师将军林兴珠；将军穆占军连续攻下永兴、郴州、桂阳等十三城。清朝大军云集，吴三桂地盘日小，气势日衰，财用耗竭。为了鼓舞士气，三月，吴三桂在湖南衡州称皇帝，建国号周，改元昭武，置百官，封诸将。吴三桂称帝不久,即卧病不起。八月,死于衡州。对此,清简亲王喇布奏报说:“吴三桂初病中风噎膈,有犬登其案而坐,因病甚,口不能张,且下痢,于本月十七日遂死。”[①]十一月,吴三桂孙世璠继位称帝,改年号洪化。

圣祖得吴三桂死讯,急令各路军马分道出击,展开大规模的进攻。在湖南,康熙十八年(1679)正月,清军攻克岳州。不久,清军又占领长沙。湖南叛军被肃清,吴军退守贵阳。在广西,清军攻克桂林、南宁,收复广西。在四川,康熙十九年,清军先后攻占成都、重庆,大败吴军,夺回四川。叛军根据地云南和贵州,已经处在湖南、两广、川陕三面清军紧逼之下。

康熙十九年(1680)三月,圣祖决定对云贵发动总攻,命贝子彰泰代替安亲王岳乐为定远平寇大将军,统率军队进攻云贵,总督蔡毓荣为绥远将军,率领绿营兵从辰州出发,作为先头部队;赵良栋为勇略将军兼云贵总督,从四川进军;赉塔为平南将军,从广西进军。同时,圣祖严肃军纪,对那些作战不力的将领加以惩处;宣布对云贵投降的官员军民加以赦免,瓦解敌军。十月,湖南清军攻克贵阳,吴世璠等退守云南。康熙二十年正月,蔡毓荣大败吴军于盘江,收复贵州。二月,清军分道进攻云南省城昆明,连营数十里。云南各地文武官员,先后投降清朝。十月,在清军合力环攻下,吴军“惶迫无措”,守将谋擒世璠以献,世璠闻变自杀。守将开城投降,清军“戮吴世璠尸,传首京师”[②]。三藩之乱平定。

清军进军广西时,多次调令尚之信出兵参战,尚之信都不听号令。吴三桂死后,尚之信才听从调遣。广东巡抚金俊与都统王国栋等相继上疏,告发其不法事。康熙十九年(1680)三月,圣祖下诏逮捕尚之信。八月,赐死。耿精忠降清后,部下参领徐鸿弼告发他仍蓄逆谋。十九年,耿精忠到京师入觐,被逮捕。二十一年,被处死。

三藩之乱前后历时八年,战火蔓延十余省份,叛兵最盛时占有大半中国。但是,清朝最终平定了三藩之乱,巩固了在大陆的统一,加强了中央集权制度,开启了康雍乾盛世之端。

---

① 《清圣祖实录》卷76,康熙十七年八月乙未。

② 《清圣祖实录》卷98,康熙二十年十一月癸亥。

五、统一台湾

三藩之乱平定以后，收复台湾，实现全国统一成为清朝政府和圣祖必须解决的问题了。

1. 清初的迁界禁海与对台攻略

康熙元年(1662)五月，郑成功在台湾病逝。郑氏集团内部出现了夺权斗争，郑成功部将黄昭等人奉其弟郑袭为“东都主”。掌握兵权的郑成功之子郑经，此时驻守厦门，闻讯后带兵回台，杀黄昭等人，嗣立为延平郡王。康熙二年，清朝出兵攻打郑氏据守在大陆上的最后一个据点厦门，郑经战败，逃奔台湾。清朝乘胜派舟师出征台湾，在海上突遇台风，船只沉没，无功而返。为了从经济上封锁郑氏政权，从顺治末年起，清朝在东南沿海实行迁界和禁海，驱迫江、浙、闽、粤四省沿海数千里的居民，一律从海岸后撤数十里，片帆不许出海，严令“有将一切粮食货物等项与逆贼贸易者，或地方官察出，或被人告发，即将贸易之人，不论官民，俱行奏闻正法，货物入官”①，断绝郑氏政权与大陆的往来。同时，清朝几次遣使到台湾，招抚郑氏。郑氏要求比照琉球、朝鲜事例，“称臣进贡，不剃发登岸”。圣祖拒绝他们分裂台湾的要求，指出台湾“皆闽人，不得与琉球、高丽比”②。

为了分化郑氏阵营，清朝以重爵厚遇封赏来降的郑氏集团将士，著名将领施琅、黄梧、周全斌以及郑氏族人郑袭等纷纷归顺朝廷。施琅本是郑氏部将，勇敢善战，尤擅长统领水师。因得罪郑成功，被逮捕，欲置死地。施琅逃脱，投降清朝，郑成功杀其父、弟，因此与郑氏有杀父之仇。在清军中，施琅屡立战功，康熙元年(1662)升任福建水师提督，三年授靖海将军。他坚决主张收复台湾，不断向朝廷献计献策。康熙三年十一月、四年三月，他两次率领水师出征台湾，然因风急浪大，均无功而返。不久，清廷怀疑郑氏降将暗通台湾，将他们调入北京归旗，部众分散到各省屯垦，船舰全部焚弃。施琅也被召入京师，改授为内大臣，攻取台湾的计划搁置。三藩之乱爆发后，清

---

① 《清世祖实录》卷102，顺治十三年六月癸巳。

② 《清圣祖实录》卷109，康熙二十二年五月甲子。

朝无力无暇攻取台湾。而郑经则派兵占据大陆沿海,参与叛乱。康熙十七年,福建总督姚启圣再次筹划武力收复台湾,编练、发展水军,并保荐施琅担任水师提督。

2. 统一台湾

康熙二十年(1681),三藩之乱基本平定,渡海进攻台湾,消灭郑氏割据政权提到清朝议事日程。二月,郑经病死,诸子争位,郑经妻父权臣冯锡范杀死监国的郑经长子克壁,拥立郑经次子年仅十二岁的克塽。冯锡范专权擅政,迫害异己,郑氏集团内部矛盾激化,人心涣散。在此情况下,圣祖认为平定台湾的时机已经到来。在大学士李光地支持和推荐下,十月,施琅复任福建水师提督,并出任攻台统帅。但是,姚启圣与施琅在收复台湾的战略上意见不一。二十一年十月,施琅上疏,提出:"臣于水师营中简精兵二万余、战船三百艘,已足破灭海寇。请令督抚趣办粮饷给臣军,而独任臣以讨贼,无拘时日。臣整理舟师,时加操练,但遇风利,即可进兵。"即要求"专征"台湾。圣祖对他给予充分信任,下令让姚启圣只负责催攒粮饷,而由施琅"相机进取",负责"专征"。

康熙二十二年(1683)六月,施琅率领水师二万人、战船三百余艘,从福建铜山(今东山)出发,向澎湖进攻。郑军大将刘国轩顽强抵抗,初战双方各有损伤,施琅右眼被铳击伤,清将蓝理肠子都被打了出来。再战,清军分三路出击,与郑军决战,施琅亲率主力担任中路主攻。经过七八个小时激战,清军大胜,先后焚毁、击沉和俘获郑军船只近二百艘,杀死郑军将官三百余名、士兵一万二千余名,另有将官一百六十五员、士兵四千八百五十余人投降,刘国轩仅带三十一艘小船逃回台湾。澎湖之战,全歼郑氏军队精锐,台湾为之动摇,"群情汹汹","莫不解体"。施琅派员到台湾劝降,郑克塽、刘国轩、冯锡范上表求降。八月,施琅统兵入鹿耳门,进驻台湾。郑克塽"剃头归顺",交出延平王金印。台湾百姓"壶浆于路",出迎清军,"军民莫不以手加额"①。不久,郑克塽等往北京朝见,受封为公爵,刘国轩、冯锡范为伯爵,俱隶上三旗。

台湾收复后,清廷对台湾弃留问题又引起一场争论。圣祖及大多数官

---

① (清)阮旻锡:《海上见闻录》卷2,康熙二十二年。

员都认为,台湾土地狭小,人口稀少,财赋无多,又远隔重洋,价值不大,因此主张放弃台湾,驻守澎湖。姚启圣、施琅则据理力争,从台湾的战略位置重要、自然资源丰富、民生日繁、弃守容易导致祸乱等各方面强调台湾的重要性,反对放弃台湾。圣祖令大臣讨论,大学士李蔚、王熙等支持姚启圣、施琅的意见,而李光地等则主张放弃。康熙二十三年正月,圣祖终于认识到,"台湾弃取,所关甚大","弃而不守,尤为不可",①改变了三个月前的态度。四月,清朝在台湾设立台湾府,分辖台湾、凤山、诸罗三县,隶福建省。清廷还根据施琅的建议,派兵一万驻守台湾、澎湖地区,以防外患。从此,台湾在清朝政府统一的全国政权管辖之下,不但加强了防御力量,而且得到了进一步开发。

六、康熙中期加强和巩固封建统治

三藩之乱平定以后,中国社会进入一个和平发展的新时期。圣祖顺应社会发展的大趋势,在发展经济、巩固边疆的同时,在政治上也先后采取各种措施,加强中央集权,消除长期以来形成的各种社会矛盾和问题,巩固封建统治,清朝统治开始进入全盛时期。

1. 加强专制皇权

这一政策,包括削弱八旗旗主、诸王势力,建立南书房,确立密折制度等。清朝建立之初,八旗分立,四大贝勒共理国政。顺治年间,把八旗分为上三旗和下五旗,上三旗由皇帝自将,下五旗由诸王旗主分将。圣祖亲政以后,下令改变八旗职官名称,废除固山额真等职名,改称都统、副都统等,由皇帝直接任命,各旗王公无权干涉旗务。三藩之乱时,圣祖先后派出八名诸王贝勒领兵作战,战后有五人因作战不力被削去爵位,一人罚俸。康熙二十四年(1685),安亲王岳乐又因事被革去议政。这样,八旗旗主、诸王参与议政者日渐减少,在旗内势力大大下降。同时,圣祖派遣自己的兄弟、儿子管理八旗旗务,加强对下五旗的控制。八旗都统、副都统等官原来都在本旗内

① 《清圣祖实录》卷114,康熙二十三年正月丁亥。

选授,下五旗各有本旗之主,“掣肘办事不得其正者甚多”。康熙三十六年(1697)七月,圣祖下令以后“都统、副都统员缺,应于左右翼内不论旗分补授”①,避免他们受到旗主、诸王的掣肘。这些措施,进一步削弱了下五旗旗主、诸王的权力,加强了专制皇权。

清初以来,以议政王大臣会议决策处理国家政务,另设内阁作为皇帝的顾问机构。圣祖不断限制议政王大臣权力,内阁又不受清朝统治者重视。康熙十六年(1677),圣祖在皇宫乾清门右阶下另设南书房,在翰林中挑选博学善书者,日侍左右,讲解经书,议论诗文。后来,入直南书房的文臣,除讨论学问以外,更重要的是备圣祖顾问,代拟密谕,参与政议。南书房的设置,无疑加强了皇权。

诸臣言事,原有题本和奏本。题本言地方公事,加盖官印。奏本报个人私事,不用官印。不论是题本,还是奏本,按制均须由通政司呈递,内阁票拟意见,内容公开,经皇帝批阅后发出办理。康熙二十年(1681)前后,圣祖建立密折制度,令臣下对交办事务直接呈递奏文,皇帝批示也直接下达奏事大臣,而不再经过内阁。其后,大臣遇机密事务,也纷纷使用密折上奏。密折制度的建立,使圣祖得以尽速了解朝廷内外吏治民情,有利于对诸臣的控制和皇权的加强。

2. 化解满汉民族矛盾

这一政策,包括笼络明朝遗民,重用汉族官员,巡幸观风问俗。清朝入关后,面对所谓异族统治和清朝残酷的民族压迫政策,原来明朝的文人士子以及普通民众不少选择了坚决抵抗,在“反清复明”旗帜下英勇献身,而大部分人则选择了隐忍而生。这些幸存士人的政治立场也不尽相同,有的甘为顺民,出仕新朝,也有的则对清朝抱敌视态度,不忘故明,拒绝与清朝合作,成为所谓明朝遗民。顺治至康熙初年,统治者不断征召这些遗民,但当时民族矛盾尖锐,广大士人的民族情绪尚未消减,“应者实寡”,效果并不明显。

圣祖亲政以后,重用汉官,提倡程朱理学,停止圈地,恢复和发展经济,尽力缓和民族矛盾,对不少明朝遗民产生了触动。至康熙十七年(1678)正月,在对三藩作战取得决定性胜利时,圣祖颁发诏书,征招“博学鸿儒”。《清

① 《清圣祖实录》卷184,康熙三十六年七月丙午。

圣祖实录》卷七十一载其诏谕说："自古一代之兴，必有博学鸿儒，振起文运，阐发经史，润色词章，以备顾问著作之选。朕万几余暇，游心文翰，思得博学之士，用资典学"，"凡有学行兼优、文词卓越之人，不论已仕、未仕，令在京三品以上及科道官员，在外督抚布按，各举所知，朕将亲试录用。其余内外各官，果有真知灼见，在内开送吏部，在外开报督抚，代为题荐。务令虚公延访，期得真才，以副朕求贤右文之意。"次年三月，各地荐举文士一百四十三人到京，在体仁阁考试，赐宴，试题《璇玑玉衡赋》《省耕诗》五言排律二十韵。应荐来京考试者中，不少是明朝遗民。考试题目非常简单，阅卷也多方迁就，最后取名士彭孙遹、朱彝尊、汤斌、汪琬等五十余人，俱入翰林院。被举到京没有入试的，也授职放还。考试不完卷者，也予入等。可见，体仁阁考试只是形式而已。康熙十八年为己未年，后世称为"己未词科"。

康熙十八年(1679)，圣祖又下令开《明史》馆，除以五十鸿儒充史官外，还广征遗贤，使不少明朝遗民参与了《明史》编修。康熙二十六年，清朝编修《大清一统志》，也征召不少遗民参加。这样，当时的遗民不少出仕清朝，还有许多遗民，如顾炎武、黄宗羲、李颙等人，也由原来的激烈反清而转变为变相与清朝合作，所谓"遗民自此不再世袭"，满汉民族矛盾在消解。时人称，清兵入关初，汉族士人多抗节不就试。后世祖笼络明朝遗民，士人纷纷出应科举，人为诗以嘲之曰："一队夷齐下首阳，几年观望好凄凉。早知薇蕨终难饱，悔杀无端谏武王。"①其实，顺治年间，匿迹之士仕清者甚少。汉族士人尤其是那些有名的明朝遗民，真正抛弃狭隘民族观，与清朝合作，出仕清朝，所谓"急趋辇毂，惟恐不与"，是在博学鸿儒科开以后。因此，时人又有诗曰："北阙已成输粟尉，西山犹贡采薇人"；"终南山下草连天，种放犹惭古史笺。到底不曾书鹄板，江南惟有顾书年。"②

对于饱读诗书，通晓封建统治治术，而又与清朝合作的汉族士人，圣祖则锐意任用。徐乾学、徐元文、王鸿绪、韩菼、翁叔元、彭孙遹等江南名士，都曾在顺治十八年(1661)"江南奏销案"中被褫革削籍，圣祖则选拔他们进入内阁或翰林院，或任内阁学士，或授侍郎、尚书，参与朝政。圣祖尤其重用那些所谓理学名臣。熊赐履"读孔孟之书"，"学程朱之道"，官至武英殿大学士

---

① (清)王应奎:《柳南续笔》卷2《诸生就试》。

② (清)王应奎:《柳南随笔》卷4。

兼刑部尚书。后因票拟错误而去官。至康熙二十七年(1688),起为礼部尚书。他预修《圣训》《实录》《方略》《明史》等书,并充总裁官,五次主会试。李光地"宗朱子而能别白其是非",历任兵部侍郎、直隶巡抚、吏部尚书、文渊阁大学士等职,先后救免因事论死的江宁知府陈鹏年、桐城贡士方苞。汤斌从孙奇逢讲学,历官内阁学士、江宁巡抚,至工部尚书。张伯行,宗奉程朱理学,历任福建巡抚、江苏巡抚、户部侍郎、礼部尚书等职。

圣祖在位期间,先后进行了为数繁多的巡幸活动,到各地观风问俗,了解民情,解决各地实际问题。尤其是他曾六次南巡,除督修黄河、疏通漕运以外,还谒拜孔庙,祭扫明太祖孝陵。圣祖祭扫明孝陵,以示崇重前朝,旨在消除明遗民的敌对情绪。谒拜孔庙,以示对汉文化的尊重,旨在争取汉民众的拥戴。这些举动,对缓和满汉矛盾起了一定成效。

3. 打击朝臣朋党

清除鳌拜集团以后,圣祖反复告诫群臣不得结党营私。实录记载,早在康熙十六年(1677)七月,圣祖就告诫群臣:"人臣服官,惟当靖共匪懈,一意奉公。如或分立门户,私植党与,始而蠹国害政,终必祸及身家。历观前代,莫不皆然。"但是,大臣索额图、明珠还是各结党羽,营私舞弊。索额图为孝诚皇后叔父,因参与密谋收捕鳌拜,而得圣祖信任,任保和殿大学士。他赋性贪黩,广结党羽。朝中士大夫非暗自结托,则难以升迁。凡会试榜出,索额图即择其有名者,谕令拜其门下,否则即加以贬抑。康熙十八年七月,京师地震,左都御史魏象枢上疏劾索额图、明珠"植党市权,排忠良,引用佥壬,以剥黎蒸"[①]。圣祖下诏修省,但二人并不悔悟,我行我素。次年,索额图因病请解任,圣祖命为内大臣,授议政大臣。后因事解职。至康熙二十五年,又授领侍卫内大臣。索额图结纳李光地等汉人儒臣,依附皇太子胤礽,在朝中拥有相当的势力。

明珠为满洲正黄旗人,三藩之乱时任兵部尚书,附和撤吴藩,深受圣祖眷顾,历授吏部尚书、武英殿大学士,累加太子太师。明珠表面上为人谦和,轻财好施,但实际上也结党营私,贪赃枉法,大学士勒德洪、余国柱、尚书佛伦、葛思泰、李之芳等皆为其死党。凡会议会推,佛伦把持,余国柱附和,阁

① (清)方苞:《望溪集》外文卷6《记徐司空逸事》。

中票拟则由明珠操纵，轻重任意。明珠党与索额图党相争，阴反皇太子，朝臣有侍皇太子者即加排斥。对不附己者，明珠等人则极力打击陷害。其间，陆续有官员揭发明珠等人。至二十七年(1688)正月，佥都御史郭琇疏劾明珠等结党八大罪。二月，圣祖下令，勒德洪、明珠革去大学士，交领侍卫内大臣酌用，李之芳休致回籍，余国柱革职，佛伦解任，清除明珠之党。

明珠败后，索额图再被起用，权倾一时。他任中方首席代表，与俄方谈判，签订了《尼布楚条约》，又先后两次参加平定准噶尔之役。但是，他仍与太子勾结，结党营私，朝臣中索额图党逐渐演变为太子党。圣祖对太子时疑时信，索额图等"背后怨尤，议论国事"，并"潜谋大事"[①]，暗助太子夺皇位。康熙四十二年(1703)，圣祖下令追究索党，索额图交宗人府拘禁，后死于狱中。

明珠下台后，刑部尚书徐乾学拜左都御史，深得器重。徐乾学与徐元文、徐秉义三兄弟皆以科举鼎甲而位显朝廷，号称昆山三徐。他们以诗文自重，轻财好客，与朝中江南汉族大臣高士奇、王鸿绪等往来标榜，又形成所谓南党。南党接近皇帝，草拟诏令，具有一定权势。他们植党营私，招权纳贿。当时，京师连三尺童子都知道"四方宝物归东海(徐乾学)，万国宝珠送澹人(高士奇)"之谣。在家乡，徐乾学家族称霸一方，操纵官府，横行乡里。高士奇用贪贿所得，在平湖置田产千顷，在杭州广置田宅。因此，他们也不断遭到朝臣弹劾。圣祖虽器重南党诸人，然弹章多数属实，因此徐乾学等人先后被迫致仕，南党瓦解。至康熙三十三年(1694)，圣祖又召徐乾学、高士奇、王鸿绪等进京修书。徐乾学听说朝廷来招，怀疑有不测之祸，惊悸而死。王鸿绪入京，授为工部尚书。高士奇仍直南书房。

4. 倡廉惩贪

清除鳌拜集团以后，针对四大臣辅政期间党比营私、贪贿公行，圣祖宣传廉政的重要性，利用各种机会劝谕大臣、督抚等官作清廉表率。三藩平定以后，圣祖开始大力倡导清廉为政，不遗余力地表彰清官廉吏。康熙中期，先后有于成龙、傅腊塔、于成龙、张鹏翮、彭鹏、郭琇、汤斌等一大批官吏，因为操守廉洁，被不断提拔，"由县令游历部院封疆"。圣祖广泛宣传清官廉吏

---

① 《清圣祖实录》卷212，康熙四十二年五月壬戌。

事迹,教育百官以他们为榜样。两江总督于成龙"操守洁廉",圣祖令"优加职衔",树为典范。于成龙去世后,圣祖叮嘱继任者傅腊塔说:"尔当洁己奉公,督两江无如于成龙者,尔效之可矣。"[①]另一于成龙时任江宁知府,亦廉洁,圣祖叮嘱其"务效前总督于成龙,正直洁清"[②],并立即破格提拔为安徽按察使,后官至河道总督。

与此同时,圣祖大力惩贪。《清圣祖实录》记载,康熙三十六年五月,圣祖宣称,"朕恨贪污之吏,更过于噶尔丹"。对被揭发出来的贪官,他一律加以重惩,不少部院大臣及督抚皆因贪赃而被处死。

在圣祖的严格倡廉惩贪政策下,康熙中期,大吏多尚廉能,奉职循理,巩固了清朝专制主义中央集权统治,对生产发展、社会矛盾缓和也起了积极作用。

七、康熙后期政治

通过康熙前期、中期的励精图治,奋发经营,清朝国家统一,社会稳定,经济发展,社会矛盾缓和,进入全盛时期。但是,就在这种全盛局面下,康熙后期,圣祖因太子立废失误,身体多病,放松吏治,又导致了吏治败坏,民生日艰,社会矛盾激化。

1. 太子立废与储位之争

清朝原来没有预立储位之制。康熙十四年(1675)十二月,圣祖首开其例,册立孝诚皇后赫舍哩氏所生的皇二子、刚过周岁的胤礽为皇太子。为了教育和培养太子,圣祖择师儒而教,稍长又令其参与处理政事。但是,随着年龄的增长,胤礽逐渐养成骄奢习性,冷漠无情。康熙二十九年七月,圣祖亲征噶尔丹,归途中生病,招皇太子前来,结果太子"侍疾无忧色"。圣祖很不高兴,遣太子先还。太子与权臣索额图结党,专擅威权,甚至服御仪注攀比皇帝。圣祖最忌讳皇子与朝臣结党,觊觎皇位。而其他诸皇子,也觊觎太

① 《清史稿》卷249《傅腊塔传》。

② 《清圣祖实录》卷117,康熙二十三年十一月乙丑。

子之位，又不断在圣祖面前攻讦太子，圣祖与太子之间逐渐产生矛盾，并不断尖锐。康熙四十二年五月，圣祖下令逮捕太子党羽索额图，说他帮助太子“潜谋大事”，索额图不久死于囚所。胤礽心生怨望，抱怨说：“古今天下，岂有四十年太子乎？”他不思悔改，仍与索额图之子格尔芬等勾结党附，恣肆非为。为了保住太子之位，夺取皇位，胤礽甚至夜晚窥探圣祖居所，使圣祖“昼夜戒慎不宁”。康熙四十七年九月，圣祖以太子肆恶虐众，暴戾淫乱，专擅威权，鸠聚党羽，赋性奢侈，宣布将太子废黜，即行拘执。同时，格尔芬等立行正法。

其后，诸皇子为储位而明争暗斗日趋激烈，尤以皇长子胤禔和皇八子胤禩为甚，胤禔甚至表示可以代圣祖杀死胤礽，并暗中诅咒胤礽。事发，圣祖将胤禔革爵囚禁。于是，皇八子胤禩又和皇九子胤禟、皇十四子胤禵，以及领侍卫内大臣阿灵阿、散秩大臣鄂伦岱、大学士马齐等勾结，形成皇八子党，乘圣祖征询太子意见之际，共同推举皇八子胤禩。这引起圣祖的怀疑，又将胤禩革爵。圣祖见诸子拼争，遂于康熙四十八年（1709）三月复立胤礽为皇太子，希望弹压诸子相争。但胤礽赋性不改，又与朝臣结党，且奢侈胡为。至康熙五十一年十月，圣祖以胤礽狂疾未除，大失人心，再次下令将其拘禁、废黜。

胤礽被废后，争储形势又一度对皇八子胤禩有利，因为他很快复爵，而且才能出众，得到不少朝臣的拥护。圣祖眼见皇八子结党争储，不断对其加以打击，胤禩谋立活动屡遭失败。而同时，皇十四子胤禵、皇四子胤禛等人也明里暗地投入太子之争。家事纷扰，使圣祖大为伤心和苦恼，下令禁止朝臣再讨论册立太子事宜。康熙五十七年（1718）正月，翰林院检讨朱天保奏请复立胤礽，结果被处死。这样，太子之位一直虚悬，而诸皇子则纷纷加入争夺。圣祖既愤懑，又无可奈何，以雄才大略著称的他对此也束手无策。

圣祖自幼身体强健，“天禀甚壮，从未知有疾病”，至老无恙。但是，因预立太子、诸子争储，使他十分伤心。康熙四十七年（1708）初废太子，他“六夕不能安寝”，而后连病数月。大病之后，他“过伤心神，渐不及往时”，身体每况愈下。康熙五十年五月，他北巡塞外，即抱病而出，令人扶掖而行。康熙五十六年春，他开始头晕，渐觉消瘦。十一月，他表示，“近日多病，心神恍忽,身体虚惫,动转非人扶掖,步履难行”[①]。其后,又逢皇后去世,圣祖双脚浮肿,卧床七十余日。康熙五十七年,他感觉稍微早起,即手颤头摇。康熙五十八年四月,他“气血渐衰,精神渐减,办事殊觉疲惫,写字手亦渐颤”[②]。康熙六十年春,他又增添了“易倦善忘”之症。就是在疾病折磨中,他每天仍然要处理大量政务,甚至到各地巡视。康熙六十一年十月,他偶感风寒,一直未痊愈。至十一月十二日,他的病情恶化。十三日夜,圣祖去世,终年六十九岁。

2. 放松吏治

面对进入全盛期的形势,康熙后期,圣祖滋生出一丝满足感,经常以“天下无事”而自得,主张为政宽和,多一事不如少一事。同时,太子立废也使圣祖颇感伤心,加上身体多病,他“壮志衰退”。因此,康熙后期不再大力整饬吏治。以前,他明确反对官员征收钱粮时加征火耗,额外盘剥百姓。但是,康熙四十年(1701)以后,他公开允许官员加征火耗。对当时涌现出来的一些清官廉吏,如赵申乔、张伯行、陈瑸等人,圣祖虽然也加以提拔,但更多的是指责他们“苛刻”、“好生事端”,甚至“不能办事”、清官不清,强调“驭下宜宽”,允许官员“纤毫”、“些微”的贪污。如《清圣祖实录》记载,康熙四十八年十月,他指责赵申乔“为人苛刻,参劾武官甚多”,认为“武官与文官不同,即尔等文官,能一无所取乎? 己即不取,能禁家人一无所取乎?”“大凡治天下之道,当以和平为贵也”。康熙五十三年十二月,他批评张伯行“多疑参奏”,并进一步发挥说:“清官多刻,刻则下属难堪。清而宽,方为尽善”,“朕于大臣官员,每多包容之处,不察察于细故也。人当做秀才时,负笈徒步。及登仕版,从者数人,乘马肩舆而行,岂得一一问其所从来耶?”对曝光的贪污大案、要案,圣祖也多从宽处理。这样,康熙后期,贪贿日炽,吏治日坏,各级官员政纪懈怠,行政效能也日益降低;大小官员贪污挪用,钱粮亏空,户部库帑亏空数百万两;各级官员恣意盘剥百姓,社会矛盾又趋激化。

---

① 《清圣祖实录》卷275,康熙五十六年十一月辛未。

② 《清圣祖实录》卷284,康熙五十八年四月辛亥。

八、各地人民的反抗斗争

康熙后期，吏治败坏，社会矛盾激化，各地人民不断举行各种形式的反抗斗争。如康熙四十六年（1707）六月，因浙江巡抚加派公费，百姓数千人到巡抚门前抗议，督抚被迫出告示安民。其后，江浙等地不断有饥民吵闹官府，打劫富家。康熙五十年，福建泉州府陈五显等聚集百姓二千余人，抢夺富户米粮，抗拒官兵。官兵对抢米贫民残酷镇压，斩杀八十余名，逮捕一百四十五名。康熙五十二年，江西雩都（今于都）农民围攻地主田庄，聚众千人。官兵镇压，起义失败。康熙五十五年，河南宜阳县农民也进行了反加派斗争，群众二千余人擒捕宜阳知县，终被镇压。这些反抗斗争限于局部地区，规模小，持续时间短，因此影响不大。

康熙六十年（1721）四月，台湾农民在朱一贵等领导下，举行了大规模的武装起义。康熙后期，台湾吏治尤为腐败，文武官员平时但知贪婪肥己，剥削小民，空冒军饷，胥吏敲诈勒索，比内地更炽。康熙六十年春，台湾知府王珍在凤山县征收粮税，每石折银七钱二分，比内地高出数倍。他还借各种名目，苛索百姓。

朱一贵，原籍福建长泰，康熙五十三年（1714）移居台湾，曾为衙役，后以养鸭为生，喜欢结交，人称小孟尝。四月，朱一贵在冈山发动武装起义，自称明朝皇室后人，起义群众聚集一千余人。各地群众纷纷响应，南路有杜君英在淡水招集粤东种地佣工客民数百人起义，与朱一贵联合作战。台湾镇总兵欧阳凯闻讯，立即派右营游击周应龙率领清兵前往镇压，起义军败周应龙于高雄赤山。欧阳凯带兵一千五百人出战，清军把总杨泰刺杀欧阳凯，清军大败。消息传到台湾府城，清朝文武官员纷纷渡海逃跑，“俱奔赴澎湖”①。朱一贵率领起义军占领台湾府城，又攻下诸罗、凤山，控制全台。五月，朱一贵称中兴王，建元永和，宣布反清复明，准备进军大陆。

闽浙总督满保闻讯，一面调集军队准备镇压，一面上奏圣祖。六月，清军一万二千多人，在福建水师提督施世骠（施琅第六子）、南澳总兵蓝廷珍（蓝理族孙）率领下，分乘船只六百余艘向台湾进发。而此时，起义军内部发

① 《清圣祖实录》卷293，康熙六十年六月癸巳。

生分裂,杜君英带领数万人北走。在清军的猛烈进攻下,朱一贵起义军连遇失败,鹿耳门、安平港先后失守。六月,清军直逼台湾府城,朱一贵率数万义军退走。清军对义军加以招降,朱一贵部大多降清。闰六月,朱一贵率残部退至诸罗,旋被当地地主武装擒送清军。九月,杜君英部降清。康熙六十一年(1722),朱一贵、杜君英等被杀,起义失败。

第六讲

康熙时期的经济政策和边疆经营

康熙中期以后，清圣祖采取各种措施，恢复和发展封建经济。同时，他抗击侵略，平定叛乱，加强对边疆的经营。

一、恢复和发展农业生产

顺治年间，虽然清朝采取许多措施，恢复和发展农业生产，但是因为当时统一战争没有停息，所以效果并不明显。康熙前期，这种情况并没有多少改变，特别是三藩之乱波及半个中国，封建经济又遭到严重破坏。平定三藩之乱、收复台湾以后，全国实现统一，封建统治秩序相对稳定，圣祖开始继承和发展顺治年间的经济政策，恢复和发展农业生产，重建封建经济。

1. 奖励垦荒

历经明末清初战乱以及三藩之乱，康熙前期，全国许多地方仍是人少地多，土地荒芜。如四川，据《清圣祖实录》记载，到康熙十年(1671)六月，仍是"有可耕之田，而无耕田之民"。为此，圣祖调整招民屯垦政策，加大奖励垦荒力度。

康熙初年，政府曾宣布，对贫苦农民垦荒者，贷给牛、种。三藩之乱期间，这项政策被停止。至康熙二十三年(1684)，清朝宣布，在福建、浙江等沿海地区招垦，官给牛、种和银两。其后，各省纷纷招集流民垦荒，皆官给牛、种，加以支持。如，康熙三十二年十月，陕西巡抚吴赫奏准，"招徕流民，有地者既给与牛、种银两,以为耕种之资”,无地之民“请与有地之民,一例给银安插”①。康熙四十三年十二月,天津总兵官蓝理奏准,“直隶沿海旷地,丰润、宝坻、天津等处洼地,可仿南方,开为水田栽稻”,“召募江南等处无业之民安插天津,给与牛、粮,将沿海弃地尽行开垦,限年起科”②。

顺治以来,政府对垦荒者三年甚至一年起科,不利于调动农民垦荒积极性。康熙前期,曾规定,将起科时间延长为四年乃至六年、十年。但三藩之乱期间,筹饷紧迫,所以各地仍基本实行三年起科。至康熙十八年(1679),圣祖改令,开垦荒地,六年起科。他还指示地方官,清查垦荒地亩不要过急过严,因此当时不少荒地开垦后,国家并未征收赋税。“三藩”之乱后,全国呈现相对稳定的局面,流移的人民逐渐恢复正常生产,荒田开垦也随之日渐形成高潮。

对于农民开垦无主荒田,政府明确承认其产权。如康熙二十七年(1688)议准,“私垦之田,实系无主,给予原垦之人起科。若有主,给还原主起科”;康熙二十九年,议准,“川省荒地甚多,流寓之人,情愿在川居住垦荒者,将地亩永给为业。”③对于积极垦荒者,政府加以奖励。康熙十年,圣祖下令,贡监生员、民人垦地二十顷以上,“试其文义通顺者,以县丞用”,一百顷以上,“文义通顺者,以知县用”④。

经过积极地调整和鼓励,康熙年间,垦荒田亩迅速增加。顺治十八年(1661),圣祖即位时,共有田五亿四千九百万亩。至康熙二十四年(1685),即增加到六亿零七百万亩。此后,增长更快。至康熙六十一年,达到六亿九千三百万亩(或说八亿五千一百万亩)。

2. 实行“更名田”

所谓更名田,又称更名地,原是明朝藩王土地,散布在京畿、山东、山西、河南、湖北、湖南、陕西、甘肃等省,总数约近二十万顷。清初,这些土地或因战乱荒芜,或因藩王勋戚逃亡后,田地为农民所占有,也有不少田土为当地豪强侵占。在畿辅地区,还有被圈占为旗地的。清朝统治者从顺治元年

---

① 《清圣祖实录》卷160,康熙三十二年十月戊寅。
② 《清圣祖实录》卷218,康熙四十三年十二月乙酉。
③ 光绪《大清会典事例》卷166《户部・田赋开垦一》。
④ 《清朝文献通考》卷2《田赋考二》。

(1644)起曾几次下诏,将这些土地收归国家所有。康熙七年(1668)十月,清廷为了加速垦荒,增加赋税收入,下诏将“废藩田房悉行变价,照民地征粮,其废藩名色永行革除”。次年,又下令将土地无偿给予原种之人,令其耕种,照常征粮。这些“改入民名”的田地,因为承种者“止更姓名,无庸过割”,故“谓之更名地”①。据光绪《大清会典事例》记载,至康熙四十一年,圣祖又下令,“山东荒废明藩基地,民人情愿纳价者,每亩纳银五两,给以印帖,守为恒业”。这样,不少农民对藩产土地的占有合法化,可以调动他们恢复和发展农业生产的积极性。

3. 蠲免赋税

圣祖认为,“帝王致治,裕民为先,免赋蠲租,实为要务”②。亲政后,他把蠲免赋税作为执政方针,除水旱灾害照例“全免”外,有时一年蠲及数省,一省连蠲数年。据《清圣祖实录》记载,自康熙元年(1662),至四十八年(1709),近五十年间,“所免钱银共万万两有余,是诚亘古所无也”③。康熙五十年以后,圣祖又实行“轮蠲”,即将全国各省分为三批,每三年轮免赋税一次。蠲免的赋税,包括丁银、田赋,以及积欠的赋税。为了保证蠲免钱粮能使佃户们得到实惠,康熙四十九年十一月,圣祖明令“嗣后凡遇蠲免钱粮,合计分数,业主蠲免七分,佃户蠲免三分。永著为例”。三藩之乱以后,圣祖蠲租之诏屡下,垦荒之令时举,促进了农业生产的恢复和统治秩序的稳定。

二、治理黄河和浑河

康熙年间,圣祖十分重视对黄河和浑河的治理,保障和发展农业生产,改善国计民生。

1. 治理黄河

宋代以来,黄河下游从河南经苏北入海,在淮阴附近与淮河、运河会合。

---

① 《清朝文献通考》卷4《田赋考四》。
② 《清圣祖实录》卷206,康熙四十年十月癸亥。
③ 《清圣祖实录》卷240,康熙四十八年十一月甲申。

由于黄河河道年久失修,堤防不坚,淤沙堵塞,经常泛滥决口。顺治十八年(1661),黄河决口先后十余次。康熙元年(1662)至十六年,黄河大的决口达六十余次。黄河连年为患,给清朝带来两个方面的威胁:一是黄河南北两岸河南、山东、安徽、江苏等省经常发生水灾,淹没民居和农田,严重影响农业生产的恢复和社会安定;二是连年水患使经由大运河的漕运受到阻遏,清朝仰给东南的漕粮不能北运,严重影响朝廷的财赋收入。圣祖把三藩、河务和漕运视为亲政后的三件大事,河务与漕运相互关联,治理黄河是首要任务。

亲政之初,圣祖还顾不上治理黄河。至康熙十六年(1677)四月,在平定三藩之乱战争已经取得优势的情况下,他任命靳辅为河道总督,开始对黄河有计划的治理。靳辅,字紫垣,隶汉军镶黄旗,原任安徽巡抚。靳辅到任后,重用幕僚、水利专家陈潢,并听取各阶层人士建议,进行细致的实地调查,十年如一日,勤劳任事,治理河患。

靳辅、陈潢治河大致分为两个阶段:第一阶段从康熙十六年(1677)至康熙二十二年,主要是堵塞决口,使黄河复归旧道。黄河水势汹涌,因此堵塞决口极为艰难。陈潢通过开筑引河和修筑减水坝,使决口水势和缓,然后堵口合龙,巧妙地解决这一难题。高邮城北 20 里的清水潭为漕船必经之地,然水流湍急,船只过此多沉没。陈潢环潭修筑长堤,稍迁其道,就其浅处施工,只花费不到预估六分之一的银两,即解决了运粮船只的漂溺问题。

第二阶段自康熙二十四年(1685)至二十七年,河工由苏北移向黄河中游,在黄河南岸毛城铺、王家山等处添设减水闸坝,以保徐州一带堤工;帮筑河南考城、仪封等地河堤,以防上流溃决;开辟中河,以通运道。原来,北上漕船出清口后,需在黄河中逆驶一百八十里。黄河浪激,逆水行船费时而多险。靳辅在陈潢协助下,自骆马湖始,经宿迁、桃源至清河仲家庄开凿了一百八十里的中河。中河通航后,漕运船只减少风险,也节约了纤挽费用。

后来,继任的河道总督于成龙、张鹏翮等人也基本遵循靳辅的治河方针。特别是,圣祖通过自己的研究和考察,对河工有了深入了解,直接参与了黄河的治理,每一项治河计划都由他裁定。靳辅以后诸河臣的重大治河决策,更多的是由圣祖指授。

在圣祖及治河诸臣的努力下,河工取得很大成绩。康熙十六年(1677)以后,黄河大势平稳,四十年安澜,极少发生决口。这样,黄河水归故道,漕运无阻,苏北长期被淹没的土地变成沃野良田。

2. 治理浑河

对近畿的浑河，圣祖也进行治理。浑河源出山西，水流湍急，多泥沙，有小黄河之称。上游称为桑干河，进入京畿顺天宛平界，称卢沟河。此河下游纵横荡漾，经常改道迁徙，因而又被称为无定河。河水经常泛滥，永清、霸州、固安、文安等地都受其害。康熙三十六年(1697)，圣祖亲临河上，测量水情。次年，命于成龙自良乡老君堂旧河口起，经固安、永清，至东安狼城河修筑河堤，开辟河道，导浑河出霸州柳岔口三角淀，至天津西沽入海，共浚河一百四十里，筑南北堤一百八十里，赐名永定河。康熙三十九年，圣祖又令河督王新命改南岸为北岸，开新河。此后，永定河虽仍有决口发生，但可随决随堵，四十年间不再有大的水患。

康熙年间对黄河、浑河等的治理，无疑对农业生产恢复和发展起了重要的保障和促进作用，也对民生改善有积极意义。

三、改革赋役制度

如前所述，顺治年间整顿赋役制度，编订《赋役全书》，颁发“易知由单”、“截票”等。至康熙中期，随着全国土地和户口数目的变化，重修《赋役全书》，按户增徭，因地加赋，整顿和改革赋役制度日益迫切。

1. 整顿赋役制度

康熙二十四年(1685)，圣祖下令重修《赋役全书》，止载起运、存留、漕项、河工等切要款目，删去丝秒以下尾数，名曰《简明赋役全书》。二十六年，书成，但未颁行。

“易知由单”名为易知，实际上款项繁多，民众难以通晓。刊刻由单，官吏往往借机私派。对于“截票”，官吏也往往借口磨对稽查，将花户所纳之票强留不给，以致已完作未完，多征作少征。康熙二十六年(1687)，圣祖下令，将“易知由单”停刊(只江苏保留)。二十八年，又改行“三联印票”，即增加截票的一联，一存州县，一付差役应比，一付花户执照。这样，官吏不得再借词磨对强留不给，民户手里可以拿到一联作为凭据。三十九年，圣祖又行用

“滚单”。其法系以五户、十户共用一单,在民户名下注明田亩和应征银米数字,春秋两季各应完税若干,分作十限,由甲内首名挨次滚催,一限即完,二限接起。滚单实行后,“民称甚便”。清朝有所谓田赋催科四法:“以分限(分期征输)之法纾民力,以输催(滚单)之法免追呼,以印票(三联票)之法征民信,以亲输(自封投柜)之法防中饱。”①都是在康熙朝推行起来的。这些方法的推行,对经受长期战乱蹂践的农村秩序的再建立,和农业生产的恢复和发展,有很大促进作用。

2. “滋生人丁,永不加赋”

清初赋役是按地亩、人丁征收的,但是地亩、人丁经常变化,地主、百姓为了逃税,对人丁与田亩的实际数字多有隐瞒,造成赋役征收的混乱和不少弊端。到了康熙后期,由于田地开辟和人口增殖,虽然清朝多次减免赋税,国家的钱粮征收仍有很大增长,国用充裕。至康熙五十一年(1712)二月,圣祖表示:“朕览各省督抚奏编审人丁数目,并未将加增之数尽行开报。今海宇承平已久,户口日繁,若按见在人丁加征钱粮,实有不可。人丁虽增,地亩并未加广。应令直省督抚,将见今钱粮册内有名丁数,勿增勿减,永为定额。其自后所生人丁,不必征收钱粮。编审时,止将增出实数察明,另造清册题报。”②即以康熙五十年全国丁额数为准,以后额外添丁,不再多征,称为“滋生人丁,永不加赋”。这一赋税改革,使百姓丁税负担有所减轻,隐瞒丁口现象大为减少。

四、发展工商业

圣祖亲政后,开放海禁,发展对外贸易,实行通商、恤商和利商政策;废除匠籍,将班匠银摊入地亩,同时逐步放宽对民营矿冶业和其他民营手工业的限制,发展工商业。

---

① 乾隆《大清会典》卷10《户部·田赋》。

② 《清圣祖实录》卷249,康熙五十一年二月壬午。

1. 通商和恤商

顺治年间，清朝下令“迁海”，实行海禁，与南洋（东南亚）、东洋（日本）诸国的海上贸易基本上中止。在收复台湾后，康熙二十三年（1684）七月，圣祖决定废止海禁，开海贸易。清朝政府规定：① 沿海广东、福建、江南、浙江、山东与直隶省，听百姓装载五百石以下船只在海上贸易捕鱼，预行禀明该地方官登记名姓，取具保结，发给印票。② 在江南、浙江、福建、广东四省设海关，管理来往船只，并征收税银。外国贡船所带货物不再收税，其余私来贸易者，听所差部臣照例收税。③ 直隶、山东、江南、浙江、福建、广东各省，先定海禁处分之例，尽行停止。若有违禁将硫磺、军器等物，私载在船出洋贸易者，仍照律处分。当时海外贸易发展到日本、东南亚，远至欧洲。清朝的海外贸易，输出品主要是生丝和丝织品，其次是茶叶、瓷器、药材、皮革、白糖、纸张、书籍等。输入商品，日本主要是铜，其次是海产品（统称“俵物”）。从东南亚输入的商品，除海产外，主要是胡椒、香料、牛角等。西欧商船带来了一些工艺品，还贩运南洋海产，并载运大量白银，到中国购买生丝、绸缎、茶叶、瓷器等特产。海外贸易的发展，促进了东南各省手工制造业与沿海城镇的兴起。康熙时期，苏州、杭州、南京、广州的丝织业，苏州、厦门的造船业，福建、广东的制糖业，佛山的冶铁和制锅业，景德镇的制瓷业等的发展，都与海外贸易密切相关。

不过，到康熙五十六年（1717）正月，由于发现到东南亚一带贸易的商船大多不回，担心中外反清势力在吕宋等地集结，以及海寇猖獗、西方殖民主义者的威胁，圣祖又颁布南洋禁航令，“商船照旧令往东洋贸易外，其南洋吕宋、噶喇吧等处不许前往贸易”，“其外国夹板船照旧准来贸易，令地方文武官严加防范”[①]，禁止向国外卖船、运米出境和人员留住国外，实行一定程度的禁海。这一政策，影响了中外贸易的发展。

对国内贸易，圣祖下令取消对商人的额外加税，取消各地私设牙行，打破各省商贸禁令，统一度量衡制度，实行通商、恤商、利商政策，促进了国内商业的进一步发展。

---

① 《清朝文献通考》卷33《市籴考二》。

2. 废除匠籍,免征班匠银

顺治二年(1645),清朝宣布废除手工工匠匠籍,免征班匠银,对应役工匠"按工给值"。但清初工程浩繁,国家财政紧张,顺治十五年,清朝政府遂决定"将匠价仍照经制征解",恢复班匠银。手工工匠面对政府的压榨,不断反抗。至康熙三十七年(1698),清朝政府对匠役制度加以改革,将班匠银摊入地亩征收。

至此,匠籍彻底废除。这一改革,削弱了手工工匠和封建政权的依附关系,减轻了手工工匠的负担,提高了他们的生产积极性,有力地推动了民营手工业的发展和商品经济的繁荣。

3. 开矿与禁矿

顺治年间至康熙初年,对民营矿冶业采取限制、严禁政策。康熙十八年(1679),户部等议定钱法十二条,许民间开采铜铅,由道员总理,府佐分管,州县官专司;民间采矿,八分听民发卖,二分交官;采取铜铅,先听地主(矿地主人)报名采取,如地主不采,许本州县人报采,许雇邻近州县匠役;采取金银矿,采矿者得六分,官收四分。

三藩之乱平定后,清朝更加鼓励民间采矿,以增加税收,补充国用和军需。原由吴三桂镇守的云南地区,铜矿丰富。康熙二十一年(1682),敕准云贵总督蔡毓荣建策,奖励云南采铜。此后各省矿冶也陆续开采。康熙二十三年,全国大型矿厂只有九个,次年即增加到二十九个。经过二十余年经营,到康熙五十一年(1712),见于记载的大型矿厂有六十六个。矿业的恢复与发展,使清朝增加了赋税收入,也为手工业恢复与繁荣提供了条件。

不过,因为开矿后各地矿徒经常聚众滋事,所以从康熙四十三年(1704)开始,圣祖又开始实行禁矿政策,不再准许开采新矿,一些已开之矿也遭到限制或关闭。至康熙五十二年五月,圣祖颁布新的矿业政策:① 云南督抚雇本地人开矿及皇商王纲明等人在湖广、山西各雇本地人开矿照准;② 其他各省所有未经开采或初开采的矿厂,严行禁止;③ 各省穷民已开采而赖以度日的矿厂不禁,由地方官严格登记;④ 越境开采或本地富人霸占矿厂者,即行重处。这一政策,核心是限制和禁止包括地主、商人和贫民在内的民间采矿业,加强官府和皇商对矿业的管制和垄断,导致了矿业衰落,影响了国家财政和社会经济的发展。

五、抗击沙俄对东北的侵略

东北黑龙江流域，最迟从8世纪上半期以来便是中国领土。唐玄宗开元十四年（726），唐朝在此设立黑水都督府，行使统治。其后，历辽、金、元、明、清，中国历代政府一直对黑龙江流域进行有效管理。

1. 沙俄对东北的侵略

沙皇俄国原来是一个欧洲国家，疆界远在乌拉尔山以西，和中国并不接壤。15世纪末16世纪初，他们才摆脱蒙古钦察汗国的控制，而在莫斯科建立独立的俄罗斯国家。俄国迅速向外扩张，16世纪后期至17世纪前期已经吞并西伯利亚，逼近中国东北边境。明朝崇祯十六年（清朝崇德八年，1643），沙俄侵略军驻雅库次克的督军彼得·戈洛文派遣瓦西里·波雅科夫带领哥萨克（流散的各部族人）骑兵133名，越过外兴安岭，侵入黑龙江流域，并在精奇里江达斡尔人居住区肆行掳掠。达斡尔人奋起抵抗，哥萨克兵败走，沿黑龙江两岸掳掠，继续遭到各族人民的反击。顺治三年（1646）六月，波雅科夫等人逃回雅库次克，生还者仅53人。

顺治六年（1649），沙俄侵略者在叶罗菲·哈巴罗夫带领下，又对我国东北地区发动第二次武装入侵。哈巴罗夫率领70名哥萨克越过外兴安岭，窜到雅克萨以西。侵略者要求当地人"永远做奴隶"，中国皇帝归顺沙皇，"向沙皇进贡金银、宝石和刺绣织物"。顺治七年底，哈巴罗夫匪帮攻占雅克萨。八年，攻占古伊古达儿村，对村中拒绝投降、坚决抵抗的达斡尔人、满人进行疯狂屠杀。八月，他们袭取黑龙江上最大和最富庶的城镇瑷珲旧城，附近居民闻风逃散。十月，侵略者窜至赫哲族居住的乌扎拉村（在伯力以东六百余里，今俄罗斯境内宏加力河口），赫哲人向驻守宁古塔的清军报告，当地来了"罗刹"，请求保护。顺治九年四月，清朝驻防宁古塔章京海色率兵600名前往乌扎拉村，对侵略军展开进攻。哈巴罗夫匪帮遭受打击后，向黑龙江上游撤退。不久，哈巴罗夫回莫斯科，沙皇赐以贵族称号及大片田产。

顺治十一年（1654），俄国派斯捷潘诺夫接任指挥留在黑龙江上的侵略军。侵略军窜至松花江,被清军打败,退至呼玛河口建立城堡。顺治十二年四月,清朝都统明安达理重创斯捷潘诺夫于呼玛。十五年七月,斯捷潘诺夫带领五百名哥萨克窜到松花江上,宁古塔昂邦章京沙尔虎达率清军、朝鲜兵在松花江和牡丹江会流处展开围歼,打死、活捉俄军 270 多人,击毙斯捷潘诺夫。沙尔虎达等疏报,"击败罗刹兵,获其人口、甲仗等物"。世祖"命兵部察叙,以所俘获分赐有功将士"①。次年,清军收复雅克萨,拆除城堡。顺治十七年,清军在继任宁古塔昂邦章京巴海率领下,又在黑龙江进行扫荡,肃清了中下游的俄国侵略军残部。

沙俄派哥萨克从雅库次克入侵黑龙江,另派哥萨克入侵黑龙江上游。顺治十一年(1654),占领了尼布楚。康熙四年(1665),侵略军重占雅克萨。俄军在尼布楚和雅克萨建筑寨堡,设置工事,奴役和镇压当地的中国各族居民,并不断向黑龙江中下游进行骚扰、扩张。康熙六年,嫩江流域索伦部首领根特木儿在侵略军策动下,逃奔尼布楚,助纣为虐,成为沙俄侵略军的帮凶。

2. 雅克萨之战

面对沙俄的侵略行动,清朝政府一直希望通过谈判加以解决和制止。自康熙八年(1669)起,清朝多次遣使至尼布楚,要求沙俄停止入侵,交还叛逃犯根特木儿。沙俄应清政府的邀请,两次派代表到北京,但拒不答复清朝的合理要求,反而不断进行恫吓讹诈。康熙二十年(1681)平定三藩叛乱之后,圣祖决定开展自卫反击。战前,圣祖作了充分准备。康熙二十一年四月,他到盛京(今辽宁沈阳)谒陵,然后北上松花江,视察边防。九月,他派副都统郎谈、公彭春率领几百人,以捕鹿为名,沿黑龙江到雅克萨附近侦察。十一月,郎谈等侦察回奏报,"攻取罗刹甚易,发兵三千足矣"②。次年,圣祖下令,在瑷珲和呼玛两地建城驻兵,存粮造船,屯田开路。两年间,先后有两批乌喇宁古塔官兵计二千人调集到瑷珲,又从北京派兵五六百人,并派福建藤牌兵四百二十人到前线。清军到达瑷珲,即在黑龙江东岸古城废墟上建立城堡,城名黑龙江(不久移至西岸),设将军驻守,萨布素任第一任黑龙江

---

① 《清世祖实录》卷 119,顺治十五年七月庚戌。

② 《清圣祖实录》卷 106,康熙二十一年十一月庚子。

将军。清政府又在吉林设厂，大规模造船，并从盛京到黑龙江之间组织分段运输，提供物资保障。

清朝先礼后兵，多次派人前往雅克萨，劝说俄军停止侵略，但俄方一直不予理睬。康熙二十四年（1685）正月，圣祖决定春暖后发兵收复雅克萨。他说："兵非善事，不得已而用之。向者罗刹无故犯边，收我逋逃，后渐越界而来，扰害索伦、赫哲、飞牙喀、奇勒尔诸地，不遑宁处，剽劫人口，抢掳村庄，攘夺貂皮，肆恶多端。是以屡遣人宣谕，复移文来使罗刹，竟不报命，反深入赫哲、飞牙喀一带，扰害益甚。爰发兵黑龙江，扼其来往之路，罗刹又窃据如故，不送还逋逃，应即剪灭。"①四月，彭春带三千清兵从黑龙江向雅克萨进发。五月，清军进抵雅克萨，架设大炮，向城中猛烈轰击，毙敌百余人，俄军伤亡严重。俄军首领托尔布津竖起降旗，清军遵照圣祖之谕，"遂受其降"，准许七百多名俄国人撤出雅克萨，把他们送到额尔古纳河口，将雅克萨城焚毁。这是第一次雅克萨战争。

托尔布津退到尼布楚后，又得到俄国派来的六百名援军。当得知清军撤离雅克萨之后，就在八月重新占据雅克萨。圣祖闻讯，布置第二次雅克萨之战。康熙二十五年（1686）五月，萨布素率清军二千余名进抵雅克萨。六月，清军攻城，打死侵略军 111 名，托尔布津也中炮毙命。但是，雅克萨城防坚固，清军只有五十支火枪，其余武器均为弓箭刀矛，难以奏效。于是，清军停止强攻，改为长期围困。经过五个月的围困，城中八百余俄军大多战死、病死，仅剩下 66 人，粮食弹药亦消耗殆尽，雅克萨城旦夕可下。这时，清廷命令，停止攻城，解除围困。原来，在雅克萨战争之前，康熙二十四年三月，圣祖再次派人递信给沙皇，希望举行谈判。沙皇得到第一次雅克萨战争失败的消息后，十二月，决定接受清朝建议谈判。康熙二十五年十一月，俄国谈判信使到达北京。清政府下令，在雅克萨撤军解围，等待俄国谈判使团。第二次雅克萨战争结束。

3.《尼布楚条约》的签定

康熙二十五年（1686）二月，沙皇任命御前大臣、将军费多尔·阿列克谢耶维奇·戈洛文为俄方谈判全权代表，带领官吏士兵一千九百余人，从莫斯

---

① 《清圣祖实录》卷 119，康熙二十四年正月癸未。

科出发。第二年九月,到达贝加尔湖东岸。这时,爆发了俄土战争,俄军在克里米亚战败。为了避免两面作战,沙皇政府指示戈洛文可以接受俄军撤出雅克萨,以换取占领尼布楚广大地区;如果不行,则采取拖延谈判的战术。

康熙二十七年(1688)三月,清朝派出领侍卫内大臣索额图和都统、皇舅佟国纲为首的谈判使团,取道蒙古,前往楚库柏兴。不久,使团遭到蒙古准噶尔部噶尔丹的阻击,折回北京。康熙二十八年四月,索额图使团再次出发,谈判地点改在尼布楚。索额图奏言:“尼布(潮)[楚]、雅克萨既系我属所居地,臣等请如前议,以尼布(潮)[楚]为界,此内诸地皆归我朝。”为了对付噶尔丹叛乱,圣祖指示,可以作出更大让步,将尼布楚城让给俄国,而以额尔古纳河为界。他说:“今以尼布(潮)[楚]为界,则鄂罗斯遣使贸易,无栖托之所,势难相通。尔等初议时,仍当以尼布(潮)[楚]为界。彼使者若恳求尼布(潮)[楚],可即以额尔古纳为界。”①而沙皇也对戈洛文指示,第一方案以黑龙江为界,第二方案以牛满河、精奇里江为界,第三方案以雅克萨为界。

康熙二十八年(1689)七月,双方经过会上谈判和会外磋商,最终签署了《尼布楚条约》。这是中国和俄国签订的第一个条约,正式的文本是拉丁文本,另有满文本和俄文本。条约共六条,规定:① 以格尔必齐河、石大兴安岭(即外兴安岭)和额尔古纳河为两国的分界线,外兴安岭和乌第河之间留待后议。清政府在领土方面作了重大让步,将尼布楚及其以西直至贝加尔湖原属中国的领土让给了俄国,以换取俄军撤出雅克萨。俄国在雅克萨和额尔古纳河南岸的据点全部拆毁,迁移。② 严禁彼此越界入侵,双方不得收容逃亡者,以减少边境争执。③ 中俄两国人民持有护照者,可以过界来往,贸易互市。这是俄方长期以来的要求。

《尼布楚条约》是一个平等的条约。条约明确地划分了中俄两国东段边界,从法律上肯定了黑龙江流域和乌苏里江流域的广大地区都是中国领土,阻止了俄国对黑龙江流域的侵略,俄国由此合法占有中国的尼布楚地区,中俄东段边界稳定了下来。

清朝在订立《尼布楚条约》后的三十年间,加强了对东北边境地区军事、政治统治和经济开发。据雍正二年(1724)统计,辽沈地区已垦地一千二百四十万亩,有城市十五座,吉林、黑龙江地区新建城市八座。这些城市既是

---

① 《清圣祖实录》卷140,康熙二十八年四月壬辰。

军兵驻防之所，又是商业贸易中心，满汉及边地各族人民开展物品交换，活跃经济生活，工商业呈现前所未有的发展。

六、平定准噶尔部噶尔丹叛乱

1. 噶尔丹叛乱

明代蒙古族散居在长城以北的广大地区，按其活动地域基本上可以分为漠南蒙古、漠北蒙古（喀尔喀蒙古）、漠西蒙古（厄鲁特蒙古）三部分。清朝建国前，皇太极已经臣服了漠南蒙古诸部。漠西蒙古明代称瓦剌，清人称为厄鲁特或卫拉特，在西北地区游牧，包括杜尔伯特、土尔扈特、和硕特、准噶尔四部。顺治年间，清军集中兵力南下作战，厄鲁特蒙古诸部在西部地区得到发展：和硕特部在青海地区兴起，南下控制了西藏；准噶尔部随后又在伊犁地区兴起，据有天山南北，并北上向外蒙古诸部扩张；土尔扈特部向西发展，与俄国贸易，后来进入里海东岸，统治了当地的土库曼人；杜尔伯特部依附于准噶尔部，也有部分部民随土尔扈特部西迁。

康熙初年，准噶尔部首领僧格遣使向清朝进贡，并抗击俄国侵略军的入侵。康熙九年（1670），僧格被异母兄车臣等杀害。僧格胞弟、在西藏做喇嘛的噶尔丹在西藏上层支持下返回，“外假达赖喇嘛为援，内以结其父兄旧属臣民，藉名报仇”①，击杀车臣，掌握了准噶尔部。噶尔丹野心勃勃，企图与清朝争夺天下。他与俄国勾结，妄图借助俄国牵制清朝。同时，他着手吞并厄鲁特诸部。康熙十六年，噶尔丹杀死和硕特部鄂齐尔图车臣汗。次年，噶尔丹进占天山南路地区，统治了当地的维吾尔族（回部），并侵扰青海。康熙十八年，噶尔丹自立为汗，五世达赖加号为“博硕克图汗”。

噶尔丹占据天山南北后，进而向喀尔喀蒙古诸部扩展其势力。喀尔喀三大汗——车臣汗、土谢图汗、扎萨克图汗各有自己的领地，相互争夺。噶尔丹指责在外蒙古传教的活佛哲布尊丹巴不尊礼达赖喇嘛，借以攻击哲布尊丹巴支持的土谢图汗。康熙二十六年（1687）八月，土谢图汗向圣祖奏报，

---

① （清）温达：《亲征朔漠方略》卷1，康熙十六年六月丁未。

噶尔丹将兴兵来攻。圣祖敕谕土谢图汗和噶尔丹息争修好,并告达赖喇嘛调解,令其遣使,谕令罢兵。噶尔丹不听,领兵三万余,招诱扎萨克图汗等携众叛去。土谢图汗领兵追击,扎萨克图汗沙喇被俘,死。噶尔丹又遣弟多尔济扎卜领兵至喀尔喀掳掠人畜,被土谢图汗子噶尔旦台吉追及,杀死。康熙二十七年秋,噶尔丹领兵三万,自杭爱山后攻掠土谢图汗部。土谢图汗部正在围攻来犯的俄罗斯戈洛文使团军队,猝不及防,土谢图汗部战败。这时,清朝派遣与俄国谈判的索额图使团经过,土谢图汗遣使告急。圣祖得知后,遣使调停,要求噶尔丹返回原地。噶尔丹口头答应,但使团一走,就派兵分别进攻车臣汗牧地和哲布尊丹巴驻地。土谢图汗组织喀尔喀三部与噶尔丹决战,结果全军败溃,纷纷南逃。

2. 平定噶尔丹叛乱

危急时刻,喀尔喀三部王公接受哲布尊丹巴的意见,投降清朝,数十万人先后来归。清朝政府接纳了他们,把他们安置在科尔沁草原游牧。康熙二十八年(1689),圣祖派人命噶尔丹撤兵,并退还侵占的喀尔喀之地。噶尔丹拒绝听命,反而与沙俄戈洛文使团勾结,请求俄国支援。五月,噶尔丹带兵以追击土谢图汗为名,越过清朝呼伦贝尔边防地界。清朝尚书阿拉尼统率的蒙古军在乌尔浑河地方迎击,反为所败,噶尔丹趁机深入乌珠穆沁地。六月,圣祖下令亲征噶尔丹(行军途中因病而回朝),命裕亲王福全为抚远大将军,出古北口;恭亲王常宁为安北大将军,出喜峰口。七月,清军在乌珠穆沁遇敌,初战不利。噶尔丹长驱南进,深入乌兰布通(今内蒙古克什克腾旗境内),距京师仅七百里。八月,清军在乌兰布通与噶尔丹军交战。噶尔丹依林阻水,将万头骆驼捆扎卧地,设下驼城。清军进攻,因地形不利,“左翼军虽能胜敌,而右翼军不能制胜”,遭敌军猛烈射击而被迫撤出战斗,“大臣而下,以至军士,阵亡被创者甚众”。① 但噶尔丹劳师远来,也难以持久,遂遣人至清军营中假意讲和,暗中带兵“仓皇宵遁”。清军主帅福全等中计,“不复追杀”,并令各路兵马“勿与之战”。② 不过,噶尔丹部众在逃遁途中遭遇瘟疫,“饥踣死亡”,逃回科布多者仅剩三千人。

---

① 《清圣祖实录》卷183,康熙三十六年五月癸卯。

② 《清圣祖实录》卷149,康熙二十九年十一月己酉。

康熙三十年(1691)五月,圣祖檄调内外蒙古诸部,在多伦诺尔举行盛大盟会。会上定议,清朝对喀尔喀蒙古照漠南四十九旗例建立制度,喀尔喀七旗分编为三十四旗,三大汗仍保留汗的称号,属下各旗统依清制,由清朝封授亲王、郡王、贝勒、贝子等爵位,三十四旗均遵行清朝的法令。通过多伦会盟,清朝加强了对喀尔喀蒙古的管理,进一步孤立和打击了沙俄的侵略势力,巩固了北部边防。

噶尔丹则仍不断袭扰漠南、漠北。圣祖"时廑于怀,早夜筹所以图噶尔丹之策"①。康熙三十四年(1695),噶尔丹又带兵三万沿克鲁伦河而下,进至巴颜乌兰(今蒙古国境内克鲁伦河上游)。次年,圣祖再次下诏亲征,调集大军十万,分兵三路,东路由黑龙江将军萨布素率领东北清兵,沿克鲁伦河进兵;西路兵由抚远大将军费扬古指挥,出宁夏向土拉(今蒙古国乌兰巴托西南)进攻;中路由圣祖自将,出独石口北进巴颜乌兰。五月,中路军抵克鲁伦河畔,噶尔丹已领兵逃匿。圣祖追击三日,不及,自拖诺山回师。噶尔丹逃至昭莫多(今蒙古乌兰巴托东南),被清军西路兵截击,双方展开激战。噶尔丹大败,清军追击三十余里,"斩厄鲁特二千余,生擒百余人,大获子女、驼马、牛羊、兵器什物"②,噶尔丹仅率数十骑败逃。

噶尔丹败后,逃至哈密一带,部众或散或降。康熙三十六年(1697)正月,哈密的维族首领擒获噶尔丹之子,解送清军。二月,圣祖再度亲征,青海蒙古诸部遣使来降。三月,圣祖抵宁夏。噶尔丹逃至阿察阿穆塔台地方,于闰三月病死(一说自尽)。

噶尔丹叛乱平定以后,清朝政府遣送喀尔喀各部返回漠北故地。蒙古各部中,只有策旺阿拉布坦统领的准噶尔部众继续在伊犁河流域活动,其余各部大都归于清朝直接统治之下,清朝在漠南、漠北和漠西相继建立起对蒙古诸部的统治制度。

七、加强对西藏的管理

清朝前期,和硕特部控制了西藏。清世祖正式册封五世达赖,作为全藏

① 《亲征朔漠方略》卷16,康熙三十四年八月己酉。

② 《亲征朔漠方略》卷25,康熙三十五年五月癸酉。

宗教领袖。康熙后期,设置驻藏大臣,管理西藏事务。清圣祖又册封五世班禅,确认了班禅在西藏的宗教地位。康熙末年,准噶尔部首领策旺阿拉布坦派兵占领西藏,圣祖打败进犯西藏的准噶尔部军,册封六世达赖,并在西藏驻兵,加强了对西藏的管理。

1. 顺治康熙年间对西藏的管理

明朝后期,西藏地方主要由两大势力控制,即藏巴汗与红教(宁玛派)相结,控制着后藏;阐化王与黄教(格鲁派)相结,统治着前藏,达赖喇嘛是黄教领袖。双方互相争夺,并借助蒙古势力,都力图战胜对方。万历六年(1578),蒙古土默特部顺义王俺答汗迎请第三世达赖索南嘉措至青海传教,崇奉甚敬,赠以“圣识一切瓦齐尔达喇达赖喇嘛”称号。达赖,蒙古语意为大海。喇嘛,蒙古语意为上人或上师。达赖喇嘛意为“遍知一切德智如海之金刚上师”。万历三十九年,藏巴汗彭错南杰到拉萨,四世达赖云丹嘉错(俺答汗的曾孙)逃走,藏巴汗势力并吞了前藏的大部分地区。崇祯四年(1631),继任藏巴汗噶玛丹均又联合帕木竹巴等旧派贵族反对黄教,五世达赖罗桑嘉错被迫逃离拉萨。崇祯十四年,应五世达赖请求,蒙古和硕特部顾实汗带兵入藏,擒杀藏巴汗,后攻占后藏首府日喀则。顾实汗授五世达赖罗桑嘉错以十三万户,扶立他为全藏领袖,同时任命一名第巴(藏语,地方执政者)参与执政。

清世祖即位后,遣使往迎五世达赖。顺治九年(1652),五世达赖到京朝见。清朝在德胜门外修建西黄寺,作为五世达赖在京期间的居住地。次年三月,五世达赖返藏,世祖沿用俺答汗对三世达赖的尊号,正式册封五世达赖为“西天大善自在佛所领天下释教普通瓦赤喇怛喇达赖喇嘛”,统治全藏和各地藏传佛教。不久,顾实汗死,其继承者达赖汗等离藏,顾实汗任命的第巴又死,五世达赖独专藏政。康熙十八年(1679),五世达赖自行委任桑结嘉错为第巴执政。康熙二十一年九月,五世达赖病死,第巴桑结嘉错长期隐瞒不报,控制藏政,并支持蒙古准噶尔部噶尔丹的扩张和叛乱。

康熙三十六年(1697),第巴桑结私自认定六世达赖仓央嘉错,蒙古和硕特部达赖汗不予承认,称之为假达赖。达赖汗不久死,次子拉藏汗袭位。康熙四十五年七月,拉藏汗领兵杀第巴桑结,将假达赖事陈奏朝廷,圣祖命将假达赖押解来京。十二月,假达赖行至西宁口外病死(或说被杀,或说逃遁)。次年,拉藏汗另立伊喜嘉错为六世达赖,青海蒙古和硕特诸部则立噶桑嘉错为六世达赖,彼此争论。由于伊喜嘉错得到班禅认可,因此清朝倾向于接受之。考虑到拉藏汗与青海蒙古诸部不和,康熙四十八年正月,圣祖派侍郎赫寿赴藏,“协同拉藏办理事务”,令“管理西藏事务”[1]。此为清朝设置驻藏大臣之始。康熙四十九年,圣祖册封伊喜嘉错为六世达赖。但是,青海诸部不接受,他们要求朝廷册封噶桑嘉错。康熙五十二年,清朝又册封五世班禅为班禅额尔德尼。“班禅”系梵语“班智达”(学者)与藏语“禅保”(大)的省称,意为“大学者”;“额尔德尼”,满语,为梵语变音,旧译“宝师”或“大宝”。从此,班禅的宗教地位得到了清朝确认。

2. 康熙末年平定准噶尔部进犯与加强对西藏的管理

漠西蒙古准噶尔部众在首领僧格被杀后,被僧格弟噶尔丹占夺。僧格之子策旺阿拉布坦召集其父旧部,与噶尔丹展开争夺,二人矛盾尖锐。噶尔丹叛乱,策旺阿拉布坦曾配合清军夹击噶尔丹。噶尔丹死后,策旺阿拉布坦招降噶尔丹残部,势力日益扩大。他在伊犁河流域活动,拒不降清,势力达到乌鲁木齐和吐鲁番地区。康熙五十五年(1716)十月,策旺阿拉布坦派其弟策棱敦多布率兵六千人,间道而行,越过茫茫戈壁、绵绵雪山,突然侵入西藏。拉藏汗毫无防备,仓促应战。次年七月,策棱敦多布攻下拉萨布达拉宫,后杀拉藏汗。准噶尔部控制六世达赖伊喜嘉错,企图占领整个西藏和青海。西藏地方贵族康济鼐、颇罗鼐等人在阿里、后藏起兵,阿尔布巴等人在工布起兵,反抗准噶尔军。

康熙五十七年(1718)二月,圣祖才接到拉藏汗的求援信。诸王大臣讨论对策,“皆言藏地险远,不决进兵议”。圣祖认为,“西藏屏蔽青海、川、滇”,如果听任准噶尔部控制,“将边无宁日”,因此决定派兵入藏。由于轻敌,起初他仅派侍卫色楞率军二千四百人,与西安将军额伦特带军二千人,分道入藏。清军势单力薄,在喀喇乌苏陷入准噶尔军的包围,粮饷断绝。九月,额伦特战死,色楞被俘杀,清军覆没。

圣祖闻讯,决定第二次出兵进藏平叛。康熙五十七年(1718)十月,他调动大军三十六万,命皇十四子胤禵为抚远大将军,统帅大军,驻节西宁,调饷

---

① 《清圣祖实录》卷236,康熙四十八年正月己亥。

征兵。清军分兵三路:延信为平逆将军,统帅中路一万二千人;年羹尧为四川总督,与定西将军噶尔弼同领一万人为南路;傅尔丹为振武将军,富宁安为靖逆将军,率四万兵为北路。康熙五十九年四月,三路大军分别由西宁、成都、莫代察罕叟尔进发,准噶尔军及所控制的藏兵相继溃败。八月,南路大军进占拉萨。九月,中路大军也到达拉萨。策棱敦多布三战皆败,计穷力竭,"由克庇雅北窜,崎岖冻馁,得还伊犁者不及半"①。同时,清朝政府将住于青海西宁的噶桑嘉错正式册封为"弘法觉众第六世达赖喇嘛",命满汉官兵及青海之兵送往西藏。在将军延信主持下,六世达赖喇嘛在拉萨布达拉宫举行坐床典礼,伊喜嘉错则被废黜,解回京师。

战后,清朝废除西藏第巴执政旧制,封赏西藏有功贵族康济鼐、阿尔布巴、隆布鼐三人以爵位,俱为噶伦执政。而且,清朝留兵四千驻拉萨,是为清朝在西藏驻兵之始。此外,又开辟了四川打箭炉到西藏的站道。这些措施,加强了清朝对西藏的管理。

① 《清史稿》卷525《西藏传》。

第七讲

雍正时期专制主义中央集权的进一步强化

雍正时期，清世宗采取各种措施，进一步强化专制主义中央集权，促进了清朝政治、经济和文化的发展。

一、世宗继位之谜

1. 胤禛其人

康熙末年，在争夺储位诸皇子中，皇四子胤禛、皇十四子胤禵地位逐渐提高。胤禵和胤禛是一母所生，从小就得到圣祖宠爱。成婚后，圣祖还破例让他和福晋住在紫禁城内。胤禵原来是皇八子党，但涉入不深。随着皇八子胤禩嗣位无望，皇八子党人遂转而推尊胤禵。康熙五十七年（1718），准噶尔部首领策旺阿拉布坦派兵进入西藏，侵犯哈密，发动叛乱。圣祖认为，胤禵有带兵才能，任命为抚远大将军，并亲自在太和殿颁授大将军敕印，令他代替自己出征。大将军权力很大，礼仪规格很高。胤禵当时仅是一个贝子，为亲王、郡王、贝勒以下第四等爵位，圣祖却下令用正黄旗纛，亲王体制，称大将军王。胤禵在前线，圣祖允许相机调遣军事，而不必请旨，授予全权。朝中因而传言，胤禵已"默承储眷"。胤禵驻兵青海、甘肃四年，打败了策旺阿拉布坦的叛乱，立下功勋。

胤禛表面上严毅勤谨，也获得圣祖好感与重视。康熙四十七年（1708）十一月，圣祖向诸王大臣论及诸皇子优劣，说："惟四阿哥，朕亲抚育，幼年时微觉喜怒不定,至其能体朕意,爱朕之心,殷勤恳切,可谓诚孝。"[①]康熙四十八年三月,圣祖复立胤礽为皇太子,并加封诸皇子,胤禛封为雍亲王。胤禛招纳门客,结交权臣,又与众兄弟和善相处。皇十三子胤祥,主管京城守备的步军统领隆科多,以及川陕总督年羹尧等人,成为皇四子党。但胤禛韬光养晦,不露谋位迹象。因此,圣祖多次命他参与国家和宫中事务管理,表现出信任。

2. 世宗继位

根据雍正年间的官方记载,康熙六十一年(1722)十月,圣祖在南苑行围。十一月初七,他偶感风寒,"圣躬不豫",回驻畅春园(址在今北京大学西门外,原为明朝外戚李伟的"清华园"。康熙二十九年重建,改名)。原定十一月十五日进行南郊大祀,特命胤禛代行。十三日凌晨,圣祖病情忽然恶化,传诸皇子入见。对此,《清圣祖实录》卷三百记载:

> 甲午丑刻,上疾大渐。命趣召皇四子胤祯于斋所,谕令速至,南郊祀典著派公吴尔占恭代。寅刻,召皇三子诚亲王允祉、皇七子淳郡王允祐、皇八子贝勒允禩、皇九子贝子允禟、皇十子敦郡王允䄉、皇十二子贝子允祹、皇十三子胤祥、理藩院尚书隆科多,至御榻前,谕曰:"皇四子胤祯人品贵重,深肖朕躬,必能克承大统,著继朕登基,即皇帝位。"皇四子胤祯闻召驰至。巳刻,趋进寝宫,上告以病势日臻之故。是日,皇四子胤祯三次进见问安。戌刻,上崩于寝宫。

《清世宗实录》卷一记载:

> 甲午,圣祖仁皇帝宾天。……丑刻,圣祖疾大渐,遣官驰召上于斋所,且令速至。随召诚亲王允祉、淳郡王允祐、多罗贝勒允禩、固山贝子允禟、敦郡王允䄉、固山贝子允祹、皇十三子允祥、尚书隆科多,至御榻前,宣谕曰:"皇四子胤禛人品贵重,深肖朕躬,必能克承大统,著继登基,即皇帝位。"上闻召驰至,趋进寝宫,圣祖告以病势日臻之故。是日,

① 《清圣祖实录》卷235,康熙四十七年十一月戊子。

> 上问安、进见五次。戌刻，圣祖宾天。上哀痛号呼，擗踊不已。尚书隆科多进曰："大行皇帝深惟大计，付授鸿基，宜先定大事，方可办理一切丧仪。"上恸哭仆地，良久乃起。趋至御榻前，抚足大恸，亲为圣祖更衣。

雍正年间，世宗下令编定《大义觉迷录》，其卷一记载世宗回忆说：

> 十三日，皇考召朕于斋所。朕未至畅春园之先，皇考命诚亲王胤祉……原任理藩院尚书隆科多，至御榻前，谕曰："皇四子人品贵重，深肖朕躬，必能克承大统，著继朕即皇帝位。"是时，惟恒亲王胤祺以冬至命往东陵行礼，未在京师。庄亲王胤禄、果亲王胤礼、贝勒胤禑、贝子胤祎，俱在寝宫外祗候。及朕驰至问安，皇考告以症候日增之故，朕含泪劝慰。其夜戌刻，龙驭上宾。朕哀恸号呼，实不欲生。隆科多乃述皇考遗诏，朕闻之惊恸，昏仆于地。诚亲王等向朕叩首，劝朕节哀，朕始强起办理大事。

上引记载，大同小异。所谓允祉、允祐、允禩、胤祥、胤祯等，即圣祖诸子胤祉、胤祐、胤禩、胤祥、胤禛等。圣祖诸子原以"胤"排行，胤禛（世宗）继位后，为避讳，令诸兄弟除胤祥外，皆改以"允"排行。胤祯，即胤禛。胤祥，后多称允祥。根据这些记载，此日寅刻（凌晨三时至五时），皇三子胤祉、皇七子胤祐、皇八子胤禩、皇九子胤禟、皇十子胤䄉、皇十二子胤裪、皇十三子胤祥以及步军统领、理藩院尚书隆科多被招至御榻前，圣祖传遗诏，令皇四子胤禛继皇帝位。巳刻（上午九时至十一时），胤禛赶到畅春园，三次进见问安。夜间戌刻（十九时至二十一时），圣祖去世，由隆科多宣布遗诏，据说胤禛还没有思想准备，"闻之惊恸，昏仆于地"。胤祉等向他叩首，劝他节哀，胤禛才勉强起身办事。在隆科多保护下，胤禛先赶回紫禁城，圣祖遗体也连夜运回。二十日，胤禛即皇帝位，改明年为雍正元年，是为清世宗。

但是，关于世宗继位的官方记载，有很多疑点。最主要的是"八人受谕"说法。根据当时的官方记载，圣祖病危时，向胤祉等八人下达传位诏谕。但是，几个时辰以后，胤禛赶到畅春园，在十个小时之内三次晋见圣祖，这时圣祖还能说话，却一字未及传位之事。而且，这八人居然也不向胤禛说起。直到圣祖死后，隆科多才传达遗命。这一过程，令人难以相信。

世宗后来说过的一些话,也和“八人受谕”矛盾。如,雍正四年(1726)六月,他说,圣祖死后,胤禩(“阿其那”)“并不哀戚,乃于院外倚柱,独立凝思,派办事务,全然不理,亦不回答,其怨愤可知”①;八月,他又说,当自己哀痛之时,胤禟(“塞思黑”)“突至朕前,箕踞傲慢而坐,意甚叵测”②。胤禩、胤禟的举止,不像在八个多时辰前已知道传位遗诏,倒像是刚刚听到胤禛要即位的消息,而胸怀激愤的神情。

另外,据《大义觉迷录》记载,在八人面受遗诏的同时,有皇十六子胤禄、皇十七子胤礼等在寝宫外守候。但是,隆科多后来报告说,圣祖驾崩,胤礼在城内宫中值班,闻讯后赶往畅春园,“与臣遇于西直门大街,告以圣上绍登大位之言”。胤礼“神色乖张,有类疯狂,闻其奔回邸第,并未在宫迎驾伺候”③。可见,胤礼根本不在寝宫外伺候,当他听说胤禛继位,甚为惊骇,逃回家去。还有,据《清世宗实录》记载,隆科多得罪后,雍正五年(1727)十月,世宗说:“圣祖仁皇帝升遐之日,隆科多并未在御前,亦未派出近御之人,乃诡称伊身曾带匕首,以防不测”,又否认隆科多在场。可见,“八人受谕”真实性值得怀疑。

“八人受谕”说法,最早即出现在《大义觉迷录》中。雍正年间,民间传说,世宗有谋父、逼母、弑兄、屠弟等十大罪状,世宗审讯传播人张熙、曾静等人,并收集案犯供词以及自己的谕旨、辩驳言论,雍正七年(1729)编辑、刊刻《大义觉迷录》,令各地宣讲。但是,在这之前,从没有过相同的记载和说法。《清世宗实录》还记载,雍正元年(1723)八月,世宗曾说过,圣祖令他继位,是在病危时,“仓猝之间,一言而定大计”,却未提及“八人受谕”。

在《大义觉迷录》以前,清朝官方记载中都没有“八人受谕”的记载,因此可以肯定,它是世宗在《大义觉迷录》中编造出来的。其时,八人中允禩、允禟、隆科多已死,允䄉被拘禁,允祉、允裪已被革去亲王、郡王,允祐则明哲敬顺,允祥则是世宗同伙,因此世宗可以精心编造“八人受谕”,以“辩驳”社会上流传的他得位不正的“谣言”。《大义觉迷录》出,《清圣祖实录》《清世宗实录》随后也就采用“八人受谕”说。

---

① 《清世宗实录》卷45,雍正四年六月甲子。

② 《清世宗实录》卷47,雍正四年八月丁亥。

③ 清世宗:《雍正上谕内阁》卷94,雍正八年五月初九日。

不独如此，连圣祖的死也很蹊跷。如前所述，从康熙四十七年（1708）起，圣祖多次谈到自己头晕心悸，手颤头摇，应该是患了心血管疾病。康熙六十一年十月十三日凌晨丑刻，他病情加剧。巳刻，胤禛到寝宫探视，圣祖头脑清醒，没有言语障碍，因此“告以病势日臻之故”。如果没有外因作用，没有强烈的刺激，圣祖不会在此后几个时辰突然去世。圣祖死时，胤禛肯定在场，而且很可能是他在寝宫侍疾，或者还有隆科多。圣祖很可能是被他言语刺激，生气而暴死。据当时在京的传教士马国贤记载，世宗继位后，立刻拘执圣祖近侍赵昌。为什么呢？很可能是赵昌知道的事太多，而且不肯附和世宗，世宗必须立即把他解决掉。

3. “雍正夺嫡”疑案

世宗继位有很多疑点。因此，二百多年来，一直有传说世宗是篡位夺得皇帝宝座，即所谓“雍正夺嫡”。这其中，又有以下几种说法：

一是改诏说。民间传言，圣祖遗诏“传位十四皇子”，但被改成“传位于四皇子”。这种说法已被专家们否定，因为按清朝的书写格式，胤禵写作“皇十四子”，胤禛写作“皇四子”，“皇”字是不可省略的，因此改“十”字为“于”字是不可能的。而且，当时“于”字写作繁体字“於”，“十”字改成“於”并不容易。更为重要的是，清朝惯例，传位诏书应是满、汉两种文字各有一份。而十六日宣读的，只有满文诏书。因此，当时有御史参奏，鸿胪官未读汉文遗诏。汉文把“十”字改成“于”字可以，可满文就没法改了。这份满文诏书，后来藏在何处，内容如何，至今并未发现。现在存留下来的汉文遗诏，书写草率，是清世宗继位后造出来的，是由康熙五十六年（1717）十一月圣祖的面谕润色而成的。现存还有一份残缺不全的满文遗诏，从行文来看，是根据汉文遗诏翻译而来的。

二是矫诏说。有传说，圣祖病中，召胤禵来京，诏旨为隆科多隐匿，胤禵不到，隆科多遂矫诏传胤禛，圣祖无奈传位于胤禛。这种说法也不太可能，因为诏旨例由内阁拟文，交兵部发出，隆科多只负责宿卫，既非内阁大学士，也非兵部堂官，难以一手遮天。

三是下毒说。传言圣祖病重，胤禛敬了一碗人参汤，把圣祖毒死。经过学者研究，认为圣祖深通医道，对医学和药学很有研究。圣祖曾经明确说过：人参对北方人不是很相宜。所以，他平常很少吃人参。圣祖患重感冒，胤禛不可能敬人参汤,以火益火。而且,敬有毒人参汤也不容易,因为皇帝吃喝以前,还要有人试药。所以,这种说法也靠不住。

也有人认为,世宗是正常继位。因为圣祖病危,事起突然,即使他本来想传位给胤禵,而胤禵远在数千里之外,传诏、来京需一月,国不可一日无君。况且,当时诸皇子纷争不已,若圣祖逝而新君不至,天下岂不要大乱?以圣祖之圣明,没有可能在此时传位给胤禵,而只能传位给近在身边的胤禛。还有一种说法是,圣祖因喜爱胤禛之子弘历,而决定由胤禛继位,将来胤禛立弘历为太子,继承自己的事业。

主张世宗篡位说与正常继位说者,各自都有自己的证据,但又难以完全驳倒对方,以致长期聚讼纷纭,世宗继位或者说"雍正夺嫡"成为清代三大宫廷疑案之一。

二、创立储位密建制度

康熙后期,册立太子,诸王争夺储位,造成了较为严重的政治混乱和危险。作为事件亲历者,清世宗深有感触。皇储问题影响重大,为了避免重蹈覆辙,他总结历代建储的经验教训,决定创立储位密建制度。雍正元年(1723)八月,他向群臣公布了建储的新规定,即废除预立嫡长子为皇太子的传统做法,而是改行密建储君制度。他宣布,亲自书写太子之名,密封藏于匣内,放置在乾清宫正中世祖御书"正大光明"匾额之后,"乃宫中最高之处,以备不虞。诸王大臣咸宜知之,或收藏数十年,亦未可定"①。为了保险起见,他还另外书写同一圣旨,密封于锦匣中,收藏在圆明园内,以备对勘。

储位密建制度是封建王朝继承权制度史上最有效和最完善的创举。它的实行,使皇位继承能够比较安稳地进行,减少了政治混乱,从而对中央集权的稳固具有一定的作用。而且,它不再拘守于中国传统的立长立嫡制度,使皇帝能够不受干扰地挑选出有才德的继承人,有利于封建统治的长治久安。

---

① 《清世宗实录》卷10,雍正元年八月甲子。

三、打击朋党势力

清世宗继位后，朝中有皇八子允禩、皇十四子允禵、皇九子允禟以及年羹尧、隆科多等朋党异己势力。为了加强皇权，世宗把打击朋党作为其首要任务。

1. 打击皇八子党

允禩、允禵、允禟虽然在皇位争夺战中失败，但是一些大臣和皇室成员还与他们相勾结，仍有一定势力。尤其是允禩，工于心计，且有才干，在诸兄弟和朝臣中享有很高威望。世宗继位初，为了稳定政局，对允禩先加以安抚、重用，封为廉亲王，命其与怡亲王允祥、大学士马齐（允禩的追随者）、尚书隆科多总理国家事务，所有臣下启奏诸事，均交四大臣，凡是皇帝谕旨，也必经四大臣传出，“并令记档”。对驻兵甘肃的允禵，世宗以治丧为借口，将他与允禟相交换，调回京师，解除兵权。允禵自认为皇位被夺，愤懑不平。到京后，即遭幽禁，后来被发往遵化看守圣祖景陵。雍正四年（1726），“奸民”蔡怀玺往允禵院内投书，鼓动“二七（指皇十四子允禵）便为主，贵人守宗山”①。事发，世宗下令将允禵押回北京，囚禁于景山寿皇殿，严加看管，直到乾隆年间才放出来。传说，世宗与允禵的生母皇太后乌雅氏想见小儿子允禵，却为世宗拒绝，母子激烈争吵，乌雅氏触柱自杀。

允禩等人继续与世宗作对，散布流言，说世宗“凌逼弟辈”，而且对世宗谕旨不认真执行，甚至公开对抗。世宗命允禟去西宁，允䄉往蒙古祭奠活佛哲布尊丹巴，借以分开他们。但允禟迟迟不肯起身，拖延时日。允䄉中途称病不行，居张家口。雍正二年（1724）四月，世宗宣布革去允䄉王爵，“永远拘禁”。允禟在西宁，因事被弹劾，世宗暂予宽免。七月，世宗著《朋党论》，指责诸王大臣结为朋党，“徒自逆天悖义，以陷于诛绝之罪”②。

在政权巩固以后，雍正三年（1725）二月，世宗撤销四大臣总理事务。据《清世宗实录》记载，当时世宗赞扬允祥“悉心办理，诸事妥协，所委大小事

① 《清世宗实录》卷44，雍正四年五月戊申。

② 《清世宗实录》卷22，雍正二年七月丁巳。

务，丝毫不苟，小心谨慎，竭尽忠诚，实属可嘉”，而斥责允禩“自委任以来，诸事推诿，无一实心出力之处，无一有裨政治之言。且怀挟私心，遇事簸弄，希冀摇动众志，搅扰朕之心思，阻挠朕之政事”。其后，世宗又多次斥责允禩“结为朋党”，并警告群臣与其划清界限。对其党羽诸臣，则先后加以惩治。七月，世宗革允禟、允禵爵位。

雍正四年(1726)正月，世宗当着众大臣面，历数允禩种种过失，并引用圣祖曾经说过允禩“奸险诡诈，结党设谋”等，宣布他“狂悖已极”，“自绝于天，自绝于祖宗，自绝于朕，宗姓内岂容有此不忠不孝、大奸大恶之人乎”，“断不可留于宗室之内，以为我朝之玷”①，下令革去黄带子，即削去皇室宗籍，在宗人府监禁。允禟也被削籍离宗，自西宁押至保定监禁。世宗还令允禩自改名为“阿其那”(满语，狗)，令人改允禟名为“塞思黑”(满语，猪)。六月，世宗公布允禩罪状四十条，允禟罪状二十八条，允禵罪状十四条，指责他们“结为死党”，“妄希大位”②。不久，允禟、允禩先后病故，估计是被密杀了。总的来看，世宗对诸兄弟处置过重，未免残酷。

2. 清除年羹尧、隆科多朋党

在渐次解决皇八子党前后，世宗开始打击权臣年羹尧、隆科多朋党集团。

年羹尧，汉军镶黄旗人。早在康熙年间，已是胤禛私人，其妹是胤禛之妃。康熙末年，历任川陕巡抚、总督，可以牵制和监视胤禵。世宗继位，檄召胤禵回京，并加以幽禁。而胤禵束手就范，毫无反抗余地，正以年羹尧之力也。隆科多是佟国维之子，其家本是皇八子胤禩党，但隆科多在关键时刻倒向胤禛，帮助胤禛获得皇位。世宗即位初，对二人感激笼络，脱略君臣形迹。如，世宗即位一个多月后，在年羹尧的奏折中批说：“舅舅隆科多，此人朕与尔先前不但不深知他，真正大错了。此人真圣祖皇考忠臣、朕之功臣、国家良臣，真正当代第一超群拔类之希世大臣也。”雍正二年(1724)，他批年羹尧奏折说：“从来君臣之遇合，私意相得者有之，但未必得如我二人之人耳！尔之庆幸固不必言矣，朕之欣喜亦莫可比伦。总之，我二人做个千古君臣知遇

① 《清世宗实录》卷40，雍正四年正月戊戌。

② 《清世宗实录》卷45，雍正四年六月甲子。

榜样，令天下后世钦慕流涎就是矣。”雍正初期，年羹尧、隆科多成为世宗的左膀右臂，年羹尧主军于外，隆科多主政于内，二人与怡亲王允祥一起，成为雍正初政的三驾马车，对政权的稳固和政局的安定起了很大作用。

但是，年羹尧、隆科多却利用世宗的宠信，擅作威福，结党营私，形成尾大不掉之势。如年羹尧把持陕西、甘肃、四川三省军政大权，俨然成为割据一方的势力。每遇文武员缺，他随意任用，拔擢私人，时称“年选”，根本不把吏、兵两部放在眼里。他专横跋扈，视同僚为下属，甚至仪注比拟皇帝。他还千方百计聚敛资财，仅倒卖楠木就获利数十万两。隆科多在雍正初年为总理事务大臣之一，先后任吏部尚书，兼步军统领，兼管理藩院事。他与年羹尧朋比为奸，表面上支持世宗和允禩集团的斗争，暗中则拉拢其党羽归附自己门下。隆科多包揽官员选任，称为“佟选”，皇帝批准成为例行公事。隆科多也大肆搜刮，贪赃枉法。

雍正二年(1724)，世宗曾经揭露二人“作威福、揽权势”，警告如果不防微杜渐，“将来必至不能保全”①。但他们不以为戒，愈加骄恣。雍正三年四月，因年羹尧“怠玩昏聩”，世宗令改授杭州将军。年羹尧拖延赴任，对被揭发出来的问题支吾掩饰，不肯认错，世宗令削职。十二月，年羹尧被逮至京，议政大臣等审奏其“反逆不道，欺罔贪残，罪迹昭彰”，包括大逆之罪五、欺罔之罪九、僭越之罪十六、狂悖之罪十三、专擅之罪六、贪黩之罪十八、侵蚀之罪十五、忌刻之罪六、残忍之罪四，“犯至九十二大罪”。世宗表示：“年羹尧不臣之心显然，但因丧心病狂、昏聩颠倒之所致”，“朕念年羹尧青海之功，不忍加以极刑，著交步军统领阿齐图，令其自裁”②。

年羹尧朋党案发后，隆科多竭力为之隐瞒。至雍正五年(1727)十月，隆科多也被揭发出大不敬之罪五、欺罔之罪四、紊乱朝政之罪三、奸党之罪六、不法之罪七、贪婪之罪十六，“所犯四十一款重罪”。罪状上，世宗说：隆科多“负恩狂悖”，“肆行不法”，“免其正法，于畅春园外附近空地造屋三间，永远禁锢”③。次年，隆科多死于囚所。

清世宗通过打击朋党，加强了皇权，使中央集权得到进一步强化。

---

① (清)蒋良骐：《东华录》卷26，雍正二年四月。
② 《清世宗实录》卷39，雍正三年十二月甲戌。
③ 《清世宗实录》卷62，雍正五年十月丁亥。

四、削弱诸王旗主势力

康熙以来，诸皇子争立，满洲八旗王公贵族分别依附诸皇子，自成势力，形成朋党。世宗剪除诸弟，又从制度上削弱八旗诸王旗主势力，以杜绝祸源。其措施主要有：

第一，停止诸王兼理旗务。康熙年间，曾由皇子诸王数人分管八旗事务。世宗即位后，为了笼络宗室诸王，令其中闲居无职掌之事者"数人管理旗下之事"，"欲其与旗下大臣和衷共济"。随着政权的巩固，据《清世宗实录》记载，至雍正六年(1728)十月，世宗认为，诸王之办旗下事者，与该旗大臣不甚相安。如此，则于诸王无益，而于公事亦未免耽误。他下令，"除宗人府外，其余兼掌之处，俱著停止"。

第二，降低诸王旗主地位。雍正六年(1728)七月，世宗下令，将八旗都统(固山额真，旗主人)改称为固山昂邦(旗长官)，取消了八旗王公都统的主人地位。八旗旗主原可对属下审刑治罪，世宗定制："旗分人员，不许擅行治罪，必奏闻交部。"①他还下令，八旗补用王府官职，任使旗下人员，或需用多人供差役事，都必须列名请旨。

第三，加强对诸王旗主的监察控制。世宗派出大量密探，对诸王旗主及各级臣属进行监视，凡闾阎细故，无不上达。他饬令官员和八旗属员不必畏惧王公勋戚，对他们的不法行为，允许照实揭发。

第四，设立宗室和八旗官学，对宗室诸王及八旗子弟进行教育，加强控制。

这些措施的实行，使诸王凛然奉法，"罔敢为矩外之行"，削弱了他们的势力，加强了专制主义中央集权。

五、整顿吏治

康熙后期，为政宽仁，吏治败坏，贪贿成风。世宗继位后，立即发布上谕

① 《清世宗实录》卷9，雍正元年七月癸巳。

十一道，历举官场种种积弊，斥责各级官吏贪贿无能，华而不实，一再告谕澄清吏治。其采取的措施主要有：

1. 罢斥贪墨庸懦官员

世宗即位后，先后降旨，革除贪墨庸懦督抚多人，包括江西巡抚王企清、湖广巡抚张连登、直隶巡抚赵之垣、山西巡抚苏克济、河道总督赵世显等。随后，他下令各省督抚整饬属官，贪酷者参处，庸碌者裁汰。雍正四年（1726）十一月，他又下令对朝中各部官吏进行裁简，著各部堂官将所属司官详加甄别，凡有才具平常，目前不能办事，将来不堪升用者，尽行举出，与应留办事人员，一同带来请旨。各部院遵旨甄别官吏，分为留任、改除、休致三类，裁减了大批冗员。

2. 清理亏空钱粮

世宗宣布，限三年之内，各省督抚将所属钱粮严行稽查，凡有亏空，三年之内如数补足，不得苛派民间和借端掩饰。如限满不完，从重治罪。雍正四年（1726）八月，三年限满，各省均未奏报清理就绪，世宗再展限三年。对奏报补完者，世宗派人查核，严惩虚报。但亏欠钱粮是康熙以来长期形成的积弊，侵渔钱粮也在官场相习成风。要使各级官吏彻底补完，事实上是不可能的。至雍正八年二月，世宗命将各省官员名下应追赃银及侵欺、挪移、流抵、分赔、代赔银两，凡在雍正三年以前发觉者，酌情免追；四年以后犯罪之案及贪污军务钱粮，不准宽免。这些措施，对官场侵贪积习给予沉重的打击。

3. 惩贪和倡廉

世宗抓住大案要案，严惩贪官污吏。处理年羹尧、隆科多朋党案，即是最突出的案例。同时，原四川巡抚蔡珽也以贪污、受贿、冒销藩库银共十余万两、黄金九百两等罪行，被判处死刑。还有一些贪官污吏，也受到不同程度的惩处。世宗重视教育，通过谕旨，反复劝诫各级官吏公忠体国，反对贪黩不法。

世宗继位后，在严惩贪官污吏的同时，大力表彰和重用清官廉吏。田文镜以廉能著称，世宗先后授山西布政使、河南布政使、河南巡抚，称赞他"实为巡抚中之第一"，树为洁己奉公的榜样。有官员挟私参劾田文镜，世宗亲为担保,并查处参劾者。世宗本想将田文镜调为他省总督,又考虑河南民众不忍其离开,遂特为设立河东总督,令兼管河南、山东两省,“下不为例”。浙江巡抚李卫、广东巡抚杨文乾、云贵总督鄂尔泰等人也都实心任事,不避嫌仇,受到世宗表彰和重用。世宗鼓励大臣上书直言,力戒阿谀奉承、不说真话的风气。

通过恩威并施,宽严相济,雍正三年(1725)以后,废弛的吏治明显改善,官员“奉公守法,各勤职业者多”①,清官廉吏不断涌现。

六、设立军机处和推行密折制度

1. 设立军机处

如前所述,清初以来,通过议政王大臣会议决定军国大事,同时设内阁草拟诏旨。康熙时期,为了加强皇权,设立南书房,削夺议政王大臣会议和内阁权力。世宗继位后,削弱八旗王公权势,议政王大臣会议又被进一步削弱。雍正三年(1725),撤销总理事务大臣。次年,世宗下密旨,在内廷设立军需房,筹办西北用兵的军需。雍正七年,世宗下令在内廷设军机房,由怡亲王允祥和大学士张廷玉、蒋廷锡等参与军机要务。雍正十年,军机房改称军机处,铸造“办理军机印信”,成为正式的常设机构。

军机处选派大学士、尚书、侍郎数人入值,名为“在军机处行走”或“在军机大臣上行走”,后来又保选内阁中书舍人数名,缮写文书,保管文件,名为军机章京。军机大臣满、汉并用,但大学士、军机大臣的领班需由满大臣担任。皇帝每天召见军机大臣,口授谕旨,或是把章疏交下审议。军机大臣承旨书谕,“只供传述缮撰,而不能稍有赞划于其间”②,一切听命于皇帝一人。军机处虽名为军机,实际上是作为皇帝左右的助手,处理所有军政要务。军机处只有值庐,没有官署,官员称“内廷差使”。部院大臣不得擅入,军机大臣也不得接交外吏。

---

① 《清世宗实录》卷93,雍正八年四月己未。

② (清)赵翼:《簷曝杂记》卷1《军机处》。

军机处创设之初，主要用于办理军机事务。后来，世宗将国家政务也在此办理，从而摆脱了朝廷中各官僚机构的牵制。因此，其后军机处非但没有裁撤，反而日益发展和完善。国家事务的决策权总汇于此，而又最终集中于皇帝，议政王大臣会议、内阁成为有名无实的机构，不但加强了皇权，而且提高了行政效率，使专制主义中央集权发展到一个空前的阶段。

2. 推行密折制度

康熙年间创行的密折制度，至雍正年间得到全面推行。这一时期，密折使用人范围明显扩大。康熙年间，能够给圣祖上密折的，主要是一些总督、巡抚、提督、总兵官、将军等地方军政高级官员，以及少数皇帝派到地方办事的家奴、亲信等。到了雍正年间，上折人的范围，扩大到地方的布、按、学政等省级官员，道员、知府等地方中级官员，中央部院官员，以及中央临时派到地方办事的官员。可以说，雍正年间上密折者，涵括了中央和地方的主要官员，人数在千人以上。在密折内容方面，康熙年间主要是地方官员等汇报吏治民情，而雍正年间的密折则包含了从中央到地方的各类政事、私事奇闻等，上折者还用以向世宗请示相关政事的处理意见，而世宗则通过朱批做出答复和评论。对于臣下递送上来的密折，世宗几乎都要书写朱批，少则数语，多达数百字，形成朱批谕旨，发下后由臣下遵照执行。为了保证密折的机密性，世宗还制定了具体的保密制度，如收回朱批密折、制造专用箱锁、密折直送内廷以及皇帝亲自拆阅并朱批等。这些都表明，密折制度已经获得相当的发展。

清世宗通过推行密折制度，避免了政务处理过程中的拖延、推诿，使皇帝直接对中央和地方官员发号施令，提高了行政效率。同时，世宗利用密折，使官员秘密言事，加强对官员监督和有效控制。总之，密折制度的推行，进一步强化了清世宗的专制皇权，对雍正年间清肃吏治、巩固封建政权以及发展经济、改善民生都不无益处。

七、严行文字狱

所谓文字狱，是指因文字作品得罪当道而招致的狱案。清初，汉族民众不堪忍受民族压迫和阶级剥削，开展反清抗清武装斗争，反清思想通过文字作品而保存、流传。在武力镇压汉族民众反清抗清武装活动的同时，从康熙年间开始，又加强了对诗文作品的检查，对流露、隐藏、传播反清思想的作品及作者加以禁毁和打击，掀起文字狱。

1. 康熙年间的文字狱

康熙时期的文字狱不超过十起，最大的案件是庄廷鑨《明史》案和戴名世《南山集》案。康熙元年(1662)，被罢免的原浙江归安知县吴之荣，向满洲将军松魁告发：湖州富户庄廷鑨购得明人朱国桢所著《明史》稿本，续补天启、崇祯两朝事，由庄廷鑨署名刊刻，其中对满族多有斥责。松魁移交江苏巡抚朱昌祚查处。当时，庄廷鑨已死，其父庄允诚以重贿得免，删去指斥满族语重刊。吴之荣又以原刊本上告，刑部查处此事，庄允诚死于狱中，庄廷鑨剖棺戮尸，斩其弟庄廷钺。礼部侍郎李令皙曾为《明史》作序，也被处死，其四子均斩首。朱昌祚委罪于学官，得免，归安、乌程学官均处斩，由此牵连到湖州太守，以及参与办案、校刊及"购逆书"之人，被处死者七十余人，发边地充军者数百人。

戴名世是清初学者。康熙四十年(1701)，其弟子尤云鹗将他的文章编辑成《南山集偶钞》《孑遗录》，刊刻流传。康熙四十八年，戴名世中进士，授翰林院编修。康熙五十年十月，左都御史赵申乔检举戴名世"妄窃文名，恃才放荡。前为诸生时，私刻文集，肆口游谈，倒置是非，语言狂悖"①。圣祖命刑部查处。康熙五十一年，刑部上奏，查实《南山集偶抄》中录有南明三王年号，认为未可以伪朝视之；提出清开端应为康熙元年，顺治朝不得为正统。刑部提出：戴名世二书中有"大逆"等语，应凌迟处死；《南山集偶钞》中的南明三王事迹来自方孝标《滇黔纪闻》，方孝标已死，"应锉其尸骸"；戴、方两家，三代以内直系亲属十六岁以上者，俱应逮捕立斩，十五岁以下者及女眷发边地，或作功臣奴仆；为《南山集》作序的方苞等人处绞。圣祖对此案很慎重，至康熙五十二年决定从轻论处：戴名世处斩，方孝标发棺戮尸，其余人等流放黑龙江。

① 《清圣祖实录》卷248，康熙五十年十月丁卯。

2. 雍正年间的文字狱

到了雍正年间，文字狱明显增多，达到近二十起。世宗不仅利用文字狱镇压具有反清思想的知识分子，又以之作为打击政敌、权臣的工具。其中主要的有：

（1）汪景祺案。浙江钱塘文士汪景祺，曾为年羹尧记室。雍正三年（1725）逮捕年羹尧，搜查年家文书，获得汪景祺著作《西征随笔》，内有诗句“皇帝挥毫不值钱”，讥讪圣祖；诅咒“雍正”年号有“一止之象”；《功臣不可为论》一文阐述功臣终究获罪，劝年羹尧不要做功臣。世宗指责汪景祺悖谬狂乱至极，下令将其处斩，枭首示众，妻子发黑龙江为奴。

（2）钱名世案。江苏武进人翰林院侍讲钱名世，曾作诗颂扬年羹尧：“分陕旌旗周召伯，从天鼓角汉将军”，“钟鼎名勒山河誓，番藏宜刊第二碑。”年羹尧倒台后，世宗指钱名世“以文词谄媚奸恶，为名教所不容”，“行止不端，立身卑污”，革职发回原籍。世宗亲书“名教罪人”匾额，令地方官悬挂钱氏宅门。他又谕令在京官员，凡举人、进士出身者，“仿诗人刺恶之意”[①]，各撰诗文，纪钱名世劣迹进呈。世宗阅后，给钱名世付印，颁发各省学校，以为所谓无耻人臣鉴戒。

（3）查嗣庭案。礼部侍郎浙江海宁人查嗣庭，曾由隆科多荐引。雍正四年（1726），查嗣庭出任江西考官，出试题《易经》第二题“正大而天地之情可见矣”，《诗经》第四题“百室盈止妇子宁止”，世宗把“正”、“止”挑出，说又是诅咒他（后来遂有传说，查嗣庭出题“维民所止”，被指为“雍正”二字去首）。世宗指责他心怀怨望，有意谤讪君上，又在其寓所搜出日记二本，被指为有讥谤用人行政之语。最后，查嗣庭革职囚禁，死于狱中；其子坐死，家属流放；其兄弟等人也被革职，或遭流放。据说，世宗以查嗣庭、汪景祺皆浙江人，“诗文悖逆，风气恶薄”，雍正四年，还下令“停止浙江士子乡、会试”。直到雍正六年，“前后三年，浇漓尽革”，世宗才谕准“照旧应试”[②]。

（4）曾静投书案和吕留良文字狱。清初，浙江文士吕留良隐居山林，著书宣扬夷夏之防，传播反清思想。康熙时，吕留良病死，弟子严鸿逵继续传

---

① 《清圣祖实录》卷42，雍正四年二月壬戌。

② （清）陈康祺：《郎潜纪闻初笔》卷13《世宗停止浙江乡会试》。

播师说。湖南郴州永兴人曾静应试落第,得吕留良书,密谋反清。雍正七年(1729)四月,曾静派弟子张熙投书川陕总督岳钟琪,宣传华夷思想,罗列世宗所谓谋父、逼母、弑兄、屠弟等十大罪状,称岳钟琪为岳飞后人,劝其起兵反清。岳钟琪将张熙拘留审讯,张熙拒不招供,岳钟琪遂假意答应共同谋反,张熙才说出曾静计划以及受吕留良影响,宫中传闻来自于允禩、允禟等人手下太监。岳钟琪奏报,世宗差人将曾静解押到京。

雍正十年(1732)十二月,世宗命将吕留良、严鸿逵(已死)剖棺戮尸,枭首示众;吕留良的门生、私淑弟子,甚至刊刻、贩卖、私藏吕留良书籍者,或斩首,或充军,或杖责,吕、严等家族妇女幼丁给予功臣家为奴;曾静、张熙服罪,世宗认为他们是误信邪说流言,因此赦免死罪,命到江浙各地去宣讲悔悟原委,以消除汉人反清思想。世宗并且声明:"朕之子孙,将来亦不得以其诋毁朕躬,而追究诛戮。"①世宗如此处置,自诩为"一番出奇料理",洋洋得意。结果适得其反,其谋父、逼母、弑兄、屠弟等"流言",反而由此在民间广为流传。

雍正年间严行文字狱表明,最高统治者在意识形态领域也日益强化统治,严格控制民众的思想,专制主义中央集权日益强化。

八、世宗之死

1. 世宗之死

雍正十三年(1735)八月二十三日,清世宗暴死。对此,《清世宗实录》记载非常简单:

> 丁亥(二十一日),上不豫,仍照常办事。
>
> 戊子(二十二日),上不豫。皇四子宝亲王弘历、皇五子和亲王弘昼朝夕侍侧。戌刻,上疾大渐。召庄亲王允禄、果亲王允礼、大学士鄂尔

---

① (清)王先谦:《东华录》,雍正十五年十月戊申。

泰、张廷玉、领侍卫内大臣公丰盛额、讷亲、内大臣户部侍郎海望，至寝宫前。大学士鄂尔泰、张廷玉恭捧上御笔亲书密旨："命皇四子宝亲王弘历为皇太子，即皇帝位。"少顷，皇太子传旨："著庄亲王允禄、果亲王允礼、大学士鄂尔泰、张廷玉辅政。"

己丑(二十三日)，子刻，上崩①。

可见，世宗二十一日生病，二十二日晚病情加重。二十三日子时，世宗病故。

2. 世宗之死的传说

世宗从发病到去世，只有短短三天时间。对其暴死，官书没有记载原因，因此引起人们怀疑。加上他取得皇位似乎不光明正大，继位后又残酷对待自己兄弟，血腥镇压各种异己力量，刻薄寡恩，更引起人们猜疑。民间传说，世宗是被仇人刺杀、毒杀的。这又有几种版本：

第一种版本，世宗被吕四娘入宫刺死。传说，吕四娘是吕留良女儿(也有的说是吕留良之子进士吕葆中女儿)，吕留良文字狱案发，吕氏一门或被处死，或被发配，吕四娘携母及一仆逃出，隐姓埋名，潜藏民间。为替父(祖)报仇，吕四娘拜师习武，勤学苦练，尤长剑术。后来，她乔装改扮，混入深宫，杀世宗，提头而去。有的说，她的师父是一僧人，原为世宗剑客，后不乐为其所用，离去，培养了吕四娘。1981年，曾发掘世宗泰陵地宫，未打开，即作罢。但民间传言世宗棺材已经打开，遗体有尸身而无尸首。

学者们认为，这个传说纯属野史编造。吕留良案，吕氏一门戮尸、斩首之外，吕留良孙辈均被发配宁古塔(今黑龙江宁安)，给披甲人为奴。乾隆年间，吕家后代有人做生意，还有人捐纳监生，清政府发觉后，改发配卜奎(今齐齐哈尔)。吕氏后裔遭到严格管制，不能自由活动，不可能替祖上报仇。而且，当时办理吕留良案的浙江总督李卫，以擅长缉捕盗贼而著称。他奉命"访察根究"吕家"逆属"，将其子孙男妇，包括"年未及岁"、"髫龄襁褓"十余名也全部缉出，"不留寸骨于人世"②，不可能有人逃出。

① 《清世宗实录》卷159，雍正十三年八月丁亥、戊子、己丑。
② (清)吴振棫：《养吉斋余录》卷4。

第二种版本,世宗被湖南卢氏夫人刺杀。传说,卢某谋逆被杀,其妇工剑术,为夫报仇,进入畅春园,刺杀世宗,然后自刎。这也是无稽之谈,因为据临终顾命大臣张廷玉自撰年谱,世宗死于圆明园。

第三种版本,世宗被曹雪芹和竺香玉合谋毒死。据传,曹雪芹有个恋人叫竺香玉,是林黛玉化身,后来被世宗霸占为皇后。曹雪芹想念恋人,找了一个差事混入宫中,与竺香玉合谋,用丹药将世宗毒死。这是编造的故事,毫无真实性可言。

一些学者认为,世宗死于丹药中毒。世宗年轻时即好佛、崇道。继位后,求仙访道,企求长生。他把道士张太虚、王定乾等请进宫内,待以上宾,为他炼丹。他平时爱吃丹药既济丹,并赐给宠臣鄂尔泰、田文镜服用。他长期服用道士所炼之丹及所谓的“长生不老之药”,这些丹药中汞、铅、朱砂等矿石含量较高,又都是高温烧炼而成,热性很大。怡亲王允祥去世后,为渴求长生不老,世宗加大剂量服用丹药。有一份史料上说,世宗死时七孔流血,这应该是严重丹药中毒的反映。高宗继位,急忙驱逐宫中道士,并强调世宗没有服食丹药。这一表态,反而给人欲盖弥彰的感觉。但是,也有学者认为,这类宫闱秘事,要确证论定,难得过硬资料。

另外,也有学者提出,世宗是中风而死。还有的学者认为,世宗是劳累致死。不过,这些说法也都缺乏强有力的证据。

总之,清世宗自从登上皇位就传闻不断,甚至他的死也显得扑朔迷离。清世宗的一生,留给人们许多话题,也留给研究者许多课题。

第八讲

雍正时期的赋役改革和对边疆的继续经营

雍正年间，世宗推行摊丁入亩、除豁贱民籍、耗羡归公等政策，继续改革赋役制度。同时，他平定青海、西藏等地叛乱，在西南地区改土归流，与俄罗斯签订《恰克图条约》。这些措施和作为，推动了封建经济的进一步发展，维护了国家的统一和安定，促进了清朝国力的强盛，推动着康雍乾盛世的发展。

一、摊丁入亩

清初以来，地丁税役仍沿明制。康熙五十一年（1712）起，实行“滋生人丁，永不加赋”，限制赋税增加。但行之既久，各地人口生死迁徙，原定税额与实际不符，出现许多弊端。世宗继位后，将人丁税与田亩税合一，依据地亩统一征收赋役，称为“摊丁入亩”。

早在顺治年间，陕西南郑、浙江嵊县等地就曾试行过“丁随粮行”和“摊丁入亩”的办法。康熙年间，河南太康、四川芦山、湖北沔阳、山东黄县等地也分别试行过“丁随地派”、“按亩均丁”、“丁随粮派”和“丁银摊地”等办法，将丁银与田赋结合起来征收，实际上就是将丁银一定程度上摊入田亩征收。康熙五十二年（1713），御史董之燧奏请“统计丁粮，按亩均派”①，未获允准。康熙五十四年，户部议准，广东所属丁银，就各州县地亩摊征。四川省实行

① （清）俞正燮：《地丁原始》，见（清）盛康：《清朝经世文续编》卷34《户政六·赋役一》。

"丁随地起","田载丁而输纳,丁随田而买卖",于征粮赋中代收地丁银。

雍正元年(1723)六月,山东巡抚黄炳疏请"摊丁入亩",未获批准。七月,直隶巡抚李维钧"折奏直属丁银请摊入田粮"。世宗谕曰:"此事尚可少缓。更张成例,似宜于丰年暇豫、民安物阜之时,以便熟筹利弊,期尽善尽美之效。今既经题奏,候部议到时,朕再酌定。"九月,户部议准,以雍正二年为始,每田赋一两,摊入丁银二钱二厘。

直隶实行"摊丁入亩"后,福建巡抚黄国材亦奏准,自雍正二年实行"摊丁入亩",田赋一两,摊丁银五分二厘七毫至三钱一分三厘不等,只有台湾府缓行。后来,山东、河南、云南、陕西、浙江、甘肃、江苏、安徽、江西、湖南、广西、湖北等十二省和广东、四川未"摊丁入亩"州县,也在雍正五年至七年间先后实行"摊丁入亩",将丁银摊入田赋内征收。摊入科则各地不同,有的全省通筹均摊,有的是各州县分别均摊,甘肃则分河东、河西各自均派。山西省在雍正二年(1724)九月由布政使高成龄奏请,"照直隶新例,将丁银并入地粮"①,但遭到各州县官反对,未能实行。盛京、吉林因大量八旗丁壮和家属迁进关内,又有大批汉人移居关外,户籍无定,仍照旧制地、丁分征。

世宗改革赋役制度,在全国绝大部分地区推行摊丁入亩,统一依据占有田地的多少征收赋税,占田多的地主须多纳田赋和附加的地丁银,少地和无地农民则可少交或不交赋税,贫苦农民的负担因而减轻,作用是积极的。对清王朝说来,由此较易于保证赋税征收,加强统治。摊丁入亩后,逃隐人丁减少,入籍户口显著增多了。

二、除豁贱民籍

清初,除满洲贵族役使的奴隶之外,在一些省份还存在不少身份低下的贱民,他们在明代或更早时期即已形成,历代相沿不改。他们虽非奴隶,但地位低于平民,不列于民户户籍。世宗即位后,陆续将各地贱民除籍为良民,编入户籍。

乐户　在山西、陕西有大批乐户,本是明初忠于建文帝朱允炆、反对以

---

① 《清世宗实录》卷24,雍正二年九月甲寅。

“靖难”名义夺其皇位的明成祖的兵民，成祖上台后将他们编为“乐籍”，从事卖唱演剧的官妓职业，令世世不得自拔为良民。雍正元年(1723)四月，浙江道监察御史年熙(年羹尧子)条奏说：“山、陕乐户沉沦丑秽，无由自新。”朝廷议准，乐户“原属忠义之后”，因“不附篡立被害，遂遭荼辱”，“饬令各属严行禁革，令其改业得为良民”①。

惰民 浙江一带有所谓“惰民”，不在四民之中，不入民籍，甚至不能穿着四民服装。男子以捕蛙、卖饼为业，妇女或说媒，或伴良家娶嫁，为人髻冠梳发、穿珠花，或走市巷，成为私娼。雍正元年(1723)八月，两浙巡盐监察御史噶尔泰奏请除绍兴惰民籍，说当地惰民称为“丐户”，“丑秽不堪，与乐户无二。请照山西、陕西乐籍，一例削除”。九月，世宗诏“削除其籍，俾改业自新，与编民同例”②。

伴当、世仆 明末以来，江南徽州府有“伴当”，宁国府有“世仆”，当地称为“细民”。伴当、世仆户需为主户服役，甚至遭受主户鞭打，主仆之分承袭前代，茫然无考。雍正五年(1727)四月，世宗指出，伴当、世仆应“开豁为良，俾得奋兴向上，免至污贱终身，累及后裔”，命当地督抚查明具奏。安徽巡抚魏廷珍遵旨查奏：“嗣后绅衿之家典买奴仆，有文契可考，未经赎身者，本身及其子孙俱应听从伊主役使。即已赎身，其本身及在主家所生子孙，仍应存主仆名分。其不在主家所生者，应照旗人开户之例，豁免为良。至年代久远，文契无存，不受主家豢养者，概不得以世仆名之，永行禁止。”③世宗准其议。

蜑户 广东滨海有所谓蜑户，以船为家，捕鱼为业。蜑户地位卑贱，不准登岸居住。他们不敢与平民抗衡，畏威隐忍，局蹐舟中，终身漂泊。世宗认为，蜑户本属良民，“无可轻贱摈弃之处”。而且他们输纳鱼课，与齐民一体，“安得因地方积习，强为区别，而使之飘荡靡宁乎?”雍正七年(1729)五月，世宗饬令督抚晓谕地方，“凡无力之蜑户，听其在船自便，不必强令登岸。如有力能建造房屋，及搭棚栖身者，准其在近水村庄居住，与齐民一同编列甲户，以便稽查”，“势豪土棍不得借端欺凌驱逐”。他还要求，“令有司劝谕

① 光绪《大清会典事例》卷158《户部》。

② 同上。

③ 《清世宗实录》卷56，雍正五年四月癸丑。

蜑户开垦荒地,播种力田,共为务本之人”[①]。

丐户　雍正八年(1730)五月,江苏巡抚尹继善奏称,苏州府属常熟、昭文(今常熟)二县,有从过去沿袭下来的丐户,不得列于四民,请照乐籍、惰民之例,除其丐籍,列于编氓。世宗允准实行。

三、耗羡归公与养廉银制度

清初沿袭明朝制度,各地征收钱粮,加收“火耗”(耗羡)。但耗羡“数多寡无定”,官员任意加派,一两可加至数钱。如康熙末年,山西州县火耗,每两有加二三钱至四五钱者。山东更甚,每两加至八钱,百姓负担沉重。征收的耗羡,“州县以此供上官、给地方公用,而私其余。上官亦往往藉公用,檄州县提解,因以自私”,严重腐蚀官僚队伍。康熙年间,曾有官员提议将耗羡归公。但圣祖顾虑官员俸薄,“有司失耗羡,虐取于民,地方公用无从取办,寝其议不行”[②]。

世宗即位后,对官员加收火耗、盘剥百姓深表不满。《清世宗实录》记载,雍正元年正月,世宗就斥责说:“今钱粮火耗日渐加增,重者每两加至四五钱。民脂民膏,朘剥何堪?”雍正二年(1724),山西巡抚诺岷上疏,提出将全省一年所得耗银提存司库,以二十万两留补无著亏空,余分给各官养廉,即推行耗羡归公与养廉银。接着,山西布政使高成龄又奏称,直省钱粮,正供之外,向有耗羡,虽多寡不同,皆系州县入已。但百姓既以奉公,“即属朝廷之财赋”,“州县耗羡银两,自当提解司库,以凭大吏酌量分给,均得养廉”。且通省遇有不得已之费,即可支应,而不分派州县,借端科索。“请皇上敕下直省督抚,俱如山西抚臣诺岷所奏,将通省一年所得耗银,约计数目,先行奏明,岁终将给发养廉、支应公费、留补亏空若干之处,一一具折陈奏。则不肖上司不得借名提解,自便其私,如条奏所虑矣”。世宗下令总理事务王大臣、九卿、詹事、科道商议,“如不能画一,不妨两议三议,皆可”[③]。

---

① 《清世宗实录》卷81,雍正七年五月壬申。

② 《清史稿》卷294《诺岷传》。

③ 《清世宗实录》卷21,雍正二年六月乙酉。

总理事务王大臣、九卿等讨论，认为“非经常可久之道”，请“先于山西一省所奏试行之”。世宗斥责他们“不过为州县起见”，“天下事惟有可行与不可行两端耳，如以为可行，则可通行于天下。如以为不可行，则亦不当试之于山西”。世宗明确指出，“尔等所奏，与朕意不合。若令再议，尔等必遵朕谕，议覆准行”。他下令，“各省能行者听其举行，不行者亦不必勉强”①。其后，各直省督抚以次奏请，视山西成例提解耗羡，即各地将火耗上交（“耗羡归公”），各省以火耗补完亏空钱粮，并分拨州县养廉，耗羡归公和养廉银制度推广到全国。至雍正五年（1727），世宗又命各省督抚就该省情形酌议具奏，著为定额。

养廉银往往超过俸银数倍，实际是对官吏的加俸。如督抚为正二品或从一品，俸银不过一百五十五两至一百八十两，俸米一百数十斛，养廉银最少的省份，如浙、闽、川有一万三千两，多者如陕、甘、云、贵有二万两。七品知县年俸银不过四十五两，米四十五斛，养廉银可多至二千两，至少也有五六百两。养廉银尽管数字庞大，但既未增加朝廷的财政开支，也没有增加百姓的负担，而只是将原来地方官的私派加征合法化。而且，这一制度规定了征收和地方官支取的份额，使他们不会再无限制地横征加派，一定程度上减轻了百姓负担，对改变官场上下公开贪污的积弊也有一定作用。

四、平定罗卜藏丹津叛乱和统一青海

明朝末年，漠西蒙古四部之一的和硕特部在首领顾实汗率领下，进入西藏和青海。顾实汗死后，康熙三十六年（1697），圣祖封顾实汗第十子达什巴图尔为和硕亲王，任和硕特诸部之长。达什巴图尔死，子罗卜藏丹津承袭王爵。康熙末年，漠西蒙古另一部准噶尔部首领策旺阿拉布坦派兵占领西藏，发动叛乱。清兵入藏，驱逐了准噶尔部。战争中，罗卜藏丹津率兵参与清军护送六世达赖入藏行动。战后，清朝在西藏设噶伦执政，并留兵驻拉萨；在青海，则又册封原和硕特蒙古郡王察罕丹津（顾实汗曾孙）为亲王，贝子额尔德尼·额尔克托克鼐为郡王，让两人共领青海右翼。这一安排，使罗卜藏丹

① 《清世宗实录》卷22，雍正二年七月丁未。

津霸占西藏、青海的企图落空。

康熙六十一年(1722),圣祖去世,驻西宁的抚远大将军胤禵回京奔丧,并被世宗拘禁于京。罗卜藏丹津认为时机已到,决定发动叛乱。雍正元年(1723)五月,他招诱和硕特诸部到察罕托罗海盟会,要诸台吉放弃清朝封授的贝勒、贝子、公等名号,恢复旧称,并自号为达赖浑台吉。八月,他出兵攻击拒不从命的察罕丹津、额尔克托克鼐,察罕丹津等不敌,率部逃到河州、甘州。清朝派兵部侍郎常寿诏谕罢兵,反被其拘禁。罗卜藏丹津又联络青海大喇嘛察罕诺们汗,鼓动和硕特蒙古及藏族人丁、喇嘛等共二十万人起兵,青海震动。

十月,世宗任命川陕总督年羹尧为抚远大将军、四川提督岳钟琪为奋威将军,平定叛乱。罗卜藏丹津率部进攻西宁。年羹尧军封锁青海通往西藏和天山的道路,大举进攻。十二月,被胁迫的诸台吉和部众十余万人,先后降清。次年正月,岳钟琪进攻和硕特蒙古军屯聚的郭隆寺(今青海西宁东北)。清兵"施放枪炮,复聚薪纵火","前后杀伤贼众共六千余名,随毁郭隆寺"①,重创叛军。二月,岳钟琪又率精兵五千人,远袭柴达木敌营,生擒罗卜藏丹津之母阿尔泰等人,罗卜藏丹津率领二百人化装逃走,投依准噶尔部策旺阿拉布坦。

罗卜藏丹津叛乱平定以后,雍正三年(1725),世宗对青海和硕特蒙古各部按漠北蒙古(喀尔喀蒙古)惯例,分编为旗,设置佐领,以扎萨克统领;各旗定期会盟,由清廷驻西宁办事大臣主持;各旗定期到京朝贡,三年一次,九年一轮;改西宁卫为西宁府,下设两县、一卫,设西宁办事大臣管理青海政务。从此,青海地区完全置于中央政府的直接统治之下。

五、征讨准噶尔部

康熙末年,准噶尔部首领策旺阿拉布坦派兵侵入西藏,后被清军击败。雍正二年(1724),罗卜藏丹津叛乱被清军击败后,逃往准噶尔部,为策旺阿拉布坦收留。雍正五年,策旺阿拉布坦病死,子噶尔丹策零继位,继续与清

① 《清世宗实录》卷15,雍正二年正月甲午。

朝为敌。

雍正七年(1729)，清廷因噶尔丹策零屡次骚扰喀尔喀，而且藏匿罗卜藏丹津，廷议征讨，命领侍卫内大臣傅尔丹为靖边大将军，屯阿尔泰，出师北路；命川陕总督岳钟琪为宁远大将军，屯巴里坤，出师西路，分进合击。噶尔丹策零闻讯，遣使臣赴京，称本欲将罗卜藏丹津解送清廷，但听说清兵出动，暂行中止，如能赦其既往，仍愿听从清廷命令，解送逃犯。世宗谕令暂缓进攻，并调傅尔丹、岳钟琪回京议事。其间，准噶尔部出兵二万，突袭岳钟琪部在科舍图放牧的骆驼、骡马，抢掠而去，清军损失很大。

雍正九年(1731)四月，北路傅尔丹统率清军进驻科布多(今新疆吉尔格朗图)。六月，噶尔丹策零命大小策棱敦多布率军三万，进犯北路。准噶尔军先派人至傅尔丹军中，佯称噶尔丹策零大军未到，仅有小策棱敦多布率军不过一千，驻于距清营不远的察罕哈达。傅尔丹轻信上当，遣兵四千往袭，自统大军继之。清军在和通泊被准噶尔军紧紧包围，傅尔丹又派兵六千往援，援军未到，前锋部队已被击溃。准噶尔军乘胜进攻清军大营，傅尔丹败退，逃回科布多。此役，清军损失惨重，副将军巴赛、查弼纳以下皆战死，北路军原有三万多人，逃回者仅二千余，几乎全军覆没。

和通泊战役后，噶尔丹策零把主攻方向放在北邻的喀尔喀蒙古。八月，他遣大小策棱敦多布率兵二万六千人进犯喀尔喀，分兵掠鄂尔海、喀喇乌苏等地。喀尔喀亲王丹津多尔济、额驸策凌于鄂登楚勒截击准噶尔军，给予沉重打击，准噶尔军被迫撤退。雍正十年(1732)六月，噶尔丹策零又命小策棱敦多布率兵三万来犯，由奇兰至额尔德尼必拉色钦，策凌率蒙古兵二万夜袭敌营，准噶尔军逃窜。策凌一直追至鄂尔浑河边光显寺，蒙古军“无不一当百，争先用命”，杀敌万余，准噶尔军大溃，“河水尽为之赤”。小策棱敦多布乘夜突围，“驰白驼夜遁”①。

光显寺战役后，世宗晋封策凌为超勇亲王，赐黄带，并命其佩定边左副将军印，进屯科布多，授盟长，便宜行事。清政府又从土谢图汗部分出二十一旗，隶属于策凌的赛音诺颜部，从此赛音诺颜部成为喀尔喀蒙古四部之一。

光显寺战役，准噶尔部损失惨重，雍正十一年(1733)冬遣使求和。而清

① (清)王之春:《国朝柔远记》卷4，雍正十年。

朝连年于西、北两路用兵,也感到有休养生息的必要。自雍正十二年至乾隆四年(1739)间,双方几经交涉,终于划定喀尔喀蒙古与准噶尔蒙古的牧区界线,即以阿尔泰山为界,准噶尔部在山西游牧,喀尔喀部在山东游牧,双方不能越界。清政府与准噶尔部割据势力之间的矛盾,暂时得到缓和。

六、平定西藏内乱

康熙末年,清朝任命康济鼐、阿尔布巴、隆布鼐为三噶伦,共同管理西藏政务,并在西藏驻兵防守。雍正元年(1723)七月,世宗以清军在西藏驻扎日久,供应繁费,下令撤回。同时,清朝又封后藏的颇罗鼐、前藏的扎尔鼐为台吉,均为噶伦,与康济鼐等三人共成五噶伦。其中,康济鼐为首席噶伦,辅佐达赖管理前藏事务,颇罗鼐管理后藏事务。但这加剧了藏族贵族间本已存在的矛盾,因为康济鼐、颇罗鼐都是后藏人,在噶伦中却起着主要作用;阿尔布巴、隆布鼐、扎尔鼐都是前藏人,人数虽多,但不掌握重权。而六世达赖的父亲索南达结站在前藏贵族一边,加剧了双方的矛盾和斗争。

雍正五年(1727),世宗下令撤销隆布鼐、扎尔鼐职务,以削弱阿尔布巴势力,并派内阁学士僧格和副都统马喇为驻藏大臣,试图调解西藏贵族之间的矛盾,加强对西藏的控制。阿尔布巴等人决定先下手为强,先以武力消灭康济鼐和颇罗鼐。六月,阿尔布巴等利用在大昭寺议事之机,杀死康济鼐,并派兵攻打后藏。颇罗鼐率领后藏及阿里兵击败阿尔布巴军,奏报清廷,请求发兵进藏平乱。次年五月,颇罗鼐领兵至拉萨,围困布达拉宫,擒获阿尔布巴、隆布鼐,所谓“于大兵未到之前,奋勉报仇,擒获渠魁”①。稍后,左都御史查郎阿率清军一万五千人也进入西藏,进一步肃清阿尔布巴余部,将阿尔布巴等人处死。

西藏内乱平定后,清朝册封颇罗鼐为贝子,总管前后藏事务,又根据其保选,以色珠特色布腾、策凌旺扎尔二人补授噶伦;在西藏正式设置驻藏大臣办事衙门,派正副驻藏大臣各一人,分驻前、后藏,沟通朝廷与西藏联系,协助颇罗鼐处理西藏政务;留清兵数千人,各驻前、后藏,由驻藏大臣指挥。

---

① 《清世宗实录》卷71,雍正六年七月辛酉。

驻藏大臣的设立，加强了对西藏的管辖，同时，由于颇罗鼐管理藏务，恪尽忠诚，实心效力，积极维护国家统一，使西藏地区保持了二十余年的稳定。

七、西南地区改土归流

所谓“改土归流”，指清朝废除西南地区各少数民族部落的土司制度，改由朝廷委派流官进行统治。这种措施开始于明代，清代雍正年间在西南地区大规模推行。

我国西南部的云南、贵州、广西、四川以及湖南等地区，历来是少数民族集居或与汉族杂居的地区，苗、瑶、壮、白、彝等兄弟民族很早就劳动、生息、繁衍在这一广阔的区域。自元、明以来，中央王朝采取土司制度统治这一地区。土司制度包括土司、土官两种形式。前者有宣慰司、宣抚司、安抚司等，其官爵职称虽受封于中央，实际上是割据一方的地方政权；后者有土知府、土知州、土知县等，是按照汉族地区行政建制设立的府、州、县中由少数民族头人所担任的官职。随着社会经济的发展，与中原地区政治、经济与文化联系的进一步加强，西南地区的土司制度不仅阻碍了当地社会生产的发展，更不利于多民族国家的团结和统一。具体表现在：其一，各土司土目都是大大小小的封建领主，依赖分封、世袭特权，对手下民众进行残酷的农奴制压迫和剥削。所谓“每于所属土民多端科派，较之有司征收正供，不啻倍蓰。甚至取其马牛，夺其子女，生杀任情。土民受其鱼肉，敢怒而不敢言。”[①]其二，不少大土司辖地百里，拥兵数万，割据一方，互相仇杀争夺，甚至拒绝朝廷管辖，发动叛乱。如康熙初年，云南迤东土司禄昌贤、王耀祖叛乱，兵至数万，连续攻占城邑，云南震动。

到雍正年间，改土归流提到日程。雍正四年（1726），云贵总督鄂尔泰上疏，称“欲百年无事，非改土归流不可”[②]。世宗表示支持，并将原属四川的东川、乌蒙、镇雄三大土府就近划归云南，实行改土归流。不久，世宗提升鄂尔泰为云南、贵州、广西三省总督，总理西南地区改土归流事宜。从雍正四

① 《清世宗实录》卷20，雍正二年五月辛酉。

② （清）陈康祺：《郎潜纪闻二笔》卷2《鄂文端佩三省总督印》。

年至九年，清政府在云南、贵州、四川、湖南、广西的广大地区，陆续推行改土归流。其间，改土归流遭到一些少数民族上层首领强烈反对，甚至发动叛乱。鄂尔泰针对各地不同情况和土司对改流所持的不同态度，采取和平招抚和武力镇压两种手段，而以前者为主。从改土归流的整个进程来看，大致上，广西、四川和湖南多采取招抚手段，而云南、贵州二省则曾大规模用兵。

雍正一朝，西南地区的土州、土府、长官司、宣慰司、安抚司、招讨司等土司被改流者达六十多个。革除土司后，清政府在各地分别设置府、厅、州、县，委派有一定任期、非世袭的流官进行统治，实行了和内地同样的政权体制。改土归流政策的推行，打击和限制了土司的割据势力和特权，加强了中央和地方的关系，巩固了国家的统一，发展了各族人民之间的经济、文化联系，有利于少数民族地区生产的发展和人民生活的改善。

八、中俄《恰克图条约》的签订

《尼布楚条约》的签订，暂时遏止了沙俄对我国黑龙江流域的侵略和扩张。但是，沙俄仍坚持对中国侵略的政策。他们乘外贝加尔地区中俄边界尚未划定之机，不断派出骑兵队，深入蒙古人居住区，掳掠人口，劫夺牛羊，设立据点，侵占了色楞格斯克(楚库柏兴)以南和鄂嫩河一带的大片中国领土，建立所谓“骑兵防哨线”。

与此同时，沙俄加强对中国的经济扩张。《尼布楚条约》签订后，俄国商队频繁地前来北京，把从西伯利亚等地掠夺来的毛皮运到北京销售，又从中国购买大批丝织品、布匹、药材等运回国内，获取数倍的利润。从康熙三十七年(1698)到五十七年间，沙俄来华的官方商队达十次之多，每次人数都超过二百人，最多时达到八百人。面对俄国不断侵犯蒙古地区，清朝政府多次提出抗议，要求迅速划定中俄中段边界，但俄国政府置若罔闻。康熙五十八年，清朝政府遂决定暂停贸易，拒绝俄国商队进入中国。

康熙五十九年(1720)，俄国派特使伊兹玛依洛夫来到北京，交涉恢复中俄之间的贸易。圣祖多次接见俄使，同意恢复中俄贸易。但是，对于划定中俄两国在蒙古地区的边界，伊兹玛依洛夫避而不谈。与此同时，俄国在我国西北地区进行侵略颠覆活动，妄图诱迫准噶尔部首领策旺阿拉布坦“臣服”

于俄国。清朝政府获知这个消息，于雍正二年（1724）宣布完全断绝中俄贸易。

雍正三年（1725）六月，沙俄被迫派出萨瓦·务拉的思拉维赤为使华全权公使，来华谈判贸易和边界问题。雍正四年十一月，萨瓦到北京，与清朝吏部尚书查弼纳等人举行谈判。在长达六个月的谈判中，俄国使团又回避划界，并诬蔑中国窝藏俄国"逃民"。北京谈判没有达成具体协议，只是讨论了一般原则。由于清朝没有同外国使臣在北京签约的旧例，因此双方商定到色楞格斯克附近的布拉河畔继续谈判。清世宗派出的谈判代表，是已经决定要清除的权臣隆科多。在谈判中，隆科多坚持要求俄国退出侵占的大片蒙古土地，俄方则收买大学士马齐，掌握清朝态度，并进行武力威胁，谈判陷于僵持。八月，世宗决定退让，撤回隆科多，改由策凌担任首席谈判代表。策凌妥协退让，按照俄方提出的划界方案，双方签订了中俄《布连斯奇条约》，规定了中俄中段边界：自额尔古纳河至唐努乌梁海西北的沙毕纳依岭（沙宾达巴哈）之间，北部归俄国，南部归中国。

雍正六年（1728）六月，中俄在北京会谈和《布连斯奇条约》基础上，在恰克图签订了涵盖政治、经济、宗教等方面的总条约——《恰克图条约》。《恰克图条约》共十一款，有满文、拉丁文、俄文三种文本。在边界方面，它确认了《布连斯奇条约》规定的中俄边界，重申了《尼布楚条约》规定的双方均不得占据乌第河及该处其他河流的规定。在贸易方面，条约规定，俄商每三年可来北京一次，人数不得超过二百，此外可以在恰克图通商。在宗教方面，条约规定，俄国可以派东正教教士三人来北京，同时中国方面接受俄国学生来北京学习中国语文。另外，条约还规定，双方对越过边界的逃犯要严行查拿，并送交对方。

《恰克图条约》对俄国十分有利。首先，它把沙俄侵占的我国蒙古地区的大片土地划入沙俄版图。其次，恢复中俄在北京的贸易，开辟恰克图贸易市场，使俄国获得更多的商业利益。当然，该条约正式规定了中俄中段边界，对限制沙俄在我国蒙古地区的扩张也有一定作用。此后一百多年里，中俄中部边界一直保持稳定。

第九讲

乾隆前期、中期中央集权统治的完备

雍正十三年(1735)八月二十三日子时,清世宗在圆明园去世。根据世宗生前安排,大学士张廷玉等人取出预存于圆明园的建储密旨,当着众大臣面于灯下宣读,确定皇四子宝亲王弘历嗣位。八月二十七日,向全国颁布世宗遗诏。九月初三日,弘历即位,改明年为乾隆元年,是为清高宗。清朝历史进入乾隆时代。

一、“乾隆身世”疑案

清高宗弘历出生于康熙五十年(1711)八月十三日。但是,他出生于何处?他的生母又是谁?在清史中又是谜案,这就是所谓的“乾隆身世”疑案。

1. 出生地点诸说

清高宗弘历的出生地,高宗自己曾反复说是雍和宫。雍和宫在北京安定门里,原来是高宗父亲雍亲王胤禛的王府,胤禛继位后,住到皇宫,雍王府改称雍和宫。高宗时,将雍和宫改为藏传佛教寺院,在其中供奉世宗画像。每年正月初七,所谓的人日,高宗都会到雍和宫祭奠世宗和礼佛。乾隆后期,高宗来此祭奠时,经常吟诗,回忆说自己出生于此。如乾隆四十三年(1778)诗有“到斯每忆我生初”,乾隆四十四年诗有“斋阁东厢胥熟路,忆亲唯念我初生”;乾隆四十七年诗注说:“余实于康熙辛卯生于是宫也。”乾隆五十四年诗又注说:“予以康熙辛卯生于是宫,至十二岁始蒙皇祖养育宫中。”

清朝皇家《玉牒》采用高宗的说法:“世宗宪皇帝第四子高宗纯皇帝,康熙五十年辛卯八月十三日,孝圣宪皇后钮祜禄氏,凌柱之女,诞生于雍和宫。”《清高宗实录》也是如此:“高宗法天隆运至诚先觉体元立极敷文奋武孝慈神圣纯皇帝,讳弘历,世宗敬天昌运建中表正文武英明宽仁信毅睿圣大孝至诚宪皇帝第四子也。母孝圣慈宣康惠敦和诚徽敬天光圣宪皇后钮祜禄氏……以康熙五十年辛卯八月十三日子时,诞上于雍和宫邸。”

但乾隆年间,就有人说,当朝皇帝出生在避暑山庄。军机章京管世铭曾随高宗到避暑山庄,作诗有注说:狮子园为皇上降生之地,皇上常在先帝世宗驾崩忌日到此小住几天。狮子园是承德避暑山庄外的一座园林,圣祖到热河避暑时,世宗作为皇子经常随驾前往,住于狮子园。管世铭是当朝人写当朝事,如此记载,应有所依据。不仅如此,连高宗的儿子仁宗颙琰也曾说,高宗出生地是避暑山庄。嘉庆元年(1796)八月,高宗作为太上皇,在避暑山庄过生日,仁宗作诗贺寿,注说:“康熙辛卯肇建山庄,皇父以是年诞生都福之庭。”次年,高宗又到此过生日,仁宗再作诗贺寿,诗注更明确说:“皇父以辛卯岁诞生于山庄都福之庭。”嘉庆八年,仁宗《御制诗初集》刊行,上述两首诗收录集中。可见,高宗出生在避暑山庄是当时通行说法。高宗晚年可能对这种说法有所耳闻,因此反复强调自己生在雍和宫。

清朝后期,还有传说高宗生于相国陈世倌府。据说,自明朝后期以来,浙江海宁陈家历代贵盛,世出高官。康熙年间,皇四子胤禛与大学士陈世倌尤相亲善。恰巧,两家各生一孩子,且生日时辰都相同。有一天,胤禛命陈家将孩子抱进王府看看,结果抱进去的是男孩,抱回家的却是女孩。陈家知孩子被调换,却不敢声张。这个被换走的孩子,就是日后的清高宗。

2. 生母传说

清高宗弘历的亲生母亲是谁,也传说纷纭。如上所述,《玉牒》《清高宗实录》皆称高宗生母为孝圣宪皇后钮祜禄氏,凌柱之女。而在民间传说中,高宗生母却另有其人,主要有三种传说:

(1)陈世倌的夫人。民间传说,弘历原是大学士陈世倌夫人所生,被胤禛用调包计换来。弘历长大后,得知隐情,便借南巡之名,去海宁探望亲生父母。后来,金庸把它写到小说《书剑恩仇录》里,加以渲染,因此家喻户晓。但是,孟森考证,这一说法纯属编造。因为:其一,高宗六次南巡,四至海宁,实际上是为视察海塘工程。其二,这一传说称高宗南巡,赐"春晖堂"匾给陈家。其实,此匾是圣祖赐书。其三,胤禛抱子也不合常理。弘历生时,胤禛长子、二子虽早殇,但第三子弘时已八岁。且当时胤禛三十四岁,正当壮年,在弘历出生后三个多月,第五子弘昼又出生,后来他又有过五个儿子。因此,胤禛因"生育不蕃"而调换他人儿子说不通。其四,这一传说还说,因此关系,清代海宁陈家名相迭出,宠荣极盛。其实,陈家荣宠极盛于康熙、雍正年间。乾隆年间,大学士陈世倌被革职,高宗还斥责说:"自补授大学士以来,无参赞之能,多卑琐之节,纶扉重地,实不称职!"[①]这不像儿子对父亲说的话。另外,清朝宗室生子,要报告宗人府登记,制度十分缜密,不可能生了女孩,后来又轻易换成男孩。

(2) 承德贫女。民间又传说,清高宗母亲娘家在承德,家里穷,六七岁时,父母派她到市场上卖酒、面。十三岁时,到北京,赶上选秀女,混入其中,结果被选上,分到雍王府做仆人。有一次,胤禛生重病,其他仆人多不愿意接近,只有她日夜伺候。胤禛病好后,和她发生关系,生出弘历。后来,清朝遗老金梁等人指出,清宫选择秀女是很严格的,不可能有承德贫女混入其中。

(3) 汉女李氏。民间还有传说,胤禛为皇子时,有一年冬初,跟随圣祖在热河打猎,射得一鹿,即宰而饮其血。鹿血奇热,功能壮阳,而打猎时不准携带妃从,胤禛不能自持。正好,行宫有汉宫女李氏,胤禛召而幸之。等第二年秋天,李氏挺起大肚子,圣祖大惊讯问,才知实情。当时李氏已近临产,圣祖不许污亵宫殿,指令她到一个茅草马厩中生产,生儿即为弘历。有的甚至提出,李氏名叫金桂,实录、《玉牒》所谓弘历生母是钮祜禄氏是经过篡改的。

民间传说的高宗生母,与清朝官书记载明显不同。不过,对于高宗生母,清朝官书记载也存在着矛盾。《清世宗实录》记载,雍正元年(1723)二月,"奉皇太后懿旨:侧妃年氏封为贵妃,侧妃李氏封为齐妃,格格钮祜鲁氏封为熹妃,格格宋氏封为懋嫔,格格耿氏封为裕嫔"。也就是说,弘历的生母钮祜鲁氏(即钮祜禄氏),世宗继位后,从品级较低的格格被封为熹妃。但是,当时的档案记载却不同。《雍正朝汉文谕旨汇编》记载:雍正元年二月十

① 《清高宗实录》卷330,乾隆十三年十二月辛卯。

四日，奉上谕："遵太后圣母谕旨：侧福晋年氏封为贵妃，侧福晋李氏封为齐妃，格格钱氏封为熹妃，格格宋氏封为裕嫔，格格耿氏封为懋嫔。"即雍正元年二月十四日被封为熹妃的，不是格格钮祜禄氏，而是格格钱氏。时人萧奭《永宪录》卷二则记载，世宗册立中宫那拉氏为皇后，封年氏为贵妃，李氏为齐妃，钱氏为熹妃，宋氏为裕嫔，耿氏为懋嫔。即熹妃姓钱。萧奭在书中还提出："齐妃或云即今之崇庆皇太后。俟考。"这样，高宗弘历生母又有熹妃钱氏、齐妃李氏两种说法，遂成为一个疑案。

可能的解释是，格格钱氏与格格钮祜禄氏是同一个人，她生了弘历。但她出身低微，地位在嫡福晋、侧福晋之下。弘历后来被秘密立储，其生母的汉姓、出身都被篡改。世宗把熹妃姓钱改为姓钮祜禄，内大臣满洲镶黄旗人四品典仪官凌柱将钱氏认作干女儿。《清世宗实录》《清高宗实录》《玉牒》采用篡改后的说法，而谕旨档案未能翻改，因此留下钱氏的记载。

3. 秘密储君

弘历十二岁以前，一直生活在雍王府。六岁时接受教育，据说"过目成诵，课必兼治，进业日勤，动契夙悟"。康熙六十一年（1722）三月，胤禛两次请圣祖临幸自己的圆明园赏花，圣祖在这里见到了聪颖可爱的十二岁弘历，很是喜欢，答应将他带到宫中养育。四月，圣祖带着弘历到避暑山庄避暑，倍加宠爱，朝夕相处，感情日增。有一次，胤禛请圣祖到他在承德的赐园狮子园用膳，圣祖特令召见弘历生母，夸奖她是"有福之人"。秋天，圣祖带他到木兰围场打猎。初入围场，圣祖便用虎枪射倒一只大熊，以为熊已死，让侍卫领弘历到近前再补上一箭，教其狩猎方法。不料，弘历刚一上马，大熊突然站起，扑向弘历。侍卫慌了手脚，弘历则控马自如。圣祖手疾眼快，举枪打死大熊，才使弘历脱险。事后，圣祖说：这孩子命贵重，福将过我。回到北京之后，圣祖即将弘历养育于紫禁城内的毓庆宫，"抚视周挚，备荷饴顾恩慈"。他"亲授书课，教牖有加"。偶举《爱莲说》以试，弘历诵解融彻，圣祖"奖悦弥至"。又命弘历学射于贝勒允禧，学火器于庄亲王允禄，"肄辄擅能，精传家法"①。圣祖晚年因诸子争储而焦头烂额，活泼可爱的弘历来到身边，使圣祖享受到祖孙之乐，缓和了圣祖和胤禛之间的关系，对以后胤禛继

① 《清高宗实录》卷1。

位以及弘历被立储都起了一定作用。

在弘历之前，胤禛先后有四个儿子。嫡妻那拉氏于康熙三十六年(1697)生长子弘晖，但八岁就死了。侧福晋李氏同年生次子弘昐，两岁夭折，没有排入行次。三年后，李氏生弘昀，排行第二，但十一岁又死了。康熙四十三年，李氏又生子弘时，排行第三。弘历排行第四，称皇四子。弘历出生后三个月，胤禛妃子耿氏生子弘昼。康熙五十九年、六十年、雍正元年(1723)，胤禛妃子年氏又先后生子福宜、福惠、福沛。雍正十一年，刘氏又为世宗生了第十个儿子弘瞻。所以，弘历在康熙末年实际上是胤禛的第二子。第一子弘时"性情放纵，行事不谨"[1]，不为胤禛喜欢。后来大概和世宗发生争执，雍正五年被革除宗籍囚禁，随即死亡。而弘历聪颖过人，得到圣祖钟爱，"恩逾常格"，也为胤禛垂青。雍正元年(1723)正月，世宗胤禛即位后初次大祀典礼成，召弘历入养心殿，赐食一脔，据说已暗示他日付托之意。八月，世宗御乾清宫，密书弘历名缄固，召谕诸王大臣，俾藏于"正大光明"匾后。雍正十一年正月，弘历被封为宝亲王，陆续参加一些政事处理。在世宗的日常言行中，弘历逐渐感觉到自己被立，但他安分守己，谨慎小心，孝顺父亲，很少与大臣来往，因此为世宗满意，弘历以储君身份安然度过雍正年间。

二、乾隆初政

清高宗继位初，由于还缺少政治经验，加上处于服丧期间，所以根据世宗生前安排，任命庄亲王允禄、果亲王允礼、大学士鄂尔泰、张廷玉为总理事务王大臣，辅佐处理朝政。高宗宣谕："启奏一切事件，俱著送总理事务王大臣阅看过，再交奏事官员转奏。若有密封陈奏事件，仍令本人自行交奏。"[2]高宗初政，首先是在总理事务王大臣的辅佐下，对世宗朝的各项政策进行全面审查和大幅度调整。

第一，宽大为政，缓和统治阶级内部矛盾。高宗认为，康熙后期政策多宽纵，雍正朝力矫积弊，施政不免严猛。因此，高宗标榜自己的施政方针是

① 《清高宗实录》卷5，雍正十三年十月己丑。
② 《清高宗实录》卷1，雍正十三年八月庚寅。

宽严相济。他说："从来为政之道，损益随时，宽猛相济。"其实，他更多地强调"政尚宽大"，以矫世宗为政严苛之弊。据《清高宗实录》记载，早在雍正十三年（1735）十月，高宗就对总理事务王大臣等表示："朕主于宽，而诸王大臣严明振作，以辅朕之宽，夫然后政和事理，俾朕可以常用其宽，而收宽之效。"乾隆元年（1736）七月，四川巡抚王士俊条陈时政，指责高宗宽大为政的做法，说："近日条陈，惟在翻驳前案，甚有对众扬言，只须将世宗时事翻案，即系好条陈之说。传之天下，甚骇听闻。"①高宗大怒，令议罪，寻论斩。

高宗将宽大为政用于缓和统治阶级内部矛盾。康熙末年，诸子争储。世宗上台以后，对政敌大肆镇压，或监禁，或流放，或杀戮。更为甚者，他将允禩、允禟等人改名为阿其那、塞思黑，并残害致死，其子孙也削除宗籍。高宗即位后，首先将允䄉、允禵等释放，均封辅国公。不久，允䄉死，以贝子礼葬。允禵连升四级，封为恂郡王。其后，又将允禩、允禟子孙给予红带，收入玉牒，给以疏远皇族的待遇。同时，对于允禩集团中一些骨干成员，也分别赦免。对于顺治年间所定多尔衮谋逆案，高宗也加以平反。乾隆三十八年（1773）二月，高宗指出，多尔衮当年威福自专，不能恪守臣节，但是也有"檄定中原"之功，因此下令缮葺东直门外多尔衮坟茔。至乾隆四十三年正月，高宗再次发布诏谕，称多尔衮有大功，无谋逆，遭诬陷，下令复封睿亲王，令其当年抚养的多铎之子多尔博之四世孙淳颖承袭王爵。

雍正朝处理年羹尧、隆科多两案，株连过多，高宗也进行纠正，恢复一些革职的文武官员职务。对于牵连的文字狱人员，分别放回原籍。雍正朝严厉清查亏空，向官吏追缴。高宗上台后，宣布对此前的亏空积欠予以宽免。雍正朝对地方缙绅加以限制和打击，革除所谓儒户、宦户等名目，并推行了士民一起当差的政策。高宗则改对地方缙绅加以拉拢和优待，对生员欠粮、包讼等分别改宽改缓，又把举贡生员的杂色差徭一并豁免。

在宽赦的同时，高宗严厉处置了曾静、张熙。雍正年间，对吕留良等人严加惩处，而对曾静、张熙等人则免罪，令他们到各地宣讲悔悟和《大义觉迷录》，结果弄巧成拙，反而使世宗谋父、逼母、弑兄、屠弟等传说尽人皆知。高宗继位初，下令将曾、张秘密押解至京，凌迟处死。

第二，纠正或放弃世宗推行的一些错误政策和措施。世宗迷信炼丹长

① 《清高宗实录》卷23，乾隆元年七月辛酉。

生之术,因而被臣下和僧、道蒙蔽。高宗不信丹术,斥责宫中僧、道惑世欺民,下令将他们全部驱逐。世宗崇信所谓祥瑞,群臣方士百计奉迎。高宗则不信那一套。《清高宗实录》记载,雍正十三年(1735)九月,高宗下令严禁呈报“祥瑞”,“凡庆云、嘉谷一切祥瑞之事,皆不许陈奏”。世宗推行耗羡归公政策,地方官员迎合而多征多交耗羡,加重了百姓负担。高宗下令,禁止多收耗羡,限制额外剥削。世宗讲求地方官员治绩,鼓励垦荒,地方官员则隐匿水旱,奏报开垦。高宗下令严查垦田,不得丝毫假饰,以滋闾阎之累,同时厉行蠲免。

清高宗即位初期,在继承和发展雍正朝有积极意义政策的同时,调整和纠正此前的某些失误政策,使得当时政治和经济在康熙、雍正两朝的基础上继续向前发展,促进了清朝统治全盛局面的出现。

三、完备专制主义中央集权

乾隆二年(1737)十一月,清高宗服丧期满,亲自执政。他采取各种措施,强化专制主义中央集权,使之进一步完备。

1. 恢复和加强军机处

军机处初建于雍正年间,原为筹办西北军务而设,相关奏折不经内阁,而径由军机处直达皇帝。高宗即位初,将其作为前朝弊政而裁革。至乾隆二年(1737)十一月,高宗撤销总理事务处,恢复军机处,并进一步增大其权力。在编制上,雍正时,在职军机大臣始终没有超过三人,军机章京在十人左右。高宗则扩大军机大臣人数,任命鄂尔泰、张廷玉等六人,军机章京扩充至十六人,满、汉各半。此后,随着其权力加大和处理事务增多,人数相应又有所增加。在人员遴选上,高宗先后规定,不准宗室担任军机大臣,首席军机大臣必须是满人,军机大臣不问资历,而是提拔亲信。在制度上,乾隆十四年,将雍正时铸造的“办理军机印信”六字军机处印信改为“办理军机事务印信”,规定印信平时由内奏事处太监收存,用印时,由值班军机章京以镌有“军机处”三字的金锃将之请出,用毕立即交还。为了保密,军机处听差皆拣选十五岁以下不识字的幼童充任,而在军机处值庐,还有专派御史往复稽查，不准任何人窥探。如有官员向军机章京刺探情况，必严加处理。在处理事务上，雍正时军机处不过是西北用兵时“筹办军务”的临时机构，乾隆时期则扩大到“内而六部卿寺，暨九门提督，内务府太监之敬事房，外而十五省，东北至奉天、吉林、黑龙江将军所属，西南至伊犁、叶尔羌将军、办事大臣所属，迄于四裔诸属国，有事无不综汇。且内阁、翰林院撰拟有弗当，又下军机处审定，故所任最为严密繁巨”①。乾隆以后，军机处的职责几乎无所不包，如帮助皇帝撰写上谕、处理奏折，审核内阁、翰林院所拟诏旨，议大政，谳大狱，为皇帝准备政事的参考资料，参与科举考试，奉派出京查办事件，陪同皇帝出巡、记录和积累有关档案等事务性工作，还对从中央到地方各级文武官员的使用、任免提出草案，供皇帝本人选择等等。军机处所承担的职权，已使它超出内阁之上，而成为全国政事的中枢。

尽管军机处在国家政治生活中发挥着如此重要作用，但清高宗却始终未设专官，未立衙署。其职权范围虽广，但不过是仅供“传述缮撰”，“而不能稍有赞画于其间”的皇帝私人秘书班子而已②。因此，军机处权力加大，仅仅是皇帝个人权力的加大。通过军机处的重建，高宗不但将传统的议政王大臣会议旧有权力剥夺殆尽，使其名存实亡，而且也使明朝以来的内阁形同虚设，进一步强化了君主集权。

2. 完善和确立奏折制度

康熙年间，创行密折制度，官员言事可不经过内阁而直达皇帝。但在当时，拥有这种权力的人员极少。雍正时期，拥有密折言事权的官员逐渐增多，但奏折仍非正式公文。高宗即位后，对前朝拥有奏折权的官员予以承认。至乾隆十三年(1748)，高宗正式下令，停止使用奏本。这样，奏折最终取代了奏本，成为与题本并行的一种最重要的上行文书。而且，当时许多机密事务都是由官员先用奏折与皇帝秘密联系，在得到皇帝首肯之后，再以题本形式向中央报告，因此其地位远在题本之上。高宗严禁各地官员对上奏内容及皇帝批示互相泄漏，否则，一经发觉，按其情事轻重，分别治罪。这些措施，进一步削弱了内阁权力，对于皇权加强有着重要的意义。

---

① (清)王昶:《军机处题名记》,见《清朝续文献通考》卷118《职官考四》。

② (清)赵翼:《军机处述》,见(清)贺长龄:《清朝经世文编》卷14《治体八》。

3. 坚持秘密建储制度

世宗创立秘密建储制度，未从理论上加以说明，还不能为统治阶级中的多数人所理解。高宗即位初，也只是依例办理，尚未认识到其重要性。随着儿子们渐次成人和统治经验不断丰富，高宗逐渐认识到明立太子的害处和秘密建储的好处。他指出，明立太子，容易使太子“流于骄佚而不自知”，而且导致兄弟相争，大臣党附，酿成祸变。而秘密建储，“不肯显露端倪，使群情有所窥伺”[①]，可以避免这些弊端。据《清高宗实录》记载，乾隆四十八年九月，高宗又指出，“建储册立，非国家之福，召乱起衅，多由于此”。一些官员仍建言立储。高宗严加斥责，表示要对建言者重加惩处。

这样，秘密建储制度确立，对于因皇室人员争位而招致国家动乱起到了抑制作用。而且，秘密建储抛开了传统的册立嫡长子局限，使皇帝得以在所有皇子中遴选最优秀皇储，并通过长期培养、考察，最终决定其是否继承皇位，有利于遴选、培养出最合适的继任皇帝。

4. 加强对宗室的控制

允禄、允礼是世宗兄弟，也是宗室中最有威望的亲王，高宗继位初，二人与大臣鄂尔泰、张廷玉组成总理事务王大臣，负责国家日常事务的处理。乾隆元年(1736)三月，高宗祭天时，允礼托病不到，遂削去其亲王双俸和护卫。乾隆三年，允礼病死，允禄成为在朝任职的唯一宗室重臣。不少宗室攀附允禄，圣祖废太子允礽子弘晳、第五子允祺子弘昇、允祥子弘昌等与其来往，渐有尾大不掉之势。乾隆四年十月、十二月，高宗先后指责允禄等人“私相交结，往来诡密”，弘晳“大逆不道”，结果允禄从宽免革亲王，仍管内务府事，革退议政大臣、理藩院尚书等职及亲王双俸，弘晳革去亲王，永远禁锢。其后，高宗又禁止宗室诸王与臣下往来，不许宗室肆行妄为。这样，乾隆时期，宗室地位下降到清初以来的最低点，高宗的专制统治空前加强。

5. 打击廷臣朋党

高宗继位以后，鄂尔泰、张廷玉作为雍正重臣而任总理事务大臣。设立

---

① 《清高宗实录》卷1066，乾隆四十三年九月乙未。

军机处以后，二人又分任满、汉军机大臣，总理朝廷大政，为高宗所倚任。随着权势增长，二人也各结门户，“满洲则思依附鄂尔泰，汉人则思依附张廷玉。不独微末之员，即侍郎、尚书中亦所不免”①。如张廷玉原籍安徽桐城，于是，桐城张氏一族赖其势力而登仕的，有张廷璐等十九人，与其联姻的桐城姚氏，有姚孔振等十三人在仕。朝野有“桐城张、姚两姓，占却半部缙绅”之谣。连朝鲜人都说张廷玉“负天下重望”，举国“皆以为有张阁老在，天下无事云”。

同样，鄂尔泰在满洲贵族中也有较多的追随者，如庄亲王允禄、公哈达哈、军机大臣海望、湖广总督迈柱、河道总督高斌、工部尚书史贻直、巡抚鄂昌、总督张广泗、御史仲永檀、陕西学政胡中藻等皆与其往来。鄂、张两派竞权势，角门户，结党相争，直接影响了高宗统治的巩固。高宗反复告诫臣属不得依附朋党，并对为首者进行打击。乾隆七年(1742)十二月，鄂尔泰门生仲永檀被揭发与鄂尔泰之子、侍读学士鄂容安结党营私，将密奏留中事泄露。高宗斥责他“依附师门，将密奏、密参之事无不预先商酌，暗结党援，排挤不睦之人，情罪甚属重大”②。审理此案的诸王大臣请将鄂尔泰革职拿问，高宗特予宽容，令交部议处，以示薄罚，仍留原任。鄂容安革职，仲永檀死于狱中。乾隆十年正月，鄂尔泰因病请解任，有旨慰留。四月，病死。至乾隆二十年，高宗制造《坚磨生诗抄》案，将鄂尔泰的两个亲信胡中藻和鄂昌处死，并将鄂尔泰牌位撤出贤良祠，以为大臣植党之戒。

鄂尔泰解任后，高宗先后任命讷亲、傅恒等满人为军机处首席大臣，位在资历、才能俱较优的张廷玉之上，以限制其势力。乾隆十四年(1749)冬，高宗传令张廷玉休致。但次日，张廷玉仅遣儿子入朝谢恩，高宗大怒，命发旨诘责。张廷玉随即于次日晨入朝谢恩。高宗怀疑草拟诏旨的协办大学士汪由敦(张廷玉门生)泄露内情，将汪由敦革职，削去张廷玉伯爵。乾隆十五年四月，高宗以张廷玉不顾皇长子新丧而疏请南还，罢去原先许诺的其死后配享太庙待遇。不久，高宗又下令查抄其在京房产。至乾隆二十年四月，张廷玉病死，高宗仍命配享太庙。对其党羽，高宗不断惩治。这样，到乾隆三十六年，张廷玉子孙、朋党在朝中驱除净尽。此后，满汉大臣之间暂时未再

① 《清高宗实录》卷114，乾隆五年四月甲戌。
② 《清高宗实录》卷181，乾隆七年十二月癸卯。

出现严重的朋党纷争。

四、惩治贪污

清高宗即位初，为了缓和统治阶级内部矛盾，宣布对雍正年间追究的两千多名贪官全部复官，宽免其亏空和积欠钱粮。与此同时，对各级官吏的控制也大大放松。于是，吏治又趋败坏，官场中贪污受贿之风又起。高宗亲政后，乾隆三四年间，加强对各级官员的控制，对被揭发出来的贪官污吏加以惩治。如工部尚书赵宏恩、两广总督鄂弥达、福建巡抚王士任、江西巡抚岳浚等先后因贪污被革职，四川道御史褚泰因受贿被处斩监候。但是，高宗标榜宽大，对贪官处分相当轻微，多数仅止革职、追赃了事，所以贪风不仅未能收敛，反而愈益扩大。

乾隆六年(1741)，高宗加大对贪官的打击力度。陕西学政喀尔沁贿卖生童，被籍没家产，正法示众；陕西巡抚萨哈谅贪污钱粮，处斩监候；步兵统领鄂善收受贿赂，赐令自尽。与此同时，高宗下令重审乾隆元年以来侵贪各案，改变原来限内完赃、减等发落的旧规定，将贪官陆续发往军台效力，并规定此后同类案件照此办理。在高宗严厉打击下，官场中贪风暂时又有所收敛，一些官员也以清操廉洁相标榜。

但是，由于没有制定惩治贪污的强有力措施，仅依靠对个别贪官的严厉制裁，难以达到惩贪肃贪的效果。乾隆十年(1745)以后，贪风又炽，贪污案件和贪污数额又逐渐增多。为此，高宗再次严惩贪污，对贪贿性质严重、影响恶劣的官员审实后即行正法，严禁审理官员迟延包庇，恢复雍正年间亏空令各该上司分赔的规定。这些措施，重点打击了中下级官吏中的贪污行为，一定程度上遏止了贪风的继续发展。

乾隆十八年(1753)以后，到三十九年王伦起义爆发前，官场中贪风再盛，案犯也由原来以中下级官吏为主，发展成以高级官吏为主。于是，高宗把惩贪重点指向高级官吏。比较有影响的，如乾隆十八年南河亏空十余万两案，河道总督高斌等先被解职，勒令赔补，后来甚至乾隆十年以后历任河库道均被革职严治，限满未能完纳者，正法示众。乾隆二十二年，湖南布政使杨灏因贪污白银三千两先被处斩监候，而湖南巡抚蒋炳竟包庇开脱，结果杨灏被立即正法，蒋炳也革职治罪，查抄家产。同年，云贵总督恒文因勒索搜刮数万两，赐令自尽。山东巡抚蒋洲被揭发在山西布政使任上亏空两万余两，临行勒索属员弥补。高宗下令查处，又审出山西巡抚明德等受贿、亏空等。最后，蒋洲等正法，明德等革职。乾隆三十二年，原任湖南巡抚李因培指使属员弥补亏空，欺骗朝廷，赐令自尽。乾隆三十三年，两淮盐政加征勒索盐商案发，高宗令将乾隆十一年以后离任盐政等官解职审讯，结果发现均有严重贪污受贿现象，依律正法。乾隆三十四年，贵州巡抚良卿参劾属员亏空，高宗派员往审，结果发现良卿等贵州督抚、藩臬官员透支养廉银、勒索属员，最后良卿立行正法，其他官员或被处死，或遭严惩。乾隆二十九年至三十七年，云南布政使钱度克扣支放银两，贪污至四万余两，又勒索属员等数万两，审实后，高宗令将钱度正法，并严惩隐匿贪赃的钱度之子钱酆等人。

清高宗通过严惩官吏尤其是高级官吏的贪污，沉重打击了贪官污吏的气焰，加强了对各级政权的控制，限制了各级官员对民众的额外剥削，保障了国家正常的财税收入，对于当时进行的巩固国家统一的战争提供了强大物质基础，对于生产发展和百姓生活改善也有积极作用。

五、迭兴文字狱

清高宗即位初，鉴于雍正年间严行文字狱在统治集团中造成恐怖气氛和对整个社会带来的动荡和不安，一度对知识分子的文字采取宽和态度，很少兴起文字狱。至乾隆十五年(1750)伪孙嘉淦奏稿案发，高宗错误地认为，各级官吏、士人中有一支对立势力，反对自己及满族统治。于是，他开始对臣民诗文严加审查，吹毛求疵，断章取义，不断兴起文字狱。其中主要的有：

(1) 伪孙嘉淦奏稿案。乾隆十五年(1750)夏，社会上流传一份托名工部尚书孙嘉淦的奏稿，指斥高宗有“五不解、十大过”，抨击其杀死有功的原川陕总督张广泗以及南巡扰民等。高宗大怒，下令追查，结果发现各省乃至西南土司地区都有伪奏稿在流传，传阅抄录的人员包括士农工商文武官弁等各个阶层，连土司、土官也不乏其人。各地抓捕牵连，诬攀乱陷。仅四川一省，就逮捕了嫌疑犯二百八十多人。山东曾发现伪奏稿，山东巡抚准泰以为“无庸深究”，被革职查办；御史书成上疏劝阻，恳将人犯即行免释，高宗斥为"丧心病狂之言"。经过一年多追查,仍未抓到炮制者,至乾隆十七年十二月,高宗只得授意将传抄伪稿的江西长淮千总卢鲁生定为主犯,逾月,又将南昌守备刘时达父子定为同谋,仓促结案。第二年三月,卢鲁生凌迟,刘时达等俱秋后斩决,家属照例连坐。办案不力的江西巡抚鄂昌等革职拿问,两江总督尹继善等以失察交刑部议罪。

(2) 胡中藻《坚磨生诗抄》案。对伪孙嘉淦奏稿案,高宗没有查出炮制者,一直心有不甘。他怀疑是鄂尔泰、张广泗曾任总督的西南地区鄂党所为,因此他最终将目标锁定在时任江西巡抚鄂昌(鄂尔泰侄)和接连担任广西、湖南学政的胡中藻身上,下令对其加以秘密调查。胡中藻,号坚磨生,平时以鄂尔泰高足自居,而与张廷玉党为敌。乾隆二十年(1755)三月,高宗宣布说,胡中藻所著《坚磨生诗抄》中,有"一世无日月"、"一把心肠论浊清"等诗句,都是大逆不道;有"穆王车驾走不停"诗句,是讽刺他多次南巡。鄂昌与胡中藻诗文唱和,没有及时举报;而且鄂昌诗中称蒙古人为"胡儿",诋毁与满族"本属一体"的蒙古。结果,胡中藻斩首,鄂昌赐自尽。通过胡中藻《坚磨生诗抄》案,高宗将鄂尔泰党消除殆尽。

(3) 彭家屏私藏禁书案。乾隆二十二年(1757)正月,高宗南巡,曾任江苏布政使的河南夏邑乡绅彭家屏面奏,河南巡抚图勒炳阿匿灾不报。高宗令图勒炳阿查勘办赈,但图勒炳阿办赈不力。四月,彭家屏唆使夏邑县生员段昌绪、刘东震等,指使民人张钦、刘元德,再次向高宗控告。高宗令将图勒炳阿革职,发往军营效力,道、府以次议处,夏邑、永城二县知县俱革职拿问。同时,因为告状者皆来自夏邑,高宗怀疑有人主使,因此下令审讯,得悉内情,并在段昌绪家搜出吴三桂反清檄文,"浓圈密点,加评赞赏"①。高宗命图勒炳阿等留任,与直隶总督方观承一起查办,召彭家屏至京师面询。经过严词逼问,彭家屏交代出家中藏有《潞河纪闻》《豫变纪略》《南迁录》《酌中志》等明季野史。彭家屏之子彭传笏闻讯,赶紧烧毁家藏野史,毁灭罪证。在查抄其家时,又发现彭家屏族谱称彭氏得姓本于黄帝,"自居帝王苗裔",谱中万历(曆)年号"曆"字不避讳缺笔(清高宗名弘历[曆]),"足见目无君上,为人类中所不可容"②。六月,高宗赐彭家屏自尽,将段昌绪斩决,彭传

① 《清高宗实录》卷537,乾隆二十二年四月辛巳。
② 《清高宗实录》卷542,乾隆二十二年七月癸卯。

笏斩监候，没收家产入官。

(4) 蔡显《闲闲录》案。江苏华亭（今上海）举人蔡显，号闲渔，有诗文集《闲渔闲闲录》，对邑绅及知府、御史等官员多有指责。乡绅因而嫉恨，乾隆三十二年（1767），指其书中引古人咏紫牡丹诗句“夺朱非正色，异种尽称王”，是对清朝“怨望讪谤”，向松江府检举。蔡显已七十一岁，自信无罪，向松江府出首。当地官员检阅《闲渔闲闲录》及蔡显的其他著述，指为“语含诽谤，意多悖逆”，逐条粘签标出，进呈于朝廷。高宗亲自查阅蔡书，指书中称“戴名世以《南山集》弃市，钱名世以年案得罪”及“风雨从所好，南北杳难分”等诗句，是“甘与恶逆之人为伍，实为该犯罪案所系”①。他下令，蔡显斩决，所刊书籍通行销毁，为《闲渔闲闲录》作序及帮助校刻的二十四人发配伊犁等处。

(5) 齐周华案。浙江天台县生员齐周华，早在雍正年间，曾为吕留良案申辩，被监禁。高宗即位，遇赦出狱，以著述为业，有《名山藏初集》等十余种。乾隆三十二年（1767），齐周华请浙江巡抚熊学鹏为所著书作序，并将当年为吕留良申辩疏稿附呈。熊学鹏将齐周华收捕，并对其著述加以审查，发现其中有《祭吕留良》一文，将吕留良极力推崇，“庙讳御名，公然不避”。高宗下令，将齐周华依大逆律凌迟处死，所刻书籍通通收缴。一些为齐周华著作写序作跋的学者，也受到查抄提讯，原任礼部侍郎、齐周华堂兄齐召南至忧惧而死。

总的说来，乾隆前期、中期的各起文字狱，虽然数量众多，罪名严重，但实际上涉案者多只是对清朝政府的一些政策和个别官员有不满情绪，真正反清的几乎没有。高宗迭兴文字狱，往往穿凿附会，大肆株连，致使民间告密诬陷之风盛行，官吏、士民人人自危。高宗借此迭兴大狱，不过是为了加强其专制统治，其权势因此而发展到了自秦始皇统一中国以来的最高峰。

六、发展生产

顺治以来，历朝统治者无不注重恢复和发展生产。随着经济发展，国家

① 《清高宗实录》卷785，乾隆三十二年六月丁酉。

日益安定,人口迅速增加。据统计,三藩之乱平定初,全国人口近七千万。康熙六十一年(1722),恢复到一亿。雍正十二年(1734),全国人口达到一亿四千万。乾隆二十七年,突破二亿大关。人口迅速增加,使人民生计问题日益突出。为了保证国家财政,维护民生,清高宗采取各种措施,大力发展生产。

1. 劝垦田地

高宗即位初,曾因雍正年间各地官员虚报垦荒而下令严加查核,致使官员对垦荒态度消极,垦田数增长缓慢。乾隆五年(1740)以后,高宗对劝垦田地转向积极。七月,他下令,边省内地零星地土可以开垦者,以后悉听开垦,免其升科。后来,他又先后规定,旱田改为水田不予加赋,无主荒地官为招垦,业主他徙而承佃佃户纳税三十年以上者听为世业。高宗积极支持无地贫民向地多人少地区和省份迁移。他允许内地民人向东北所谓清朝的"根本之地"迁移开垦,在当地入籍,使东北成片荒田成为被开发的良田沃土。对山西、陕西、直隶等省民人越种蒙古牧地,以及广东、湖广、江西等省民人迁居四川垦荒,高宗也积极支持。此外,高宗还组织在京八旗移垦、在新疆等地组织屯田等。这样,大量土地得到开垦,乾隆三十一年全国开垦土地达七亿八千万亩,社会经济迅速发展。

2. 兴修水利

高宗要求江南官员重视水利,对各地河流浅阻,每年农闲时节募夫挑筑,并专门拨付库银一百万两办理。对于浙江海塘,他多次派官员前往修理,并几次亲临视察海塘工程。在直隶,他以治理永定河为中心,兴修水利。对其他各省水利,高宗也不遗余力地予以提倡和支持。对于黄河治理,高宗尤其重视,先后拨出大量库帑,疏浚下游,增固堤堰,开挖引河,一循康熙旧法。他还鼓励官员研究治河之法,以备他日任用。

3. 推广农业生产技术和高产农植物

乾隆二年(1737)五月,高宗下令,将中国古代农书及各种典籍中有关生产技术等内容,汇编为《授时通考》,颁布全国。乾隆八年四月,御史徐以升奏进区田法,可大幅提高产量,高宗下令依法试种。同年,他批准湖南巡抚蒋溥建议，由官府出资，在民间推广双季稻种植。乾隆五十年秋，他数次指示河南、山东等地督抚，推广甘薯种植，并亲自抄录介绍其种植方法的《甘薯录》一书，寄给河南巡抚毕沅，指令他“多为刊布传抄，使民间共知其利，广为栽种”①。

4. 大力蠲免赈恤

清初以来，随着生产的发展，以及雍正、乾隆年间大力整顿吏治、摊丁入地政策，国家财政收入不断增加，国库盈余逐年增长。乾隆二十年以前，国库存银通常维持在三四千万两，乾隆三十一年达到六千万两，两年之后又超过七千万两。岁收增加，国库充盈，为高宗进行经常性钱粮蠲免和灾害赈济提供了重要物质基础。

乾隆年间，对各地灾害的蠲免赈济一直不断，巡幸蠲免也时常举行。而影响较大的，是他效法圣祖，进行几次全国性的普免钱粮：乾隆十年(1745)六月，高宗下令将来年全国直省地丁钱粮一概蠲免。这样，自乾隆十一年至十三年，各省地丁钱粮分三年普免一周，计二千八百二十四万余两。乾隆三十一年正月，高宗宣布普免全国本年应征漕粮。于是，自乾隆三十一年至三十五年，湖广、江西、浙江、江苏、安徽、河南、山东八省漕粮普免一次，总数不下四百万石。乾隆三十五年正月，为了庆贺自己六十大寿，高宗下令，分三年再次蠲免全国应征地丁钱粮，计二千七百九十四万余两。为了使佃户能够享受到蠲免实惠，高宗下令，地主“照应免钱粮十分之四，令佃户准值减租”②。清高宗的蠲免和赈济，一定程度上保障了广大农民的生产和生活，也有利于缓和社会矛盾，巩固清朝统治。

5. 放松开矿限制

清初以来，政府对开矿实行严格限制政策，各地矿冶业没有得到很好地发展。高宗一反清初诸帝的做法，放松开矿限制。乾隆二年(1737)，他宣布，各地产铜山场“准报开采”。五年，准予各地开采煤矿。十年以后，又准许开采铁矿、铅矿等。与此同时，准许开采的地区，也从云南扩大到四川、两

① 《清高宗实录》卷1236，乾隆五十年八月庚辰。
② 《清高宗实录》卷850，乾隆三十五年正月癸未。

广、湖广、江西、安徽、山东、山西、陕西等各地。为了增加国家矿税收入,高宗还对积极寻找矿源、组织开矿的官员加以表扬和奖赏。他规定,地方官报开新厂,每年获铜二十万斤以上者纪录一次,三十万斤以上两次,四十万斤以上三次,五十万斤以上加一级,八十万斤以上奏请升用。从乾隆十年到乾隆三十九年,高宗批准采矿不下四十起。全国的矿冶产量、规模不断扩大,对当时民众生产和生活的提高,以及国家赋税的增加,发挥了巨大作用。

七、高宗巡游和奢靡

清高宗是一位雄才大略的皇帝,又是一位好大喜功、挥霍浪费的公子哥。乾隆前期、中期,他四处巡游,广建苑囿,大操大办皇家庆典,也耗费了大量人力、物力,负面影响很大。

1. 四处巡游

康熙年间,圣祖曾多次出京巡视,考察各地风土民情形势,视察黄河的治理,笼络汉族士人,以巩固清朝统治。乾隆年间,高宗连年巡游南北各省,四处游乐,上下虚耗,带来巨大的靡费。

清高宗巡游,主要有热河避暑和东巡、西巡、南巡等名目。康熙年间,圣祖修建避暑山庄,夏、秋间在此听政,木兰行围,日益豪侈。乾隆六年(1741),高宗奉母钮祜禄氏皇太后同行,驻山庄避暑。此后,他隔年一至。乾隆十六年以后,每年夏秋必至,均奉皇太后同行。

其次是东巡。乾隆八年(1743)八月,清高宗奉皇太后自北京启行,前往盛京祭谒祖陵。途中驻跸避暑山庄,在木兰行围。九月,至盛京,谒祖陵。此次东巡谒陵,耗费了大批赏赐,盛京及所经各地为接送帝后,更耗费了无数人力与财力。其后,乾隆十九年,高宗再次东巡谒陵,规模、声势、靡费更甚于前。高宗在位期间,曾四次东巡谒陵。

再次是西巡。乾隆十一年(1746),清高宗又奉皇太后往易州谒世宗陵,然后西游五台山,号为西巡。高宗下谕说,“临幸五台,观风问俗”,“盖欲周知闾阎利病，举登之衽席之安也”①。其实，这不过是他前往巡游览胜的借口而已。乾隆十五年，高宗再次奉皇太后西巡。这年八月，高宗又奉皇太后巡幸中岳嵩山。高宗在位期间，曾五次游幸五台山。他多次奉皇太后东西巡游，王公大臣随从，转辗各地，赏赐贡献，耗费巨大。

最后是南巡。高宗巡游靡费，以六次南巡江南为最。乾隆十六年(1751)正月，高宗奉皇太后启銮初次南巡。大学士傅恒等王公大臣随行，规模浩大。二月间，经山东泰安入江苏，渡黄河，阅洪泽湖高家堰堤工。过淮安，经扬州平山堂高旻寺渡江至金山寺。经镇江府，由水路至苏州府驻跸二日。三月初，经嘉兴至杭州。月中，自杭州回苏州驻跸。往江宁府，祭明太祖陵。四月，经泰安府，游泰山。五月初回京。高宗耽乐于苏杭山水，因此乾隆二十二年、二十七年、三十年又连续三次奉皇太后南巡。高宗南巡，目的主要是观赏江南春色，因此每次南巡大都于正月间自京师出发，四五月间返回。南巡期间，沿途官商接驾，各地争奇斗巧，以博取帝后欢心。所经之地，一处供设即耗银二三十万两，超过圣祖南巡时十倍。苏州、杭州、江宁和扬州等地是游赏胜地，陈设更为侈靡。帝后所到之处，必先铺修道路，码头铺棕毯，御道用文砖，水路特制龙舟，彩绘雕镂，陆路两旁结彩棚，搭戏台，布列花石，陈设文玩。帝后所居行宫营帐，备设各种豪侈家具用品。游览的寺观，也大加修饰，以供礼瞻。沿途官民商贾还要供献各种珍宝、器物、文玩、字画等等，不一而足。在晚年退位后，高宗才认识到，“六次南巡，劳民伤财，作无益，害有益”②。

高宗在位，几乎每年都有数月时间在外游幸，可称为历史上最能游乐的皇帝。这不仅耗费了大量资财，也助长了地方官员竞尚华侈、贪贿敲索的颓风，影响巨大。

2. 广建园囿

高宗几次南巡，对江南楼阁园林爱羡不已。为了便于游赏，他又在避暑山庄、京城内外重建苏杭园囿，把江南景观移建于北方。

其一是扩建避暑山庄。避暑山庄营建开始于康熙四十二年(1703)，至

---

① 《清高宗实录》卷275，乾隆十一年九月丙辰。

② 《清史稿》卷357《吴熊光传》。

五十二年初步建成。乾隆六年(1741),开始大规模扩建。避暑山庄在康熙年间有三十六景,乾隆年间增建三十六景,合计七十二景,其间外八庙也陆续兴建。

其二是扩建圆明园。圆明园是世宗之园,雍正年间朴实清幽,有二十八景。乾隆五年(1740),高宗开始在园中建筑楼阁园林,陆续建成四十景。乾隆十六年,崇庆皇太后六十寿辰,高宗在圆明园旁建长春园,作为附园。乾隆三十五年,高宗六十寿辰,又建成附园绮春园(后名万春园),合称圆明三园。圆明园内的楼阁和园林风景,多至三百余处,宫殿十九座,占地五千余亩,周回二十里,成为京郊最大的一座皇家园囿。圆明园中布列的楼阁和小型园林,也多依江南景物仿建。如长春园中,依苏州狮子林仿建,仍名狮子林。清漪园中仿无锡惠山寄畅园建惠山园,仿海宁陈氏安澜园建安澜园。杭州西湖苏堤风景和宁波范氏天一阁藏书楼,也在园中依样仿建。仿建的楼台风景,依傍当地形势,又融入北方建筑技巧和风格,使再建的江南园林,各具特色,布满圆明园及其附园,号为"万园之园"。清高宗又命来华的意大利画家郎世宁与法国建筑师蒋友仁、王致诚等依仿西方建筑,设计楼台群,名为西洋楼,在园中别具特色。

其三是在京城内外修建多处园囿。京城内的皇宫西苑,南海建宝月楼,中海建紫光阁,北海建阅古楼、阐福寺。城南二十里的南苑,乾隆二十二年(1757)重修,规模宏伟。城西三十里有瓮山,山前有湖,乾隆十五年引玉泉山水疏浚,赐名昆明湖。次年皇太后六十寿辰,赐瓮山名万寿山,山前建延寿寺。玉泉山下有湖名西湖,山下修建十六景,称静明园。西郊香山有香山寺,高宗修建楼阁景物,成二十八景,赐名静宜园。自香山静宜园至圆明园十余里间,三山五园相联,形成浩大的园囿区,为前代所未有。

3. 皇室庆典靡费

清高宗在位日久,宫廷生活也日益侈靡,任情挥霍。典型的事例,是乾隆十六年(1751)冬为崇庆皇太后举行六十寿辰的庆典。这年十一月二十五日为皇太后六十寿辰,庆寿活动虽在京师举行,但成为全国各省都要鼎力筹办的大事。在高宗诏谕下,在京王大臣以及各省督抚,先期遣人在城外自万寿山至西直门,城内自西直门至皇宫西华门,沿路十余里遍设万寿彩棚、戏台、灯彩楼阁之类。各省搭设的祝寿棚,互竞豪侈,剪彩为花,铺锦为屋。每数十步，设一戏台，南北戏曲及四方乐舞在台上演出祝寿。在京及各省非现任职官的在籍人员，也设立经坛庆祝。十一月初，西直门一路祝寿彩棚铺设，特派步兵昼夜看守。自初十日起，开始乐舞庆祝，允许居民观赏。各省督抚等各级官员、地方绅民陆续来京，为太后祝寿。皇太后启銮回宫之日，在京文武官员、大臣命妇、八旗男妇、京师士女及各省来京官民都端服盛妆，跪伏在道路两旁，为太后祝嘏。二十二日，高宗为皇太后加上徽号，举行庆典。二十五日，举行祝寿大典，高宗亲制《慈圣万寿九如颂》儿章，书在屏风上进献。随后颁诏天下，大加赏赐。举国上下，造成极大的靡费。

此后几十年间，皇室各种喜庆典礼，竞尚豪侈，愈演愈烈。乾隆二十六年(1761)皇太后七十寿辰，乾隆三十六年八十寿辰，都举行盛大的庆祝活动，靡费难以计数。

第十讲

乾隆前期、中期平定边疆叛乱和征缅之役

乾隆五十七年(1792)十月，八十二岁的清高宗亲撰《御制十全记》，记述他一生所进行的十次主要军事活动，即所谓“十全武功”：“十功者，平准噶尔为二，定回部为一，扫金川为二，靖台湾为一，降缅甸、安南各一，即今二次受廓尔喀降，合为十。其内地之三叛么髍，弗屑数也”。清高宗本人，也自称“十全老人”。这“十全武功”，具体来说，包括乾隆二十年、二十一年两次征讨厄鲁特蒙古准噶尔部叛乱，乾隆二十三年平定天山南路维吾尔族叛乱，乾隆十三年、三十七年两次征讨大、小金川叛乱，乾隆五十一年镇压台湾林爽文起义，乾隆三十一年反击和侵略缅甸的战争，乾隆五十三年侵入越南的战争，以及乾隆五十三年、五十六年两次反击廓尔喀入侵西藏的战争。本讲先介绍其中的乾隆前期、中期平定边疆叛乱和征缅之役。

一、征剿上、下瞻对

乾隆十年(1745)以后，随着清高宗专制统治的加强，以及国家经济、军事实力的增长，他开始将目光转向统治较为薄弱的边疆少数民族地区，先后发动了多次大规模的平叛战争。上、下瞻对之役，即是高宗第一次较大规模的平叛战争。

四川打箭炉(今康定)西北，有上、下瞻对，居民是土著的藏族，清初以来一直实行土司制度。其内部部族林立，争执不断，劫夺之风盛行。一些势力强大的土司，如下瞻对土司策冷工布、班滚等长期拒绝向清朝政府交纳贡赋，

而且劫夺驻藏官兵行李，甚至驻藏大臣赴任，“尚需拨兵护送，甚不成体统”[①]。

乾隆十年（1745），川陕总督庆复偕四川巡抚纪山、提督李质粹奏请发兵进剿。四月，高宗调集当地汉、土官兵和西藏兵一万四千名，军需银米五十万，准备征剿。七月，清兵由李质粹统率，分三路进攻瞻对。八月，上瞻对应袭土司肯朱闻清兵进剿，亲自缴印投诚，“并泣诉伊叔四朗谋夺土职，愿为官兵引路进攻”[②]。四朗和班滚合力抵抗。由于当地地势险要，碉卡林立，加上李质粹指挥不力，至次年二月，出师逾七月，军饷花费百万，清军却进展缓慢。高宗严厉催督，增兵加饷，三月，官军逼近班滚巢穴如郎。四月，班滚等焚寨而逃。六月，清军攻克泥日寨，庆复、李质粹等奏报，班滚及泥日寨头目姜错太等“俱经烧毙碉内”[③]。战事结束。

战后，清朝政府将一些险要村寨划归邻近各土司，剩余村寨委任肯朱管理，并规定其应纳贡赋，每年派员督查，加强了对上、下瞻对的控制。

二、平定大金川叛乱

大、小金川地处四川西北大渡河上游，也是藏族居住区。清初，两金川土司头目接受清朝统治，清朝在当地实行土司制度。其中，大金川势力最强，经常侵扰附近土司。乾隆初年，大金川日益强盛。乾隆十年（1745），大金川首领莎罗奔竟将小金川首领泽旺捉拿，经干预才释放。次年，又诱夺泽旺印信，并侵占邻近的革布什咱土司地方，进攻明正土司，“番民望风畏避”。清朝地方官员派兵镇压，莎罗奔向官兵开火。

乾隆十二年（1747）三月，高宗任命云贵总督张广泗为川陕总督，指挥平定大金川叛乱战事。张广泗领兵三万进攻金川，而大金川只有七八千人。六月，小金川土司泽旺及弟良尔吉来降。接着，张广泗分兵两路攻打大金川。莎罗奔阻山为石垒，张广泗竟兵分多路，加上信任敌奸，所以清军进展缓慢。至年底，清军兵力增至五万，军饷糜耗。莎罗奔则据险扼吭，不断偷

---

① 《清高宗实录》卷239，乾隆十年四月戊午。

② 《清高宗实录》卷247，乾隆十年八月。

③ 《清高宗实录》卷268，乾隆十一年六月丙寅。

袭各路清军。其间,张广泗揭发原任川陕总督庆复谎报下瞻对首领班滚自焚,高宗将庆复以贻误军机论斩。乾隆十三年正月,张广泗又奏请增兵一万进攻。但至三月,仍无进展。四月,高宗命大学士兼吏部尚书讷亲为经略大臣,到四川督师,并起用废将岳钟琪至军助战。但讷亲不懂军事,竟提出"以碉攻碉",失败后又倚重张广泗。张广泗"故以军事推让,而实困之",以致"将相不和,士皆解体"[①]。九月,高宗令讷亲、张广泗回京,随即将他们革职,先后处死。

与此同时,高宗改派军机大臣、自己的妻舅傅恒为经略大臣,前往金川主持征讨。高宗增派满汉官兵三万五千人,拨饷四百万两,以供金川前线。傅恒重整军队,改为重点进攻大金川巢穴勒乌围,取得一定成效。但战争拖延经年,清朝损兵折将,虚耗资财,高宗又怕傅恒有失,遂决定改为招抚。傅恒立志平定金川,建立功勋,不肯退兵,高宗于是搬出皇太后慈谕相劝。此时,大金川已无力抵抗清军的大规模进攻,因此莎罗奔也多次遣使来降。乾隆十四年二月,莎罗奔到清军大营投降,"永誓不敢再有违犯,呈献古佛一尊、银万两"[②]。傅恒代表清朝政府纳降后,仍使莎罗奔等为大金川土司,然后匆匆奏凯还朝。

平定大金川叛乱的战争,对于维护四川少数民族地区安定,加强清朝统治有一定作用。但是,清朝付出的代价却是巨大的:清廷先后处死大学士、总督等满汉重臣三人,将官多员战死,伤亡兵士数千,耗费军需银七百七十五万两,使"财用枯窘"。连年战争冲击了乾隆初年保持的承平局面,也为此后的黩武邀功开了端绪。

三、平定西藏叛乱

大金川战争刚结束,西藏又发生叛乱。先是,雍正年间,西藏噶伦之一的阿尔布巴发动叛乱。叛乱平定以后,清朝册封颇罗鼐为贝子,总管前后藏事务。颇罗鼐积极维护国家统一,深得中央政府信任。乾隆四年(1739)十

---

① (清)魏源:《圣武记》卷7《乾隆初定金川土司记》。

② 《清高宗实录》卷334,乾隆十四年二月癸巳。

二月，高宗晋封颇罗鼐为郡王。这一做法十分不妥，它不仅使颇罗鼐权位大大高于西藏其他官员，而且郡王世袭，颇罗鼐家族可以世掌西藏政务，成为名副其实的“藏王”，从而削弱中央政府对藏区的统治和管辖。

乾隆十二年(1747)二月，颇罗鼐病故，其次子珠尔墨特那木札勒袭封郡王，主持全藏行政事务。珠尔墨特那木札勒暴戾不驯，疑忌达赖喇嘛，没有尊信恭顺之意。他又诬陷其兄长、主持阿里地区事务的珠尔墨特策布敦，后来又派人刺杀，诡称病死，欺骗朝廷。他对驻藏大臣行动严密监视，又要求撤走驻藏清军，以求独霸西藏。乾隆十四年底，高宗派傅清、拉布敦为新任驻藏大臣，对珠尔墨特那木札勒不法行为加以限制。而珠尔墨特那木札勒则勾结准噶尔部，准备叛乱。乾隆十五年十月，傅清、拉布敦以议事为名，传召并杀死珠尔墨特那木札勒，其部属卓呢罗卜藏扎什等立刻发动叛乱，杀死两位驻藏大臣，所有文武官多被难，屠杀居住在西藏的满汉兵民，并抢劫仓库，劫库银八万五千余两。

西藏僧俗人等在达赖喇嘛领导下，和驻藏清兵联合作战，当月就平定叛乱，擒获卓呢罗卜藏扎什等人，劫去饷银也追回大半。十一月，西藏叛乱的消息传到成都，四川总督策楞、提督岳钟琪按照高宗指示，带兵入藏，进一步清查叛乱分子，西藏形势安定下来。

乾隆十六年(1751)三月，在平叛斗争胜利后，高宗下令废除旧有藏王制度，并成立了由四名噶隆组成的西藏地方政府噶厦。清朝规定，“噶隆事务，于事权极有关系，必须驻藏大臣管理”，“遇公事，禀明达赖喇嘛，发给印票遵行”①，即噶隆所办重要事务均须请示达赖喇嘛和驻藏大臣，提高了达赖喇嘛和驻藏大臣的权力。高宗还决定，在西藏长期驻军一千五百名。不久，清朝颁布《西藏善后章程》，将治理西藏的措施法规化。这样，就从政治上和军事上都加强了中央政府对西藏地区的管理。

四、消灭准噶尔部地方政权

清初以来，厄鲁特蒙古准噶尔部一直是清朝实行全国进一步统一的主

① 《清高宗实录》卷377、卷385，乾隆十五年十一月丙辰、十六年三月乙丑。

要障碍。雍正年间,准噶尔部再次叛乱,并进犯喀尔喀蒙古,清朝派兵镇压。后双方罢兵,高宗即位初,与准噶尔部暂时议和。

乾隆十年(1745),准噶尔部首领噶尔丹策零死,次子多尔济那木扎勒继承汗位。但他昏聩残暴,乾隆十五年,被众台吉攻杀。大策棱敦多布之孙达瓦齐、小策棱敦多布之子达什达瓦和辉特部台吉阿睦尔撒纳,策划拥立那木扎勒弟策妄达什为汗。其兄喇麻达尔扎乘机夺取汗位,将策妄达什与达什达瓦除灭。阿睦尔撒纳潜回故地,组织精兵一千五百人,突入伊犁,袭杀喇麻达尔扎,推戴达瓦齐为汗。乾隆十八年十月,达瓦齐又与阿睦尔撒纳反目成仇,展开攻杀。乾隆十九年,阿睦尔撒纳兵败,遂投降于清朝。清高宗在热河行宫召见,封为亲王。在此之前,准噶尔部宰桑萨赖尔(台吉达什达瓦部属)、杜尔伯特部台吉策凌也各率所部先后投降清朝。达瓦齐的大将玛木特,见诸台吉相继降清,也脱身前来归附。

准噶尔部内乱,为消灭达瓦齐政权提供了契机。乾隆二十年(1755)二月,清朝出兵五万,分两路向伊犁进军:命班第为定北将军,统北路军,阿睦尔撒纳为副将军,玛木特为参赞,从乌里雅苏台出发;永常为定西将军,统西路军,萨喇勒为副将军,从巴里坤出发。两路军约定在伊犁北部三百余里的博洛塔拉河会师。清军所到之处,厄鲁特各部相继投降,清兵不战而进军数百里。五月,两路清军到达伊犁,达瓦齐率领万人,退守伊犁西北的格登山。清侍卫阿玉锡率骑兵二十二人夜探敌营,突入冲击,准噶尔兵惊溃,“自相蹂躏”。次日,阿睦尔撒纳领兵急进,招抚达瓦齐部众,收服四千余人,雍正年间逃匿准噶尔的罗卜藏丹津也被擒获。达瓦齐南逃乌什城,被维吾尔族人擒献清军。清朝顺利地控制了天山南北两路。

阿睦尔撒纳鼓动并参加平定达瓦齐叛乱,目的是取代达瓦齐为汗,专制西域,“扬言非令伊总统准部不可”。清高宗对其企图有清醒认识,战争中加以限制,战后因其已封亲王,无可再加,令食亲王双俸。乾隆二十年(1755)六月,高宗命阿睦尔撒纳入朝,拟封为辉特汗。阿睦尔撒纳目的没有达到,八月,发动叛乱。这时,大部分平叛清军已经撤回。阿睦尔撒纳直扑准噶尔首府伊犁,杀死留下处理善后的班第。而西路军统帅永常率五千军队驻扎在乌鲁木齐,竟闻讯而逃,遁至巴里坤。北疆大部分地区又很快沦陷。

九月,高宗任命策楞为定西将军,向伊犁发动进攻。与此同时,为了孤立阿睦尔撒纳,高宗又分封准噶尔部四部汗王,征调厄鲁特部队参加平叛。

乾隆二十一年(1756)二月,清军进至伊犁,阿睦尔撒纳逃往哈萨克。四月,清军两路进攻哈萨克。七月,清军大败哈萨克、阿睦尔撒纳联军,阿睦尔撒纳再次脱逃。

就在这时,发生了喀尔喀蒙古贵族青滚杂卜和准噶尔绰罗斯部汗、辉特部汗的叛乱,清高宗不得不暂停对阿睦尔撒纳的征剿。青滚杂卜为喀尔喀蒙古和托辉特部郡王,清军讨伐达瓦齐时,受命与阿睦尔撒纳出北路进攻,因此相勾结,并多次向阿睦尔撒纳泄漏情报。乾隆二十一年(1756)七月,青滚杂卜起兵叛乱,返回原来游牧区,尽撤北路军台。清军平叛部队给养断绝,形势严重。清高宗笼络喀尔喀蒙古王公,劝谕各部仍回台站当差,孤立青滚杂卜,同时任命策凌之子成衮扎布为定边左副将军,调兵征讨。在清军打击下,青滚杂卜势孤而逃,十一月被擒获,叛乱平定。

与此同时,西路军中的绰罗斯部汗噶尔藏多尔济、辉特部汗巴雅尔等也掀起叛乱。不久,准噶尔贵族扎那噶尔布袭杀噶尔藏多尔济,尼玛又图谋杀害扎那噶尔布,准噶尔贵族之间争夺汗位的斗争非常激烈。乾隆二十二年(1757)二月,阿睦尔撒纳从哈萨克回到博罗塔拉河,大会诸部,欲自立为汗。三月,清高宗任命成衮扎布为定边将军,两路出师讨伐。阿睦尔撒纳闻清军将至,慌忙逃走。在清军进攻下,厄鲁特各部无抵抗能力,巴雅尔等被俘,扎那噶尔布病死。六月,清军进军哈萨克,追击逃窜的阿睦尔撒纳。哈萨克人欲将其擒献,"先为所觉,盗马逸去"①,逃往俄罗斯,不久病死。次年正月,俄罗斯遣使将其尸身送至恰克图验看。至此,持续三年的准噶尔叛乱才告平定。

乾隆二十七年(1762),清高宗设伊犁将军,总统天山南北两路事务,并留驻军队,加强对准噶尔地区的管理,巩固了国家的统一。

五、平定维吾尔族大、小和卓木叛乱

长期以来,天山南路一直是维吾尔族聚居地。明末清初,厄鲁特蒙古准噶尔部控制了天山南路,维吾尔族首领阿布都什特、玛罕木特及其二子布拉

① 《清高宗实录》卷543,乾隆二十二年七月丙午。

呢敦、霍集占等先后被拘于伊犁。乾隆二十年(1755),清军攻占伊犁,命布拉呢敦回叶尔羌,统领旧部,被尊称为大和卓木(意为我的大和卓,和卓意为圣裔)。霍集占仍留伊犁,被称为小和卓木。阿睦尔撒纳起兵反清时,霍集占逃回叶尔羌。乾隆二十二年五月,霍集占杀清副都统阿敏道,唆使其兄乘机起兵,企图分裂割据。

乾隆二十三年(1758)正月,清廷以靖逆将军雅尔哈善率兵,自吐鲁番进军库车。七月,霍集占亲援库车,为雅尔哈善击败。但雅尔哈善未能“乘胜追逐”①,失误战机,致使霍集占等逃走。清廷命兆惠领兵南下追击。两和卓逃至阿克苏,阿克苏城已降清,闭城不纳。小和卓霍集占逃往乌什,又被拒绝,遂逃回叶尔羌,大和卓布拉呢敦逃往喀什噶尔。十月,兆惠率步骑四千至叶尔羌,在城外的黑水河畔驻营。霍集占有步、骑兵二万余,屡出兵攻击。兆惠军被围困三月,伤亡日众。乾隆二十四年正月,清兵援至,兆惠“选兵千名,造云梯冲出,焚烧贼垒,伤死千余人,生擒五十五人,夺军器无数”。叛军退避,“惟远驻贼骑防守”②。寻霍集占兵败,退守叶尔羌城。六月,兆惠进兵喀什噶尔,清将富德进兵叶尔羌,分道追击两和卓。在清军打击下,霍集占、布拉呢敦逃往巴达克山部落(今阿富汗境)。霍集占受伤身死,布拉呢敦被当地部落首领擒斩。这样,平定维吾尔族叛乱取得最后胜利。

战后,清朝在喀什噶尔设参赞大臣,节制天山南路各城。维吾尔族旧制,各城首领例由贵族世袭。至此,高宗下令,均由清廷任免,废除世袭,依清官制,分定为三品至六品的品级。乾隆二十七年(1762)十月,清朝在伊犁设总管伊犁等处将军,统管天山南北路军兵,参赞大臣受其节制。

六、再次征讨大、小金川

乾隆十四年(1749)二月,清朝接受大金川首领莎罗奔投降,匆忙结束了平定大金川叛乱的战争。但是,藏族土司之间的争斗并未终止。大金川首领莎罗奔老病,其侄郎卡主持土司事务,小金川首领泽旺也因年老不理事,

① 《清高宗实录》卷566,乾隆二十三年七月癸巳。

② 《清高宗实录》卷582,乾隆二十四年三月甲申。

其子僧格桑主事，郎卡不断侵掠小金川及革布什咱土司。为制止各土司之间的武装冲突，乾隆三十一年，四川总督阿尔泰采取了使大、小金川和各土司相互联姻的措施。这一措施暂时制止了各土司相互攻掠，但却为大、小金川及相邻土司的联合反清准备了条件。郎卡病死，其子索诺木于乾隆三十六年诱杀革布什咱土官，僧格桑也于同年进攻鄂克什、明正两土司。

清朝派兵救援，遂与小金川开战。乾隆三十七年（1772）十二月，清军攻克小金川根据地美诺寨，俘泽旺，僧格桑逃往大金川。次年正月，清朝命令大金川索诺木献出僧格桑，索诺木不听，清兵进攻大金川。当时，清军主帅温福仍采用张广泗、讷亲战法，以碉逼碉，以卡逼卡，致使两万官兵分散四处，难有进展。六月，索诺木攻袭木果木温福大营，绿旗兵溃散，温福随带满洲兵百余人迎击，“杀贼数人，身受枪伤阵亡”①，清军大败，金川军乘势夺回美诺。八月，高宗以阿桂为定西将军，增派部队，重新组织进攻。十月，阿桂再次攻占美诺。乾隆三十九年正月，阿桂率领重兵进攻大金川。八月，清军攻至大金川官寨勒乌围的门户逊克尔宗。索诺木部下毒死僧格桑，献尸清军请降。清军继续进攻。至乾隆四十年八月，清军攻克勒乌围，索诺木逃往噶喇依官寨。十二月，清军包围了噶喇依，重炮轰击，“合力攻围”。至次年正月，“所有各散寨，均经官兵占据”②。索诺木等走投无路，被迫出降。阿桂将索诺木等押解京师，凌迟处死。第二次征讨大、小金川战争结束。

这次战争先后延续五年，清朝调动兵士数万人，损失温福等将官多人，耗费军饷帑银至七千万两。战后，清朝实行改土归流，在大金川设阿尔古厅，小金川设美诺厅，依内地制度，设官统治，皆隶属四川省。同时，在大、小金川设兵驻防，归成都将军管辖。

七、土尔扈特部回归祖国

清朝政府消灭准噶尔部地方政权的胜利，解除了长期以来准部上层贵族对相邻各部的压迫。作为其一个直接后果，是乾隆三十六年（1771）土尔

① 《清高宗实录》卷937，乾隆三十八年六月癸丑。

② 《清高宗实录》卷1002，乾隆四十一年二月甲寅。

扈特部回归祖国。

土尔扈特部是厄鲁特蒙古四部之一,17世纪二十年代以前,一直与其他三部共居于我国西北地区。明朝崇祯初年,土尔扈特因无法忍受准噶尔部压迫,在首领鄂尔勒克率领下离开故地,几经辗转,迁居于伏尔加河下游一带。在旅居国外一个多世纪的漫长岁月里,土尔扈特人饱受沙俄压迫和欺凌,不仅"征调师旅不息",又要"征其子入质"。土尔扈特人信奉藏传佛教黄教,俄罗斯人逼迫他们改信东正教。因此,他们虽然身处异域,却无时无刻不思念自己的祖国,不顾山险路遥,一直与清朝中央政府保持着密切联系。而清朝政府也对远在异域的土尔扈特人表示关切。康熙五十一年(1712),圣祖曾派大臣图里琛到伏尔加河下游探望,受到土尔扈特部阿玉奇汗款待。

乾隆三十五年(1770)十一月,土尔扈特部渥巴锡汗率领部民十七万口,摆脱沙俄控制,毅然踏上归途。在回归途中,他们打败了沙俄军队追杀,战胜了哈萨克、布鲁特等部拦截抢掠,克服了给养缺乏、疾病流行等难以想象的困难,终于在乾隆三十六年六月进入中国境内。土尔扈特部历时半年多,行程万里,到达伊犁河畔时,已经人员伤亡过半,牲畜死亡殆尽。

对土尔扈特来归,清朝政府内部开始意见并不统一。因为来归人众中有平定准噶尔部时逃匿的叛将,有人担心他们投顺只是个诡计。还有的担心接受土尔扈特来归,会得罪沙俄。清高宗力排众议,决定对万里来归的土尔扈特予以接纳,安置在天山南北游牧。他专门派陕西巡抚文绶赴巴里坤等地,购办牛羊、衣物,接济他们的生活。不久,又指令伊犁将军舒赫德负责"分地安居,使就米谷而资耕牧"。张家口都统常青负责解送当地牧群,"驱往供馈";陕甘总督吴达善负责"发帑运茶,市羊及裘"①。在一切安置就绪后,当年九月,高宗在热河避暑山庄附近接见渥巴锡等土尔扈特部首领,分别赐封为卓哩克图汗等。土尔扈特来归人员,按漠北喀尔喀蒙古之例,编立盟旗,设立十扎萨克(旗),分为四盟。

土尔扈特人得到祖国热情欢迎和妥善安置,"一至如归","游牧安帖,田禾茂盛"②,很快安定下来。土尔扈特部回归祖国,是清高宗经营西北边疆所取得的一项重要成就,有着深远的历史意义。

---

① 《清高宗实录》卷892,乾隆三十六年九月乙巳。

② 《清高宗实录》卷931,乾隆三十八年闰三月辛巳。

八、征缅之役

缅甸是中国的南方邻邦。清初，由于中国处于战乱，两国官方没有建立正式的关系。但是，民间交往、贸易十分频繁。至乾隆十六年(1751)六月，由云南商人吴尚贤联络，曾有缅甸使者来北京朝贡。

乾隆二十八年(1763)，缅甸军队侵犯中国云南普洱府所属车里等地。乾隆三十年，缅军再次侵犯车里，所至焚掠，一度逼近思茅内地。云贵总督刘藻调兵进剿，但因指挥不当，伤亡惨重。乾隆三十一年正月，高宗调大学士、陕甘总督杨应琚为云贵总督，指挥进剿。二月，杨应琚至滇。当时正逢缅军饱掠退走，杨应琚顺利收复车里、孟艮等被缅甸侵占地。杨应琚为暂时胜利冲昏头脑，奏请乘机进取缅甸，得到高宗同意。他从省城赶赴永昌，调兵一万四千余人，计划大举侵犯缅甸。这样，战争性质起了变化。

缅甸闻讯，立即出兵数万，攻击沿边土司，并进攻中国内地。清军抵挡不住，缅军侵入盏达、干崖、孟连、孟定等地，四处焚掠，得胜而去。十一月，杨应琚谎奏击败来犯缅军，又提出缅甸山水险绝，瘴疠盛行，要求停止进攻缅甸。清高宗得悉内情，怒其讳败饰功，欺罔朝廷，下令撤职，后勒令自尽。

高宗决意发动对缅甸的战争。乾隆三十二年(1767)三月，高宗调伊犁将军明瑞为云贵总督，接办军务。九月，明瑞分兵两路进攻，直指缅甸首都阿瓦(今曼德勒附近)。但是，缅甸地形复杂，气候恶劣，加上缅军顽强抵抗，清军损失惨重。十二月，清军攻至距离阿瓦仅七十里的象孔，因粮草不继，被迫退兵。缅军尾随攻击，第二年二月，在勐腊包围清军，明瑞率军突围，最后在小猛育兵败自缢，余众溃散。此次征缅之役遭到彻底失败。

清高宗不甘心失败，又任命大学士傅恒为经略，阿桂、阿里衮为副将军，调兵拨饷，准备再次进军。乾隆三十四年(1769)七月，清军分三路进兵，连克孟拱、孟养等地。十月，清军合为一路，在依洛瓦底江口打败缅军主力，进而攻打老官屯。清军四面包围，断绝缅军粮械接济。但缅军防守严密，清军尽力攻击，都不能攻破。因为气候恶劣，水土不服，清军中疾疫流行。傅恒"身染瘴疠"，"患腹泄，颇形羸弱"①，领队大臣也多患病。加上作战死亡，清

① 《清高宗实录》卷847，乾隆三十四年十一月甲辰。

军减员严重,由出征时的三万一千名减至一万三千名。这样,清高宗被迫谕令傅恒撤兵。正好,缅甸方面也遣使议和。十一月,傅恒在副将军阿桂等人坚请下,同意与缅甸谈判。双方商定,缅甸交还侵占的云南土司地,双方交换俘虏。后清军焚毁舟船大炮,退出缅甸。

征缅之役前后将近五年,调兵数万人,损失总督以下将领多人,耗费饷银一千三百万两,而以失败告终。到乾隆五十五年(1790),缅甸国王遣使到京朝贡,高宗令缅甸以后十年一贡,并册封缅甸国王,中缅关系才走向正常化。

乾隆前期、中期,清高宗进行的多次大规模平定边疆叛乱战争,不但使清朝政府直接统治区域大大扩展,很大程度上也进一步巩固了国家的统一,对于清朝统治全盛局面的形成,对于中国疆域的最后底定都有重要意义。但是,连年战争也不断地在消耗清朝全盛的国力,给各族乃至邻国人民带来了痛苦,这些都是它的消极方面。

第十一讲

乾隆后期的政治和社会

乾隆四十年(1775)以后,清高宗进一步加强专制统治,继续进行对外战争。同时,他日益骄奢倦勤,吏治腐败,各种社会矛盾逐渐尖锐激化,各地人民的反抗斗争此起彼伏。

一、继续加强专制统治

1. 压抑臣权,提高君权

乾隆年间,随着专制皇权进一步加强,清朝国力逐渐强盛,高宗日益自满,刚愎自用,听不进不同意见。到了乾隆后期,这种状况更甚。他限制和打击言官权力,因为他们经常就皇帝施政提出不同意见。高宗认为,臣下上书言事是“效明末谏垣门户恶习”,是对自己权力的侵犯。对于言事官员,稍不遂意,不是降黜,就是发配边远,至于降旨申斥更是常事。因此,言官多噤不敢言,言路闭塞。对包括军机大臣在内的朝廷高官,他信用佞臣和珅,听令其不断攻击,以加强控制。对于地方官员,他下令准予道员委署两司者具折奏事,毁废各地树立的文武官员去思德政碑,消除他们的影响。对于那些所谓的本朝名臣,他逐一指斥,宣扬本朝无奸臣,亦无名臣,所有臣下都是听从皇帝任意驱使的碌碌之辈。在清高宗压制下,所有臣下都变成一群诚惶诚恐地匍匐在他脚下的奴仆,清高宗的专制统治强化到两千多年来中国封建社会的最高峰。

2. 纂修《四库全书》,查缴违禁图书

清高宗十分重视对中国古代文化进行系统整理和总结。为了充实皇宫藏书,从乾隆三十七年(1772)开始,他多次颁布谕旨,向全国广泛征集图书。至乾隆三十八年,从全国各地征求的图书已逾万种,从内府所藏《永乐大典》中辑出佚书五百多种。在此基础上,高宗决定编纂一部巨型丛书《四库全书》,为此成立"四库全书馆",许多知名学者先后被征召入馆,分别担任纂修、校理等职。根据高宗指示,各纂修官分别对各地征集到的每一种书籍的不同版本进行校勘,并就作者、成书时代、内容异同、版本优劣诸方面进行考证。同时,还仿照汉朝刘向校书旧例,为每书撰写提要,并以该书价值为据,拟出应刻、应抄、应存目三种意见,候旨决定。经高宗同意后,应刻、应抄两部分书籍,皆交缮书处组织人员,按已定规格进行抄录,收入《四库全书》。所有应刻、应抄、应存目三部分书籍提要,则均按类例汇为《四库全书总目》。自乾隆四十六年第一部《四库全书》抄成,至五十五年共抄成八部,分别贮藏于文渊阁(北京紫禁城)、文溯阁(盛京故宫)、文源阁(圆明园)、文津阁(热河避暑山庄)、文汇阁(扬州大观堂)、文宗阁(镇江金山寺)、文澜阁(杭州圣因寺),以及北京翰林院。《四库全书总目》,则于乾隆五十八年由武英殿刊出。

《四库全书》收书 3461 种,共 79309 卷,分装 36304 册,《四库全书总目》介绍书达 10254 种,基本上将明朝以前,特别是元朝以前的主要著作,都作了收录和介绍,为后人了解和研究古代政治、经济、军事、文化、社会生活等各方面情况保存了可贵的资料。由于《四库全书》修成之后分八处存放,许多学者可以就近借阅,因此在一定程度上推动了文化事业的发展。

需要指出的是,清高宗此举一方面是为了充实皇宫藏书,另一方面也是为了对全国现存文献进行总审查,把不利于清朝统治的图书借机加以查禁、销毁或改窜。据估计,在《四库全书》纂修期间,因为各种罪名而遭销毁的图书约三千种,几乎跟《四库全书》收书量大致相等,这是自秦始皇焚书坑儒以来中国古代文化的又一次浩劫。总之,对清高宗纂修《四库全书》,既要看到其保存和传播古代文化的积极作用,也不可忽视其加强专制统治、摧残古代文化的消极影响。

为了强化专制统治,清高宗还在全国范围内大规模查禁不利于其专制统治的所谓违禁图书,先后延续十余年之久。早在乾隆三十四年(1769),他

阅钱谦益所著《初学集》《有学集》等书，说"其中诋谤本朝之处不一而足"，传谕各督抚在各地查缴销毁。纂修《四库全书》，他广泛征求已刻、未刻书籍，传谕各地查禁所谓"违碍书籍"，并专门规定了查禁范围和处理办法，或全毁，或抽毁，或删改。对宋代以来著述中有关契丹、女真、蒙古的译名，高宗也下令依照清代满语汉译加以改译。此外，对地方戏曲中关涉清朝以至宋金间事的曲文，也严加饬查，删改抽撤。高宗通过查缴禁书，加强文化思想统治。

3. 大搞文字狱

清高宗一方面大肆查缴违禁图书，另一方面不断借机掀起文字狱。据统计，从乾隆三十八年(1773)纂修《四库全书》，至其归政前，各种类型的文字狱即五十余起，范围遍及全国，株连及于各阶层人士，大大超过乾隆前期、中期。其中，比较大的文字狱有以下几起：

(1) 王锡侯《字贯》案。江西新昌举人王锡侯编有《字贯》一书，是一部按天、地、人、物四大类编写的简明词典。该书摘编《康熙字典》，使散字联贯，以便检索。乾隆四十二年(1777)，被仇家告发删改《康熙字典》，"与叛逆无异"。江西巡抚海成查阅《字贯》，认为"虽无悖逆之词，隐寓轩轾之意，实为狂妄不法"，提出革其举人功名。高宗亲阅《字贯》，在书前凡例中发现圣祖、世宗及自己的名字开列不讳，大为震怒，指为"大逆不法，为从来未有之事，罪不容诛，即应照大逆律问拟"①。高宗还严斥海成"双眼无珠"、"天良昧尽"、"茫然不见"。十一月，海成奏称王锡侯编纂书十种，"俱有悖谬不法之处"。高宗因将海成革职治罪，王锡侯斩立决，子孙七人斩监候，所著书概行销毁。工部侍郎李友棠曾为《字贯》题诗，江西布政使赣南道周克开、按察使冯廷丞因失察，俱被革职治罪。

(2) 徐述夔《一柱楼诗》案。乾隆四十三年(1778)春，有人告发江苏东台县已故举人徐述夔所著《一柱楼诗》中有"明朝期振翮，一举去清都"等句。江宁布政使陶易命交扬州府审查，扬州知府谢启昆签出"悖逆"诗句，送呈督抚，进而解送京师。已故礼部侍郎沈德潜撰《徐述夔传》也被告发，呈送高宗。结果查出，徐述夔著作中引据吕留良"邪说"，"悖逆不法"；"明朝期振翮，一举去清都"之句，"大逆不道至此已极"。最后，高宗作出惩处：徐述夔

① 《清高宗实录》卷1043，乾隆四十二年十月癸丑。

子徐怀祖(已故)刊刻其父著作流传,父子相继为逆,碎尸枭首示众;布政使陶易"故纵大逆"处斩,扬州知府、东台知县惩治不力,分别处以流刑和徒刑;徐述夔孙徐食田及弟食书,以及参与校刻的徐首发、沈成濯及陶易幕僚陆炎等斩监候;沈德潜官爵谥典尽行革去,御赐祭葬碑文一并扑毁。

(3) 尹嘉铨案。乾隆四十六年(1781)三月,致仕大理寺卿尹嘉铨上折,请求对其已故父亲尹会一赐予谥法,将清初汉人大臣汤斌、范文程、李光地、顾八代、张伯行诸人从祀孔庙。尹嘉铨的请求,干犯了皇权。清高宗大怒,命将尹嘉铨革去顶戴,交刑部治罪,又命查抄其在博野原籍和北京家产,搜检所谓"狂妄字迹诗册及书信等件"。结果发现,尹嘉铨所著有《朋党说》,与清世宗所著《朋党论》意旨相背离;编有《本朝名臣言行录》,列入高士奇、张廷玉、鄂尔泰等多人;清高宗自称"古稀天子",尹嘉铨自称"古稀老人"。清高宗认为,尹嘉铨"以朋党为是,颠倒是非,显悖圣制",《本朝名臣言行录》"以本朝之人,标榜当代人物","将来伊等子孙恩怨即从此起",关系"朝常世教"①,其他狂悖诞妄,不一而足,命以绞刑处死,所有著作通行查禁销毁。

乾隆五十年(1785)以后,各地民众起义纷涌,加上高宗年老倦勤,对文字狱的态度才有所放松、放宽,借以平息官民的不满情绪。

客观地说,乾隆前期,通过确立奏折制度、秘密建储制度,恢复军机处,打击朋党等手段,清高宗加强专制主义集权,其统治空前巩固,国家政治稳定,社会经济和文化事业有了较大发展,维护和巩固了国家统一和安定。但是,乾隆后期,高宗仍一意强化皇权,从而造成了空前的专制主义集权,不可避免地带来政治的黑暗腐朽,激化了社会矛盾。

二、对外战争和英使马戛尔尼来华

乾隆后期,对外关系的重大事件主要是对安南的战事、抗击廓尔喀侵入西藏以及英使马戛尔尼来华。

---

① 《清高宗实录》卷1129,乾隆四十六年四月己未。

1. 对安南的战事

明初以来，安南（今越南）一直由后黎王朝统治，与明朝、清朝保持宗主和藩属的关系。乾隆三十六年（1771），安南爆发了阮文岳、阮文吕、阮文惠三兄弟领导的农民起义。至乾隆五十一年，阮氏起义军几乎占领安南南北各地，攻克国都黎城（今河内）。次年，安南国王黎维祁潜逃，其母、妻及宗族二百人逃至广西，请求清朝出兵救援。

清高宗得报，认为清朝有"兴灭继绝"义务，决定出兵安南，帮助恢复黎维祁的统治，镇压农民起义。乾隆五十三年（1788）六月，阮氏兄弟主动结好清朝，遣官叩关进贡，为两广总督孙士毅拒绝。十月末，孙士毅奉命率兵一万二千人，出广西镇南关，进入安南境内。十一月，云南提督乌大经率兵八千人，又从云南开化厅马白关出兵，入安南。清军进入安南初期，进展顺利，先后渡过寿昌江、市球江、富良江，连败阮氏农民军，顺利占领黎城，黎维祁也出见清军，清高宗下令封为安南国王。但孙士毅"轻敌不设备，散遣土兵义勇，悬军黎城月余"。阮军谍知虚实，于岁暮倾巢来袭黎城。时城中清军置酒张乐，正在欢度除夕，毫无防备。孙士毅仓皇御敌，阮军"皆象载大炮冲阵"，清军众寡不敌，"黑夜自相蹂躏"。孙士毅慌忙撤退，渡过富良江后，便拆断浮桥逃命。在南岸的清军提督许世亨、总兵张朝龙以下官兵夫役万余，"皆挤溺死焉"。孙士毅逃回镇南关，"尽焚弃关外粮械火药数十万，士马还者不及一半"①。侵入安南宣化镇的乌大经部，遭到阮氏农民起义军反击后，也仓皇逃回国内。至此，这场战争以清军彻底失败而告终。

打败清军后，阮氏农民军统一安南全境。乾隆五十四年（1789），阮文惠派侄阮光显"赍表入贡"，向清朝进贡。清高宗见黎灭阮兴已成事实，只好封阮文惠为安南国王。乾隆五十五年，安南国王阮光平（即阮文惠）亲自到热河，祝贺高宗八十寿辰。这样，清朝和安南又恢复了友好关系。

2. 抗击廓尔喀侵入西藏

乾隆后期，西藏地区的政治也极为黑暗，贵族之间纷争妄为，驻藏大臣则一切置之不问。与此同时，和西藏相邻的尼泊尔由廓尔喀族统一，势力大

---

① （清）魏源：《圣武记》卷6《乾隆征抚安南记》。

增。乾隆四十六年(1781),班禅额尔德尼在北京病死,高宗赏赐及在京王公、蒙古贵族供养财物甚丰,“中外施舍,海溢山积”。这些财物运回西藏后,被其兄仲巴胡图克图独占,“既不布施各寺庙与唐古特之兵(藏兵),又摈其弟舍玛尔巴为红教,不使分惠”①。舍玛尔巴愤恨不平,逃往尼泊尔,挑拨廓尔喀与西藏的关系,煽动廓尔喀出兵侵略,助其夺取仲巴财产。廓尔喀在与西藏贸易中,双方存在一些纠纷。而廓尔喀国力增长,也希望对外扩张。

乾隆五十三年(1788)六月,廓尔喀王朝借口西藏商税增额、食盐糅土,大举入侵西藏,占领后藏聂拉木、宗喀、济咙等地。高宗闻讯,命侍卫大臣巴忠、四川总督鄂辉、成都将军成德增援。但是,西藏一些贵族却私自与廓尔喀议和。巴忠到藏后,自恃御前侍卫,率意专擅,不经达赖喇嘛同意,继续私自议和,“令其退回侵占之聂拉木、济咙、宗喀三处,每岁议给元宝三百个,作为地租”②。巴忠蒙骗高宗,谎称得胜,又劝说廓尔喀遣使朝贡,受封为国王。

乾隆五十六年(1791)七月,廓尔喀因西藏没有缴纳元宝,派步兵数千人,再次入侵西藏。驻藏大臣保泰张皇失措,奏请迁移班禅、达赖,竟然准备放弃西藏。在这种情况下,藏军大败,廓尔喀军占领后藏首府日喀则,并大肆抢掠,全藏震动。达赖和班禅急速向朝廷报告,请求增援。

九月,清高宗任命福康安为大将军,公海兰察、成都将军奎林为参赞,调兵七千进军西藏,反击廓尔喀侵略军。在热河扈驾的巴忠闻讯,畏罪自杀;驻藏大臣保泰被定罪,枷于军前。乾隆五十七年(1792)二月,福康安等从青海进后藏,接连打败廓尔喀军,收复失地。五月,清军向廓尔喀境内进军,深入其国境内七百里,距其国都阳布(今加德满都)仅一日路程。廓尔喀遣使议和,清军也在集木集进攻受挫,伤亡较大,至七月,遂接受议和。最后,清军退出廓尔喀,战争结束。

这场战争,清朝投入兵力两万人,耗银三百五十万两,最终取得了胜利,打击了西藏极少数分裂势力,击败了廓尔喀侵略,维护了国家主权和领土完整。乾隆五十八年(1793)正月,廓尔喀遣使到北京朝贡,高宗封其国王。这样,两国恢复了友好关系。

---

① (清)魏源:《海国图志》卷21《西藏后记》。

② 《清国史》卷190《大臣画一传档正编·巴忠》。

战后，清高宗颁布《西藏善后章程》，对西藏地区政治、宗教、军事和外交进行了全面整顿和改革：驻藏大臣处理藏内政务，与达赖、班禅地位平等，拥有监督管理和任免西藏各级官员的极其广泛的权力；对以往达赖、班禅和各地活佛圆寂后，由巫师（“拉穆吹忠”）作法指定的“呼毕勒罕（即转世灵童）制度”加以改革，改行在驻藏大臣监视下，以金瓶（金奔巴）掣签的办法，呼毕勒罕的“坐床”典礼，必须在驻藏大臣主持下进行；建立西藏地方常备军，额数三千，分驻于各重要地区，由驻藏大臣统辖；驻藏大臣主持对外交涉，禁止噶隆以下地方官员和外国私下联系。所有这些，进一步加强了清朝中央政府对西藏地区的管辖，有助于西南边防巩固和西藏地区政局的安定。

3. 英使马戛尔尼来华

清初，在东南沿海实行海禁，禁止对外贸易。圣祖统一台湾后，开放海禁，允许中国商民出洋贸易，以广州、漳州、宁波、云台山四地为通商口岸，与外国进行贸易。此后，中外贸易得到相当快的发展。但是，到康熙末年，清朝政府颁布南洋禁航令，严格限制中外贸易。至乾隆二十二年（1757），清高宗又诏谕封闭各地口岸，只准外商在广州一处通商。乾隆二十四年，英国东印度公司通事洪仁辉到天津，向清廷告发粤海关勒索外商，并再要求在宁波贸易，为清朝拒绝。清高宗根据两广总督李侍尧建议，颁布《防范外夷规条》，后来又强化公行制度，规定外国商船每年只能在规定时间在广州进行贸易，外国商人在中国贸易必须通过中国商人组织的公行（十三洋行）来进行，禁止外国商人在广州自由活动，贸易完毕必须离开等等，严格控制进出口贸易，全面推行闭关政策。

与此同时，资本主义在西欧迅速确立，并得到快速发展。18 世纪 60 年代，英国率先开始工业革命，资本主义得到进一步发展。以英国为首的西欧资本主义的发展，迫切要求进一步开拓世界市场，扩大对外贸易，掠夺资源。中外海上贸易中，英国逐渐居于主要地位。康熙二十九年（1690），欧洲国家海上贸易对中国输入总值银一百九十一万两，英国为一百二十一万两，占 63％多；欧洲国家海上贸易从中国输出总值三百六十四万两，英国为一百七十万两，占近 47％。18 世纪末，英国对中国输入值占欧美国家的 90％左右，从中国输出值占欧美国家输出值 70％以上。当时，英国商船到广州贸易常达数十艘，乾隆五十二年（1787）有六十二艘。

面对中国的闭关政策,英国迫切希望扩大对中国的贸易,攫取更多商业利益与各项特权。乾隆五十七年(1792),英国派出以马戛尔尼为首的庞大使团前来中国。起初,广东地方官奏报,英国使臣前来,是为了补贺清高宗八十寿辰。高宗大为欣喜,令沿海各地高规格接待。次年八月,英国使臣到达热河。但是,在觐见礼节上,双方发生严重分歧。清高宗要求英国使臣行三跪九叩大礼,而马戛尔尼坚持免冠竦立。清朝官员反复劝诱,马戛尔尼最后才同意以觐见英王之礼觐见。觐见日,马戛尔尼"单腿下跪,简单致词,呈[英王]书信于皇帝手中"。不久,高宗八十三岁大寿典礼,英国使团与缅甸使团等一起行礼,全体祝寿者根据指挥行三跪九叩礼,而马戛尔尼及其随从则"行深鞠躬礼"①。礼节冲突,使清高宗大为不满。当他了解英国使团真正目的以后,更为愤怒。

八月,英国使团返回北京,清朝颁赐国书和礼品,示意使团回国。这时,马戛尔尼提出英国六条要求:第一,请中国允许英国商船在舟山、宁波、天津等处登岸,经营商业;第二,请中国按照从前俄国商人在中国通商之例,允许英国商人在北京设一洋行,买卖货物;第三,请于舟山附近划一未经设防小岛,归英国商人使用,以便英国商船到彼即行收歇,存放一切货物,且可居住商人;第四,请于广州附近得同样权利,且听英国商人自由往来,不加禁止;第五,凡英国商货,自澳门运往广州者,请特别优待,赐予免税或减税;第六,英国商船按照中国所定税率交税,不额外加征,请将中国所定税率公布,以便遵行。

马戛尔尼的这些要求,除了反映英国要求与中国通商外,其中不少内容具有殖民主义侵略性质,特别是第三条要求中国割地,因此为清高宗断然拒绝。他下令,英国使团于九月初三离开北京,"由内河水路前赴广东岙门,附该国贸易船只,放洋回国,"沿途由侍郎松筠监送照料,"所有经过各省,须专派大员,管领兵弁,接替护送","妥为照料管束"②。这样,中英首次外交往来以英国的失败告终。

清高宗昧于世界形势,以"天朝"自居,拒绝英国的一切要求,固然抵制了英国对中国的殖民企图,但也同时拒绝了开关贸易,拒绝了西方科技文

① [英]斯当东:《英使谒见乾隆纪实》,叶笃义译,上海书店出版社,1997年,第367、377页。

② 《清高宗实录》卷1435,乾隆五十八年八月庚寅。

明，使中国痛失机遇，延误了中国发展的历史性机会。

三、政治日趋黑暗腐朽

乾隆后期，清高宗骄奢倦勤，和珅专权擅政，吏治腐败，政治日趋黑暗腐朽。

1. 高宗骄奢倦勤

乾隆后期，面对半个世纪以来专制统治不断加强，清朝国力日益强盛，文治武功成就颇多，清高宗不免骄傲自满。他时常将自己与历代帝王相比，起初是比疆域，比人口，比蠲赈，比政治安定，比统治巩固。七十岁以后，更是比年龄，比儿孙，比在位时间。如，乾隆四十五年（1780），高宗七十寿辰，撰文历数秦汉以来帝王寿登古稀者才六人，认为其中汉武帝、梁武帝、唐明皇、宋高宗均不值一提，元世祖、明太祖虽有武功，但其文治也不行，只有自己文治武功俱佳，最为英明。乾隆四十九年三月，其曾孙生子，高宗五世同堂。他查阅历代仅有六人，而帝王中则前无古人，颇为自得。乾隆五十年、五十五年、六十年，他更是与历代帝王比年龄，比儿孙，比在位时间，感觉历代帝王没有一位能比得上他。乾隆五十七年，他亲撰《十全记》，自称“十全老人”，宣扬他一生取得的军事成就，甚至把失败也说成是胜利，骄傲自大溢于言表。

与此同时，他不改奢侈淫逸性格，恣意巡游挥霍。如，乾隆四十一年（1776）春，高宗以金川平定而先后告祭东、西二陵并巡曲阜，沿途如皇太后万寿庆典般接待。乾隆四十八年，高宗东巡盛京，官员搭盖市场以供其娱乐。他多次巡幸天津，当地官员沿途都搭盖戏台，兴修豪华行宫。而更大的奢侈耗费，则是乾隆四十五年、四十九年先后进行的第五次、第六次南巡，比起前四次更甚。乾隆后期，各种节庆活动，如连年的子孙成婚、乾隆四十五年高宗七十大寿、五十五年八十大寿，更是奢靡已极，耗费无算。如乾隆五十五年八月，高宗八十大寿，权臣和珅等人亲自操办，“务极侈大，内外宫殿，大小仪物，无不新办。自燕京至圆明园，楼台饰以金珠翡翠，假山亦设寺院人物,动其机括,则门窗开阖,人物活动"①,营办费用远远超过以前各次庆典活动。不仅如此,乾隆五十年,他还踵圣祖故事,征召年过六十岁的在职、致仕官员二千人,赐宴乾清宫,称为"千叟宴"。嘉庆元年(1796),高宗第二次举行千叟宴,参加者增加到五千九百余人,不仅包括朝廷老臣、退休官员以及绅士,还有大批平民百姓。这些,不仅耗费了巨额资金,使国家库藏日益空虚,而且由于在巡幸和节庆期间各级官员纳贿送礼,也加速了整个统治阶级的没落和腐朽。

而随着年老昏聩、健康状况恶化,乾隆后期,高宗对朝政处理也失去了往日的勤慎,凡事宽纵容忍。对于官员所进大量公文和奏折,高宗不尽速处理,以致许多事务、案件拖延不办,政务废弛。一些有利于国计民生的政策,也陆续减退或取消。如对劝垦田地,高宗不再热心,内地山林动辄封闭,内地居民赴边疆移垦也遭到各种限制。从乾隆三十六年(1771)到六十年,全国耕地非但没有增加,反而减少了一万顷。对于水利事业,高宗仅对浙江海塘尚表示关心,其他地区水利工程则一概忽视。乾隆四十三年以后,黄河几乎连年溃决。他极力粉饰太平,掩盖现实中的弊端。各级官吏贪黩舞弊,他都视而不见,仍然宣称"吏治肃清",即使"有不肖之心"者,也必"默化潜移,岂敢以身试法?"②他纵容包庇贪官污吏,遂使社会积弊日重,清明难返。

2. 和珅专权擅政

和珅,字致斋,姓钮祜禄氏,满洲正红旗人。生员出身。乾隆三十四年(1769),袭三等轻车都尉世职。三十七年,升任三等侍卫。为人聪颖博闻,得高宗赏识。乾隆四十一年,擢为户部侍郎,为军机大臣、总管内务府大臣。乾隆四十五年,因查处云贵总督李侍尧贪赃案有功,升户部尚书、议政大臣、御前大臣兼镶蓝旗满洲都统。其子丰绅殷德,指为和孝公主(十公主)额驸。次年,兼署兵部尚书。乾隆四十九年,调吏部尚书,仍兼户部。五十一年,授为文华殿大学士。和珅善于揣摩高宗习性和脾气,能够奏请行高宗想说想行而未及启口之事,迎合帝意,因此为高宗长期倚重和信用。自乾隆四十一年发迹,和珅在乾隆朝任职二十余年,举凡朝廷军政、财务,皆由其专揽。他

---

① 《朝鲜李朝实录中的中国史料》下编卷11,光宗十四年三月丁未。
② 《清高宗实录》卷1370,乾隆五十六年正月甲申。

玩弄权术，劣迹昭彰。表现有：

其一，结党营私，排除异己。和珅执掌朝政后，把大学士傅恒之子福长安拉入军机处，串通一气，狼狈为奸。其弟和琳，官至总督；其子丰绅殷德，累迁都统兼护军统领、内务府大臣。侍郎吴省兰、李潢、太仆寺卿李光云，都因曾在和珅家教读，被保列为卿阶，兼任学政，成为其党羽。各地封疆大吏，也纷纷攀附和珅。因此，当时来华的朝鲜使臣说，和绅"威福由己，贪黩日甚，内而公卿，外而藩阃，皆出其门。纳贿谄附者，多得清要。中立不倚者，如非抵罪，亦必潦倒"①。

对于不附己者，和珅千方百计予以迫害、打击。李侍尧曾任军机大臣，"儿畜和珅"，和珅对其恨之入骨。后李任云贵总督，和珅攻讦他贪贿，要求将其处死。乾隆四十六年(1781)初，甘肃回民苏四十三等举行反清起义。和珅为钦差大臣，与大学士阿桂一同督师围剿起义军。和珅盲目指挥导致兵败，阿桂则指挥获胜。和珅因此嫉恨阿桂，两人始终势如水火。

乾隆五十一年(1786)，监察御史曹锡宝论劾和珅家人刘全恃势营私舞弊，家资丰厚，服用奢侈，衣服、车马、居室逾越制度。和珅事先令刘全将劣迹隐匿，并为其狡辩。高宗派人往查，一无所得，反而指斥曹锡宝"一时未察虚实，以书生拘迂之见，托为正言陈奏"②。最后，曹锡宝被革职留任。乾隆五十五年十一月，内阁学士尹壮图上疏揭露各地督抚趋奉和珅，贪污挪用。和珅等奏请将尹壮图革职治罪，高宗派户部侍郎庆成偕尹壮图前往各省盘查。但各省督抚早已得到消息，多设法挪移款项，弥缝掩饰。最后，尹壮图只好自承虚诳，奏请治罪。和珅等奏拟斩决，高宗加恩免予治罪，降授内阁侍读。

其二，威福由己，控制朝政。乾隆后期，高宗年老昏聩，无论是政治上，还是生活上，都十分信赖和珅。和珅恃宠弄权，在军机处直庐"妄立私寓"，"不与诸大臣同堂办事，而命诸司员传语其间"③，独霸军机处。当时，军机大臣名义上以阿桂为首，但位列仅次于阿桂的和珅，得高宗倚信，兼管吏、户两部，逐渐成为军机处的实际执政者。他要求各省奏事，均须抄送折稿一份

---

① 《朝鲜李朝实录中的中国史料》下编卷11，正宗十八年三月辛亥。

② 《清高宗实录》卷1259，乾隆五十一年七月己未。

③ (清)昭梿：《啸亭杂录》卷10《钱南园》。

投送军机处,称为“投递军机处另封事件”,由此控制全部章奏,独揽朝政大权。其他军机大臣,如王杰、董诰等人,“循循如属吏”。

清仁宗永琰当皇子时,被选为储君。和珅密知此事,故于乾隆六十年(1795)九月初二日,即定储位诏书发布的前一天,给永琰呈递一柄如意,暗示是自己拥戴的结果,借此邀功。嘉庆初年,高宗以近九十岁训政,精力大不如前,迟钝善忘,诸事更加仰赖和绅,遂使和绅专擅更甚于前。对于和珅专权,不仅朝廷内外,甚至当时来到中国的外国使臣也纷纷议论。例如,英国使臣马戛尔尼回国后曾说,和珅统率百僚,管理庶政,许多中国人称之为“二皇帝”。

其三,荫庇贪官。乾隆后期,各级官员腐化日深,贪官数目之多、官员品级之大、赃额之巨、手段之高、范围之广,堪称清代历朝之最。其中,许多大案要案均发生在和珅专权之后,与和珅不无关系。如,乾隆四十六年(1781),浙江巡抚王亶望在甘肃藩司任内贪污监生所交赈济粮案发,其家搜出金银百万两之多。结果,王亶望被斩,陕甘总督勒尔谨赐令自尽。事后,通政司副使钱沣察明,勒尔谨、王亶望皆为和珅私党,陕西巡抚毕沅又经常奔走和门,与勒、王两人狼狈为奸,且知情不举,于是疏劾毕沅。和珅虽未保住勒尔谨、王亶望,但终于使毕沅免予议处。再如,乾隆四十七年,山东巡抚国泰、布政使于易简贪污案发,高宗派和珅和钱沣同往勘察。和珅事先派仆人前往报信,国泰等连忙向商家挪借银两,补充亏空。可见,在和珅包庇纵容下,吏治已十分腐败。

其四,贪黩无厌,聚敛私财。和珅自掌权后,即以聚敛自丰为唯一目的。朝中官员、各省督抚司道等纷纷向其行贿,以结奥援。和珅甚至利用自由出入宫禁的机会,擅取大内宝物。各地进贡给皇帝的宝物,有时未及入宫,就被和珅窃取。通过贪污受贿,和珅聚集了庞大资产。后来查抄其家统计,除大量稀世宝物、古玩字画等难以估值外,现金、土地和房屋等总值达到一二千万两(或说有八亿俩),而当时朝廷一年的财政收入才四千多万两。因此,和珅确实是清朝首屈一指的贪官,后人称其为“贪污之王”①。

---

① 冯佐哲:《和珅评传》,中国青年出版社 1998 年版,第 301—302 页。

3. 吏治腐败

乾隆后期,高宗极力压抑臣权,提高君权。在其淫威之下,各级官员逢迎拍马,谄媚迎合,直言进谏、批评朝政者日少。在高宗影响下,官员们养尊处优,不以民事为重。遇刑名重案及城工等事,往往因循怠忽,展转迟延,“阳藉详慎之名,阴遂诿玩之计”①。官风懈宕废弛,不可遏止。

高宗穷奢极欲,各级官员大量捐助。和珅以聚敛为事,公开向各级官员索取重贿,纳贿多者升迁,少者贬黜。这样,各级官员大肆搜刮,贪污受贿,吏治败坏。乾隆后期,也陆续惩处过一些贪贿大案:

(1) 甘肃冒赈案。乾隆三十九年(1774)三月,陕甘总督勒尔谨以甘肃储粮较少,奏准按旧例收捐纳监生本色粮,以备荒赈恤。甘肃布政使王亶望改收捐监本色粮食为折色银两,并倚任兰州知府蒋全迪“将通省各属灾赈,历年捏开分数”,“酌定轻重,令州县分报开销”②。于是,各地连年虚报灾荒,具结申转,名为以捐粮赈灾,实际上是将捐纳银两私分。其后,继任布政使王廷赞又将私收折色银分发各州县,集体私分。此案中,侵吞赈灾银二万两以上者有二十人,一万至二万两者十一人,一千至九千两者二十六人,而要犯勒尔谨、王亶望、王廷赞、蒋全迪还不算在内。乾隆四十六年,案发,四大要犯处斩,贪污二万两以上者拟斩决,以下者拟斩候,先后处死各级官员约六十人,另四十六人发配伊犁、黑龙江等处,监禁者多人。

(2) 浙江贪污案。甘肃冒赈案被揭露后,原甘肃布政使王亶望已调任浙江巡抚,高宗命斩,查抄其家产。但是,闽浙总督兼浙江巡抚陈辉祖、浙江布政使国栋等却借机侵吞、抽换查抄赃物金玉器件、字画,相关官员通同舞弊,知而不言。案发,高宗令陈辉祖斩监候,秋后处决;国栋、知府王士翰、杨仁誉亦定斩监候,同知杨先仪、知县张翥发配新疆,浙江前任布政使李封、按察使陈淮、王杲俱发豫省河工效力。次年二月,陈辉祖又被揭发亏空钱粮,武备废弛,赐令自尽。

(3) 山东库银案。乾隆四十七年(1782)四月,御史钱沣参奏山东巡抚国泰、布政使于易简等“贪婪无厌”,“所属州县亏空累累”。高宗命军机大臣

① 《清高宗实录》卷1351,乾隆五十五年三月丁酉。

② 《清高宗实录》卷1137,乾隆四十六年七月庚午。

和珅偕左都御史刘墉与钱沣驰赴山东查办,和珅事先通报国泰弥补,但还是为钱沣等查实,“山东各属亏空,竟至二百万两之多”①。最后,国泰、于易简被赐令自尽,其他官员限期弥补亏空。

(4) 江苏包庇贪吏案。乾隆五十四年(1789),江苏高邮州巡检陈倚道揭报吏胥私刻印信,假冒重征,并查获私描印篆、假给串票,具禀高邮州和扬州府。知府刘炳和知州吴瑍“俱未批发”。次年正月,陈倚道又向巡抚和藩司衙门举告,巡抚闵鹗元和布政使康基田也“置之不问”,“沈阁不办”,并将陈倚道派往他处,以图消弭此案。陈倚道告发至北京,高宗派兵部尚书庆桂和刑部侍郎王昶前往审办。但两江总督书麟、江苏巡抚闵鹗元仍官官相护,袒庇刘炳、吴瑍等人。最后,书麟以头等侍卫职衔遣戍伊犁,闵鹗元斩监候,康基田发往军台效力,书吏林之佩、夏琯等处斩,江苏按察使王士棻、刘炳等革职。

(5) 浙抚贪污案。乾隆五十七年(1792)十二月,两淮盐政全德参奏,盐运使柴桢挪用商人钱粮共二十二万两,弥补其前在浙江盐道任内亏空十七万两,“其余五万系自己侵用”。柴桢被革职拿问。高宗因福建巡抚福嵩兼管盐政,于柴桢亏空无所参奏,怀疑其染指分肥,命将福嵩革职拿问。寻经查实,福嵩向柴桢婪索银十一万五千余两,又侵用银六万六千余两。高宗命将柴桢于浙江处决,令押福嵩至京亲讯。和珅担心福嵩涉及其阴私,遂劝高宗将福嵩就地正法,涉及此案的浙江司道多人被革职。

(6) 福建贪污案。乾隆六十年(1795),福建将军魁伦先后劾奏闽浙总督觉罗伍拉纳、福建巡抚浦霖等纵容盗匪,新任福建巡抚姚棻前在漳州道任内,所属三县亏空库项二万余两。高宗革三人及按察使钱受椿、布政使伊辙布职,命两广总督长麟署理闽浙总督,偕同魁伦质审。魁伦、长麟审出,伍拉纳自福建藩司升任闽浙总督,向新任藩司伊辙布交代有亏空四万两,即将办赈余存项下银四万两代为措垫。但魁伦、长麟都惧怕得罪伍拉纳的姻戚大学士和珅,因此复奏时“代为掩饰”。高宗严斥二人,下令将伍拉纳、浦霖解京审讯。于是,二人又审出伍拉纳、浦霖、钱受椿等贪贿事。查抄浦霖原籍赀财,有现存银钱及埋藏银共二十八万四千三百余两,房屋、地契共值银六万余两,金七百余两,其余朝珠、衣服、玉器等物尚不在此数。京中查抄伍拉

① 《清高宗实录》卷1160,乾隆四十七年七月癸卯。

纳家，得银四十万有奇，如意至一百余柄。高宗下令，伍拉纳斩立决，钱受椿送还福建正法，伊辙布在押解进京途中病死，四人子嗣如系职官、监生，概行斥革，发往伊犁充当苦差。长麟因“始终回护”被革职，魁伦免于治罪，暂署闽浙总督，清查各州县亏空。魁伦查出亏缺一万两以上州县官李堂等十名，奏拟斩监候；另有秦为干、李廷采二人亏缺虽未逾万，但平日声名狼藉，亦拟从重处以斩监候；其余各员依次递减。高宗命加重处分，诛李堂等十人，其余谴黜有差。

上述诸案，自西北至东南，遍及各大省。案犯自总督、巡抚以下，涉及司道诸大员。督抚大案如此，各级官府的次案和小案不难推知。已被处治者如此，未被处治的贪污腐败现象更是随处可见。对此，乾隆五十五年，朝鲜使臣反映说：“大抵为官长者，廉耻都丧，货利是趋，知县厚馈知府，知府善事权要，上下相蒙，曲加庇护。”[①]清高宗虽然严厉惩处了这些贪官，但依然不能制止遍及各地的贪风，各级官员“上下通同一气”，清政府由腐败而日趋腐烂，难于医治了。

四、社会矛盾尖锐激化和各地人民起义

乾隆后期，政治日益黑暗腐朽，百姓负担越发沉重，生活状况迅速恶化。首先是摊征加派繁多，百姓赋税负担沉重。这一时期，高宗过度靡费和吏治败坏，使各种摊派和加征日益严重并且公开化。每次高宗巡游所至，地方官除无偿支用民力办差外，还勒派兵民商众公捐银两，“备办道途”。进行战争，需要支用民力运送粮草。而河工、城工、万寿庆典等不是“公捐”，就是“摊征”，名目越来越多。在高宗带动下，各级官吏纷纷效尤。征收赋税时，除通过踢斛、淋尖以浮收粮米，以及溢收耗羡等旧有弊端日趋严重外，各地又通过改征折色、增立名目等手段，恣意盘剥，民众赋税负担大幅度增加。其次是土地兼并剧烈，百姓流离失所。乾隆时期，人口激增，粮价持续上涨，官僚、地主、商人等纷纷购置土地，土地兼并空前激烈。如乾隆五十年以后，江苏、安徽、山东、湖北、河南等省连年遭灾，“凡有恒产之家，往往变卖糊

① 《朝鲜李朝实录中的中国史料》下编卷11，光宗十四年三月丁未。

口”。一些商人遂“越境买产,图利占据”①。大量农民丧失土地,沦为佃户,或者四处流徙。第三,自然灾害频繁,蠲赈流于形式,反而成为各级官吏贪污中饱的利薮。第四,政治极端黑暗,各级官员任意操弄刑狱,冤假错案不断,百姓控诉无门。所有这些,使社会矛盾尖锐激化,各地人民的反抗斗争日益高涨。

面对封建国家、各级官吏、地主阶级的残酷剥削和压迫,从乾隆初年起,各地人民就不断掀起各种形式的反抗斗争。但是,乾隆前期各地人民的反抗斗争规模都很小,延续时间也很短。乾隆后期,由于政治日益黑暗腐朽,社会矛盾尖锐激化,各地爆发了多次大规模起义。

首先是乾隆三十九年(1774)山东王伦起义。王伦,山东寿张人。习清水教,实是白莲教的一支。乾隆三十六年,他开始收徒传教,运气治病,学习拳棒。乾隆三十九年,山东连岁歉收,地方官额外加征,农民无法生活。王伦宣传说:“八月之后,有四十五天大劫,从我都可得免。”八月底,王伦组织数百人起义,连克寿张、堂邑、阳谷,占领临清旧城,并控制了三十里以内地区,起义军发展到五六千人。九月,山东巡抚徐绩调兵围攻,又被王伦打败。起义军乘势进攻临清新城,阻断漕运通道。高宗命大学士舒赫德为钦差大臣,赶赴山东督师,又调集京城等地兵马前往增援。起义军寡不敌众,坚守临清旧城,英勇抵抗。城破,王伦自焚死,起义失败。

其次是乾隆四十六年(1781)甘肃苏四十三起义。甘肃回民中,原先实行门宦制度,各地教长成为门宦地主,依据伊斯兰教“天课制度”,向教徒征收钱粮,购买土地,租给教徒耕种,进行残酷剥削。乾隆年间,安定人马明心创立新教,简化经典,反对老教多收布施,得到贫苦教徒欢迎,声势日盛。但这引起老教教主的强烈反对,双方多次发生冲突。清朝政府支持老教,对新教进行镇压。正月,撒拉族新教首领苏四十三等发动起义。他们攻克河州,直捣兰州。高宗派遣领侍卫内大臣海兰察前往援救,并任命大学士阿桂、和珅为钦差大臣,统率满、汉官兵一万多人,到兰州作战。起义军被迫解兰州之围,退守兰州西南三十里的华林山。六月,苏四十三战死。七月初,起义军被镇压下去。

乾隆四十九年(1784)四月,马明心弟子田五又在盐茶厅小山地方举行

① 《清高宗实录》卷1255,乾隆五十一年五月辛未。

武装起义，攻破当地的西安土堡。起义军在伏羌城外与清军作战，田五阵亡。张文庆、马四娃领导起义军继续战斗，迅速发展到数千人，攻克通渭县城，控制了盐茶、靖远、秦安、隆德、会宁等州县的村堡。清廷又命福康安和海兰察到甘肃镇压，并命大学士阿桂率兵增援。六月，起义军退守石峰堡。七月初，张文庆率领起义军突围，遭到清军伏击，起义军损失千余，被迫退回堡内。清军乘机攻入石峰堡，将张文庆、马四娃等起义军将领全数擒获，又对起义军加以残酷镇压。甘肃回民起义失败。

再次是乾隆五十一年（1786）台湾林爽文起义。林爽文原籍福建漳州平和，后迁居台湾彰化县大里杙庄，加入天地会，成为首领。乾隆五十一年十一月，林爽文领导天地会员和当地人民发动武装起义，攻克彰化县城。他自称盟主大元帅，布告安民。十二月，起义军先后攻克诸罗、淡水、斗六门、南投、猫雾拺等地，并进攻台湾府城。同时，凤山竹仔港农民庄大田领导数千群众起义响应，攻克凤山。林、庄两部号称十万之众，控制了台湾西部大部分地区。高宗先派水师提督、海澄公黄仕简、陆路提督任承恩统兵镇压，但二人胆怯惧战，分驻台湾府城、鹿港，“并不亲临行阵，定期会攻，一南一北，互相观望”，以致农民军“日久蔓延”①，黄仕简、任承恩被革职拿问。

乾隆五十二年（1787）二月，高宗又调闽浙总督常青为将军，往台湾督办军务。常青为和珅党羽，本不知兵，又畏战。五月，起义军来攻府城，常青出战，竟浑身战栗，手不能举鞭。刚一接战，常青即大叫：“贼砍老子头矣”。策马而遁，清军狼狈逃入城中。常青作战不力，寻被革职。六月，高宗再派协办大学士福康安为将军，领侍卫内大臣海兰察为参赞，率领从湖南、广西、贵州、四川等省征调的十余万清兵前往台湾。十一月，清军在诸罗、斗六门等地连败起义军，包围大里杙。城破后，林爽文退据集集埔。十二月，清军攻陷集集埔，起义军溃散，林爽文率数十人逃往深山老林。清军“扮作民人，同淡水义民、差役及社丁、通事等，分投搜缉”。乾隆五十三年二月，清军将林爽文等起义军将领“一同擒获”②。在清军追迫下，庄大田败退台湾南端的琅峤，最后被俘。台湾农民起义也被镇压下去。

---

① 《台湾纪略》卷12，乾隆五十二年四月初四日。

② 《清高宗实录》卷1298，乾隆五十三年二月甲午朔。

五、高宗退位

1. 两次秘密建储

如前所述,清高宗即位初,依例办理秘密建储。但他当时对秘密建储认识不足,所立也拘泥于立嫡立长旧例。乾隆元年(1736)七月,他秘立孝贤皇后富察氏所生、年仅七岁的皇次子永琏为皇太子,遵照世宗"家法",密书其名,藏于乾清宫"正大光明"匾后。不料两年后,永琏病死。乾隆十一年,孝贤皇后生子永琮,高宗又有意立为皇太子。至次年十二月,永琮又染患天花而死。

乾隆十三年(1748),富察氏死于东巡途中,高宗建储立嫡的愿望落空。皇长子永璜、皇三子永璋觊觎储位,幸灾乐祸,未能尽足孝道,引起高宗不满,遭到斥责,明言不可立储。他逐渐认识到秘密立储的重要性,严禁满汉大臣对此进行干预。同时,他放弃了立嫡观念,严格选储标准,决定在没有物色到合适人选之前,暂不秘密建储。他曾一度中意皇五子永琪。但是,永琪于乾隆三十一年又病死。

乾隆三十八年(1773)冬,高宗已经六十三岁。经过反复选择,他决定以皇十五子永琰为储君。永琰生母为令嫔魏佳氏,乾隆二十五年十月初六日生于圆明园"天地一家春"。据《清仁宗实录》卷一记载,他"生而神灵,天表奇伟,隆准丰颐,举止凝重,神明内蕴,睿虑渊通"。六岁就傅,受书于兵部侍郎奉宽。十三岁时,通五经。他又学今体诗于工部侍郎谢慮,学古文古体诗于侍讲学士朱珪。据说"援笔立就,动成典则"。永琰"性尤纯孝","以是冲龄备蒙恩眷"。他的聪颖仁孝打动了高宗,十四岁时,被秘密立为储君。

这次秘密立储,清高宗事先没有透出任何风声,建储后也没有向文武大臣公开宣示。对此,《清仁宗实录》卷一记载:"是年,高宗遵密建家法,亲书上名缄固,藏乾清宫正大光明扁上。"一切办妥后,高宗才告知军机大臣。因此,不但当时所有档案中没有留下再次建储的准确时间,而且很长时间内,除个别军机大臣以外,全国臣民几乎都不知道高宗已经立储。其间,高宗对诸皇子多无明显亲疏,不少大臣也曾猜测储君是谁,但都不得要领。直到乾隆六十年(1795)正月,高宗才暗示出,皇十五子永琰为储君。

2. 高宗退位

早在即位之初，清高宗即焚香告天，说若得位六十年，即当传位嗣子，归政退闲，不敢超过圣祖六十一年纪年之数。乾隆五十八年(1793)，他开始对退位归政进行准备，下令举行恩科考试。次年，决定为归政而蠲免民间积欠钱粮。乾隆六十年，他又为退位归政陆续加恩。九月，高宗御勤政殿，召皇子、皇孙、王公大臣入见，当众取出"正大光明"匾后面的建储密旨，宣布立皇十五子嘉亲王永琰为皇太子，以明年为嗣皇帝嘉庆元年，皇太子移居毓庆宫，其名上一字"永"改为"颙"。高宗同时宣称，退位后，"凡遇军国大事及用人行政诸大端"，他"仍当躬亲指教"，"部院衙门并各省具题章疏，及引见文武官员寻常事件，俱由嗣皇帝批阅，奏知朕办理"①。十二月，他又发出谕旨说："朕于明年归政后，凡有缮奏事件，俱著书太上皇帝，其奏对著称太上皇。"②嘉庆元年(1796)正月元日，高宗在太和殿举行传位仪式，将"皇帝之宝"传给皇太子颙琰。颙琰登基，是为清仁宗。而高宗自此退位，称为"太上皇"。

自嘉庆元年(1796)正月元日退位，至嘉庆四年正月初三去世，高宗度过了三年太上皇生活。三年中，他实际掌控着朝政。归政之际，他曾答应给予仁宗以处理各部院衙门及各省题奏本章及任免官员的权力。但归政后，举凡官员任免、军务布置、政治举措、河工建设、蠲赈事宜等主要事务，高宗无不亲自处理。仁宗的权力，不过是按期举行祭祀以及经筵、耕耤、大阅、传胪等礼仪活动而已。而且，这些活动还要太上皇批准。另外，高宗虽然宣布退位，却一直占居养心殿，仁宗只能住在毓庆宫；仁宗继位，全国行嘉庆年号，而宫中仍用乾隆年号；各直省铸钱，也是乾隆、嘉庆年号各半分铸。总之，清高宗只是将亲政改为训政而已，并没有真正退位归政。

---

① 《清高宗实录》卷1486，乾隆六十年九月辛亥。

② 《清高宗实录》卷1492，乾隆六十年十二月戊寅朔。

第十二讲

康雍乾盛世

康熙、雍正、乾隆年间，国家逐渐统一，社会走向安定，农业、手工业、商业获得很大发展，封建经济日趋繁荣，国家库藏充盈，国力强盛，文化成就突出，造就出中国古代社会发展历程中最兴旺繁荣的康雍乾盛世。

一、农业的发展

康雍乾时期，农业生产获得很大发展。其表现有：

1. 耕地面积增加

康熙、雍正、乾隆三朝高度重视农业生产，以农业为国本，不遗余力地发展农业生产，鼓励垦荒。这一时期，在恢复垦辟原有耕地的基础上，大规模新垦耕田成为当时重要的社会经济活动。原来人烟聚居地附近的塘畔堤边及山丘海岛被陆续开垦。如浙江、江苏、广东沿海海岛、沙滩，湖南、湖北等地堤垸、废湖等，都已垦辟而种植农作物。一些边远荒僻地区，也有大量农民涌入垦辟。如两湖、两广及江西等地农民，纷纷涌入人少地多的四川垦田。康熙二十四年(1685)，四川税田面积仅为一百七十二万亩。至乾隆三十一年(1766)，已增至四千六百万亩。山东、山西、河南及直隶百姓则流入东北、蒙古耕垦。川楚陕交界山区，以及福建、浙江、江西丛山之中，也有大量民众迁入垦殖。清朝政府还在西北等地组织军屯、民屯，边疆地区的荒野也得到开垦。这样，清朝耕地不断增加。明朝末年，全国耕地面积为六亿七千万亩；康熙六十一年，耕地面积恢复到六亿九千三百万亩；雍正二年(1724)，耕地面积达八亿九千万亩；至乾隆三十五年，增至九亿五千万亩；乾隆末年，全国耕地超过十亿亩。

2. 农作物品种和产量增长

这一时期，自明代后期以来传入中国的高产作物玉米和番薯在全国得到推广，稻麦连作和双季稻也在各地推行，这些都使粮食产量有较大增长。封建国家重视兴修水利，圣祖投巨资治理黄河、浑河等，收到巨大成效，历三十年黄河水患消除。乾隆时期，高宗继续兴修水利，为农业生产提供保障，对农作物产量提高大有帮助。有人统计，宋代粮食亩产量约为165斤，明代约为245斤，清代约为310斤，清代比明代增幅为26%。经济作物中，棉花种植遍布全国，江苏、浙江、湖北、河南、河北、山东等省区成为重要产棉区，苏州、松江等地棉花甚至超过粮食种植面积。因此，嘉庆时人说："近时木棉、番薯航海逾岭，而江，而淮，而河，而齐、秦、燕、赵，冬日之阳，夏日之阴，不召自来，何其速也。"①烟草种植业从最初的福建推及于全国，连广西、辽东都普遍种植。桑麻也从江苏、浙江等南方地区推广到北方陕西、辽宁等省区。甘蔗在台湾、广东、福建等省区普遍种植。

3. 农产品商品化程度提高

经济作物的大量种植，必然要求有充足的可外购粮食，这就促进了粮食商品化。如，乾隆四十年(1775)，两江总督高晋反映说：松江府、太仓州、海门厅、通州并所属之各县，"逼近海滨，率以沙涨之地宜种棉花，是以种花者多，而种稻者少。每年口食，全赖客商贩运"，"盖缘种棉费力少而获利多，种稻工本重而获利轻，小民惟利是图，积染成风"②。从事手工业、商业人数大增，也需要大批商品粮。这样，粮食生产势必走向商品化。一些地区成为经济作物专业区，原因之一就在于有湖广、四川充足而价廉的商品粮供应。至晚到康熙中期，自宋代以来一直作为国家粮仓、负担国家税粮一半左右的江浙地区，已经"全赖湖广米粟"了。康熙三十八年(1699)，圣祖南巡，询问江

---

① (清)吴其浚：《植物名实图考》卷6《蔬类·甘薯》。

② (清)高晋：《请海疆禾棉兼种疏》，见(清)贺长龄：《清朝经世文编》卷37《户政十二·农政中》。

浙米贵缘由,“百姓皆谓,数年来湖广米不至,以致价值腾贵”。过去的“苏湖熟,天下足”,到这时已经改称“湖广熟,天下足”①,湖南、湖北成为重要的商品粮生产地。

当然,这一时期体现生产力发展水平的生产工具还没有明显变化和提高,耕作的生产工具基本是旧式农具,可见当时农业生产力的发展仍有很大局限性。

二、手工业的发展

康雍乾时期,手工业的发展突出地表现为民营手工业的发展,生产规模扩大,手工业内部劳动分工进一步发展,地区增加。

清初,曾一度废除手工工匠匠籍,但不久即恢复。康熙年间,将班匠银摊入地亩征收,匠籍彻底废除。这一改革,削弱了手工工匠对封建政权的依附关系,减轻了手工工匠负担,有力地推动了民营手工业发展和商品经济繁荣。同时,农业生产力和农业商品化生产程度的提高,也为民营手工业在劳力和生产资料方面提供了保证。尤其是雍正年间推行摊丁入亩,劳动力可以自由流动,为手工业进一步发展提供充分的保证。康雍乾时期的官营手工业,主要集中在纺织、采矿、大型瓷窑、兵器生产、铸钱等少数行业和部门,产品由国家严格控制,或供统治者享用,发展由盛转衰。民营手工业范围较广泛,几乎涉及官民所用各类物品,有很大动力和活力,取得了很大的发展。

手工业中主要行业是纺织业。在纺织业中,丝织业占有很大比重。江宁(南京)、杭州、苏州都设有官营丝织厂——丝织局,承担为皇室织造丝绸等任务。乾隆年间,三处丝织局都具有相当规模,各有工匠近两千人,织机六百张左右,分工很细。民营丝织业,江宁、苏州、杭州、广州是几个中心。如江宁,康熙中期已经超过传统丝织中心苏州、杭州,成为江南另一丝织业中心。乾隆时期,江宁拥有织机三万余张。江宁丝织品技精质佳,时称“江绸贡缎之名甲天下”。苏州比户皆织,不啻万家。杭州机杼之声,比户相闻。苏州、杭州织机张数、工匠人数是明代的数倍,织物品种增多。康雍乾时期,

① 《清圣祖实录》卷193,康熙三十八年六月戊戌朔。

丝织业工艺技术也有了进步。如，江宁“织缎之机，名目百余”，“精密细致，为海内所取资”①。广州丝织业在清初起步，到乾隆时期发展为著名的绸缎产地，产品“广纱”行销国内外。棉纺织业仍以江南为盛。苏州、松江等地，纺花织布成为重要产业和民众重要经济来源。棉纺业中的轧花业、纺业、织业、染踹业等分工，已经基本独立成业。分工的扩大，提高了生产率。如松江，康熙年间，农暇之时，所出布匹日以万计。无锡地区，乾隆前期每年交易不下数十百万匹，成为著名“布码头”。苏州棉织业也很兴盛，“苏布”之名四方称扬。

矿冶业取得重大发展。乾隆初年以后，清朝鼓励开矿，铜、煤、铁等开采都大幅度增长。云南是清代主要产铜地区，铜矿场雍正年间三座，乾隆年间达三十座。雍正初年，该省每年产铜八九十万斤，雍正五年(1727)上升到四百余万斤，乾隆时已突破一千万斤。煤开采量在清朝前期增长率仅次于铜。直隶、山西、河南、陕西、湖南、山东、广东等地是主要产煤区。京西宛平、房山等县大量开采煤炭，以供京师需用，有煤窑五六百座。宛平西山门头沟地区，竟有煤窑二百余座。在山东，仅巡抚朱定元奏请开采的州县就有二十个。铁开采和冶炼也有很大增长。各地铁矿，康、雍年间有二十座左右，乾隆年间达到八九十座。广东佛山是全国最大的铁器制造地，所造铁锅、铁丝、铁农具等远销全国及海外。陕西黑河、浙江桐乡、湖北汉口、四川威远等地，都是开采和冶炼铁矿比较著名的地区。

制瓷业中心景德镇，明末清初遭到战乱破坏。清初，首先恢复官窑，到乾隆年间，官窑每年解运瓷器达到十万件。官窑的恢复和发展，带动了民窑的建立和兴旺。乾隆年间，景德镇民窑有二三百座，从事瓷器生产的有数千户，工匠数十万人。制瓷分工细密，有陶泥、拉坯、印坯、旋坯、画坯、舂灰、合泑、上泑、抬坯、装坯、满掇、烧窑、开窑等各种名目，“工益举而制益精，一岁之成，恒十数万器”②。其花色品种、艺术水平都超过前代，其中粉彩、珐琅彩反映了当时瓷器工艺的新水平。

此外，如制糖业、制茶业、制盐业、酿酒业、造船业、造纸业等也都有明显发展。

---

① (清)陈作霖:《凤麓小志》卷3《志事》。

② (清)年希尧:《重修风火神庙碑记》，见道光《浮梁县志》卷9。

三、商业的繁荣

康雍乾时期,随着农业、手工业发展,商业日益繁荣。

1. 商品交流发达

首先是商品交流发达,形成地区间乃至全国性统一市场。由于大量种植经济作物棉花、烟草、甘蔗等,原本福建、江浙、广东等产粮区出现缺粮现象。这样,通过商业贸易,粮食大量运入这些地区。江苏松江府崇明县,每年需从外地买粮三十余万石。东北大豆麦粟,每年都有千余万石运销上海。江南棉布运销全国,而棉花又仰给于河南等产棉区。广东佛山铁器,广东、台湾蔗糖,景德镇瓷器,苏州、杭州棉制品,江宁绸缎,福建、安徽茶叶等,都通过商业贸易而行销全国。清人屈大均记载说:"锡器以广州所造为良,谚曰:苏州样,广州匠。铁冶亦然。广州之佛山多冶业,冶者必候其工而求之,极其尊奉,有弗得则不敢自专,专亦弗当,故佛山之冶遍天下。石湾多陶,业陶者亦必候其工而求之,其尊奉之一如冶。故石湾之陶遍二广,旁及海外之国。谚曰:石湾缸瓦,胜于天下"[①]。清朝前期,商业贸易发展,全国形成众多区域性市场,进而出现所谓"四大聚"即四个中心市场,北则北京,南则佛山,东则苏州,西则汉口。

2. 城市繁荣和兴盛

北京自明代以来就是全国政治、经济、文化中心,至清代更加繁荣。正阳、崇文、宣武三门之外,为繁华的工商业区。全国各地手工业品、土特产品源源不断运至北京,各地行帮商人在这里转贩贸易,再运销全国。北京商业繁荣,"第宅云连,市廛棋布,为四方会极之区"[②]。江宁地处长江下游,上通汉口,下接扬州、苏州,交通便利,经济发达,工商业兴旺。苏州为东南著名都会,北自北京,南及交广,以至海外诸国,皆通贸易。汉口为九省通衢,云贵、四川、湖南、广西、陕西、河南、江西之货皆于此转输,"商贾毕集,帆樯满

---

① (清)屈大均:《广东新语》卷16《器语·锡铁器》。

② 《清仁宗实录》卷243,嘉庆十六年五月壬辰。

江”。乾隆年间，毕沅镇楚，“尝失火”，竟“烧粮船一百余号，客商船三四千只，火两日不息”。嘉庆十五年(1810)四月，汉口“又失火，延烧三日三夜，约计商民店户八万余家，不能扑灭，凡老幼妇女躲避大屋，如会馆寺庙亦皆荡然无余，死者枕籍”①。佛山是铁器制作中心，铁制品畅销国内外，工商业繁华甚至超过广州。再如杭州、扬州、广州、无锡、镇江、厦门、景德镇、遵义、宣化、临清、济宁等城市，也都工商业兴盛。

3. 地方市镇发展突出

在江浙等地，除了明代已经初具规模的市镇外，一些临时、定期集市也发展成为大规模的工商业市镇。如吴江县盛泽镇，明初仅为小村落，随着丝织业发展，明末逐渐成市。至康熙年间，盛泽镇居民已至万余家，成为丝绸专业市镇，江浙两省以蚕织为业者俱萃于是。濮院镇也是靠丝织业繁盛起来的，商旅齐集，发展为人口一万余家的工商业市镇。此外，如苏州震泽、松江南翔、湖州乌青、嘉兴枫泾等，人口在百户以上的达二十余座，都是江南工商业比较发达的市镇。

4. 对外贸易发展

清初以来，朝鲜、安南等传统藩属国一直通过朝贡贸易，来北京进行商品贸易。康熙中期以后，清朝国力强盛，藩属国增多，朝贡贸易频繁。东南亚的暹罗(今泰国)等国，还特许在广东、福建、浙江等地海关交易。在北方，《尼布楚条约》签订后，俄国不断派遣商队来北京贸易。从康熙三十二年(1693)至乾隆二十年(1755)，来京贸易的俄国商队至少有17起。《恰克图条约》后，中俄边境的恰克图成为双方贸易中心。开市之初，参加贸易的商人不过十数。18世纪三十年代，每年贸易额仅一万至二万五千卢布。五十年代，来此贸易的俄国商人日渐增加，有的每年贸易额达到五万卢布。中国出口，以烟、茶、绸缎、大黄为主，进口羽纱、皮毛等。中俄贸易的发展，也使原本荒凉的村镇恰克图日益繁荣，人口急剧增加。

与海外诸国的贸易，是这一时期中外贸易的主要方面。清初实行海禁，平定三藩之乱后，圣祖下令开海贸易，以广州、漳州、宁波为对外贸易港口，

---

① (清)钱泳:《履园丛话》卷14《祥异·汉口镇火》。

设置海关,征收关税。康熙后期至雍正前期,一度禁止与南洋贸易。雍正五年(1727),取消南洋贸易禁令。至乾隆二十二年(1757),清朝关闭其他通商口岸,只许在广州贸易,并对外国商人严格限制。虽然清朝对外贸易政策屡有变化,但海外贸易一直没有停止。对日本,其间处于日本锁国阶段,中日贸易主要是中国商船赴日贸易,以中国书画、丝绸、瓷器、茶叶、中药等,为政府贸易日本之铜等。开海期间,每年赴日中国商船达七八十只,从日本办铜八百多万斤。乾隆年间,每年仍有十多只。对东南亚诸国,民间前往贸易者甚多,数额更大。康熙后期,南洋禁航令即主要针对与它们的贸易。雍正年间开禁后,民间贸易又得恢复和发展。另一种情况是西方英、法、美等国来华贸易。清朝禁止他们入内地自行贸易,而是划定广州,在海关设立洋行,由政府特许的行商负责推销外商商品,并代其收购中国货物。西方国家输入中国商品主要是棉花、呢绒、钟表等,中国出口以茶叶、棉布、丝绸、瓷器为主。起先,西方来华贸易商船每年十至二十几艘。乾隆中后期,则增加到每年五六十艘,最多时达到七八十艘。

四、国家库藏充盈

经济发展和繁荣,为国家财政收入的充裕提供了坚实基础。

康雍乾时期,自然经济仍占绝对主导地位,田赋、丁银是国家主要财政收入来源。其时,人口迅速增加,耕地不断垦辟,政府地丁银不断增长。据统计,顺治九年(1652),清朝地丁银岁入二千一百二十六万两,康熙二十四年(1685)增加到二千七百二十七万两,雍正三年(1725)达到三千零七万两,乾隆十八年(1753)为二千九百三十八万两,乾隆三十一年增至三千二百九十一万两。盐课在当时财政收入中占第二位。顺治九年盐课岁入为二百一十二万两,康熙二十四年为二百七十六万两,雍正三年为四百四十三万两,乾隆十八年为七百零一万两,乾隆三十一年为五百七十四万两。商业繁荣,商税成为第三大财政收入项。顺治九年商税岁入为一百万两,康熙二十四年为一百八十七万两,雍正三年为二百零三万两,乾隆十八年为五百三十五万两，乾隆三十一年为五百四十万两[1]。此外，茶课、矿课、常例捐纳等杂项也是清朝国家重要的财政收入来源。

扣除兵饷、各省留支、各种俸禄、河防修浚费用、宫廷开支等国家财政支出部分，清朝国库逐渐积累了充盈的银两。顺治年间，清朝入不敷出，国家无积蓄。康熙前期、中期，国家财政储备呈增长趋势。但是，康熙后期，由于钱粮亏空，国库存银仅八百万两。世宗继位后，大力整顿。至雍正五年(1727)，国库银增至五千万两。乾隆年间，户部存银常年保持在六七千万两，相当于国家年收入的一倍半。与以往各朝代相比，这是空前的。

国家库藏充盈，是清朝富强兴盛的重要标志，也为当时进行的边疆经营提供了充沛的财政保障。

五、康雍乾盛世

清朝康熙、雍正、乾隆年间，是中国历史上发展最兴旺繁荣的一段时期，因此被称为康雍乾盛世。

1. “盛世”含义

历史上所谓“盛世”，是中国古代社会发展中特定的历史阶段，是国家从大乱走向大治，在较长时间内保持繁荣而稳定的一个时期。用现在的话说，“盛世”就是“最好的历史时期”。一般来说，中国古代“盛世”，大体有以下几个特征：国家统一、经济繁荣、社会安定、政局稳固、国力强大、文化昌盛等。

清代以前，为史家所共识的“盛世”有三个：① 西汉“文景之治”，至武帝而极盛；② 唐太宗“贞观之治”，至唐玄宗开元年间而成盛唐；③ 明朝永乐、宣德之治。这几个“盛世”，都从大乱走向大治，是清代以前封建社会最好的三个历史时期。

2. 康雍乾盛世成因

康雍乾盛世，又称康乾盛世，它的出现，并非偶然，而是清初以来以多尔

---

① 《清史稿》卷125《食货六》。

衮、清世祖、清圣祖、清世宗、清高宗为首的最高统治集团几代人不间断奋斗的结果。

清朝自顺治元年(1644)入关,历经十八年统一战争,陆续消灭大顺、大西农民军以及弘光、隆武、永历等南明政权,除台湾以外,全国基本实现统一。可以说,以摄政王多尔衮、清世祖为首的统治集团的努力,为清朝全面实施大治奠定了坚实基础。清圣祖继位后,又经过二十年进一步治乱,以康熙二十年(1681)平定三藩之乱为契机,乘胜收复台湾。其后,圣祖南巡,亲临治黄工地,阅视河工,标志国家全面转入经济建设,从而拉开"盛世"序幕。清世宗继往开来,继续把"盛世"推向前进。乾隆朝集前三代人之大成,始成全盛局面,铸造出盛世辉煌。康雍乾盛世持续百余年,是中国历史上最长的一个"盛世"时期。康雍乾盛世的形成,大体有以下几个原因:

首先是历朝统治者从严整顿吏治。吏治腐败,是明朝灭亡的主要原因之一。清初统治者时时以明亡为鉴戒,大力整顿吏治,扫除明末以来官场贪风和颓风。圣祖治国,宣布"惟以察吏安民为要务","朕恨贪污之吏更过于噶尔丹"。对被揭发出来的贪官,他一律加以重惩。不少部院大臣以及地方督抚,皆因贪赃而被处死。世宗上台后,严苛治吏,罢斥贪墨庸懦,清理亏空钱粮,严惩贪官污吏。乾隆年间,高宗整肃吏治,不断掀起大狱。另一方面,各朝又大量表彰清官廉吏,树为典范,倡导百官效法。经过数十年整顿,吏治大为改观。

其次是全面恢复和发展生产。明末以来,至顺治年间,经过半个世纪的战争蹂躏,人口锐减,土地抛荒,农业残破,百业萧条,社会经济式微。清朝能否立足、巩固政权,发展经济是根本。于是,从顺治年间开始,特别是康熙、雍正、乾隆三朝,最高统治者高度重视农业生产,以农业为国本,不遗余力地发展农业生产。三朝统治者皆鼓励垦荒,使耕地稳步增长。圣祖投巨资治理黄河、浑河等,兴修水利,收到巨大成效,历三十年黄河水患消除。乾隆时期,高宗继续兴修水利,为农业生产提供保障。三朝统治者还不断蠲免赈济,减轻农民负担,保障农业生产发展和农民生活安定。

第三是坚持国家大一统,制定并实行正确的民族政策。入关前,清朝已经建立了满蒙联姻政策。入关后,清朝统治者的国家疆域和民族观念逐渐发生巨变,不断宣扬"满汉一体"。康熙三十年(1691),圣祖提出废长城、"中外一视"思想,突破了两千多年来因长城而形成的内外、华夷之别的传统观念，把大一统政治理想与实践发展到了极限。对于西北、西南等地个别少数民族首领发动叛乱，清朝坚决出兵平叛，反对分裂，维护了国家统一。

第四是发展和振兴文化事业。康熙、雍正、乾隆三朝牢固地树立了儒家思想(或者说程朱理学)为其统治思想，兴办学校，振兴教育，培植人才；大力推进传统文化的进一步发展，整理文化典籍，编纂如《四库全书》等成为时代标志的图书，集中国传统文化大成。

第五是康雍乾三朝政治和政策稳定。康熙、雍正、乾隆三朝，统治者治国方略及政策长期保持连续性，“敬天、法祖、勤政、爱民”成为清朝皇帝凛然恪守的“家法”。统治集团长期稳定，政局平稳，内部矛盾和斗争很快被化解，没有形成统治集团内部的起兵叛乱等破坏性争夺。

第六是整个18世纪的国际政治、经济形势也对中国有利。这一百年间，欧洲正处于强国之间的均势之中，军事力量、外交影响比较均等地分配于法国、西班牙、俄国、瑞典、英国等国家之间。为争逐海上和陆上霸权，各国之间战争不断，注意力一时还不能顾及东方，更不可能联手对付中国。而且，当时中国产品丰富，在与外国进行产品交换时往往是出超，大量白银流入中国。据统计，16世纪以后二百多年中，全世界白银总产量为十二万吨，其中约一半流入了中国，这对中国经济发展有非常大的刺激作用。

3. 康雍乾盛世分期

康雍乾盛世的分期，专家学者稍有不同。

有的主张从康熙二十三年(1684)到嘉庆四年(1799)。因为至康熙二十三年，中国大陆基本统一，清朝开放海禁，汉族士人基本认同了清朝统治，百姓望治心切，清朝在中原地区站稳了脚跟。至于截至嘉庆四年，是因为虽然清高宗在乾隆六十年(1795)宣布退位，但实际上并未真正归政，而是以太上皇身份仍掌控着国家政权，直至嘉庆四年正月去世。而在这前后，清朝各种内政问题纷纷显现，盛世降下帷幕。

也有的主张康雍乾盛世从康熙五十年(1711)开始，到嘉庆四年(1799)结束。康熙五十一年，圣祖宣布：“盛世滋生人丁，永不加赋。”而在上一年十月，圣祖还宣布，三年之内，全国普遍蠲免地丁钱粮一次。圣祖这两项决定，实际是宣布清朝自康熙五十年进入“盛世”。自康熙五十年至雍正十三年(1735)，为“盛世”发展时期；自乾隆元年(1736)至四十六年，为“盛世”鼎盛时期;其后,“盛世”全面衰退,至嘉庆四年,川陕等五省白莲教大起义,“盛世”告终。

还有的学者认为,从康熙元年(1662)到乾隆六十年(1795),长达一百三十四年。但是,一般讲康雍乾盛世历时一百三十四年,实际上前二十多年和后十来年不完全是盛世。因为圣祖即位时还是个八岁孩童,面临的问题很多,还不具备决断国家大事的能力。直到康熙二十年(1681),平定三藩,真正的盛世应该是从这时开始算起。高宗平准噶尔前后,清朝势力最大。到乾隆四五十年以后,政治逐渐停滞,盛世开始衰退。但是,当时国力仍然强大,余威还在。因此,康雍乾盛世很难说有个具体时间,其他盛世也是这样的。

在以上几种说法中,我们倾向第一种说法。第二种说法,以圣祖宣布普免钱粮、声言“盛世滋生人丁,永不加赋”,说服力稍显不足。因为在此前,圣祖已经有大规模蠲免,而且“盛世”在各朝都会被君臣用来自夸。至于第三种说法,其起始年代倾向于第一种说法,而且截至年代稍早,也没有什么标志性事件,稍觉模糊。

4. 康雍乾盛世的历史成就

康雍乾盛世下的中国,是当时世界上强大的国家之一。其所取得的成就,实踞东方文明之巅。

首先,开疆拓土,奠定了现代中国版图,中国多民族的大一统国家形成。中国东北、西北、北部三北地区,以及西南、东南,远至南海,其疆域之极限,圣祖开拓于前,世宗继其后,最终完成于高宗。清朝领有的疆域,西达巴尔喀什湖以西,北至外蒙古,东北延至外兴安岭以南,东至鄂霍次克海,南至南海。历史上,汉、唐、元、明全盛时期,我国版图也曾到达过上述地区,但实际上并没有实现真正的长期有效的政治管辖和军事控制。而康雍乾盛世实现了这一目标,上述边疆地区成为中国领土不可分割的一部分,内地汉族与边疆少数民族以经济文化纽带联系在一起,从而奠定了现代中国的版图,中国多民族的大一统国家形成。

第二,人口突破三亿,达到历史上的最高峰值。在农业人口占全部人口绝大多数,农业作为决定国家命脉的支柱产业的古代,人口数量历来被视为国家兴旺富庶的最重要标志。据学者研究,汉朝盛世时人口五千万;唐朝盛世时，天宝年间人口达到八千万；明朝后期，在册人口最高数字为六千万，实际人口达到一亿五千万。到了清朝，三藩之乱平定初，全国人口近七千万，康熙六十一年（1722）恢复到一亿，雍正十二年（1734）为一亿四千万，乾隆二十七年突破二亿，乾隆五十五年（1790）超过三亿。人口持续迅速增长，无疑是当时社会安定、经济发展的结果。庞大的人口，为当时农业社会所能承载，是“盛世”表现之一，同时又是将“盛世”推向巅峰的主要推动力之一。

第三，经济发展，城镇繁荣，在世界经济总量中长期处于领先地位。康雍乾时期，农业、手工业获得较大发展，商业繁荣，城镇兴起，成为世界经济的重要中心。一直到清高宗辞世的18世纪末，中国国内生产总值GDP，在世界总额中仍占三分之一。中国在世界制造业中所占份额，超过整个欧洲5%，大约相当于英国的8倍，俄国的6倍，日本的9倍①。因此，当代学者贡德·弗兰克在《白银资本》中说：19世纪以前，“作为中央之国的中国，不仅仅是东亚纳贡体系的中心，而且在整个世界经济体系中即使不是中心，也占据支配地位”②。

第四，国家财政储备雄厚，不断大规模蠲免钱粮。康雍乾时期，国家库藏充盈，财政储备雄厚。统治者施惠于民，不断蠲免钱粮。从康熙元年（1662）到康熙四十八年，累计蠲免全国钱粮银一亿两。乾隆时，先后四次蠲免全国钱粮，总额达一亿二千万两。康雍乾盛世时期的蠲免，堪称中国历代蠲免之最，突出地显示了盛世的经济繁荣。

第五，文化事业得到很大发展。康雍乾盛世时期，标志性的文化工程，至少可以举出历时百年修成的《明史》，踵接《永乐大典》之后、历康熙、雍正两朝修成的类书《古今图书集成》，以及乾隆年间纂修完成的中国第一部大丛书《四库全书》。

总之，康雍乾盛世所取得的成就是不容置疑的。而且，它远超汉、唐、明，是中国古代历史上发展最兴旺繁荣的盛世。

5. 康雍乾盛世的危机

需要指出的是，在康雍乾盛世的繁荣背后，也隐藏着一些危机，对中国

---

① ［美］保罗·肯尼迪：《大国的兴衰》，陈景彪等译，国际文化出版公司2006年版，第181—182页。

② ［德］安德烈·贡德·弗兰克：《白银资本》，刘北成译，中央编译出版社2000年版，第19页。

社会的长远发展非常不利。主要是以下四个方面：

一是闭关锁国。这一方面阻碍了经济前进,另一方面也束缚了中国人民的思想,失去了了解世界、采用西方近代科技的机会,使中国日渐落后。

二是重农轻商。政府控制、限制工商业的发展,这对中国进入近代社会起着消极作用。

三是禁锢思想。有清一代,思想禁锢前所未有。统治阶级大兴文字狱,议论时政、撰写史书往往带来杀身之祸。于是,人们噤若寒蝉,思想上难以解放,更谈不上活跃,这对思想发展和社会进步极为不利。

四是轻视科学。科举考试考的只是四书五经,人们学习的只是程朱理学。自然科学被排斥在科举之外,被认为是奇技淫巧,不能登大雅之堂。而17、18世纪,西方自然科学迅速发展起来,涌现出伽利略、牛顿等一大批杰出科学家,为西方社会的近代工业革命提供了知识源泉。

康雍乾盛世存在的危机,使其不可能得到长久延续和发展。当它发展到顶峰时,也就是它衰落的开始。随着清高宗退位、去世,百余年"盛世"大戏降下帷幕,清朝在"盛世"余晖中无可挽回地走向了衰落。

6. 康雍乾盛世的质疑

也有一些学者对康雍乾盛世表示质疑。他们指出,这一时期的经济发展是明末以来战乱频仍之后的一种恢复性发展,而并不是由于新的生产方式和使用新的科学技术引起的生产力革命性大提高。当这种恢复性潜力发挥完结,中国的经济落后与停滞就迅速暴露在世人面前。鸦片战争距乾隆末年仅四十余年,"大清"如此不堪一击,便是明证。汉唐盛世的生产方式和科学技术在世界都处于领先地位,而康雍乾时期则不断落后直至大大落后。尤其是,康雍乾时期都实行极度的君主集权专制,大搞文字狱,禁锢思想,造成了中国科学技术、思想与文学艺术的倒退以及国民的自大无知,彻底扼杀了民族精神,造成了万马齐喑的局面,使中国在精神生产与物质生产上彻底失去活力,与世界的差距迅速扩大并越来越大。因此,对康雍乾时期不能评价过高,而只能称之为"康(雍)乾之世",而不是"康(雍)乾盛世"。

还有一些人对康雍乾时期的繁荣富庶加以批驳,认为其铁冶、造船、建筑等手工业并没有达到明朝的水平。康雍乾时期的人口增长,并不能说明生活比较安定,事实上当时清朝多次发生人吃人的大饥荒。明末西方传教士赞扬中国物产丰富，物质生产能力远胜欧洲，人们衣饰华美，风度翩翩。乾隆年间，来华的英国马戛尔尼使团观察到，自清朝建立一百五十年间，中国社会没有改善，反而倒退了；当西欧社会每天都在艺术和科学领域前进时，中国实际上正在变成半野蛮人；当时的中国，遍地都是惊人的贫困，人们衣衫褴褛，甚至裸体，像叫花子一样破破烂烂的军队，甚至连他们扔掉的垃圾都被人抢着吃。因此，对康雍乾时期不但要在中国历史上纵向比较，还要在当时国际环境下横向比较。西方史学界就普遍认为，康雍乾时期是中国的黑暗中世纪，而不是什么“盛世”。

这些质疑无疑有一定道理。但是，我们说，康雍乾盛世终究是中国封建社会历史上一个最为强大兴盛繁荣时期。两千余年的封建社会，虽然社会生产方式没有什么改变，但是在各个王朝统治下，生产力有发展停滞，国力有强盛兴衰，王朝有盛衰兴替，西汉“文景之治”、唐朝“贞观之治”、明朝“永宣之治”即是其兴盛繁荣的突出代表。如果肯定汉唐盛世，那么也不应该否定康雍乾盛世。至于康雍乾时期的君主专制强化以及由此造成的中国落后，并不能完全归咎于三个皇帝个人，而是千百年来中国封建专制发展的产物。中国落后于西方，是中国经济、政治、社会结构造成的，是长期历史积累的原因。我们肯定康雍乾盛世的功绩，也并不否认其局限及危机。可以说，康雍乾盛世取得了中国封建社会所能达到的最大成就，但与同时期的西欧相比不免黯然失色，落后于西方国家，落后于人类历史前进的步伐和历史潮流。

第十三讲

嘉庆年间的社会危机与清朝中衰

嘉庆年间，社会危机四伏，各种矛盾尖锐激化，清仁宗虽然力图革新振兴，但抓不住问题的症结，又不能倾全力加以解决，使清朝难以振兴，陷于中衰。

一、仁宗初政

嘉庆元年(1796)正月，清高宗将皇位传给颙琰，是为清仁宗。但是，嘉庆初年，高宗训政，为太上皇，仁宗只是一位日侍游宴的傀儡皇帝，并不能真正行使皇帝权力。对此，当时来华的朝鲜使臣描述说：仁宗“状貌和平洒落，终日宴戏，初不游目。侍坐太上皇，上皇喜则亦喜，笑则亦笑”，赐宴时，“侍坐上皇之侧，只视上皇之动静，而一不转瞩”[①]。因此，《清史稿》本纪称他“初逢训政，恭谨无违”。嘉庆四年正月初一，八十九岁的高宗照常御乾清宫接受朝贺。正月初二，他身体不适。正月初三清晨，高宗驾崩，仁宗自此得以亲政。

1. 清除和珅集团

乾隆后期以来，和珅专权擅政，蠹国病民，颙琰虽痛恨，但一直隐忍未发，与之周旋。高宗死后第二天，仁宗迅速下令，褫夺和珅军机大臣、九门提

① 《朝鲜李朝实录中的中国史料》下编卷12，正宗二十年三月壬子、戊午。

督等职务，令其与同党户部尚书福长安值守殡殿，加以软禁。正月初八，根据御史参劾，仁宗宣布将和珅、福长安下狱治罪。其后，他公布和珅之罪，共二十款。

正月十八日，仁宗宣布，和珅罪大恶极，应照大逆律凌迟，或贻误军国律处斩。但国丧期间，免其肆市，加恩赐令自尽。同时，仁宗下令抄没其家产。当时传说，从和珅家里抄没赃贿得八亿两，和珅"以二十年之宰相，所蓄当一国二十年岁入之半额而强。既尽籍收入官，时人为之语曰：'和珅跌倒，嘉庆吃饱云。'"①

对于和珅党羽，仁宗也予以惩治。福长安与和珅勾结，肆意贪婪，仁宗下令处斩监候。仁宗赐令和珅自尽，命押福长安前往跪视。和珅弟和琳已死，革公爵，撤出太庙。和珅子丰绅殷德，因娶高宗最为钟爱的和孝公主，保留伯爵，只准在家闲住。其他党羽，如苏凌阿、吴省钦、吴省兰、伊江阿等人也受到处理。而对和珅举荐及奔走其门的官员，若无大的劣迹，都免予追究。

2. 任用直臣，鼓励直言

以清除和珅集团为契机，仁宗打出"咸与维新"旗号，对内政加以整顿。他任用和拔擢一些刚直清廉、政声卓著的乾隆旧臣，如王杰、董诰、朱珪等，重组中央权力核心，实现政权平稳交接。与此同时，他不止一次地发布诏书，鼓励直言陈事，"凡九卿科道，有奏事之责者，于用人行政一切事宜，皆得封章密奏"②。

为了鼓励直言，仁宗重新处理乾隆后期两件因言获罪案件。一是御史曹锡宝参劾和珅家人刘全案，因吴省钦、和珅暗通消息，结果查无实据，曹锡宝被革职留任，六年后含恨而死。至此，仁宗赞扬曹锡宝"不愧诤臣"，加恩赠副都御史，其子赠官予荫。二是内阁学士尹壮图议查地方亏空案，因和珅及各省督抚作假，尹壮图只好自承虚诳，奏请治罪。后被降职，乞归养母。仁宗召尹壮图来京升用，但尹壮图不愿再仕，遂赐以给事中衔放归，许其上章言事。其后，尹壮图多次上疏，建言论事，仁宗或采纳，或拒斥，然均宽容

① （民国）黄鸿寿：《清史纪事本末》卷34《和珅之贪横》。
② 《清仁宗实录》卷37，嘉庆四年正月甲子。

待之。为了保障官员直言无隐,仁宗先后下令,部院大臣、督抚等奏折可以直达御前,地方道员也可密奏言事,任何人不得私行拆阅。

在仁宗提倡和鼓励下,不少言官纷纷上疏指陈时弊。仁宗对关系国是、切中事宜者多所采纳,对被劾官员查证确实者加以惩治,乾隆后期以来颓废萎靡政风有所改观。

3. 崇俭抑奢

高宗晚年,沉溺于盛世的满足,迷恋声色,铺张奢靡,从中央到地方,大小官员欺隐粉饰,大肆贡献方物、器玩,朘削于民。仁宗撰有《节俭论》一文,提出"俭,美德也。古昔帝王,莫不崇俭则治","宫室服御,备物而已。若逞巧盈侈,耗国正用,是所当节也","治天下者,先言节俭。创业之君,茅茨土阶,不期俭而自俭。守成之主,安富尊荣,易至于骄奢,而怠心生,敬念懈,政不纲矣"①。此文为仁宗在"潜邸"时,"有鉴于宫室服御宜惩巧而戒奢,发明创业守成之美德"而作。可见,其文有鲜明针对性。仁宗亲政后,更是大力崇俭抑奢。

他禁止各地进贡珠宝器物,违者以抗旨论。新疆叶尔羌采集大块玉石进贡,仁宗闻讯,令即于途中抛弃,不必进贡。嘉庆五年(1800)二月,肃亲王永锡进贡玉器等物,仁宗痛斥之,将所进之物当面掷还,革其都统等官,交宗人府议处。在仁宗反复申禁下,大小官员进献器玩之风得到遏止。

仁宗禁止节庆大操大办。乾隆后期,每逢太后、皇帝生日等节庆,皆大肆操办。仁宗提倡节俭,严令各地不许在他寿辰之日广陈戏乐,也不准办理庆典。各地进京庆寿的督抚、将军等,一律禁止进献珠玉等物。嘉庆十六年(1811),有御史奏请,皇帝生日时,在城内演戏十日。仁宗降谕训斥,并将该御史照溺职例革职,发往盛京派当苦差。这样,原来隆重操办的几大节日都较前冷清多了。

仁宗还减少巡幸,不许各地修设行宫。嘉庆四年(1799),有官员奏请捐廉修理盛京夏园行宫,以备皇帝巡幸。仁宗拒绝,并下令拆毁,以拆卸木料修理盛京宫殿。嘉庆十四年,他准备巡幸五台山,预先下令不准在途中及山上山下设置戏台、亭园等点缀。嘉庆十七年,山东巡抚同兴奏请兴修行宫,

---

① 清仁宗《御制节俭论》,见(清)庆桂《国朝宫史续编》卷71《经费三·节省事例》。

又遭到申斥。

日常生活起居，仁宗也非常俭朴。嘉庆十一年(1806)，归国的朝鲜使臣汇报说，仁宗"大抵以勤俭见称，观于宫殿之多朴陋，可谓俭矣"①。总之，仁宗当政二十余年，始终节俭如一，力图倡导出俭朴之风，为百官做出榜样。但其效果有限，官员们奢靡之风日盛一日。

4. 整顿吏治

仁宗亲政初，还根据言官指陈，惩处了一批贪官污吏。湖广总督毕沅，与湖北巡抚福宁、布政使陈淮朋比为奸，"广纳苞苴"，当地人称："毕不管，福死要，陈倒包。"又言："毕如蝙蝠，身不动摇，惟吸所过虫蚁。福如狼虎，虽人不免。陈如鼠蠹，钻穴蚀物，人不知之。"②嘉庆元年(1796)，白莲教大起义在湖北爆发，即与其有关。但毕沅与和珅勾结，也得到高宗信任。嘉庆二年，毕沅死，高宗赐太子太保。仁宗亲政后，有官员揭露毕沅贪黩欺罔，仁宗即追究毕沅之罪，革去其子孙世职，抄没家产。富纲曾任云贵总督、漕运总督，贪婪不自律，赃至数万两。嘉庆五年二月，审实，仁宗表示，富纲按律应处绞决，但因其曾有功劳，改为绞监候，秋后处决。云南巡抚伊桑阿，贪污婪索，又罔上欺君，嘉庆六年十一月，被处绞立决。

仁宗还大力表彰、拔擢清官廉吏。满洲镶白旗人岳起(姓鄂济)，历任奉天府尹、江西布政使、山东布政使、江苏巡抚，清廉自持，禁止奢侈习俗，吴人称为岳青天，为仁宗赏识，命署两江总督。嘉庆八年(1803)，岳起卒于京，赠太子少保。其家产，仅屋四间、田七十六亩。按制，旗人死而无嗣者，家产入官。岳起无子嗣，仁宗特命留其家产，赡养其妻。四川广元县知县刘清，政声清廉，人称刘青天。后说服白莲教起义军首领王三槐投降，为仁宗所知，升知州，赐花翎。其后，刘清先后升知府、按察使等职。仁宗赐御制诗曰："循吏清名遐迩传，蜀民何幸见青天！诚心到处能和众，本性从来不爱钱。"时人"以异数荣之"③。刘清历官布政使、刑部员外郎、山东盐运使等职。山西临晋人荆道乾，历官知县、知府、按察使，所至清廉能干，嘉庆四年升江苏

① 《朝鲜李朝实录中的中国史料》下编卷13，纯宗六年二月乙酉。

② (清)昭梿：《啸亭杂录》卷10《湖北谣》。

③ (清)王培荀：《听雨楼随笔》卷2；《清史稿》卷148《刘清传》。

布政使。仁宗颇为信任,委其与岳起整顿漕弊,拔为安徽巡抚。后又陈屯田之弊,亦被仁宗采纳。死后,仅积养廉银数千两。

5. 处理洪亮吉上书

但是,仁宗亲政初对内政的整饬并不能够坚持和落实,"咸与维新"也不过是昙花一现。在整顿吏治方面,仁宗惩治和珅,但又对建议彻底清查和珅家财者进行驳斥。和珅死党吴省钦、吴省兰始遭降职和削职,然不久即起用吴省兰,并为吴省钦辩冤。福长安始论斩,寻赦免,发还家产。其他党羽则未加惩处。对和珅集团的惩处高举轻放,难以达到整肃吏治、震慑和遏制贪腐的效果。

大小臣公直言时政,不免"妄奏"和指斥,仁宗也逐渐难以忍受和采纳。嘉庆四年(1799)五月,有官员王尔烈条陈武闱诸事,仁宗即斥其"断不可行","擅议更张",并告诫臣下以后"不得以琐事空言逞臆渎听"①。此后,仁宗将数名"妄奏"官员罢斥,同时在上谕中要对言事"怀私"者治以"妄言之罪",官员遂多不敢直言朝政。

仁宗亲政初,以"咸与维新"相号召,对乾隆朝弊政多所更张。但很快,他又对这一提法公开批判和否定。嘉庆四年十二月,国子监祭酒法式善条奏事件,折首有"亲政维新",不想激怒仁宗,斥责说:"朕以皇考之心为心,以皇考之政为政,率循旧章,唯恐不及,有何维新之处?"②此后,仁宗虽不时颁发一些革新朝政上谕,但或小题大作,或高调重弹,对革新弊政并没有多少实际有效的行动。

仁宗初政革新半途而废的标志,则是处理洪亮吉上书。洪亮吉,字稚存,江苏阳湖(今常州)人。少孤贫,力学,孝事寡母。初佐安徽学政朱筠校文,继入陕西巡抚毕沅幕,为校刊古书。词章考据,著于一时,尤精研舆地。乾隆五十五年(1790)中进士,授翰林院编修。他研究现实问题,"喜论当世事"。仁宗亲政后,参与编修《高宗实录》。受仁宗"诏求直言"的鼓励,嘉庆四年八月,他写成奏疏数千言,"反复极陈时事",分为三份,分别托成亲王永瑆、协办大学士朱珪、兵部尚书刘权之代呈。结果,只有永瑆将上书呈交给

---

① 《清仁宗实录》卷44,嘉庆四年五月癸亥。

② 《清仁宗实录》卷56,嘉庆四年十二月甲申朔。

仁宗。洪亮吉在上书中，对乾隆后期以来弊政、仁宗亲政后革新进行了全面而深入地检讨，认为仁宗革新既不全面，也不彻底，表现为“励精图治尚未尽法”、“用人行政未尽改”、“风俗日趋卑下”、“赏罚仍不严明”、“言路似通而未通”、“吏治欲肃而未肃”等①，可谓切中时弊，直言无隐。据《清仁宗实录》卷五十记载，面对洪亮吉犀利而深刻的批评，仁宗勃然大怒，反复为自己辩解。他斥责洪亮吉“语涉不经，全无伦次”，“肆意妄言”，“有心诽谤”，令革职议罪。后命免死，发往伊犁严行管束。

仁宗严惩洪亮吉上书后，直言朝政之弊者日少，言路开而复禁，万马齐喑局面重新笼罩朝野。

二、社会危机四伏

乾隆后期以来，吏治败坏，经济迟滞，财政紧张，武备废弛，社会危机显露。仁宗亲政后，标榜“咸与维新”，但他既未抓住问题的实质，有限的革新又不能坚持，丧失了振兴清朝的机会，社会危机进一步加深。

1. 吏治败坏

嘉庆年间，从中央到地方，通过各种所谓陋规、节礼以及私下甚至公开的行贿，形成纵横交错、上下相通的用银钱编织的贪贿网络。大小官员通过州县对民众敲扑盘剥，再以各种借口手段将搜括所得中饱分肥，全无顾忌。如，直隶藩司书办王丽南等人，私雕藩司及库官印信，并串通银匠舞弊营私，自嘉庆元年(1796)至十一年，共侵吞地丁、耗羡、杂项等银三十一万零六百两，涉及二十四个州县，参与贪赃分肥的有知州、知县十余人。工部书吏蔡泳受、王书常等私雕假印，捏造事由，在嘉庆十一年至十四年，先后十四次去户部三库和内务府广储司库等处诈领银两、物料，酿成巨案。再如，嘉庆十四年，江苏山阳知县王伸汉捏报灾民数目，冒领赈款二万三千余两。事为候补知县李毓昌查出，王伸汉竭力乞求包庇，遭拒绝。最后，王伸汉竟毒死李毓昌，知府王毂验尸时，又为包庇蒙混。高级官吏贪贿，如嘉庆十一年，山东

① 《清史稿》卷356《洪亮吉传》。

布政使邱庭漋借领库银四万九千九百余两，招待刑部办案人员；内务府大臣广兴，先后几次赴河南、山东办案，每次均收银万两，婪索赃银，数至累万。嘉庆年间，虽然仁宗也惩治过不少贪官污吏，但并未全面整顿和惩处，对大小官员更多的是警告和恫吓，因此全无效果，贪贿大案不断发生，大小官员前腐后继。

各级官员怠惰偷安，政务废弛。其时，朝廷大员"全身保位者多，为国除弊者少，苟且塞责者多，直言陈事者少。甚至问一事则推诿于属员，自言堂官不如司官，司官不如书吏。"[①]以办理刑名案件为例。大案经刑部等初审、复审后，往往还要集九卿、科道朝审，以辩驳平允。但嘉庆年间，朝审渐成虚文，九卿、科道未必全到，到后亦不发一言，若有一人驳改一案，则其余人必群起而攻之，目为多事。各省督抚州县官，于应办事件借口行查，经年累月尚未完结。嘉庆十二年(1807)，直隶、江西、福建等省清查未结案件，多者二千余件，少者数百件。嘉庆二十三年，山东清查积案，巡抚衙门一千三百七十四件，按察司衙门达六千零八十件。广东英德县知县陈寅，于审办案件不随时完结，以致数年之内在押病毙犯人数十名。有的官员则借此索赃，辗转株连。

更为滑稽的是，各省督抚呈递奏折、在京各部院引见奏事，不是随时而行，而是要事先选择所谓"吉日"行之。嘉庆二十二年(1817)正月，仁宗指斥说："朕办理庶务，惟日孜孜。内外章奏，无不随时批答，从不稍存避忌。其诹吉举行者，皆事关典礼，即古人外事刚日、内事柔日之义，非寻常事件所当比例也。乃直省各督抚奏事，于拜折时先择吉日。又豫择吉日，嘱令差弁于到京后届期呈递。是以近日遇闭破之期，竟全无奏折。遇成开之日，数省之折汇齐呈递。朕检阅《时宪书》，其日必系良辰，甚属可笑可鄙。即在京各部院引见奏事，亦往往选择吉日，均属陋习。"[②]尤为荒唐的是，兵部印信于嘉庆二十四年八月丢失，负责书吏竟隐瞒蒙混，至次年三月才被发觉。大小官吏颓靡成风，由此可见一斑。

面对吏治全面败坏，嘉庆十九年(1814)九月，仁宗御制《实心行政说》一文，颁行天下，抨击"方今大弊，官无实心，民多伪诈。官则因循怠玩，民皆诪

---

① 《清仁宗实录》卷130，嘉庆九年六月戊辰。

② 《清仁宗实录》卷326，嘉庆二十二年正月甲寅。

张为幻。上下不交，寡廉鲜耻，不但不能遵守朕训，甚至奸徒丑诋，竟漠不关心，毫无动念，诚怪诞之极矣”。他要求，诸臣“以实心行实政”，否则，“欺饰诈伪之名，难逃史笔也”①。仁宗不能严惩贪贿怠惰，扭转政风，而是仅查办个别案件，且姑息迁就，强调道德感化，因此难以收到明显成效。

2. 社会经济发展迟滞

康雍乾时期，社会经济取得了很大发展，呈现出盛世繁荣景象。但是，它存在的闭关锁国、重农轻商、禁锢思想、轻视科学等缺陷，使其不可能维持长久。尤其是轻视科学，科学技术发展严重滞后，使得经济的发展只能局限在一定范围内，缺乏持续发展的能力。而且，人口迅速膨胀，几乎消耗了经济发展的成果，积累资金进行扩大再生产的能力受到限制，社会经济无法得到进一步发展。

嘉庆年间，仁宗不仅无力解决社会经济发展的这些瓶颈问题，反而在社会急剧动荡的情况下，实行了更为保守的经济政策。仁宗亲政后，屡次谕令臣工不得言利，下令对矿山开采实行严厉的封禁政策。嘉庆十九年(1814)，因军需、河工费用浩繁，财政紧张，仁宗宁愿开捐纳，卖官鬻爵，也不同意废除开矿禁令。辽东、蒙古一带，清初以来内地汉人即不断移住耕垦。康熙年间开始，禁止内地民众移垦辽东。乾隆年间，进一步厉行封禁政策。仁宗亲政后，继续奉行封禁政策。嘉庆八年，为此专门订立章程，并令内地各关口严行查禁。对于进入蒙古地区垦殖的民众，仁宗采取严厉的武力驱逐。仁宗以牺牲经济发展为代价，企图换取社会的安定。

大小地主疯狂兼并土地，加重剥削，农民四处流亡，流民问题严重。皇帝是全国最大的地主，嘉庆时有皇庄达一千零七十八所，占有土地三万五千多顷。官僚地主利用政治特权，恣意兼并土地。广东巡抚百龄，家资丰厚，买地五千余顷。庶民地主贪婪兼并土地也不遑多让。湖南衡阳有刘姓地主，田至万亩。大小地主占有大量土地，意味着大批农民失去土地。他们被迫佃种土地，承受高额地租剥削。官府还横征暴敛，使广大农民无田可耕，无业可守，被迫四处流浪。嘉庆时期，流民问题日趋严重，遍及各地，不仅对社会秩序稳定带来冲击，而且不利于生产和社会经济的进一步发展。

---

① 《清仁宗实录》卷297，嘉庆十九年九月乙卯。

3. 财政日益紧张

嘉庆时期,国家财政收入日益减少,支出不断增加,逐渐入不敷出,财政日益紧张。

乾隆后期以来,随着土地兼并的加剧,大批自耕农破产,而占有大量土地的大小地主又采取各种办法逃避赋税,使政府的主要财政收入来源——土地税收入不可能再有增加。而由于吏治腐败,贪官污吏大量侵吞国家钱粮,造成严重的亏空。以江西为例,乾隆四十一年(1776)至嘉庆四年(1799)的二十余年间,亏空银八十三万两。直隶省更甚,嘉庆初年两次清查,先后亏空二十七万两、一百五十二万两,嘉庆六年时亏空达到二百六十四万两。

仁宗亲政初,对亏空认知不足,主张国家不与官员、百姓争利,提倡慢慢赔补、催缴。嘉庆四年(1799)三月,山东巡抚岳起奏报,密查该省各州县官亏约有七十余万,"大吏不能洁己率属,费用奢靡,取给无度。上司既有欲不刚,属员遂有恃无恐","今惟有接限勒令完交,而吏治官方亦力加整肃,以冀起色"。仁宗却下令:"徐徐办理,自有成效。百姓足,君孰与不足?培养元气,胜于仓库实贮,奚啻万倍?"①这种听任态度,进一步助长了官员们贪污中饱、萎靡怠惰的习气,亏空进一步加大。如江苏,嘉庆六年亏空三十余万两。其后十余年,该省亏空不但未补完,反而急剧增加,至嘉庆十九年达到三百一十八万两。再如山东,嘉庆十四年以前亏空三百四十一万两,其后六年竟又新增亏空三百四十四万两。其余省份,亏空少者数万两,多者至百余万两。

在国库收入减少的同时,国家支出却大幅度增加。其中,军费是大头。嘉庆年间,镇压川楚陕白莲教起义用银二亿两,镇压湘黔苗民起义用银一千零九十万两,镇压东南沿海蔡牵反抗斗争用银三百万两。这样,仅临时军费总数就达二亿一千三百余万两,平均每年八百余万两。加上每年的常额军费,足以消耗当年清朝的财政收入。军费以外,嘉庆年间连续多年大规模堵塞黄河决口,修浚清口工程等,河工、治漕工程多者用银千万两,少者数百万两。此外,官员俸薪等其他支出也大幅度增加。

每年入不敷出,使清朝国库存银日少。乾隆后期,国库存银最高达八千

① 《清仁宗实录》卷41,嘉庆四年三月。

余万两。至嘉庆朝，则每况愈下。嘉庆元年(1796)为五千六百五十八万两，十六年为二千零七十八万两，十九年仅剩一千二百四十万两。清朝财政日益紧张。

4. 武备废弛

这一时期，武备废弛，将领多腐化堕落。八旗、绿营统兵大员，平时不以军务为事，而是挖空心思盘剥士兵，克扣军饷，私役士兵。如，嘉庆四年(1799)，河南军兵因军官克扣军饷，竟褴褛冻饿，甚至以牛皮裹足。将领官员声色犬马，过着腐化堕落生活，全然不把整饬行伍、训练军队放在心上，所谓训练操防，"不过列营布阵，炫耀观瞻，循行故事而已"①。

八旗军队，由于长期养尊处优，八旗子弟逐渐不习骑射，追逐享乐。加上平时不加训练，纪律败坏，战斗力极为低下。绿营兵也大体差不多。这种情况，其实自乾隆中期以来就已显现。如，乾隆三十五年(1770)二月，侍卫向高宗报告，福建水师被调往云南作战，"兵丁怯懦不堪，甚至一闻枪炮，即股栗不能起立，或潜匿水底不出"，侍卫等"莫不传为笑谈"②。到嘉庆年间，其状更甚。据《清仁宗实录》记载，嘉庆十年(1805)四月，仁宗抱怨说，近年每遇征调作战，"于额兵之外，多有藉资乡勇之力冲锋陷阵者"。如镇压湖南苗民起义，"同知傅鼐督率练勇千余人，陟险登先，所向克捷。而总兵魁保转带领兵丁在后，为之策应"。官兵"怯懦"，"不若练勇之矫健"③，确实出乎意料。也正因为如此，当时每发生一次农民起义，清朝都很难迅速镇压，动辄年余，甚至数年、十数年，八旗、绿营战斗力之低可以想见。

武备废弛的另一表现，是武器装备低劣落后。乾嘉时期，西方已进入火(热)兵器时代，火炮技术发达，步兵普遍使用步枪，舰船先进。但是，清朝军队仍处于冷热兵器混用时代，士兵使用的主要还是刀、矛、弓箭、短剑等老式冷兵器，外加少数鸟枪、老式大炮等，武器比西方落后二百余年。英国马戛尔尼使团来华，在古北口受到清军列队欢迎，队伍列法如下："领队者一般是名弓箭手"，其后是"大刀和大刀手排成五行"，共两个方阵，再后"火绳枪和

---

① 《清仁宗实录》卷142，嘉庆十年四月己巳。

② 《清高宗实录》卷852，乾隆三十五年二月癸丑。

③ 同①。

大刀手排成五行，人数均约相等”；离开时，钱塘江岸边清军骑兵欢送，“中国骑兵身上经常带着弓。在中国的武器中，弓箭似乎受到最高重视”，“兵士一手拿刀，一手拿盾。盾是竹子或藤子做的”[①]。清朝水军战船大多是木造，坚固性差，火力更弱，根本无法与西方坚船利炮相抗衡。

日益加剧的社会危机，使清朝无可挽回地走向中衰，康雍乾盛世一去不复返。

三、民众起义

嘉庆时期，社会危机四伏，阶级矛盾迅速激化，民众起义大规模兴起，猛烈地冲击着清朝统治，成为更大的社会危机。

1. 川楚陕白莲教大起义

川楚陕三省交界地区，是绵亘千里的巴山、南山老林。乾隆中期以后，四川、湖北、河南、江西、安徽等省流民大批来到这里，从事农业、手工业，搭棚而居，过着贫苦无着的生活，被称为“棚民”。与之同时，白莲教首领刘松、刘之协、齐林、宋之清等在这里“复倡白莲教”，“谋不轨”[②]，得到积极响应。乾隆五十九年(1794)夏，清朝在各地镇压白莲教，刘松、宋之清、齐林等被捕杀害，刘之协逃脱。在镇压白莲教活动中，各地官吏趁机勒索钱财，甚至殃及无辜，“富破家，贫陷死无算”，民怨沸腾。加上当时爆发湘黔苗民起义，清朝政府加紧对川、湘、粤、黔等省的控制和剥削，进一步激化了社会矛盾。

嘉庆元年(1796)正月，湖北荆州、枝江、宜都的白莲教徒，在首领张正谟、聂杰人率领下，首先举起起义大旗。各地闻风而起。三月，王聪儿(齐王氏，齐林之妻)、姚之富、王廷诏等率领襄阳白莲教徒起义，聚万人，屯黄龙垱。数月之内，南至四川酉阳、贵州青溪，北至河南邓州、新野，在湖北西部的五府(襄、郧、荆、宜、施)一州(荆门)，迅速兴起反对清朝统治的白莲教大

---

① [英]斯当东：《英使谒见乾隆纪实》，叶笃义译，上海书店出版社 1997 年版，第 346 页、第 461—462 页。

② 《清史稿》卷 344《勒保传》。

起义。其中,以襄阳黄龙垱一支“最猖獗”,“为四方群盗领袖”①。太上皇高宗闻讯,立即调集各省兵马,围歼襄阳起义军。起义军分道出击,数败清军,进逼孝感、汉阳。六月,清朝任命都统永保总统军务,负责镇压湖北起义军。九月,王聪儿、姚之富率军冲出包围,北上鄂豫陕交界地区,并大败尾追清军。仁宗大怒,将永保逮捕治罪,另任命湖北巡抚惠龄总统军务。

正当清朝集中兵力镇压湖北起义军时,九月,白莲教首领徐天德在四川达州起义。接着,东乡(今宣汉)白莲教首领王三槐、冷天禄、张子聪等聚众万人响应。不久,太平白莲教首领黄富才、卿有义起事,徐天德率起义军经太平进入陕西境内,分兵攻打兴安府安康、平利、紫阳等县。此后,陕西各地白莲教也纷纷举起义旗。不到一年时间,川楚陕到处是起义的队伍。

嘉庆二年(1797)正月,襄阳起义军分兵三路,挺进河南。起义军避开清军主力,忽分忽合,转战陕西,渡过汉水,进入四川。六月,与四川起义军在东乡会师,起义军声势大振,战局顿时改观。惠龄追剿起义军失利,“首逆日久未获,又任贼窜渡汉江”②,被革职,仁宗改以陕甘总督宜绵总统军务,兼摄四川总督。清军从四面八方赶往川东,围攻起义军。起义军不能统一对敌,决定各自为战。于是,四川起义军撤向通江、巴州地区,襄阳起义军主力重返湖北。六七月间,起义军进攻襄阳,大败清军。接着,起义军再次进入陕西。宜绵缴捕亦不得力,被免职。九月,仁宗改任湖广总督勒保总统军务,令各路清军分兵追击。

嘉庆二年(1797)底,襄阳起义军在陕西、四川交界处纵横迂回。起义军采取巧妙战术,王聪儿、姚之富率主力从川北进抵汉中之东,引诱清军跟追。高均德乘敌不备,趋汉中之西,在汉水上游抢渡成功,奔城固、洋县,深入秦岭,指向西安,“全陕震动”。担心西安有失,正在追击王聪儿、姚之富的清军主力只好回师尾蹑高均德,王聪儿、姚之富遂乘虚渡过汉水。嘉庆三年二月,王聪儿与高均德会师,长驱东北,出入镇安、山阳、商州一带。而李全、王廷诏义军则分路由城固、洋县老林山区,北出宝鸡、岐山,合攻郿县、周至,先头部队逼近西安。但是,由于清军在川陕有较多兵力,双方力量悬殊。王聪儿、姚之富率领的起义军被清兵死死缠住,陷入被动,在山阳石河一带连遭

① (清)魏源:《圣武记》卷9《嘉庆川湖陕靖寇记一》。

② 《清国史》卷49《大臣画一传档次编·惠龄传》。

挫折。三月,起义军退往湖北郧西三岔河,遭到清军、乡勇合围。起义军有八九千人,清军“尽锐围攻”,起义军“无走路”①,全部战死,王聪儿、姚之富跳崖自杀。

湖北起义军余部,由李全、高均德带领,与清军周旋于秦岭大山之中,时合时分。七月,高均德、李全抢渡汉水,进入四川,与川北的冉文俦义军会合。四川起义军主要分冉文俦、罗其清以及王三槐、冷天禄、徐天德等两大部。冉、罗活动于川北仪陇、营山、巴州一带,王、冷、徐等则进出川东,转战于开县、梁山、垫江一带。七月,王三槐被勒保诱捕,解京处死。冷天禄率领起义军,突破勒保包围,徐天德则率师直趋大竹、邻水。川北起义军罗其清、冉文俦在营山遭到清军围剿,退据大鹏寨。十一月,清军攻克大鹏寨。不久,罗其清被俘。冉文俦率余部退据通江。十二月,清兵来攻,冉文俦突围牺牲。

嘉庆四年(1799),仁宗亲政后,决定统一指挥,以总统勒保为经略大臣,节制川、陕、楚、豫、甘五省军务,鼓励各地建立地主武装团练,推行“坚壁清野”政策,又大力招抚。四川、湖北起义军遭到清军打击,各支部队均损失惨重。七月,川东起义军再次突入陕西。川北起义军攻打甘肃阶州(今武都),一度北上深入到巩昌(今陇西)、会宁地区,并在秦州(今天水)、成县、徽县、两当一带流动作战。各路起义军在四川、甘肃、陕西、湖北等省迂回作战,给清兵以沉重打击,扭转了原先被动挨打的局面,粉碎了清朝统治者年初制定的围剿计划。仁宗撤去勒保五省经略大臣之职,令逮问治罪,由明亮暂代经略事务。八月,任命副都统额勒登保为五省经略大臣,补授正白旗汉军都统。十二月,额勒登保在苍溪包围了冉天元(冉文俦侄)统领的通江蓝号起义军。起义军英勇作战,打死清军副将以下军官二十四名,差点攻破额勒登保大营,冲出包围,向巴州、开县一带转移。

嘉庆五年(1800)正月,冉天元乘额勒登保赴陕甘镇压起义军,川境空虚,渡嘉陵江,顺利进入川西,部队很快由几千人发展到五万人。起义军在蓬溪县高院场与清兵激战,“突出冲截”,清军总兵朱射斗“落马被伤阵亡”②。二月,在江油马蹄冈,起义军与清军展开大战。冉天元诱清军参赞

---

① 《圣武记》卷9《嘉庆川湖陕靖寇记三》。

② 《清仁宗实录》卷59,嘉庆五年二月乙未。

德楞泰部进入包围圈，激战三昼夜，大败清军。最后因地主团练来援，起义军败退，清军转败为胜，冉天元被俘遇害。马蹄冈决战后，起义军余部自剑州南下，清兵将领闻风而逃。起义军进入川西，成都宣布戒严。仁宗斥责四川总督魁伦“两次纵贼渡江，使川西无完地”①，革职逮京，赐令自尽，重新任命勒保为四川总督，参赞大臣德楞泰授四川将军，阻截起义军。川西敌众我寡，起义军连遭挫败，被迫撤入川东北，进入南山和巴山老林中。

嘉庆五年(1800)下半年以后，起义军在个别战役中仍能取得胜利。但是，清朝统治者采取了有效的镇压措施，尤其是“坚壁清野”、“寨堡团练”政策发生了效用，四川白莲教起义军连遭败绩，转入低潮。各地起义军先后退入三省边界老林山区，再也无法越出。至嘉庆七年十二月，起义军首领多战死，或被俘，各路起义军相继失败。起义军仅剩小股部队，不时袭击清军。至嘉庆九年九月，白莲教大起义最后被镇压下去。

历时九年的白莲教大起义，席卷湖北、四川、陕西、甘肃、河南五省广大地区，抗击了清朝从十六个省征调的兵力，歼灭清军提督、副将以下将领军官四百多人，使清政府耗费饷银二亿两。虽然起义最后被镇压下去，但是清朝元气大伤，成为清王朝由盛世到衰落的转折点。

2. 蔡牵海上起义

在川楚陕白莲教大起义的同时，东南海上有蔡牵领导的浙、闽渔民抗清起义。

蔡牵，福建同安人，自幼孤苦，以弹棉花为业。乾隆五十九年(1794)，他率失业无业渔民、船工在漳、泉一带海面起义。其后，蔡牵纠集浙、闽、粤各支海上抗清武装力量，活动在闽、浙洋面。另一支较大的海上抗清起义首领为朱濆，主要活动在广东洋面。朱濆原为漳州走私商人，后领导海上渔民抗清，自称海南王。

嘉庆七年(1802)五月，蔡牵率军主动出击，攻克厦门附近清军炮台，“舍舟登陆，将汛炮抢去”②。次年正月，蔡牵率军抵达浙江定海，到普陀山进香。浙江水师提督李长庚率军来袭，蔡牵大败，船粮殆尽，遂诈降于闽浙总

---

① 《圣武记》卷9《嘉庆川湖陕靖寇记四》。

② 《清仁宗实录》卷99，嘉庆七年六月壬子。

督玉德。浙江水师收兵后，蔡牵乘机修船备械，补充粮饷，扬帆而去。嘉庆九年夏季，蔡牵移屯台湾海面。六月，蔡、朱二部联合，集中大船八十余艘，在浮鹰洋海面攻击温州总兵胡振声部。他们“掷火焚烧”，焚毁全部浙船二十四艘，“官兵俱遭戕害”①，胡振声战死。

八月，蔡、朱联军进攻浙江。李长庚率水师于定海迎战，各个击破，联军战败，联合破裂。嘉庆十年(1805)十一月，蔡牵出动八十艘船只，进攻台湾，寻求建立据点。他首先攻下淡水，自称“镇海威武王”，建元“光明”。得到淡水、凤山等地起义军响应，蔡牵队伍壮大至二万多人，攻克洲仔尾，再攻入凤山，进而包围台湾府城。不久，大陆清兵来援，蔡牵战败，退出台湾。

嘉庆十一年(1806)至十二年，蔡牵在广东、福建等地多次与清军作战，屡遭败绩。嘉庆十二年十二月，蔡牵在黑水外洋被包围，几乎全军覆没。不想，蔡牵船炮击毙清军主帅李长庚，清军慌忙撤围。嘉庆十三年，蔡牵回福建外海，再次与朱渍部联合，进入浙江海面。浙江巡抚阮元施用离间计，朱渍率所部离去，进入福建海面，不久被总兵许松年围攻，受炮伤而死。蔡牵力薄势孤，退回闽海。次年八月，闽浙水师在浙江渔山海面追及蔡牵部。清军“并力攻击”，蔡牵“手足俱被火药烧伤”②，沉船自杀。起义军寡不敌众，牺牲殆尽。其余部，至嘉庆十五年全部失败。

3. 直隶河南山东天理教起义

天理教又称荣华会、八卦教，嘉庆年间由林清等创立。先是，明朝后期以来，红阳教的支派白阳教在京畿一带秘密传播。林清，本籍浙江，久居直隶大兴县(今北京)黄村，原为大兴巡检司书吏。嘉庆十一年(1806)五月，林清加入白阳教。嘉庆十三年，白阳教被告发，改名为龙华会，林清成为龙华会会首。龙华会又是红阳教支派八卦教的坎卦，因此林清又成为坎卦教首领。林清传教活动在河北各地，尤其是京畿附近。

为了进一步扩大势力，林清着手联络河南等地八卦教首领。嘉庆十六年(1811)，他南下河南滑县，会见了震卦教首领李文成和离卦教头目冯克善。李文成，滑县人，木工出身，嘉庆十年加入震卦教，逐渐成为当地教首。

---

① 《清仁宗实录》卷130，嘉庆九年六月甲申。

② 《清仁宗实录》卷218，嘉庆十四年九月己巳。

冯克善，亦滑县人，在山东，河南等地传播离卦教。林清与李文成等商议，由李文成“兼理九宫，统领八卦”，“八卦九宫，林、李共掌”，初步完成了“八卦归一”任务。他们还商定，以林清为天皇，冯克善为地皇，李文成为人皇，“约分地土，清取直隶，李得河南，冯割山东”①。联合后的教派，林清定名为天理教。

嘉庆十七年(1812)正月，各地教首大会于滑县道口镇，决定在酉年戌月寅日，即嘉庆十八年九月十五日午时起事。十二月，李文成至大兴县黄村，与林清密约，李文成先在滑县发动起义，各省齐动，直趋京畿，林清则在京城内发动起义，里应外合，夺取北京。

嘉庆十八年(1813)九月初，滑县起义准备为官府觉察，李文成等被捕。滑县教徒冯克善等“因逆谋已泄，纠众劫狱”②，提前起义。他们攻陷县城，杀知县强克捷，救出李文成等。李文成在滑县署内设羽帐，树大纛，书“大明天顺李真主”七字。数日之间，周边诸县纷纷响应。九月，山东定陶、曹县教徒先后起义，占领县城，起义军声势大张。仁宗闻讯，派直隶总督温承惠为钦差大臣，往河南镇压，同时调集河南、山东、江苏等地兵马堵截防御。

林清对滑县提前起义一无所知，仍按原计划进行。九月十五日，林清组织二百名教徒，乔装改扮，潜伏在东华门、西华门外，由太监接应，夺门入宫。林清坐镇黄村，等候河南兵至。东路军被官兵发觉，冲入宫廷仅数人，因路径不熟，力量单薄，最后皆被擒被杀。西路军全部进入西华门，先攻尚衣监文颖馆，然后攻打隆宗门。其时，仁宗去热河围猎。留在皇城内的皇次子绵宁闻讯，下令各门戒严，并调集援军。他“取进鸟枪”，射杀攀房而上的起义军两名，其他义军“纷纷潜匿，不敢上墙”③，退下阵来。至午后，留京诸王及内务府大臣引兵入神武门增援，清军乱箭齐发，起义军全被擒杀。其中，有一箭射中隆宗门匾额，箭头至今仍嵌在那里。两天后，林清在黄村被俘，不久被磔死。

仁宗回京后，改命陕甘总督那彦成代替温承惠为直隶总督，并委以钦差大臣，节制山东、河南各路。他调集直隶、山东、河南、陕西、江苏、黑龙江、吉

① (清)兰簃外史:《靖逆记》卷5《林清》。
② 《清仁宗实录》卷289，嘉庆十九年四月丁亥。
③ 《清仁宗实录》卷274，嘉庆十八年九月己卯。

林等地清军,向滑县大举进攻。十一月,起义军在道口镇与清军展开激战,终失利。李文成坚守滑县,遭到清军重重包围。山东、直隶各处响应的天理教徒被清军各个击破,滑县陷于孤立。李文成带领一部分兵马突围,西进太行山,攻下辉县司寨。清军追击,司寨失守,李文成自焚。十二月,那彦成对滑县发动总攻,城内起义军大部分战死。这样,直隶、河南、山东三省天理教起义在坚持四个月后也失败了。

嘉庆年间不断爆发的民众起义,实际上是当时社会危机的大爆发,它给清朝统治以沉重打击,使其无可挽回地走向中衰。

四、仁宗之死

嘉庆二十五年(1820)七月,仁宗按惯例到避暑山庄木兰围场秋狝。七月二十四日,抵达避暑山庄。因中暑身体稍觉不适,二十五日,仁宗突然驾崩。对此,《清仁宗实录》卷三百七十四记载,"戊寅(二十四日),上至热河,圣躬不豫";"己卯(二十五日),上不豫。皇次子智亲王旻宁、皇四子瑞亲王绵忻朝夕侍侧,上仍治事如常"。"向夕,上疾大渐。召御前大臣赛冲阿、索特(那)[纳]木多布斋、军机大臣托津、戴均元、卢荫溥、文孚、总管内务府大臣禧恩、和世泰,公启镐匣,宣示御书:'嘉庆四年四月初十日卯初立皇太子旻宁。'戌刻,上崩于避暑山庄行殿寝宫。"

仁宗当时六十一岁,身体"素壮,未尝疾病"[①],何以猝死?后来无论是继位的宣宗,还是清朝政府,都笼统地以"不豫""大渐""遘疾"等含混言之。

清朝皇族后人传说,仁宗是在避暑山庄遭雷击而死。按照迷信说法,雷击是对恶人的报应。清仁宗遭到雷击,说出来并不体面。因此,在清朝官方记载里,没有登录此事。

也有人认为,仁宗可能是因心脏或者血管病而死。仁宗"天体丰腴",身体较胖,以六十一岁高龄前往承德,沿途车马劳顿,并不轻松。加上天气暑热,所以很可能是患心脏或心血管病,猝然驾崩。总之,仁宗因何猝死,也成为一个谜。

---

① 《清仁宗实录》卷374,嘉庆二十五年七月己卯。

第十四讲

道光年间(鸦片战争前)的清朝衰微与禁烟运动

道光年间(鸦片战争前),清宣宗也致力除弊振兴,但仍不得要领,无力回天,社会危机加深,内忧外患加剧,清朝更加衰微。

一、宣宗继位

1. 宣宗继位

清宣宗旻宁是仁宗颙琰次子,乾隆四十七年(1782)八月生于紫禁城撷芳殿,原名绵宁,继位后改名旻宁,其母是嫡福晋喜塔腊氏。在他之前,颙琰侧福晋刘佳氏曾生皇长子,但未命名而薨。仁宗即位后,册封喜塔腊氏为皇后,因此旻宁成为清朝建立以来惟一以嫡子继承皇位的皇帝。先是,乾隆三十八年,高宗已秘密册立颙琰为太子,旻宁的诞生,使高宗、颙琰均感到高兴。旻宁幼年好学,从编修秦承业、检讨万承风先后受读,又与礼部右侍郎汪廷珍、翰林侍读学士徐颋朝夕讲论。他又习学骑射,身手不凡。十岁时,曾随高宗行围,竟能引弓射中奔鹿。高宗十分高兴,赐予黄马褂和花翎,并咏诗记其事:"尧年避暑奉慈宁,桦室安居聪敬听。老我策骢尚武服,幼孙中鹿赐花翎。是宜志事成七律,所喜争先早二龄。家法永遵绵奕叶,承天恩贶慎仪刑。"①所谓"争先早二龄",高宗引用的是自己十二岁时随圣祖行围射

① 《清高宗实录》卷1385,乾隆五十六年八月甲子。

得黑熊之事。据说,高宗对这个小孙子“期勖之意深矣”①。

嘉庆四年(1799),仁宗亲政后,密立十七岁的旻宁为皇太子,并悉心培育。嘉庆十八年,天理教起义军攻入宫内,旻宁镇定处置,平定宫变,仁宗大为赞赏,封为智亲王。此后,旻宁皇储地位更加巩固,仁宗明里暗里也不断透露出其为储君人选。

嘉庆二十五年(1820)七月,仁宗到木兰秋狝,旻宁随驾。二十五日,仁宗猝死于避暑山庄。《清仁宗实录》《清宣宗实录》都记载,“仁宗疾大渐,召御前大臣赛冲阿、索特纳木多布斋、军机大臣托津、戴均元、卢荫溥、文孚、总管内务府大臣禧恩、和世泰,公启镭匣,宣示御书‘嘉庆四年四月初十日卯初立皇太子旻宁’朱谕一纸。戌刻。仁宗崩。上(指宣宗)稽颡大恸,擗踊无算。恭视小殓毕,扈从诸臣遵奉朱笔遗旨,请上即正尊位。”也就是说,仁宗临死前,召赛冲阿等人共同打开盛放秘密建储诏旨的盒子,宣布早已册立旻宁为皇太子。仁宗死,旻宁因此继位。仁宗成为清朝入关后第一位死在北京之外的皇帝,宣宗也成为第一位在热河即位的清朝皇帝。

2. 宣宗继位的疑点

不过,实录中记载的清宣宗即位过程,存在一些疑点。

首先,它与《清史稿》诸传记记载相矛盾。据《清史稿·禧恩传》记载:“[嘉庆]二十五年,仁宗崩于热河避暑山庄,事出仓猝,禧恩以内廷扈从,建议宣宗有定乱勋,当继位。”军机大臣托津、戴均元等“犹豫”,禧恩“抗论,众不能夺”,“会得秘匮朱谕,乃偕诸臣奉宣宗即位”。《清史稿·托津传》也记载,“二十五年,仁宗崩于热河避暑山庄,事出仓猝,托津偕大学士戴均元手启宝盒,奉宣宗即位”。《清史稿·戴均元传》记载,戴均元与托津“督内侍检御箧,得小金盒,启镭,宣示御书立宣宗为皇太子,奉嗣尊位,然后发丧”。可见,仁宗临死前,并没有与大臣“公启镭匣”。宣宗之立,是在仁宗死后,内务府大臣禧恩首先提议,然后才找到“秘匮朱谕”宣布的。

其次,当时皇太后发出的懿旨也令人生疑。仁宗先后有两位皇后,第一位是孝淑睿皇后喜塔腊氏,即旻宁生母,仁宗即位后册立,嘉庆二年(1797)二月崩。第二位是孝和睿皇后钮祜禄氏,嘉庆六年册立,生有二子——皇三

① 《清宣宗实录》卷1。

子绵恺和皇四子绵忻。仁宗崩,消息传到北京,此时皇太后钮祜禄氏给在避暑山庄的旻宁发出懿旨,其中说道:"恐仓猝之中,大行皇帝未及明谕。而皇次子秉性谦冲,素所深知,为此特降懿旨,传谕留京王大臣驰寄皇次子,即正尊位,以慰大行皇帝在天之灵。"①按照规定,秘密立储的诏旨,正本密封放在乾清宫"正大光明"匾后。钮祜禄氏接获仁宗死讯,应当派人取出诏旨正本宣布。然而,她却没有履行这一程序,直接下令旻宁继位。为什么?有人说,在北京未找到"正大光明"匾后所藏诏旨。对戴均元等在承德找到的"金盒"中的诏旨真伪,也有人提出疑问。

不管如何,在皇太后懿旨到承德之前,旻宁已经接位为嗣皇帝。八月十二日,旻宁随仁宗梓宫由避暑山庄回北京。二十七日,旻宁在北京举行登基大典,改明年为道光元年,是为清宣宗。

二、整饬内政

1. 改组政府

嘉庆二十五年(1820)九月初,刚登上皇帝宝座十余天的宣宗,就利用"遗诏事件",撤换军机大臣戴均元、托津,改组政府。

仁宗死,由军机大臣拟出遗诏,其中有"况避暑山庄为皇考降生之地"一句。所谓"皇考",即指高宗。如前所述,乾隆年间,就有传说,高宗生于避暑山庄,是世宗与宫女野合的结果。高宗晚年,反复强调自己生在雍和宫。不过,仁宗继位初,为高宗所作贺寿诗注中,也说高宗生于避暑山庄。至此,军机大臣所拟遗诏中,沿袭仁宗的这一说法。翰林院编修刘凤诰,曾因案为托津查办发配,认为此说不妥,报告大学士曹振镛。曹振镛又报告宣宗,宣宗立即发上谕申斥说:"七月二十五日,恸遭皇考大行皇帝大故。彼时军机大臣敬拟遗诏,朕在谅暗之中,哀恸迫切,未经看出错误之处,朕亦不能辞咎。但思军机大臣多年承旨,所拟自不至有误。及昨内阁缮呈遗诏副本,以备宫中时阅。朕恭读之下,未有皇祖降生避暑山庄之语。因请皇祖实录跪读,始

① 《清宣宗实录》卷1,嘉庆二十五年七月癸未。

知皇祖于康熙辛卯八月十三日子时诞生于雍和宫邸。复遍阅皇祖御制诗集,凡言降生于雍和宫者三见集中。"宣宗因命曹振镛等传旨,令军机大臣"明白回奏"。军机大臣回奏说:"恭查大行皇帝《御制诗初集》第十四卷《万万寿节率王公大臣行庆贺礼恭纪》诗注,恭载高宗纯皇帝以辛卯岁诞生于山庄都福之庭,又第六卷《万万寿节率王公大臣等行庆贺礼恭纪》诗注相同。至实录未经恭阅,不能深悉等语。"①以仁宗诗注辩护。

照理说,仁宗诗集刊刻、颁行于嘉庆年间,其诗注无疑也具有权威性。但宣宗辩解说:"朕敬绎皇考诗内语意,系泛言山庄为都福之庭,并无诞降山庄之句。当日拟注臣工,误会诗意。兹据军机大臣等称,实录未经恭阅,尚属有辞。至皇祖御制诗集,久经颁行天下,不得诿为未读,实属巧辩。"宣宗强作解释,又以高宗诗集为依据,武断地指责为仁宗诗集作注的臣工"误会诗意"。然后,他不容再申辩,立即宣布:"除托津、戴均元俱已年老,毋庸在军机处行走,并不必恭理丧仪,与卢荫溥、文孚一并交部严加议处。卢荫溥、文孚年力尚强,与托津、戴均元行走班次在前者有间,仍留军机大臣。遗诏布告天下,为万世征信,岂容稍有舛错?故不得不将原委明白宣示中外。"②

其实,"遗诏事件"不过是宣宗改组政府的一个借口。领衔军机处的托津、戴均元被撤职,而留下班次稍后的卢荫溥、文孚,实际上是因为托津、戴均元为先朝老臣,容易以顾命大臣自视,居功自傲,不利于宣宗改革整饬。而嘉庆年间改革成效不彰,作为领衔军机处的托津、戴均元无疑有其责任。另外,或许是更重要的是,仁宗死后,旻宁为皇储已是公开秘密,禧恩不等见到秘密建储的诏旨,就迫不及待地倡议由旻宁继位,而托津、戴均元等碍于制度,表现犹豫,一时未能附和。这对心胸狭隘的旻宁,不能不是一个刺激。

罢免托津、戴均元以后,宣宗先后任用曹振镛、潘世恩、穆彰阿等人主持朝政。曹振镛小心谨恪,动循矩法,执掌军机处达十五年,无任何开拓进取精神。据说,宣宗初登极,"以每日披览奏本外,中外题本,蝇头细书,高可数尺,虽穷日夜之力,未能遍阅,若竟不置目,恐启欺蒙尝试之弊"。于是,曹振镛献策说:"皇上几暇,但抽阅数本,见有点画谬误者,用朱笔抹出。发出后,

① 《清宣宗实录》卷4,嘉庆二十五年九月庚申。

② 同上。

臣下传观,知乙览所及,细微不遗,自不敢怠忽从事矣。"[①]宣宗言听计从,助长了官场中注意小节、注重形式的风气。曹振镛明哲保身,不愿负担责任。门生弟子向他请教为官诀窍,他说:"无他,但多磕头,少说话耳。"[②]因此,时有无名氏赋《一剪梅》讥刺曰:"仕途钻刺要精工,京信常通,炭敬常丰。莫谈时事逞英雄,一味圆融,一味谦恭。大臣经济在从容,莫显奇功,莫说精忠。万般人事要朦胧,驳也无庸,议也无庸。八方无事年岁丰,国运方隆,官运方隆。大家赞襄要和衷,好也弥缝,歹也弥缝。无灾无难到三公,妻受荣封,子荫郎中。流芳身后更无穷,不谥文忠,便谥文恭。"潘世恩为军机大臣十七年,殊少建树及主张,惟以宣宗意向及满族权贵意见为是,是一个"好好先生"。穆彰阿自道光九年(1829)为军机大臣,此后最得信用,门生故吏遍于中外,知名之士多被援引,号称"穆党"。

可以说,曹振镛等人多目光短浅,胸无大志,从而造就出道光年间墨守成规、不思奋进的政治风格。而面对当时全面的社会危机,以及即将到来的西方冲击,中国需要的是开拓进取,奋起直追。显然,宣宗改组政府是失败的。

2. 整饬吏治

宣宗上台后,面对日益衰微的国势,颇思振兴。他"日理万几,孜孜焉,惴惴焉,尝恐用人行政,或致缺失。"[③]对整饬吏治,他也曾有所作为。宗室人员犯法,宣宗一样加以惩处。豫亲王裕兴在国丧期间强奸使女,致其自缢。事发,宣宗下令赐死。宗室人员纷纷求情,宣宗改为革去王爵,交宗人府圈禁三年,并声明:"国家法令,王公与庶民所共。"[④]惇亲王绵恺,与宣宗自幼共同学习、生活,感情很深。一次因非法囚禁民人,也被降为郡王,撤销一切职务。

对贪贿怠惰、违法犯罪官员,宣宗也加以惩治。协办大学士英和,为三朝元老,在道光朝于漕运、盐政等也有贡献,但因被控其家人私加租息,革职派往热河任都统。山西赵二姑案,榆次知县、太原知府受贿枉判、徇纵回护,

---

① (清)陈康祺:《郎潜纪闻二笔》卷11《殿廷考试专尚楷法之由》。

② (清)朱克敬:《瞑庵杂识》卷2。

③ 《清宣宗实录》卷136,道光八年五月丁巳。

④ 《清宣宗实录》卷5,嘉庆二十五年九月丁丑。

宣宗令将二人革职,发配新疆。山西巡抚邱树棠渎职失察,被降为按察使。对冗官闲员,道光十一年(1831)冬,宣宗下令各省予以裁减。对捐纳,宣宗曾拟停废。但因经费不足,仍不得不开。不过,他对捐纳做出了严格限制。

对于一些廉能之臣,如陶澍、林则徐等,宣宗提拔重用。陶澍,字云汀,湖南安化人。嘉庆进士。历官御史、按察使、布政使,所至革陋规,决狱讼,去弊兴利。道光三年(1823),擢安徽巡抚。道光五年,调江苏。时洪泽湖决口,漕运梗阻。陶澍主持漕粮海运,大获成功。道光十年,升任两江总督,兼管两淮盐政。整顿淮盐积弊,推行票盐法,颇见成效。陶澍的盐法改革损害了不少官吏、盐商利益,他们诬陷攻击陶澍。但宣宗不为所动,继续支持和任用。林则徐,字元抚、少穆,福建侯官(今福州)人。嘉庆进士。迁御史,出为杭嘉湖道。道光三年,任江苏按察使。寻转江宁布政使。道光十一年,擢河东道总督。他品学俱优,所至剔弊革新,为官廉能,多次得到宣宗表彰。道光十二年,调江苏巡抚。两署两江总督。道光十七年,擢湖广总督。次年,鸿胪寺卿黄爵滋请禁鸦片烟,下中外大臣议。林则徐复奏,支持黄爵滋主张,提出六条禁烟措施,并在湖广大力开展禁烟运动。他忧心忡忡地说:"此祸不除,十年之后,不惟无可筹之饷,且无可用之兵。"①宣宗深韪之,命入觐,先后召对十九次。寻授钦差大臣,赴广东查办鸦片。

总体上说,宣宗对整饬吏治所为有限,对贪贿怠惰官员缺乏全面而严格的惩治,也不能持久。相反,对于曹振镛等人,宣宗反而赞以"知无不言,一心一德","公正慎勤,班联领袖,尤能殚心据实,巨细无遗"②,命绘像于紫光阁。对廉能官员,宣宗提拔重用力度也不够。加上曹振镛、穆彰阿等人阻挠,廉能官员也难尽其用,不能施展宏图,从而发挥起衰振颓的作用。

3. 提倡节俭

宣宗继位时,清朝已经财政窘迫。为了挽救财政危机,宣宗提倡节俭。嘉庆二十五年(1820)八月,他下令各地停止贡献各种土特产。但各地贡献实难停止,皇室也需要地方进贡方物。不得已,宣宗下令减少贡献种类、数量。福建荔枝、扬州玉、两淮烟盒花爆、陕甘口外梨等奢侈享受型贡品,被传

① 《清史稿》卷369《林则徐传》。
② 《清宣宗实录》卷136,道光八年五月丁巳。

令停止。巡幸江南,木兰行围,耗费巨大,宣宗也下令停止,行围倡武改在南苑举行。日常生活,宣宗也奉行节俭。他使用普通毛笔、砚台,每餐不过四样菜肴,杜绝山珍海味。其平时套裤,膝盖处穿破,辄令所司缀补一块圆绸,俗称“打掌”。宫中嫔妃,非节庆不着绸缎,不食肉。皇家各种礼仪,也节缩开支。

为了宣传节俭,道光元年(1821)八月,宣宗颁布御制《声色货利谕》,要求罢贡献,省营建,力戒玩物丧志,并让官员互相监督。他一旦看到官员衣服光鲜,就露不悦之情。他甚至要求旗员六品以下,不得着绸缎,一律布衣布靴。在他倡导下,当时大臣不仅不敢公开讲究声色饮食,上朝时还要故意穿上打补丁的衣服,君臣之间彼此哭穷,交流节俭心得。

宣宗在国家财政紧张短绌之时,大力提倡节俭,被称为清朝最节俭自律的皇帝。但作为一国之君,不去思考开源兴利、富国裕民,而斤斤计较于减膳、打掌等,无疑是舍本逐末,终究难以解决问题。

三、改革漕运与盐政

1. 改革漕运

漕运是通过运河将南方征收的漕粮运到北京,保证皇家消费及官员、军兵俸饷,是清朝的经济生命线。嘉庆、道光年间,漕运弊端丛生,越发难以为继。

首先是漕运成本奇高。漕运费用,包括漕船建造、维修费用,水手工资、口粮,漕粮损耗,疏浚、维护运河费用。不仅如此,上自贪官污吏,下至船户、运丁,还以漕运为利薮,恣意侵渔。主持漕运及沿途官员上下其手,贪污漕粮,勒索船户、运丁,侵吞漕运之费。嘉庆、道光年间,大开捐纳之门,捐官到各省候补,无官可派,则发往盐政、河工和漕运。大量冗员闲官充斥运河沿岸,惟思盘剥渔利。船户、运丁拉帮结伙,贩运走私,乾没漕粮。总之,千里漕运,有数百万人倚之为利,赖之为生,因此漕运成本奇高。嘉庆年间,有人估计,“每漕一石抵都,常二三倍于东南之市价”①。

其次是运河淤浅,漕道阻滞难行。黄河与运河在苏北交汇,黄河夹带大量泥沙,使运河泥沙淤积,河床上升。嘉庆年间,淮扬段运河三百余里浅阻,不得已借黄济运,黄河多次决口,运道积淤溃决,“百病丛生”。

漕运弊端日多,北上亦难。嘉庆年间,仁宗令江浙官员研究海运,“作万一之想”。结果,诸官员以海上风浪太大,盗寇出没,海运粮易霉变等上奏,海运之议遂废。至道光年间,漕船到京越来越晚,漕运问题越发严重。道光五年(1825),宣宗再次下令讨论海运。江浙官员仍多称,海运窒碍难行。当年,因运道淤浅,二百万石漕粮难行。两江总督孙玉庭请发帑金一百二十万两,以为盘坝接运之费,并以军船接运。宣宗无奈,只得同意。不料,银钱花完,二百万石漕粮仍未能过黄河,所有粮船及驳运军船全部搁浅在御黄各坝之间。孙玉庭又提出,“水势短绌,难于挽运,复请截留米一百万石”②。宣宗忍无可忍,立即将孙玉庭等撤职,调山东巡抚琦善为两江总督,安徽巡抚陶澍为江苏巡抚,议定海运章程。道光六年,清朝政府试行海运,将一百五十余万石漕米雇商海运,从吴淞口经山东成山入直沽口,旬月之间,“勺粒无损,视河运之粟,莹洁过倍”。海运成本也大大降低,所谓“运米百六十余万,而费止百四十万金”③,每百石费仅数十金。海运取得成功。

但是,海运仅行一年。道光七年(1827),宣宗以运道疏浚,仍令河运漕粮,停止海运。此后二十年,无人再建言海运,漕运积弊越来越深,各省每年解京漕粮日少,北京库存几空。

2. 改革盐政

清朝实行食盐专卖,推行引商制,即盐有引地,地方有引额,商人行盐有引票。商人从政府获得盐引票,再以引票到指定盐场购得盐斤,贩运到指定地区销售。凡销售无引票之盐,即为私盐,政府严厉打击,以保护官盐专卖和国库收入。清初盐政管理较好,盐商有利可图,负担较轻,盐价也不高昂,民众食盐不为困难。雍正以后,地方官对盐商肆行科派和勒索,盐商则勾结

---

① (清)包世臣:《中衢一勺》卷3下卷《庚辰杂著四》。

② 《清史稿》卷122《食货三·漕运》。

③ (清)魏源:《道光丙戌海运记》,见(清)贺长龄:《清朝经世文编》卷48《户政二十三·漕运下》。

官府,肆行抬高盐价。到了乾隆中期,从皇帝到地方官,经常要求盐商"报效"捐款,官盐成本大增。盐商抬高盐价,"官直昂于私直之半",甚至在盐中掺杂泥土,以降低成本。于是,私制、私贩食盐有大利可图,进而泛滥猖獗,官盐滞销,盐课收入大减。

到嘉庆年间,因国家财政紧张,许多盐商、盐官又不断奏请官盐加价,一些盐商也加入私贩行列,以逃避课税。结果官盐越发难销,私盐盛行。以两淮为例。两淮每年应行纲盐一百六十余万引,道光十年(1830),淮南仅销五十万引,亏历年课银五千七百万,淮北销二万引,亏银六百万。盐政已经非改革不可了。

道光十年(1830)八月,宣宗任命陶澍为两江总督,令其改革盐政。宣宗对陶澍说:"朕看汝,人爽直,任事勇敢,故畀以两江重任。汝当益励才猷,实力整理","河工、盐务均系兼辖,尤当实力讲求,破除一切积习,渐复旧规。"[①]陶澍在宣宗支持下,一方面打击贩私盐者,另一方面裁减浮费,革除陋规,减少官府对盐商盘剥,降低官盐成本和价格。在此基础上,陶澍在淮北试行票盐法,即由有司印制三联票,一票留为存根,一票存于分司,一票给盐贩为凭。官府在场区设局收税,任何人只要照章纳税,即可领票运盐,在规定区域及期限内自行贩卖,所谓"各州县民贩由州县给照赴场买盐","于各场适中地立局厂,以便灶户交盐,民贩纳税","民贩买盐出场,由卡员查验,然后分赴指销口岸"。

两淮票盐法实行后,官盐动销,"人知其利,远近辐辏,盐船衔尾抵岸,为数十年中所未有。未及四月,请运之盐,已逾三十万引"[②]。国家的盐课收入,随之大增。道光十一年(1831)至十七年,两淮完盐课二千六百四十余万两,库贮实存三百余万两。商人减负经营,得以获利。民众因盐价降低,改食官盐。私盐无利可图,"改领票盐"。可以说,各方皆得便利。

不过,陶澍盐政改革并未推广到全国,其他地区盐政依然混乱。而且,道光十八年(1838)陶澍死后,其在两淮的盐政改革也废止了。

---

① 《清宣宗实录》卷172,道光十年八月辛亥。

② 《清史稿》卷123《食货四·盐法》。

四、社会危机加深

道光前期,虽然宣宗整饬内政,力图起衰振颓。但其力度不大,且舍本逐末,抓小放大,不可能有什么明显效果,社会危机进一步加深,清朝更加衰微。

1. 人口及粮价问题

康熙中期以后,清朝人口迅速增加。乾隆后期,中国人口达到三亿。到了道光中期,全国人口超过四亿,用"人口爆炸"来形容一点也不为过。庞大的人口对社会的影响是全方位的。首先是人多地少,粮食供应出现危机。乾隆末年,全国耕地超过十亿亩,这是当时的最高数额。按人均计算,人均可达三点三亩左右,而到道光朝,则人均仅剩二点五亩。加上当时剧烈的土地兼并,农民每家拥有土地更少。自乾隆中期以后,传统生产方式没有改变,粮食产量也基本达到当时的极限,人均拥有粮食也急剧减少。因此,道光年间,人多地少、粮食供应出现危机,饥饿问题越发突出。有学者研究,康熙年间,山东一般农家过年时均能有充足的存粮、肉、蛋和自家酿酒,到了嘉庆、道光年间,则是缺粮少肉,一般人家追求的是如何维持生存了。

粮食生产不足,使粮价不断上涨。康熙初年至嘉庆年间,清朝粮价上涨了五倍多。道光年间,粮价增长并没有停息。这对广大贫苦民众来说,更是雪上加霜,激化了社会矛盾。人口剧增,社会财富不足,还削弱了国家抗御自然灾害的能力。一旦发生自然灾害,受灾程度会很大,救灾成本也更高。清朝政府对人口剧增无能为力,既不能在传统农业经济格局之外为剩余人口另谋出路,又不能在技术上以节制生育来控制人口,只能听之任之,加剧了社会矛盾和危机。

2. 吏治败坏

道光年间,吏治败坏更甚。军机大臣曹振镛墨守成规,不思开拓进取。其引导宣宗在章奏中挑错,以致群臣不敢讲真话,欺骗之风盛行。这股歪风甚至影响到科举中,殿试时专尚楷法,"不复问策论之优劣,以致空疏浅陋,竞列清班,甚至有抄袭前一科鼎甲策,仍列鼎甲者"①,难以录取到真才实学者。

穆彰阿门生故吏遍天下,纵容他们贪赃枉法。知府率兼税收,穆彰阿遂利用职权,大肆外放旗员为府道,供他们侵渔。旗员多不识字,听信幕友家丁,恣为奸利,搞得各地乌烟瘴气。宣宗对贪官污吏又打击不力,以致大小官吏尽皆贪贿。户部捐纳房书吏蔡绳祖等人刻部监假印,私办贡监职衔、封典文照,累月经年,得赃难以数计。户部银库官员和库丁通同作弊,从嘉庆五年(1800)至道光二十三年(1843),竟贪污盗窃银款达九百二十五万余两,平均每年二十余万两。

大小官员怠惰疲玩,惟务盘剥,不理政事。道光十三年(1833),四川清理积案,庆符县(治在今四川高县庆符镇)有梁贵,自嘉庆三年(1798)收监,三十五年间无人过问。至此审查,方知其本无罪。宣宗提倡节俭,大小官员阳奉阴违,上朝时布衣布裤,甚至有意将新衣裤弄旧,再加上补丁。回家后,则声色犬马,绫罗绸缎,极尽奢侈豪华。外地官员,则连表面上的节俭也不做作。时人记载,治河大臣的服食车马玩好莫不斗奇竞巧,务极奢侈,甚至一味豆腐,非数百金不能办。为满足奢侈豪华生活需要,大小官员贪贿掠取,吏治败坏日甚　日。

3. 武备废弛

武备废弛更为严重。军官冒滥吃缺,克扣军饷,肆意勒索。如道光十六年(1836)至十八年,正黄旗协领富忠、佐领乌勒精额和正白旗佐领那部阿串通一气,克扣兵饷,三年间侵吞达数万两。沿海各地水师每遇修理战船,武弁必索取陋规,侵克渔利,文员惮于赔累,往往对领帑兴修推诿稽延。

将领对操演全然不放在心上,士兵也雇冒充数,全无纪律与武艺。如京师八旗兵,平时三五成群,手提鸟笼雀架,终日闲游,甚或相聚赌博。问其名色,则皆为巡城披甲,而实未曾当班,不过雇人领替,点缀了事。再如台湾府,额设班兵一万四千余人,"到台即住宿倡家,日以聚赌为事,揽载违禁货物,欺虐贫民","身列行伍,不事训练,每操演时,本地别有习武匪徒,专为受

---

① 《郎潜纪闻二笔》卷11《殿廷考试专尚楷法之由》。

雇替代”。①

将贪兵惰，纪律败坏，使军队战斗力极为低下。道光十五年(1835)，宣宗在卢沟桥观看演习，满洲八旗火器营炮手连放两次，放出炮弹竟半道落地，未中靶子。满洲火器营历来为清朝统治者所倚重，其战斗力如此不堪，宣宗万分骇异。

清朝水师战船多为木制，保管不善，修理也不及时，以致可以驾驶参战者无几。各地海防要塞，炮台的陈年旧炮只可供摆设，多数无法使用。这样的武备废弛，应付国内变乱尚可，与西方坚船利炮对敌则无异螳臂挡车。

4. 财政危机加剧

这一时期，各省财政亏空不仅没有减少，反而继续增加。道光二年(1822)至十二年，仅河南一省即短欠正杂钱粮二百四十余万两，仓谷二十余万石。道光十九年，户部查明，各省拖欠赋税达到二千九百四十余万两，相当于清朝每年财政收入的一半多。收入大幅度减少，而支出却急剧增加。以治河为例，每年有年例岁修，经常还有另案工程，十年间用度超过四千万。连年入不敷出，使国库库存银两不断减少，到道光二十三年仅有九百九十万两，已不足以支付一项紧急工程，遑论遭遇战争了。

五、平定张格尔叛乱与镇压民众起义

1. 平定张格尔叛乱

乾隆年间统一天山南北后，在此设官驻军，加以统治，回疆保持了七十余年稳定。嘉庆年间，由于清朝官吏贪婪腐败，维吾尔族人民不断进行反抗。窜逃到国外的和卓家族，企图煽惑维吾尔民众发动叛乱，以恢复其昔日在南疆的统治。嘉庆二十五年(1820)八月，在中亚浩罕国(今乌兹别克斯坦、吉尔吉斯斯坦、塔吉克斯坦一带)统治者以及英国殖民者支持下，大和卓

---

① 《清宣宗实录》卷231，道光十三年二月癸丑。

之孙张格尔多次窜扰南疆。清兵几次出击,均遭败绩。

道光六年(1826)夏,张格尔纠集五百余人,窜至距喀什噶尔百余里的阿尔图什庄,以礼拜其祖先"玛杂"(坟墓)为名,煽惑当地维吾尔族人民,聚众闹事,并裹胁部分群众掀起叛乱。浩罕统治者派遣部将充当张格尔助手,英国殖民者为张格尔提供装备和教官。张格尔又遣使向浩罕求援,约破喀什噶尔、英吉沙尔、叶尔羌、和田四城,"子女玉帛共之,且割喀什噶尔酬其劳"①。穆罕默德·阿里汗亲率浩罕军队万人入侵南疆,攻打喀什噶尔。清军坚决抵抗,浩罕侵略军遭到巨大伤亡,被迫退回。张格尔又使人追诱浩罕军,说服其中二三千人返回,与其合攻喀什噶尔。

八月,喀什噶尔守城清军势穷力竭,城陷,参赞大臣庆祥自缢。不久,叛军相继攻陷英吉沙尔、叶尔羌、和田等三城,"衙署民房,均被焚毁"。张格尔又派人押着俘获的清军兵丁,到喀什噶尔、英吉沙尔、叶尔羌、和田四处,让他们看看四处焚毁残景,"令伊等回至阿克苏,告知各处城池房屋俱已拆毁,官民全行杀害,叫阿克苏官兵不必来喀什噶尔四城,来亦无益"②。张格尔自称赛亦德·张格尔苏丹,宣布为当地统治者,复辟了和卓的反动统治。

宣宗闻讯,命伊犁将军长龄为扬威将军,陕甘总督杨遇春、山东巡抚武隆阿为参赞大臣,调集清军三万余人,前往镇压。八月,清兵在阿克苏附近浑巴什河击败叛军。其后,又在阿克苏以西柯尔坪大破叛军。道光七年(1827),叛军又纠众十余万,在阿瓦巴特庄负隅顽抗。长龄等"左右兜剿",毙敌二三万众,生擒二千余名,追至洋达玛河,将沿河一带藏匿叛军"搜剿净尽"③。二月底,清军攻克喀什噶尔。接着,又收复英吉沙尔、叶尔羌、和田。张格尔战败,流窜于柯尔克孜族游牧地。道光七年(1827)底,他重纠五百多人,窜扰至喀什噶尔附近。参赞大臣杨芳率军追击,张格尔逃遁,在喀尔铁盖山被擒获,后解至北京处死。

清朝平定张格尔叛乱,耗时七年,调动四万余军队,仅军费就花掉一千二百万余两,加剧了财政危机。不过,这是一场反对侵略、反对分裂的正义战争,对维护中国领土主权和统一具有重要意义。

---

① 《清史稿》卷529《浩罕传》。

② 《清宣宗实录》卷107,道光六年十月庚申。

③ 《清宣宗实录》卷116,道光七年四月戊申。

2. 镇压民众起义

道光年间，由于社会矛盾激化，各地先后爆发民众起义，社会危机加深。

道光元年(1821)正月，云南永北厅(今永胜)贫苦彝族人民起义。起义军烧毁阿喇山衙门和附近村庄，渡过金沙江，向楚雄府属大姚县移动。起义军由千余人发展至八千余人，屡败清军。宣宗调集上万清军，加强镇压。四月，攻入大姚的起义军在清军进攻下失败，起义军被镇压下去。

道光二年(1822)夏，河南、安徽又发生白莲教起义。嘉庆年间直隶、河南、山东天理教起义失败后，虽然清朝政府严禁民间秘密宗教传播，但白莲教一直在各地秘密活动。道光二年七月，河南新蔡白莲教首领朱麻子(朱凤阁)"兴教传徒，纠众滋事"①，与安徽阜阳白莲教首领邢名章聚众二百余人起义。起义军准备进攻阜阳，遭到清军包围，朱麻子和邢名章战死，起义失败。

道光十一年(1831)十二月，湖南永州瑶民赵金陇发动起义。永州地处湖南、广东、广西三省交界，居民以瑶族为主，受到清政府和汉族地主、奸商的压迫欺凌。永州江华县锦田瑶民赵金陇，与常宁县瑶民赵福才等假借巫术跳神祭鬼，发动瑶民，倡言复仇。

十二月底，赵金陇组织瑶民六七百人，各以红布裹头，发动起义。永州文武官员督率官兵乡勇分路包剿堵截，但瑶民英勇善战，清兵不敢撄其锋。次年春，起义军进入蓝山县境，队伍发展到二三千人。不久，攻入江华县麻冈和宁远县鲁观洞等处，计划进占九嶷山作为基地。二月，起义军在池塘墟大败清军。其时，湖南提督海凌阿率军轻进，落入起义军包围，"因山径崎岖，雨水路滑坠马"②，被起义军打死。起义军复入宁远境，攻进新田县城，杀县令王鼎铭，又转入常宁县洋泉。一连串的胜利，使起义军声势大振，湖南、广东等地瑶民也纷纷起义响应，形成三股力量：赵金陇、唐八率领广东散瑶及江华锦田各寨起义瑶民为一股，赵福才、赵福青率领常宁、桂阳起义瑶民二三千人为一股，赵文凤、赵福明率领新田、宁远、蓝山起义瑶民二三千人为一股。湘粤边界许多村镇均为瑶民义军攻克。

① 《清宣宗实录》卷40，道光二年八月丁卯。

② 《清宣宗实录》卷207，道光十二年三月己酉。

宣宗调兵遣将,命两广总督李鸿宾、广西提督苏兆熊各防边界,湖广总督卢坤坐镇永州,统筹军务,余步云调补湖南提督,并挑选得力将弁和精兵前来增援,又命湖北提督罗思举亦率兵参加围剿。在衡州府常宁、祁阳、桂阳、新田、嘉禾等州县要地,设重兵防守堵御,互为犄角,相机策应。二月,赵福才部起义军在桂阳州与清兵激战,赵福才战死,队伍溃败,后并入赵金陇、赵文凤所部。三月,各路起义军在清军进攻下,退集至常宁羊泉镇,陷入清军层层包围。四月,羊泉镇被清军攻克,赵金陇战死,赵文凤被俘,起义失败。

赵金陇起义后,广东连山瑶民赵子青发动瑶民起义响应。后得知赵金陇起义失败,赵子青遂宣称与他有师徒关系,自称瑶王。道光十二年(1832)五月,起义军在沙坪打败清军,进入湖南蓝山、江华一带,沿途瑶民参加起义部队达二千余人。五月下旬,清军发动进攻,起义军与战不力,撤往广东,在麻冈冲被击败,赵子青被杀,起义失败。

道光十二年(1832)六月,湖南宁远县瑶民盘均华又在广西贺县领导瑶民起义。起义军二千余人,推盘均华为瑶王,宣称为赵金陇报仇。起义军准备渡过河东,“欲来湖南,占夺猺山田地”。在芳林渡,他们与清军大队相遇,被击败溃散,“穷窜湖南边境”①。六月底,盘均华在湖南江华县被俘杀。至此,瑶民起义基本上被镇压下去。

道光十二年(1832)闰九月,台湾爆发张丙领导的天地会起义。乾隆后期林爽文起义被镇压后,天地会在台湾仍很活跃,并衍生出支派小刀会。道光十二年闰九月,天地会首领张丙、陈辨聚众三百余人,在嘉义发动起义。署知县邵用之来“剿捕”,“行至店仔口被戕”。知府吕志恒“复带兵击贼于大排竹,以众寡不敌遇害”②。起义军接连打败前来镇压的清军,杀嘉义知县、台湾知府,趁势包围嘉义县城,声势震动全岛。张丙自称“开国大元帅”,建号“天运”。起义军队伍迅速扩大,人数达到一万五千人。十月,彰化、凤山、台湾诸县也先后响应,天地会起义席卷了台湾中部和南部地区。宣宗陆续调派福建、河南、陕西、四川等各地军队八千余人,加上台湾驻军一千六百余人,合力镇压起义军。十一月,起义军被击败,不久张丙被俘。十二月,其他

① 《清宣宗实录》卷220,道光十二年九月己未。

② 《清史稿》卷489《吕志恒传》。

各地起义军也陆续被镇压。

道光十二年(1832)十二月,四川南部越嶲厅彝民又发动起义,向清溪县进发,击败清军。接着,附近峨边厅彝民起义响应。起义军在清溪与四川提督桂涵率领的清军主力展开激战,不利,退据几子山等地。第二年正月,清军发动大规模进攻,起义军被迫退到深山老林。三月,清军攻入老林,清溪起义军失败。四月以后,越嶲厅、峨边厅起义军也被清军镇压。道光十四年(1834)七月,峨边厅彝民再次起义,至次年二月底被镇压下去。

道光十五年(1835)三月,山西先天教首领曹顺等发动起义。先天教教义与白莲教接近,嘉庆年间由河北巨鹿人傅济等在山西赵城创立。嘉庆后期,傅济等被捕处死,但先天教仍在山西秘密传播。道光年间,山西霍州人韩鉴、山东曹州(今菏泽)人曹顺、傅济子傅邦凝成为霍州等地先天教首领。道光十五年三月,曹顺发动教徒起义。他们攻克赵城,杀知县。然后,兵分两路,攻打洪洞县城、霍州府城。但清兵已有准备,攻城起义军受挫。不久,各地清军来援,赵城为清军攻克,曹顺等被俘,起义失败。

六、禁烟运动

与国内社会矛盾尖锐、边疆叛乱、民众起义等内忧相比,这一时期,更大的挑战和危机是西方殖民主义东来,加紧对中国的经济、军事侵略,外患威胁更大。

1. 中英贸易与交涉

18、19世纪,资本主义在欧美迅速崛起,获得巨大发展。英、美等资本主义强国迫切要求打开中国市场,向中国倾销产品,进行殖民扩张。但是,乾隆中期以后,中国实行闭关自守政策,限制对外贸易。在当时中国与西方贸易中占据最主要份额的英国,对打开中国市场最为急切。继乾隆五十七年(1792)派遣马戛尔尼使团来华无功而返后,嘉庆二十一年(1816),英国又派遣阿美士德出使中国,要求英国使臣常驻北京,开放中国北部通商口岸,改善广州英国商人处境。七月,因阿美士德拒绝觐见时行三跪九叩之礼,仁宗下令将其驱逐回国,并谕令英国不必再遣使来华,英国的外交尝试再次失败。

另一方面，中国当时主要是自给自足的自然经济，对外来产品需求少，也无力购买。而欧美国家，则对中国茶叶、丝绸、瓷器等有广泛的需求。这样，直到19世纪三十年代，中国在与西方贸易中始终处于出超地位。以中英贸易为例。乾隆四十六年(1781)至五十五年，中国输出到英国的商品，仅茶叶一项就达四百七十九万两，而英国输入到中国的商品，包括毛织品、棉布、棉纱、金属品等在内，只有三百二十七万两。19世纪初期，英国输华工业品有所增加，但是贸易出超地位并未改变。如，从嘉庆二十五年(1820)到道光九年(1829)，中国输出到英国的茶叶兑值是一千一百六十四万余两，而英国输入到中国的商品总值是一千一百五十四万余两。巨大的贸易逆差，使英国支付了大量白银。英国资产阶级不愿如此出超，企图打开中国大门。经过一段时间摸索，他们卑鄙地使用向中国输出鸦片的策略。

2. 鸦片毒害

鸦片俗称大烟，由罂粟汁液提炼而成，含有大量吗啡和生物碱，有一定的安神、安眠、镇痛、止泻、止咳、忘忧的功效，最初主要被作为药材使用。后来，一些人为提神而吸食。此物含有麻醉毒素，极易吸食上瘾。英国在18世纪二十年代开始向中国输入鸦片，当时每年约二百箱，六十年代达到一千箱，九十年代增为四千余箱。进入十九世纪，中国开始禁止鸦片输入，于是英国改公开售卖为走私贩运，输入中国的鸦片与日俱增，道光十年(1830)达到二万一千八百余箱，道光十九年竟至三万五千五百箱。同一时期，美国、俄国也加入向中国走私鸦片的行列。疯狂的鸦片走私贸易，使西方殖民者获得巨大经济利益。道光十九年输入中国的鸦片，价值近二千万元。仅此一项，就超过了中国输出到欧洲国家商品的总价值，英国等国实现了贸易顺差。

鸦片泛滥给中国社会带来了全面灾难。首先是毒害和摧残了中国人民的身心健康。鸦片使人上瘾，流传很快，吸食之风不久就从东南沿海蔓延至内陆十余省。道光十五年(1835)，中国有超过二百万人吸食鸦片。到道光十八年，则至少有四百万人。吸食鸦片能引起体质严重衰弱及精神颓废，并导致死亡，严重毒害和摧残了中国人民的身心健康。中国人在近代被称为“东亚病夫”，原因即在于此。另外，吸食鸦片需要不菲的支出，许多家庭难以维持,倾家荡产。其次是造成中国白银大量外流,银贵钱贱,民众负担加重。清制,白银一两换钱一千文。由于鸦片输入的激增,中国白银大量外流,银价不断上升。道光十二年(1832),银一两值钱一千三百五十文。到道光十八年,更是涨到银一两值钱一千六百多文。银价上涨,使广大民众深受其害,因为他们出售自己产品时以铜钱计价,而缴纳赋税则要将铜钱折成银两。以前纳税一两只要缴纳铜钱一千文,现在则要缴纳铜钱一千六百余文,负担增加六成。第三是大量白银外流,使清朝国库空虚,加重了财政危机。另外,鸦片泛滥也使吸食的军队官兵更加萎靡,战斗力大幅度下降;政府官员与鸦片走私、经营者互相勾结,贪受贿赂,吏治更加腐败。鸦片泛滥的巨大危害,使清朝政府不得不采取措施加以禁止。

3. 清朝禁烟

清朝的禁烟开始于雍正七年(1729)。其时,清朝政府颁布法令,禁止鸦片吸食和贩卖。但仍许鸦片进口,照药材纳税。随着鸦片输入增加,毒害显现,禁烟措施开始严厉。嘉庆元年(1796),清朝废除鸦片征税条文,禁止鸦片进口。嘉庆五年,清朝重申禁令,并严禁国内栽种罂粟,鸦片贸易成为非法。英国等国遂改公开进口为走私贸易,鸦片输入大幅度增加。

宣宗继位后,对鸦片实行更严厉查禁。道光元年(1821),宣宗下令,“洋船”至广东,须先具结没有夹带鸦片,方准开仓验货,如有夹带,行商容隐,即将行商治罪。十一月,广州十三行总商伍敦元因对“夷船私贩偷销”鸦片“并不随时禀办,与众商通同徇隐”①,被摘掉三品顶戴。宣宗要求封锁广州黄埔和澳门鸦片市场,将夹带鸦片的四艘外国商船驱逐回国,永远不许再来广州。清政府还下令,对内地售卖、吸食者,开馆绞,贩卖充军,吸食杖徙;对查禁官员失职者,处以革职、罚俸;对内地种植鸦片者,为首充军,为从杖徙。

但是,由于主客观原因,鸦片在当时实难禁止。道光十三(1833)、十四年间,个别对禁烟失去信心者提出,对鸦片实行弛禁,政府恢复征税,以内地种植鸦片来抵制走私,以遏止白银外流,获得广东地方官员赞同。道光十六年四月,由广东按察使改任太常寺少卿的许乃济上奏折,公开提出弛禁主张。他说:“鸦片烟例禁愈严,流弊愈大。近年以来,夷商不敢公然易货,皆

---

① 《清宣宗实录》卷26,道光元年十一月丙寅。

用银私售,每岁计耗内地银一千万余两之多。请变通办理,仍准其以货易货。"[1]宣宗犹疑不定,表示"鸦片烟来自外夷,流毒内地,例禁綦严。近日言者不一,或请量为变通,或请仍严例禁,必须体察情形,通盘筹画,行之久远无弊,方为妥善"[2],令广东官员讨论。

广东官员包括总督邓廷桢,以及鸦片商人均力赞弛禁。而在朝廷中,则皆持批评和反对态度。尤其是礼部侍郎朱嶟、兵部给事中许球、江南道御史袁玉麟先后上疏,驳斥弛禁可以遏制白银外流等谬论,全面分析鸦片贸易危害。宣宗遂坚定立场,重申严禁鸦片。道光十八年(1838)闰四月,鸿胪寺卿黄爵滋上折,又提出鸦片泛滥在于吸食者众,主张对吸食者处以死刑,以收禁烟之效:"嗣后内地有吸食鸦片者,限一年内,务各断绝烟瘾。如一年后仍然吸食,是即不奉法之乱民,俱罪以死论。"[3]宣宗又令各省督抚等讨论,其中湖广总督林则徐、两江总督陶澍等八位督抚赞同,而大部分督抚等认为处罚太重,而强调严查海口,以杜其源。

九月,宣宗召林则徐进京,派其到广东禁烟。鉴于"近年鸦片烟传染日深,纹银出洋,销耗弥甚",宣宗要求林则徐专办此事,"力救前此之失,总期积习永除,根株断绝","为中国祛此一大患也"[4]。林则徐到广东后,坚决查办鸦片,虎门销烟随之展开。道光二十年(1840),英国悍然发动鸦片战争,大规模侵略中国。中国战败,从此进入半殖民地半封建的近代社会。

---

① 《清宣宗实录》卷 282,道光十六年四月辛巳。
② 《清宣宗实录》卷 287,道光十六年八月庚申。
③ 《清宣宗实录》卷 309,道光十八年闰四月辛巳。
④ 《清宣宗实录》卷 316,道光十八年十一月丙辰。

第十五讲

清朝文化

鸦片战争前的清朝，政治、经济取得很大发展，国力强盛，文化成就也十分突出。

一、学　术

对于清代学术发展和变迁，王国维曾有过精辟概括："国初之学大，乾嘉之学精，道咸以降之学新。"[①]所谓"国初之学大"，指的是清初学者治学范围广博，关注国计民生，体现出阔大气象。"乾嘉之学精"，指以乾嘉学派为主体的学者孜孜于考据，学术趋向专精。"道咸以降之学新"，则是说道光、咸丰以后的学者面对内忧外患，其学术追求变革创新，"务为前人所不为"。

1. 清初进步思潮

明清之际是朝代更换、"天崩地解"的时代，不少思想家思考明朝灭亡原因，探讨传统政治制度，进而批判君主专制制度和空疏理学，提倡经世致用，反对民族压迫，形成清初的进步思潮。其杰出代表，就是被称为清初三大思想家的黄宗羲、顾炎武、王夫之。

黄宗羲，字太冲，号南雷，学者称梨洲先生，浙江余姚人。其父黄尊素，为明末御史、东林名士，因弹劾阉党魏忠贤被害。黄宗羲赴京讼冤，反对阉

---

① 王国维:《观堂集林》卷23《沈乙庵先生七十寿序》。

党。后归乡，拜理学家刘宗周为师。清兵入关，黄宗羲起而抗清。后回乡隐居，从事著述，终生不仕清朝。

黄宗羲以清醒的头脑，对国家兴亡、历史变革进行深刻反思。他对君主专制政体的弊端进行集中批判，抨击专制君主“视天下为莫大之产业，传之子孙，受享无穷”，提出“为天下之大害者，君而已矣”，“天下之人，怨恶其君，视之如寇雠，名之为独夫，固其所也”①。对于君主专制制度，黄宗羲提出改革办法，即由君主与大臣共治，特别强调设置宰相，牵制君主，主张将学校办成议政场所。黄宗羲对君主专制的批判可谓入木三分，透露出近代启蒙思想的曙光。

在经济方面，黄宗羲主张减轻赋税，提倡“工商皆本”。在哲学上，他师从属于王学的刘宗周，但又能在一定程度上摆脱王学束缚，提出具有唯物主义倾向的“气一元论”。在史学上，黄宗羲编著《明儒学案》，对明朝三百年间各个学派的学术思想作了系统、完整的介绍和评述。他注重对明史的研究，并直接影响到其子黄百家、弟子万斯同、私淑全祖望等，形成为浙东学派，颇有助于清朝官修《明史》。

顾炎武，初名绛，字宁人，别号亭林，昆山人。明朝灭亡以后，改名炎武，号蒋山佣。明末为诸生，入复社。清兵下江南，顾炎武参加抗清斗争。后历游山东、河北、山西、陕西等地，曾多次吊奠明十三陵和明孝陵，终定居于陕西华阴。

顾炎武对专制君主进行猛烈抨击。他反对君主“独治”，主张“众治”：“人君之于天下，不能以独治也。独治之而刑繁矣，众治之而刑措矣。”②面对明末以来黑暗社会现实，他鲜明地提出“君子之为学，以明道也，以救世也”③。他主张，为学要“博学于文”、“行己有耻”。他所理解的“博学于文”，与“家国天下”之事相联系，因而不仅仅限于文献知识，还包括广闻博见和考察审问得来的社会实践知识。而“行己有耻”，即是要用羞恶廉耻之心来约束自己言行，反对当时有些士人寡廉鲜耻、趋炎附势而丧失民族气节。

顾炎武崇尚实学，强调经世致用。他注重调查研究，曾详细考察北方各

① （清）黄宗羲：《明夷待访录·原君》。

② （清）顾炎武：《日知录》卷 6《爱百姓故刑罚中》。

③ （清）顾炎武：《亭林文集》卷 3《与人书二十五》。

地形胜关隘,著成《天下郡国利病书》。他又探讨历代制度沿革,撰出《日知录》。顾炎武反对理学空谈心性,提出“经学即理学”,强调兴复经学,依经而讲求义理,“以复古作维新”。顾炎武的学风和为学方法,对清代学术特别是考据学有较大影响。

王夫之,字而农,号姜斋,湖南衡阳人。晚年居衡阳石船山,学者称船山先生。崇祯举人。清军入关,王夫之参加抗清斗争。后隐居石船山,潜心治学。

王夫之的杰出成就,是他进步的哲学观点。他继承和发展了张载的气一元论,提出宇宙万物是由物质性的“气”构成的。他说:“阴阳二气充满太虚,此外更无他物,亦无间隙。”①他认为,“气”是宇宙的本质,生灭只是形态变化而已。在理气关系上,王夫之提出,“理”与“气”同时并存,气主理从,“理即是气之理”。王夫之还有丰富的朴素辩证法思想。他认为,世界上一切事物都处在对立统一之中,都在不停息的运动变化中,所谓“静者静动,非不动也”,“静即含动,动不舍静”②。王夫之把事物运动变化的原因,明确地归结为事物内部的矛盾性,指出任何矛盾都是相反相成的。在他看来,矛盾是相互转化的,有时会发生突变,但在更多的情况下,转化是在不断往复、消长中保持某种动态平衡而实现的。

在认识论上,王夫之利用和改造了佛教哲学的“能”、“所”范畴,主张“因所以发能”,“能必副其所”,即主观认识由客观对象引发而产生,客观是第一性的,主观是客观的副本,从而抓住了认识论的核心问题。在历史观上,王夫之提出“理势相成”。所谓“势”,是历史发展的必然趋势和现实过程。“理”,是体现于历史现实过程中的规律性。他认为,历史发展的总趋势是不断进步,从而阐明了人类历史由野蛮到文明的进化过程。

除了上述三大思想家以外,清初还有不少进步思想家,如傅山、唐甄、颜元、李塨等也提出各自的进步思想。

傅山,字青主,山西阳曲人。他认为,天下是天下人的天下,君主误国,即应更换。他否定儒家正统地位,将其与诸子百家同等看待。傅山反对理学,指斥宋儒为“奴君子”。他长于音韵学和诸子学研究,又精通绘画、医学。

---

① (清)王夫之:《张子正蒙注·太和篇》。

② (清)王夫之:《思问录·内篇、外篇》。

唐甄，字铸万，号圃亭，四川达州人。他激烈批判君主专制制度，认为“自秦以来，凡帝王者皆贼也”①。为了限制君权，他要求提高大臣地位。他还发展了民本思想，强调民是国家根本，并提出了爱民、保民、富民的具体政策。

颜元，字浑然，号习斋，河北博野人。李塨，字刚主，号恕谷，河北蠡县人，颜元弟子。颜、李提出唯物主义认识论，对“致知在格物”做出新的解释，称“格物”就是“犯手实做其事”，提倡“实事”、“实学”。为了经世致用，他们主张博学各种知识，包括兵农、钱谷、天文、地理等。他们痛斥理学空疏无用，为“杀人”之学。他们倡明己说，名倾朝野，形成颜李学派。

2. 程朱理学的复兴

清初，思想界承明末以来之势，异常活跃，“遁入于禅”的王学末流盛行，批判理学、抨击封建专制蔚然成风，而程朱理学则气势日衰。清圣祖亲政后，大力提倡程朱理学，排斥陆王心学，使理学出现了一个短暂的复兴。

圣祖提倡程朱理学的措施主要有：第一，把程朱理学定为儒学“正传”和官方哲学。圣祖论述“儒学源流”，指出董仲舒、韩愈等皆阐发儒学，“得天人之理”，然均“未及孔、孟之渊源”。宋代程、朱等人“探索微言，绍明坠绪，性理之道，始昭然大著于天下”。因此，惟程朱理学“可以上承孔子之传”②。他认为，程朱理学是儒学“正传”，亦为治国学术，即官方哲学。同时，圣祖借与信奉心学的侍讲学士崔蔚林辩论，对陆王心学进行了批判。第二，进一步崇礼表彰程、朱等人。康熙五十一年（1712）正月，圣祖指出，“孔、孟之后，有裨斯文者，朱子（熹）之功最为弘巨”③，下令将其从孔庙东庑“先贤”之列升到大成殿“十哲”之列。对二程，除每年春秋文庙附祭，圣祖还给其后人致祭银，使他们世世奉祀。第三，编辑、刊刻程朱之书，较大且重要者有《性理大全》《朱子全书》《周易折中》《性理精义》等。

清圣祖尊奉程朱理学，为清世宗、清高宗所继承和发扬。统治者的提倡，使一度濒临衰竭的理学，主要是程朱理学又重现短暂兴盛。其表现，一

---

① （清）唐甄：《潜书》下篇下《室语》。

② 清圣祖：《清圣祖御制文第一集》卷19《读性理大全》。

③ 《清圣祖实录》卷249，康熙五十一年正月丁巳。

方面是程朱理学居于官方哲学地位，程朱学说风行，士人“非朱子之传义弗敢道”，“非朱子之家礼弗敢行”[1]。另一方面是出现了不少理学家，其中不少人深得皇帝宠信，地位显赫，人称“理学名臣”，包括陆世仪、陆陇其、李光地、熊赐履、汤斌、张伯行等人。

清初的理学以尊朱黜王为主要特色，但理学家们在本体论上坚持程朱的同时，又多从陆王心学中吸取成分以充实其理论体系，体现出会通朱、陆的特征。不过，虽然许多理学家著书立说，传业授徒，但是在理论上并无创新发明，所讨论研究的内容多数不过是就前人之说推阐证明而已，并无超越前人的思想。可见，此时的理学思想内容贫乏，呈现出明显衰颓之势，甚至可以说已走向穷途末路。至乾隆年间汉学兴起，理学彻底地衰落。

3. 考据学

清初，顾炎武等人提倡“经世致用”，间而从事考据。他们的考据与现实生活紧密联系，与官方提倡的理学针锋相对。后来，考据中联系实际的作法逐渐被抛弃，从事考据的学者一味钻在故纸堆里搜罗爬梳，从事考据的学者数量日益增加。到了乾隆、嘉庆年间，终于形成压倒一切学派的正统学派，称为乾嘉学派。乾嘉学派采用汉朝儒生训诂考订的治学方法，文风朴实简洁，所以又称“汉学”、“朴学”。清朝考据学者，主要有以下数位：

(1) 顾炎武。考据特别注意针对现实迫切问题加以研究。著作主要有《日知录》《天下郡国利病书》等。

(2) 阎若璩。字百诗，号潜丘，明末山西太原人，侨居江苏山阳县(今淮安市)。顺治年间，补县学生员。康熙年间，应博学鸿儒科，不第。研究经史很有造诣，曾助修《大清一统志》。主要著作有《古文尚书疏证》《四书释地》等。他的最大贡献是考定《古文尚书》之伪，其《古文尚书疏证》提出一百二十八条证据，证明此书乃东晋年间伪作。

(3) 惠栋及其弟子。惠栋，字定宇，号松崖，江苏吴县人。活动于康乾年间，课徒著述，终生不仕。著作主要有《九经古义》《易汉学》《易例》《周易述》等。他对《易》学钻研最深，治学以绝对尊奉汉儒为特征。他的弟子江声、余萧客和再传弟子江藩，在发展壮大惠派上都发挥了不小作用。

---

[1] (清)朱彝尊:《曝书亭集》卷35《道传录序》。

江声，字叔沄，号艮庭，江苏吴县人。嘉庆年间，举贤良方正。晚年受毕沅延请，校注经籍。他拜惠栋为师，“集汉儒之说”以注《尚书》，“汉注不备，则旁考他书”①，著《尚书集注音疏》。

余萧客，字仲林，号古农，江苏吴县人。乾隆年间，师事惠栋。曾预修《畿辅水利志》，后入四库馆校雠。主要著作是《古经解钩沉》，采录原书已佚而其说为古书所引的唐以前诸儒训诂。

江藩，字子屏，江苏甘泉（今扬州）人。师余萧客、江声，曾应请总纂《广东通志》，穷困终老。他撰有《国朝汉学师承记》《宋学渊源记》等。门户之见甚深，专宗汉学，推惠栋为汉学正宗。

（4）戴震，字慎修、东原，安徽休宁人。生活于雍乾年间，曾任《四库全书》纂修官。他著作很多，文字学方面有《六书论》《声韵考》等，天文历算方面有《原象》《迎日推策记》《勾股割圜记》等，水地方面有《水地记》《直隶河渠书》等。此外，还有《孟子字义疏证》《原善》等。在考据上，他主张实事求是，不偏主一家，既不盲目追随宋儒，也不轻易地盲从汉儒。其治学极重精审，所谓“学贵精，不贵博”②。

（5）段玉裁，字若膺，江苏金坛人。乾隆举人，曾任知县等职。他师事戴震，著有《说文解字注》《六书音韵表》等。《说文解字注》就本书融会贯通，发现义例，以为整理之依据，有许多创见。

（6）王念孙，字怀祖，江苏高邮人。乾隆进士，历官工部主事、吏科给事中等。他师事戴震，著有《广雅疏证》《读书杂志》等。《广雅疏证》就古音以求古义，表现了作者治小学的特点。他还广搜汉以前经传诸子训诂，转相证明。

（7）王引之，字伯申，王念孙之子。嘉庆进士，历任礼部、工部尚书。他是戴派后学著名人物之一，与戴震、段玉裁、王念孙合称“戴段二王”。所著《经传释词》是研究文法的名著，《经义述闻》训释经义。

以乾嘉学派为主的清代考据学者，对于古代文化的整理作出了很大贡献。除了上面所介绍的以外，还取得了以下几个方面成就：

（1）儒家经典方面。胡渭著有《易图明辨》，清理了五代、北宋以来对

---

① （清）江藩：《国朝汉学师承记》卷2《江艮庭先生》。

② （清）段玉裁：《戴东原先生年谱》。

《易经》的附会。焦循著有《雕菰楼易学三书》,会通全书,发明义例。王鸣盛著《尚书后案》、孙星衍著《尚书今古文注疏》,皆搜罗汉儒解释《尚书》文字。秦惠田著《五礼通考》,为中国礼制史长编和资料汇编。胡承珙著《毛诗后笺》、马瑞辰著《毛诗传通释》、陈奂著《诗毛氏传疏》,或宏博,或严谨。

(2)古文字学方面。戴震著《方言疏证》,对西汉扬雄《方言》的传刻讹误进行校勘。邵晋涵著《尔雅正义》,对《尔雅》原文及郭璞所注多有增校。阮元主编《经籍纂诂》,专辑古书成说解释其意义,唐以前训诂网罗殆尽。顾炎武对古音韵的研究为清人之首,其次则有江永著《古韵标准》、段玉裁著《六书音韵表》、戴震著《声类表》《声韵考》、孔广森著《诗声类》、王念孙著《古韵谱》。他们认为古今音韵不同,对古音分部作了步步深入的探讨。

(3)校勘方面。除前文论述外,尚有卢文弨《群书拾补》、黄丕烈《士礼居题跋》、卢见曾刻《雅雨堂丛书》。举凡唐、宋以前要籍,清人多作整理。

(4)辑佚方面。清人大力辑佚古书,使许多古书复活,如邵晋涵辑《韩诗内传》、严可均辑《全上古三代两汉三国六朝文》、卢见曾辑《郑氏易注》、张澍辑《三辅决录》、官修《全唐诗》《全金诗》《全唐文》等。

清代考据学者虽然取得很大成就,但也有不少缺陷,主要的有以下几点:第一,除了清初若干学者以外,后来学者只钻研古书,治学与现实生活完全脱节。正如章学诚所批评:"学者但诵先圣遗言,而不达时王之制度,是以文为鞶帨絺绣之玩,而学为斗奇射覆之资,不复计其实用也。"[①]第二,过分强调广博精深,以致流于繁杂琐碎。第三,考据学者的治学方法,大体不出形式逻辑的归纳法等范围,对于诸如发展规律等根本性的和深刻的社会问题无能为力。

以乾嘉学派为主的清代考据学的缺陷,日益招致时人批评。这些批评,对一些考据学者产生了影响,如焦循开始较多向理论方面用力,阮元则欲调和汉学和宋学。嘉庆、道光以后,内忧外患日甚一日,脱离现实的考据学已经不能适应时代需要。于是,清朝学风大变,考据学由全盛走向衰落。

4. 史学

清朝史学兴盛,成就较大,表现是多方面的。

---

① (清)章学诚:《文史通义》内篇五《史释》。

首先是前朝史纂修与研究兴盛。其中，又以明史最有成绩。顺治二年(1645)，清朝下令官修纪传体《明史》。历经康、雍、乾三朝，纂修成《明史》三百三十二卷。《明史》以明代历朝实录和档案为依据，又参考大量官私记载，经过众多著名学者几十年纂修、修改，质量在“二十四史”中堪称上乘。在体例上，《明史》历志增图，艺文志专录明人著述，列传增加阉党、流贼、土司等，均是创新之处。

清朝私家纂修的明史史书数量多，内容丰富。纪传体有查继佐《罪惟录》、傅维鳞《明书》，编年体主要有谈迁《国榷》，纪事本末体主要有谷应泰《明史纪事本末》等。谈迁，字孺木，浙江海宁人。明末为诸生。明亡，肆力经史百家言，尤注心于明朝典故。天启年间，他撰成《国榷》初稿。顺治二年(1645)以后，又增补崇祯、弘光两朝史事。但不久书稿全部被盗，于是发奋重著。顺治十年到十三年，他携稿赴京，访察修订。黄宗羲为撰墓表称，谈迁“汰十五朝之实录，正其是非，访崇祯十七年之邸报，补其缺文”①。《国榷》卷首汇辑了有明一代朝章典制，正文则纂辑明代史事，按年、月、日编载，上起元文宗天历元年(1328)，终于南明弘光元年(1645)，间附本人及有关史家评语，以阐发辨明，具有较高的史料价值。另外，清朝前期，私修明清之际历史十分发达，主要有吴伟业《绥寇纪略》、戴笠《怀陵流寇始终录》、计六奇《明季北略》《明季南略》、张岱《石匮书后集》、温睿临《南疆逸史》、彭孙贻《平寇志》等。至清朝中期，随着文字狱频兴，这类著述遂销声匿迹。

明代以前历史的著述，编年体有徐乾学《资治通鉴后编》、毕沅《续资治通鉴》，均记载宋太祖建隆元年(960)至元朝灭亡史事，但后者以前者为蓝本而考订增补，价值较高。纪事本末体有张鉴《西夏纪事本末》等。政书体有清朝官修的“续三通”，即《续通典》《续通志》《续文献通考》。在古代史研究考订方面，比较重要的有马骕《绎史》、崔述《考信录》、王鸣盛《十七史商榷》、钱大昕《廿二史考异》、赵翼《廿二史札记》、汪辉祖《元史本证》等。

清朝史学成就，尤以纂修本朝史为代表，其种类多，内容广，数量大。清朝纂修本朝史，又以官方成就最为突出。官修本朝史，包括各朝皇帝言行、史事的记录编纂，如起居注、实录、圣训、谕旨等，各类政书的编纂，如会典、“清三通”、各类志书，一些大战事的记录编纂，如方略、纪略等，以及国史馆

① (清)黄宗羲:《南雷集》卷8《谈孺木墓表》。

纂修本朝史等。清朝国史馆纂修本朝史,包括为已故皇帝作本纪,为已故大臣作传,以及编纂志、表等。清朝还开八旗通志馆,编修《八旗通志》,体例遵循正史。

清朝私修本朝史,包括编年体史书,如《东华录》等,纪事本末体史书,如赵翼《皇朝武功纪盛》、李之芳《平定耿逆记》等,以及人物传记,如李元度《国朝先正事略》、李桓《国朝耆献类征初编》、钱仪吉《碑传集》等,种类、数量都很丰富。

清朝史学成就的另一表现,是方志纂修兴盛。清圣祖、清世宗设局编修《大清一统志》,多次下令各地纂修省志(通志)等,以供采择。世宗还规定,州县志书六十年续修一次。乾隆初,首部《大清一统志》修成。乾隆中期,高宗下令重修《大清一统志》。至嘉庆年间,三修《大清一统志》。最高统治者的提倡与督促,使清代地方志纂修获得极大动力,省志、府州县志大量涌现。在此带动下,官私所修乡土志、里镇志、寺庙名胜志等也纷纷面世。据统计,现存民国以前方志共计八千二百余种,其中清朝所修五千六百余种,占到七成。

清朝疆域广阔,内地与边境联系紧密,边疆史地研究大大超过前代。其中,比较重要的,有乾隆年间官修《皇舆西域图志》,私修的有祁韵士《蒙古王公表传》《皇朝藩部要略》,徐松《新疆识略》《西域水道记》,杨宾《柳边纪略》,吴振臣《宁古塔纪略》,李凤彩《藏概记》等。

在史学理论方面,章学诚有一定贡献。章学诚,字实斋,号少岩,浙江会稽(今绍兴)人。乾隆进士。曾官国子监典籍,后入湖广总督毕沅幕,协助编纂《续资治通鉴》等书。章学诚主张"六经皆史",认为"古人不著书,古人未尝离事而言理,六经皆先王之政典也"①,提出将儒家经典作为史籍来利用和研究,以纠正重经轻史的偏失。他强调史学要探讨义理,发挥经世致用功能,所谓"史学所以经世","且如六经,同出于孔子,先儒以为其功莫大于《春秋》,正以切合当时人事耳。后之言著述者,舍今而求古,舍人事而言性天,则吾不得而知之矣"②。对于史书,章学诚主张要通古今之变,成一家之言。对于史家,他强调史德,注意思想修养。

---

① 《文史通义》内篇一《易教上》。

② 《文史通义》内篇二《浙东学术》。

二、文学艺术

清朝文学艺术的各门类，如小说、诗词、散文、戏曲、绘画等都呈现出繁盛景象，尤其以小说与戏曲成就为高。

1. 小说

清朝文学中，小说成就最大。其中，《聊斋志异》《儒林外史》《红楼梦》等小说，都是思想性与艺术性完美结合的典范，攀上中国小说史辉煌的顶峰。

《聊斋志异》，作者蒲松龄，字留仙，号柳泉，山东淄川（今淄博）人。康熙秀才，后屡试不第，为幕宾、塾师等，穷困潦倒终生。《聊斋志异》是一部文言短篇小说集，包括短篇小说四百九十余篇。该书题材广泛，内容丰富，多数作品通过谈狐说鬼的手法，对当时社会黑暗腐败进行批判，歌颂青年男女纯真爱情，以及被压迫人民反抗封建剥削和压迫的斗争。在艺术上，该书成功塑造了众多艺术典型，人物、妖狐鬼神形象鲜明生动，故事情节曲折离奇，结构严谨巧妙，文笔简练，描写细腻，堪称中国古典短篇小说的高峰。

《儒林外史》，作者吴敬梓，字敏轩、文木，安徽全椒人。清初秀才，科举不第。乾隆年间移居南京，豪放倜傥。后家财散尽，靠卖文和朋友接济生活。《儒林外史》是一部杰出的现实主义长篇讽刺小说。它由许多故事连缀而成，描写封建社会后期知识分子及官绅的活动和精神面貌，抨击科举制度和封建礼教对人的毒害，讽刺因热衷功名富贵而造成的极端虚伪恶劣的社会风习。全书语言准确生动、幽默洗练，细节描写传神，人物栩栩如生。《儒林外史》代表了中国古典讽刺艺术的最高水平。

《红楼梦》，作者曹雪芹，本名霑，字梦阮，号雪芹，又号芹圃、芹溪，祖籍辽阳汉人，后入正白旗。曹家先为内务府包衣（家奴）。自曹雪芹曾祖父曹玺始，曹家三代四人相继担任江宁织造。曹雪芹出生在南京，少年时代度过了一段富贵荣华的生活。雍正年间，其父曹𫖯因事下狱，被革职抄家。不久，曹家迁回北京，从此日渐衰微。晚年，曹雪芹流落到北京西郊，靠朋友接济和卖画维持生计。

曹雪芹生前写成《红楼梦》八十回，后四十回为高鹗所续，成为现在通行的一百二十回本。《红楼梦》以贾宝玉、林黛玉的爱情悲剧为主线，通过对贾、史、王、薛四大家族兴衰的描写,生动而又真实地描绘出一幅封建社会后期贵族家庭衰败的历史图卷,显示了四大家族代表的封建制度必然走向灭亡的命运,思想性非常深刻。可以说,《红楼梦》内蕴含着一个时代的历史容量,它是封建末世的百科全书。

在艺术上,《红楼梦》的成就也是巨大的。小说善于刻画人物形象,无论是主要人物还是次要人物,无不血肉饱满,呼之欲出。即使是那些年龄、生活环境、生活方式比较相近的人物,作者也能将她们各自不同的性格、特征纤毫毕露地镂刻出来。《红楼梦》的叙事和描写自然逼真,天然无饰,使人看不出艺术虚构和想象。在语言上,《红楼梦》简洁、朴素而得体,尤其是人物对话,既丰富多样,又惟妙惟肖,具有强烈的个性特征。因此,《红楼梦》成为中国小说史上不可超越的顶峰,是中国乃至世界文学宝库中的珍品。

此外,清朝著名的小说,还有李汝珍《镜花缘》、陈忱《水浒后传》、钱彩《说岳全传》等。

2. 诗词、散文

清朝诗歌虽然无法比肩唐、宋,但作家多,流派纷呈,风格各异,成就大大超越元、明。

清初诗坛的主流之一是"遗民诗"。顾炎武、黄宗羲、王夫之、吴嘉纪、屈大均、归庄、钱澄之、杜浚、方以智、阎尔梅等明朝遗民,坚持民族气节,以诗抒写兴亡之恨,反映民间疾苦,具有鲜明时代特色。其中,以顾炎武成就最高。顾炎武主张诗以"言志",抒发性情,不贵奇巧。其诗风格悲壮雄浑,具有丰富而强烈的现实内容和时代特色。

清初诗坛另一主流是号称江左三大家的钱谦益、吴伟业、龚鼎孳。钱谦益,字受之,号牧斋,江苏常熟人。万历进士,官至礼部侍郎。南明弘光时,依附阮大铖,为礼部尚书。后降清,为礼部侍郎。钱谦益论诗,主张诗要"有本",反对严羽"妙悟"说。他提倡晚唐、宋诗风,所作兼取其长,且善于使事用典,富于藻丽,成为当时诗坛领袖。吴伟业,字骏公,号梅村,江苏太仓人。崇祯进士,历官庶子。福王时,召拜少詹事。入清,官至国子监祭酒。吴伟业论诗,力主取法于唐。所作尤以七言歌行体的长篇最能代表其艺术风格与成就。《四库全书总目》评价说:"歌行一体,尤所擅长,格律本乎四杰,而情韵为深。叙述类乎香山，而风华为胜。”①龚鼎孳，字孝升，号芝麓，安徽合肥人。崇祯进士，官给事中。明亡，曾投降李自成。后归顺清朝，历官礼部尚书。龚鼎孳论诗，主张学杜。其诗多燕饮酬酢之作，也有少量清新蕴藉的写景抒情作品。清初诗人施闰章、宋琬，都崇尚盛唐诗风，人称“南施北宋”。

康雍乾时期，社会安定，经济发展，文学繁盛。就诗歌来说，人才辈出，流派纷呈，成就较高。其中，比较著名的诗人有王士禛、查慎行、赵执信、沈德潜、厉鹗、郑燮、袁枚、赵翼、蒋士铨、黄景仁等。

王士禛，字贻上，号阮亭、渔洋山人，山东新城（今桓台）人。顺治进士，康熙年间官至礼部尚书。卒后，因避世宗名讳，先后追改名为士正、士祯。王士禛是钱谦益、吴伟业之后推崇盛唐诗风而领袖诗坛的著名诗人。其论诗，主张“神韵”说，以清淡闲远的风神韵致为最高境界。其诗作清新蕴藉，刻画工整，带动了诗歌由清初的重视现实向重视艺术转变。王士禛政治地位较高，门人弟子众多，其诗歌理论在当时影响巨大，传播甚广，形成康雍时期著名的“神韵”派。

查慎行，康熙进士，官翰林院编修。宗宋诗，对苏轼尤有研究。其诗以白描见长，不尚藻丽，是当时效法宋诗最有力也最有成就的作家。赵执信，康熙进士，官至翰林院检讨。赵执信主张“诗以言志”，抒发真感情、真思想，而反对“神韵”说。其诗注意反映现实，清新峭拔，含义深刻。沈德潜，字确士，号归愚，江苏长洲（今苏州）人。乾隆进士，官至内阁学士兼礼部侍郎。沈德潜对于诗歌的贡献，在于诗选和诗论。他编集的诗选，包括《古诗源》《唐诗别裁集》《明诗别裁集》《清诗别裁集》等，流传颇广。沈德潜论诗，标榜格调说，宗唐而黜宋，提倡“温柔敦厚”的“诗教”，即有益于封建统治。其诗论和作品备受清高宗赏识，风靡一时，影响甚大。厉鹗，康熙举人。研究宋诗，著有《宋诗纪事》。其诗亦学宋人，以幽新清逸、刻琢研炼见胜。郑燮，字克柔，号板桥，江苏兴化人。乾隆进士，曾为山东知县。后客居扬州，以卖画为生，为“扬州八怪”之一，诗、书、画世称“三绝”。郑燮反对拟古主义和形式主义诗风，所作诗格调清新流畅，反映民生疾苦及孤傲之性。

袁枚，字子才，号简斋，浙江钱塘（今杭州）人。乾隆进士，官江宁知县。后辞官，侨居江宁小仓山随园。袁枚论诗，创“性灵”说，提倡抒写真实性情。

① 《四库全书总目》卷173《〈梅村集〉提要》。

其诗清新灵巧,意境明晰,名重一时,与赵翼、蒋士铨并称乾隆三大家。赵翼,字云崧,号瓯北,江苏阳湖(今常州)人。乾隆进士,官至贵西兵备道。赵翼论诗,以创新为最高标准。其《论诗》绝句云:“李杜诗篇万口传,至今已觉不新鲜。江山代有才人出,各领风骚数百年。”其诗不为唐宋格调所限,才情豪放,好发议论,思想机智而敏锐。蒋士铨,乾隆进士,官翰林院编修。蒋士铨论诗,也重性灵,但表现出更多的传统伦理意识。其作诗技巧较高,但缺乏赵翼的神采。黄景仁,乾隆秀才,曾任武英殿书签官。黄景仁论诗,亦重性灵。其诗从李白、岑参、李贺诸家入手,而才调极高,融通变化,用情极深,且语言清切,自成一格,为当时最具诗人气质和才华者。

嘉庆、道光年间,诗人有名者主要有翁方纲、张问陶、龚自珍等。翁方纲,字正三,号覃溪,直隶大兴(今北京)人。乾隆进士,官至内阁学士。翁方纲论诗,提倡“肌理”说,要求作诗以学问为根底,使内容质实,形式雅丽。翁方纲又是一位考据学家,因此论诗强调其考证作用和史学价值。张问陶,乾隆进士,授翰林院检讨,曾官莱州知府。张问陶论诗,力主性情。其诗多清浅灵动,追求“百炼功纯始自然”的境界。龚自珍,字尔玉、璱人,号定盦,浙江仁和(今杭州)人。道光进士,历官内阁中书、礼部主事。龚自珍论诗,主张“尊情”,诗与人为一。其诗情感丰沛,思想深邃,风格清壮瑰奇,“郁怒清扬两擅场”,为中国古典诗歌优秀的殿军。

清朝词也超越元、明,词人辈出,词研究有不少成绩,称为中兴。

清朝前期,比较重要的词人是陈维崧。陈维崧,字其年,号迦陵,江苏宜兴人。清初诸生,康熙十八年(1679)举博学鸿词科,授翰林院检讨。其词模仿苏轼、辛弃疾,风格以豪放为主。陈维崧为“阳羡派”词领袖,因为宜兴古称阳羡。

同时,有朱彝尊、厉鹗为代表的浙西词派。朱彝尊,字锡鬯,号竹垞,浙江秀水(今嘉兴)人。康熙十八年(1679),举博学鸿词科,授翰林院检讨,入直南书房。朱彝尊选辑唐至元词六百余家,成《词综》,为中国词学重要选本。其论词,主张“醇雅”。他奉姜夔、张炎为词坛正宗,所作追求技巧,讲究声律,偏重词句琢磨。厉鹗善诗,而以词成就为高。厉鹗论词,宗法周邦彦、姜夔,倡导醇雅、清空词风,所作以幽隽著称。康熙、乾隆时期,词坛主要为浙西词派所左右。

清朝前期最著名的词人为纳兰性德。纳兰性德,原名成德,字容若,满族正黄旗人。康熙年间大学士明珠子，进士，任殿前侍卫。其词以小令见长，自然流丽，凄婉蕴藉，语言清淡素朴，不尚雕饰，有南唐后主遗风。王国维评论说："北宋以来，一人而已。"①

嘉庆年间，占据词坛的是以张惠言、周济为代表的常州词派。张惠言，江苏武进人。嘉庆进士，官翰林院编修。鉴于浙西词派一味拟古，题材狭窄，内容枯寂，他编《词选》，主张"比兴寄托"，强调词作应该重视内容。其词厚重沉着，而意旨隐晦。张惠言词论格调显然高过浙西词派，一时和者颇多，蔚然成风，遂有常州词派的兴起。周济，江苏荆溪（今宜兴）人。嘉庆进士，官淮安府学教授。后寓居金陵，潜心著述。周济习张惠言词论，而又加以发展。他提倡词要"论世"，反映现实生活，发挥社会功能，而不仅仅是个人情思的抒写。至此，常州词派理论趋于完善，其主张更加切合当时内忧外患的历史要求，影响直至清末。

清朝散文成就同样令人瞩目，尤其是清朝中期以后桐城派散文。

清初，散文名家有侯方域、魏禧、汪琬等"国初三大家"。侯方域，字朝宗，河南商丘人。明末诸生，主盟复社，为明季四公子之一。顺治年间，中河南乡试副榜。他擅长散文，反对一味复古、徒尚形式的颓废文风。其散文以唐宋八大家为师，流畅清新，豪迈不羁。其人物传记散文，借鉴《史记》《汉书》等经验，采用小说笔法，人物形象生动传神，尤为精彩。魏禧，生于明末。康熙年间，举博学鸿词科，拒绝往试。魏禧论文，以有用于世为目的，要"关系天下国家之政"，反对模拟，不"依傍古人作活"。其散文以人物传记为突出，多表扬抗清志士，摹画淋漓雄杰。汪琬，顺治进士，康熙年间召试博学鸿词科，授翰林院编修。汪琬论散文，力主纯正，反对以小说为古文辞，偏于保守。其散文受欧阳修影响，而近于南宋诸家。碑传尤为擅长，受朝野推崇。

清朝中期，文坛出现了非常著名的桐城派。其创始者为方苞，经刘大櫆、姚鼐等进一步发展，成为一个声势显赫的文学流派。

方苞，字凤九，号灵皋、望溪，安徽桐城人。康熙进士。牵涉戴名世《南山集》案下狱，编入汉军旗为奴。因素有文名，拔入南书房当差，后官至礼部侍郎。方苞继承明朝"唐宋派"古文传统，提倡"义法"，主张文章内容与形式必须统一。"义"，指文章中心思想，即正统的基本观点。"法"，指表达中心

---

① 王国维：《人间词话》卷上。

思想或基本观点的形式技巧,包括结构、条理、修辞等。方苞强调散文语言“雅洁”,反对俚俗和繁芜。“义法”论的创立,为桐城派发展奠定基础。

刘大櫆,字才甫、耕南,安徽桐城人。擅文辞,年轻时游学京城,拜方苞门下。他补充发展了“义法”论,重视艺术体现,提出“神气”说。“气”指语言气势,“神”是“气之精处”,是最本质独特的风格、性格特征的艺术体现。刘大櫆还强调“义理、书卷、经济”,要求作品能阐发程朱理学。其所作散文,多宣扬儒家思想,有不少应酬文字。

姚鼐,字姬传,安徽桐城人。乾隆进士,历官刑部郎中等。姚鼐为刘大櫆弟子,论文提倡“义理”、“考据”和“辞章”,三者不可偏废。即以“辞章”(文采)为手段,以“考据”为凭借,来阐发儒家“义理”(程朱理学)。姚鼐主张“阳刚”(豪放)、“阴柔”(婉约)风格相互配合、调剂,产生多样风格。其所编《古文辞类纂》,世人称为古文读本最精赅之书。姚鼐是桐城派的集大成者,桐城派古文至其形成完整的理论体系。此后,桐城派文风遍及全国,形成所谓“家家桐城”、“人人方、姚”局面,影响直到近代。

3. 戏曲

清朝是戏曲大发展时期,不仅戏曲理论有所创新,而且地方戏兴盛,尤其是产生了举世闻名的京剧。

李玉,号一笠庵主人,江苏吴县(今苏州)人。崇祯举人,入清后无意仕进,致力于戏曲创作和研究。相传他一生创作六十种传奇,代表作品有《一笠庵四种曲》(“一人永占”)及《清忠谱》等。李玉剧作关注现实,又注重舞台实际,故事性、戏剧性强,便于演出,大受时人及梨园子弟欢迎,成为剧坛苏州派领袖。苏州派剧作家,还有朱素臣、朱佐朝等。

李渔,号笠翁,浙江兰溪人。明末庠生。顺治间流寓南京,康熙间迁居杭州。家中设戏班,常往达官贵人门下演出。其戏曲代表作是《笠翁十种曲》,几乎全是敷演男女情事的喜剧。其作品情节新奇,有较强媚俗倾向,具有强烈的喜剧效果,对中国喜剧艺术发展贡献很大。在戏曲理论方面,李渔重视戏曲作品结构,强调“立主脑”(突出主要人物和中心事件)、“减头绪”等;对科诨,他提倡“戒淫亵”、“忌俗恶”、“重关系”、“贵自然”等。李渔的戏曲理论相当精辟地揭示了戏剧艺术的内部规律,是中国古代戏曲理论系统化的标志。

吴伟业、尤侗被称为文人派剧作家。吴伟业创作传奇《秣陵春》和杂剧《临春阁》《通天台》，吊古伤今，寄托故国之思、亡国之痛。其作品曲辞雅化，带有“诗史”化倾向。尤侗，顺治拔贡，康熙年间举博学鸿词科，授翰林院检讨。著有传奇《钧天乐》和杂剧《读离骚》等。其作品都写于仕途不畅之际，因而充满对科举、世道愤激的情绪。尤侗剧作曲词雄健豪放，具有诗剧特点。

洪昇，字昉思，号稗畦，浙江钱塘（今杭州）人。康熙国子监生。创作《长生殿》，剧演时观者如堵，时值皇后病逝期间，遂遭斥革，终生未得仕，生活坎坷。剧作有杂剧《四婵娟》、传奇《长生殿》等，其中以《长生殿》最为著名。《长生殿》以唐玄宗和杨玉环故事作为情节线索，把二人爱情与安史之乱联系起来，描绘出天宝年间各种社会矛盾和政治斗争，表现了一代王朝由盛而衰走向没落的命运。作品结构宏伟严密，人物塑造生动丰满。在艺术表现上，《长生殿》采用现实主义和浪漫主义结合的手法，抒情色彩浓厚，而且曲辞优美，恪守韵调。

孔尚任，字聘之，号东塘、云亭山人，孔子六十四代孙，山东曲阜人。康熙年间国子监博士，后官至户部员外郎。自幼有才名，工诗善文，尤精于戏曲创作。戏曲作品有传奇《桃花扇》。《桃花扇》以明末复社人物侯方域与秦淮名妓李香君悲欢离合的爱情故事为线索，描写了南明弘光政权的腐败灭亡，抒发了历史兴亡和人生空幻感慨。全剧情节起伏多变，结构却浑然一体。它以诗扇作为全剧的贯穿线索和剧情发展的航标，独具匠心。至于曲词，则典雅谨严。作品忠于客观史实，塑造了一连串舞台艺术形象，是一部难得的现实主义杰作。

《长生殿》《桃花扇》把中国戏曲创作艺术发挥到登峰造极境界，堪称中国戏曲史上的双璧。洪昇、孔尚任被誉为“南洪北孔”，在中国文学史上占有很高的地位。

乾隆年间，较为著名的戏曲作家有杨潮观、蒋士铨。杨潮观，乾隆举人，长期担任地方官，有清名。杨潮观精音律，善词曲，作有杂剧三十二种，结集称为《吟风阁杂剧》。他的剧作都取材于古事，对于官场积弊、民间疾苦多有描写，表达对于贤明政治和清廉节操的向往，高标脱俗。其剧作曲文跌宕爽朗，宾白酣畅诙谐。蒋士铨创作杂剧、传奇十六种，其中《临川梦》等九种汇集成《藏园九种曲》。蒋士铨的戏曲作品很注重词章和曲律，时有精彩之笔，为时人推重。

清朝中期,尤其是乾隆以后,统治者加大了对士大夫思想的控制,屡兴文字狱,令各省删毁戏曲剧本,使传奇作家不敢下笔,传奇创作衰微。演唱传奇的昆曲,因在声腔和文辞上日益脱离群众,也逐渐衰落。取而代之的是各种地方戏曲的兴盛。地方戏曲兴盛,还与当时各地经济恢复发展、庙会节庆频繁、城镇生活华奢等有关。

康熙以来,各种地方戏曲普遍滋生。据统计,清代地方戏种类繁多,达二百余种。流行的地方戏不下数十种,有秦腔、同州梆子、湘剧、柳子戏、豫剧、徽调、汉调、粤剧、滇剧、川剧等。有些剧种在明朝就已经流行,而绝大部分则兴起于清朝。它们都是在民间说唱、舞蹈等艺术基础上发展起来的,多文词通俗,曲调清新,形式活泼,富于地方色彩和生活气息。其时,诸腔杂陈,新奇迭出,百花齐放的局面逐渐形成。至乾隆年间,戏曲剧种出现了花部、雅部划分,雅部专指昆曲,花部则指各种地方戏曲,又称"乱弹"或"花部乱弹"戏。

清朝戏曲的最大成就是京剧的形成。乾隆五十五年(1790),为给清高宗祝寿,从扬州征召了以戏曲艺人高朗亭为台柱的徽班三庆班入京,以唱"二簧"声腔为主,是为徽班进京演出之始。之后又有四喜班、和春班、春台班等徽班相继进京。这些徽班多以安徽籍艺人为主,故而得名。时京腔(高腔)、秦腔已先行流入北京,四大徽班在演唱二簧、昆曲、梆子、啰啰诸腔基础上,兼容并蓄,声腔及剧目丰富,逐渐压倒秦腔与昆剧。嘉庆、道光年间,汉调(又称楚调、西皮调)进京,参加徽班演出。徽班又兼习楚调之长,汇合二簧、西皮、昆、秦诸腔,形成所谓"皮黄戏"。京师皮黄戏受到北京语音与腔调的影响,有了"京音"特色,成为"京戏",也叫"京剧"。因此,四大徽班进京,被视为京剧诞生的前奏,在京剧发展史上具有重要意义。

4. 绘画

清代绘画风格和流派众多,绘画成就突出,山水画、花鸟画攀上北宋之后又一个高峰。

顺治至康熙初年,文人山水画兴盛。承续明末董其昌衣钵的四王画派,以摹古为宗旨,受到皇室重视,居画坛正统地位。四王指王时敏、王鉴、王翚、王原祁四人,有时亦加上吴历、恽寿平,合称"四王吴恽",或"清初六家"。

他们致力于摹古，强调笔墨技法，追求蕴藉平和的意趣。王时敏擅长山水，笔法灵秀，墨气醇华，为清初六家之首。王鉴工画山水，所作丘壑平稳，擅于烘染，风格华润，尤善青绿设色。王翚融汇山水画南、北宗技法，作品气韵生动，渲染得宜。王原祁喜用干笔焦墨，层层皴擦，苍浑沉着，很有笔力。至清代中期，四王画派影响遍及朝野。

活动于江南的一些明朝遗民画家，寄情山水，借画抒怀，以金陵八家、“四僧”等为代表。金陵八家以龚贤为首，居于南京，遁迹山林，重视师法自然，具有清新怡人的意趣。“四僧”指弘仁、髡残、朱耷、石涛四人，均抱有强烈的民族意识，借画抒写身世情怀。艺术上，他们重视生活感受，强调独抒性灵。如，弘仁善画山水，师法倪瓒。髡残长于干笔皴擦，意境幽深，笔墨高古，有元人胜概。四僧以朱耷、石涛成就最为显著。朱耷，明朝宁王朱权之后。入清，出家为僧，号八大山人。朱耷以水墨写意花鸟画著称，笔墨简括，形象夸张，自成风格。石涛，明朝靖江王后裔，明亡后出家。石涛长于画山水、花卉，亦工人物，笔意纵横生动，淋漓洒脱，是清初最富有创造性的画家。

康雍乾时期，清朝社会安定繁荣，绘画也呈现兴隆景象，北京、扬州成为绘画两大中心。

这一时期，清朝皇室除罗致一些专业画手供奉内廷外，还延纳不少学士、朝官身份的画家以及西洋传教士入宫绘画。其中，中国籍宫廷画家主要有禹之鼎、焦秉贞、冷枚、金廷标、丁观鹏等，传教士宫廷画家有郎世宁、王致诚、艾启蒙、安德义等。他们的画作，包括描绘帝王后妃、大臣、少数民族上层首领的人物肖像，表现帝王后妃宫廷生活，记录当代重大历史事件，以及供装饰、观赏用的山水、花鸟画等。宫廷绘画风格多样，人物画有传统的工笔重彩和白描画法，还有吸收西洋比较写实的画法；花鸟画有宗法黄筌的工笔写生和恽寿平的没骨法；山水画则多属“四王”派系，唯大写意画法则未在宫内传布。嘉庆以后，宫廷绘画日趋衰微，几无可以称道的画家。

清代中期，扬州地区出现了金农、罗聘、李方膺、高翔、汪士慎、黄慎、李鳝、郑燮等画家。他们继承石涛、朱耷传统，重视生活感受，强调抒发性灵，作品多写梅、兰、竹、石，善用泼墨写意，具有较深刻的思想和炽热的感情，形式也不拘一格，狂放怪异，富有新意，保守者称其为“扬州八怪”。“八怪”之中，金农的水墨梅、竹、人物、山水，郑燮的兰、竹，汪士慎和李方膺的墨梅，李鳝的写意花卉，黄慎和罗聘的人物等，成就最为突出，对后世有深远影响。

民间绘画以乾隆、嘉庆年间最为发达，主要有壁画、版画、年画等画种。清代木版年画最为兴隆，获得前所未有的发展。制作地区遍及大江南北的一些城镇乡村，并形成杨柳青、桃花坞、杨家埠、绵竹、佛山等富有地方特色的年画。

三、宗　教

清朝时期，正统的佛教、道教进一步衰微，伊斯兰教不断传播，而民间宗教则颇为繁盛，并多次组织反抗清朝统治的斗争。

1. 佛教

清朝继承明朝制度，从中央到地方普遍设立僧司衙门：在京设立僧录司，各府、州、县分别设立僧纲、僧正、僧会司，管理佛教事务。在度牒发放方面，清初曾实行纳银给牒制。顺治八年(1651)，改行免费给发度牒。至乾隆十九年(1754)，高宗下令，“礼部颁发僧道牒照”，“著停止”①。自唐代以来实行的度牒制度至此废止。另外，清朝禁止私创佛寺。

在整顿和限制佛教的同时，清朝统治者也提倡和保护佛教。世祖好参禅，先召京师海会寺僧憨璞性聪说法，又召浙江僧玉林通琇、木陈道忞等入京说法。圣祖出巡南北，常住名山巨刹，赋诗题字，撰制碑文。世宗常与禅僧往来，自号圆明居士，以禅门宗匠自居。高宗在位期间，组织刊刻汉文大藏经。他又下令将汉文大藏经翻译成满文雕印，并将藏文大藏经《甘珠尔》《丹珠尔》译为蒙文。嘉庆朝以后，内忧外患日甚，历朝皇帝无精力提倡和保护佛教，甚至未举行过任何崇佛活动，致使佛教衰微之势无法挽回。

清朝统治者对佛教的提倡和保护，使佛教在衰微中仍保持一定规模。康熙六年(1667)统计，各直省有敕建大寺庙 6073 所，小寺庙 6409 所，私建大寺庙 8458 所，小寺庙 58682 所。这些寺庙，包括佛、道寺观，共计 79622 所。寺庙之中，有僧人 110292 名，尼姑 8615 名，道士 21286 名。乾隆元年

① 《清高宗实录》卷 455，乾隆十九年正月庚午。

(1736)至四年，清朝又先后颁发度牒部照 34012 张[①]。其后，清朝取消度牒制度，出家漫无限制。有人估计，清末全国出家者当有八十万众。佛教、道教维持着表面的繁盛。

佛教宗派仍以禅宗为最盛，净土宗次之，天台、华严、律宗、法相等宗又次之。世宗亲撰《拣魔辨异录》，干涉禅宗内部矛盾和纷争，使禅宗几陷灭顶之灾，再也难现清初水准。清朝中叶以后，净土信仰成为佛教各派共宗，禅宗益发没落。

清初禅宗，有临济天童、磬山二系和曹洞寿昌、云门二系相对峙。天童密云一系，以汉月法藏、费隐通容、木陈道忞、破山海明四支为最蕃衍。寿昌、云门二寺，在明末并称为曹洞中兴道场。入清以后，寿昌慧经法嗣无异元来、永觉元贤、晦台元镜等，各振一方。绍兴云门一系，自湛然圆澄以后，其势力颇足与临济天童一系相颉颃。圆澄门下出石雨明方、三宜明盂、瑞白明雪，在清初均为有名宗匠。明方门下远门净柱、位中净符，明盂门下俍亭净挺、西遁净超，明雪门下百愚净斯等，都是很有名的禅宿。

净土为清初以来佛教各宗的共同信仰。最致力弘扬者以省庵、彻悟等为代表人物。省庵著《劝发菩提心文》，广为缁素传诵，被称为莲宗第九祖。彻悟为道俗所归仰，嘉庆五年(1800)居京郊怀柔红螺山资福寺，倡导念佛。

天台宗较有影响者，清初有受登，住杭州天溪大觉寺。清代中叶以后，有观竺等人。观竺弘教于上海龙华寺，与天童广昱、金陵妙空、杭州玉峰、嘉兴济延五人，同被称为当时法门龙象。

华严宗著名僧人有续法、通理等。续法，在杭州弘扬《华严》五十多年，著书二十余种。通理著有《法华指掌疏》《楞严经指掌疏》《圆觉经析义疏》等。

清初律宗较有影响僧人为见月读体。他主宝华山，遂成律宗著名道场。著有《传戒正范》四卷。

居士佛学方面，清初彭绍升著有《居士传》《一行居集》《二林居集》。

虽然清朝佛教还能维持表面的繁盛，各宗也传承有人，但是佛学上已无创新和进步，不过是陈陈相因，佛教实质上已经衰微了。

---

① 光绪《大清会典事例》卷 501《礼部・僧道》;《清朝续文献通考》卷 89《选举考六》。

2. 道教

清朝统治者素无道教信仰，对道教虽沿明制加以管理和保护，但不如明朝重视。清朝统治者对佛教和道教加以整顿和限制，往往佛、道并称，或者说，对道教的整顿和限制大体同于佛教。清初顺治、康熙、雍正三朝，为笼络汉人，仍沿明例对道教加以保护。顺治八年(1651)，清廷封道教正一天师张应京为正一嗣教大真人，掌天下道教事。顺治十三年，世祖亲撰《御注道德经》，宣传道教教义。圣祖曾授正一真人张继宗以光禄大夫，并赐银修葺上清宫。世宗与道士往来，曾召道士为自己治病驱邪，还任用道士修炼丹药，是清代皇帝中最崇奉道教者。高宗以后，降正一真人品级，甚至不准来京。至此，道教上层与清廷几无联系，道教益发衰落。

清朝时期，正一道各代天师无仙学道术造诣高深者。唯龙虎山正一法官娄近垣，以其学显于时。娄近垣属于符箓派道士，应召进宫为世宗治病，赐龙虎山四品提点，封妙应真人。他提倡儒、佛、道三教同道一心之说，主张从无住、无心为要的性功入手，炼化精气，性命双修。不过，他对本派符箓道法则无所阐扬。

明清之际，全真道以龙门派为主体，呈复苏之势。清初，龙门派第七代律师王常月北上京城，三次登坛说戒，度弟子千余人。后至南京、杭州等地传戒，入教者甚众。王常月倡导修道以持戒为首要功行，使全真道由重丹法改为重戒律，龙门派因此得到很大发展。龙门派第十一代宗师刘一明，主张性命双修，从摄心炼性入手，再炼精气神，直至返回虚无之道而成仙，是清代道教中突出的神仙学家。道光时，道士李西月创立丹法阴阳派西派，宣扬丹法以清静为总则，以阴阳双修为主要内容，通过炼心，使精气神三品俱圆，成为仙人。全真道虽遍布全国，保有一定势力，但是并无理论创新，也日益衰落。

3. 伊斯兰教

清朝统治者对伊斯兰教采用严厉约束的政策，稍有不顺即残酷镇压。清初统治者崇儒重佛，虽允许伊斯兰教合法存在，但加以严格管束。乾隆时期，为了笼络伊斯兰教上层，在瀛台南建回回街，允许伊斯兰教民自由贸易。但乾隆中期以后，清廷与穆斯林激烈对抗，高宗无情镇压，并分化瓦解。这种政策，一直延续到后朝。

清朝以前，传入中国的伊斯兰教都是古传老教，称为“格底木”，或“老教”、“清真古教”，属于逊尼派。清初，苏菲派传入甘肃、宁夏、青海，在西北地区逐渐形成四大门宦。各门宦教主兼具宗教领袖和大地主，教权世袭，对教徒具有生杀予夺大权，并对教徒进行封建剥削。

乾隆中期，甘肃阶州回民马明心自也门回国，在循化创立“伊合瓦尼”，俗称“新教”。老教和新教在教义信仰方面并无区别，不同处在于宗教修持。如，老教要求，教徒除生活必需品以外，钱财收入要按一定比例上交清真寺（“天课”），这部分钱财实际上为教主所占；新教则规定，不收教徒天课，而且还对教徒加以周济。再如，老教教徒请阿訇念经，要厚与报酬；新教则主张不收或象征性地少收一些钱文，减轻教徒负担。新教的出现，对西北地区贫困的伊斯兰教民很有吸引力，不少老教教民改奉新教，导致新教势力大增。老教诬陷新教“妄言祸福，煽惑愚民”①，清朝地方官下令取消新教，导致老教、新教仇杀。乾隆四十三年（1778），马明心徒弟苏四十三率领撒拉族人民举行反清起义，最终为清军镇压。

伊斯兰教经堂教育、汉文译述继续发展。康熙年间，常志美研究伊斯兰教义和哲学，在山东清真寺内设帐讲学，广招弟子。汉文译述以张中、伍遵契、马注、刘智等人为代表。伍遵契主要著述有《修真蒙引》，并与兄弟合作翻译波斯文《归真要道》。马注著《清真指南》，被称为明末清初云南第一个穆斯林学者。刘智代表作有《天方性理》《天方典礼》《天方至圣实录》等。他会通儒、释、道，系统整理、解释伊斯兰教义，完整地构造出中国伊斯兰教思想体系，成为中国伊斯兰教哲学的集大成者。汉文译述活动为伊斯兰教注入了活力，促进了它在中国的进一步发展。

4. 民间秘密宗教

清朝时期，原来主要活动于北方的各种民间秘密宗教纷纷南下，势力遍布全国。清朝统治者对民间秘密宗教取缔、镇压异常严酷，而民间秘密宗教越发活跃，不断掀起反抗清朝统治的斗争。

（1）罗教。罗教又称罗祖教等，明朝正德年间罗清创立。它首倡“真空

---

① 《清高宗实录》卷1130，乾隆四十六年五月丁丑。

家乡、无生父母”八字真诀，宣扬“不住斋，不住戒，逢世救劫，因时变迁”，鼓吹劫变和改造现实世界。清朝时期，罗教主要活动于运河两岸及福建、浙江、江苏、江西等地，建立许多庵堂作为活动场所。一般罗教教徒均是上供、坐功、茹素念经，少有反抗统治秩序的活动和行为。

罗教在长期发展中，形成一些支派。其中较有影响者，有老官斋教、糍粑教。老官斋教创立于明末，创始人为浙江庆元人姚普善。乾隆时期，该教在福建建安、瓯宁等地盛行。男女教徒俱称老官，平素吃斋，声称可以成佛。每逢初一、十五，教徒各持香烛，赴斋堂念经聚会。糍粑教为康熙末年安徽南陵人潘千乘创立，以糍粑供佛，念经吃斋，为人治病。嘉庆十二年(1807)，四川彭水人张射斗以糍粑捏成佛像，邀人入会，糍粑教传入四川。其后，张射斗发动反清起义，不久失败。

(2) 黄天教。黄天教出现于明朝嘉靖年间，创始人李宾。黄天教创立后，迅速传播到直隶、山西地区。乾隆二十八年(1763)，黄天教为清朝政府发觉，李宾等人被掘棺扬灰，黄天教被暂时扑灭。

(3) 清茶门教。明朝万历年间，王森创立闻香教，迅速传播到畿南、山东、南直隶、河南、陕西、四川等地。雍正、乾隆间，闻香教改名为清茶门教。其中，王森子王好礼一支在河南、直隶、山西及江南等地传教，时间最久，人数也最多。另子王好义一支多在江南传教，王好贤后裔则在河南、山西、江南、湖北乃至盛京(今沈阳)等地传教。嘉庆十八年(1813)，清朝政府在镇压林清天理教起义时，发现王氏清茶门教，逮捕其家大小男丁六十余人，或处死，或发为奴。清茶门教在清廷的残酷镇压下，土崩瓦解。

(4) 红阳教。明朝万历时韩太湖创立。其教尊奉混元老祖、无生老母、飘高祖师等，宣扬三阳劫变。清朝时期，红阳教把势力伸向皇宫和八旗，上自宗室，下至旗人、太监，都有信奉者。

红阳教支派很多，主要有青阳教、白阳教、混元教、收元教。青阳教活动于直隶、山东、河南等地。嘉庆十八年(1813)，京畿地区青阳教徒参加了由天理教领导的攻打紫禁城战斗。白阳教活动地区与青阳教基本相同，其首领亦与天理教首领有来往。混元教是河南鹿邑人樊明德于乾隆三十九年(1774)创立，势力扩展到河南、安徽等地，后樊明德及其徒裔刘松先后因宣传反清被处死。收元教始创者可能是刘佐臣，乾隆二年，其子刘儒汉掌教时期，徒弟韩德荣在山西自称收元祖师，独自立教收徒。不久，其势力发展到河南、湖北、陕西、四川等地。

（5）圆顿教。圆顿教有两支，均创立于明末。其中，一支由山西汾阳县人魏希林创建。直到乾隆前期，该教始终在当地活动，烧香念佛。乾隆十五年（1750），圆顿教被清朝政府发觉，教首魏子明被杖责。其后，魏子明将教名改为油腊教。嘉庆年间，该教再次被清朝政府发现，教首魏子明妻魏孔氏被发为奴。从此，该教销声匿迹。

另一支由直隶保定人弓长所创。清初，圆顿教势力达到河南、江苏、湖北、四川，甚至云贵等地。弓长编撰《古佛天真考证龙华宝经》，自称古佛天真教主，是无生老母之徒。他宣扬世界分为龙华初会（过去，燃灯佛主宰）、二会（现在，释迦佛主宰）、三会（未来，弥勒佛主宰）三个阶段，弥勒佛后，由天真老祖接替，把自己打扮成弥勒佛的接班人。他创立了三宗五派和九杆十八支名目，杆和支都是教派基层组织名。

圆顿教支派，主要有大乘教、灯郎教、悄悄会等。大乘教由云南大理人张保太于康熙二十年（1681）前后创立。他编撰《归元直指》、《根本命脉》等经卷，宣扬圆顿教龙华三会思想。该教很快传入贵州、四川、湖北、湖南、直隶和山东等地。乾隆六年（1741），清廷查获大乘教，逮捕张保太，但其后人继续传教。灯郎教由张保太徒孙苏州人王冕于乾隆初年创立，活动区域主要在苏州、松江等地。乾隆时期，灯郎教两次被清廷查禁，其后便销声匿迹。悄悄会由甘肃狄道人王福林于乾隆四十二年（1777）创立于河州（今临夏）。他自称弥勒佛转世，招收徒众，汉、回民入教者至二千余人。十一月，王福林谋划起义，因事泄被镇压。后来，他的徒弟到甘肃、陕西各地传教。

（6）八卦教。八卦教创始人刘佐臣，顺治末年在京师拜太监、红阳教首领魏子义为师，回山东后改名刘奉天，编造《五女传道书》，分八卦收徒。至其子刘儒汉掌教，八卦教组织机构趋于完善，各卦独立传教收徒。乾隆时期，除坤卦外，其余七卦均已成立，独立活动，范围包括河南、山东、京师、江南等地，在华北地区势力最大，影响最深。八卦教的最高神是无生老母，刘佐臣也被奉为神，称“先天老爷”。该教初创时，也以为人治病吸引徒众。清代中叶以后，又增加了运气练功、演习拳棒等手段。这对于其他民间宗教有很大影响，纷纷效尤。嘉庆二十二年（1817），八卦教首领刘成林被清朝查获处决。至此，刘氏家族世袭传教宣告结束。不过，八卦教依然在民间秘密传播。

八卦教支派较多,最主要的有震卦教、离卦教、先天教等。震卦教创始人为刘佐臣徒弟山东菏泽人王清容。王清容死后,乾隆年间其子王中掌教,改名清水教。因王中具有兴汉灭满思想,后被捕处决。但是,清水教的传播并没有停止。乾隆三十九年(1774),清水教徒王伦在寿张发动起义,一度攻克临清旧城。同时,山东金乡侯氏掌握震卦教另一支派,也在独立传教。至嘉庆二十二年(1817),侯氏震卦教也为清廷扑灭。离卦教由刘佐臣另一徒弟河南商丘人郜云龙创立。郜云龙死后,子孙世袭执掌该教。乾隆后期,郜氏家人因传教事觉,被发配、监禁,甚至处死。离卦教的活动却一直没有停止,并从河南发展到直隶。先天教为离卦教徒裔、山西赵城人王宁于嘉庆二十一年创立。当年,事觉,王宁被杀。但先天教仍由其后人秘密传播,道光年间教徒在赵城发动起义。

(7) 天理教。其来历及在河南、山东、京师等地的起义,前文已多介绍。其教义、教规,大多沿袭红阳教、八卦教的内容,信奉"真空家乡,无生老母",宣传过去、现在、未来三际思想,宣扬"红阳劫尽,白阳当兴",鼓动教徒推翻清朝统治。天理教徒众,不仅有生活在社会底层的贫困农民和城市贫民,还包括了清朝宗室、汉军军官、地主、太监等人,其参加阶层比任何一个民间宗教都广泛。

四、科学技术

清朝科学技术进一步发展和提高,成为中国古代科技成就的顶峰。

1. 天文历法与数学

明末,来华耶稣会士汤若望等与中国学者徐光启、李天经等合作,编修历法,称《崇祯历书》。未及颁行,明亡。清朝入关后,汤若望等传教士受到保护,继续修订历法。他多次向清朝统治者力陈新历之长,并准确预测了顺治元年(1644)八月初一日食,终于说服摄政王多尔衮,从顺治二年开始,将新历颁行天下。此为《崇祯历书》删节版,清廷定名《时宪历》。时宪历废除把全年分成二十四份、据以确定节气的平气(恒气),正式采用以太阳在黄道位置为标准的定气,比元、明沿用的《大统历》更为精确。

康熙前期，另一位耶稣会传教士南怀仁被任命为钦天监监副，负责"料理"历法天文。南怀仁改造观象台，重造适用于西洋新法的天文仪器，包括黄道经纬仪、赤道经纬仪、地平经仪、地平纬仪、纪限仪、天体仪等，安装在北京观象台。此后，不断有传教士被召入钦天监，与中国学者一起修历。

耶稣会士还将西方近代数学传入中国。如明末利玛窦与徐光启合译《几何原本》，介绍了欧洲近代几何学。他与李之藻编译《同文算指》等，系统介绍欧洲的算术。传教士邓玉函等在《崇祯历书》中介绍三角，穆尼阁在顺治初传授对数。这些数学知识的传入，都与天文历法传授密切相关。耶稣会传教士对西方天文历算的传播，推动了中国天文历法、数学的发展。中国的一些学者，学习中西天文历算知识，从而产生了清朝著名的天文历算科学家，如薛凤祚、王锡阐、梅文鼎、梅瑴成、陈世仁、明安图、王贞仪、项名达等人。

薛凤祚，生活于顺康年间。其著作，除汉译穆尼阁所著《天步真源》《天学会通》之外，数学方面有《比例对数表》等，首次将对数介绍到中国。天文历法方面有《算学会通正集》《天学会通》等，综合整理介绍了中、西、回（阿拉伯）天文学，对太阳、地球、月亮运行规律，黄道、赤道夹角，都作了深入研究和详尽阐述。

王锡阐，与薛凤祚同时。他兼通中西天文历算，并能批判地吸收，著有《晓庵新法》《五星行度解》。前者运用刚传到中国的球面三角学，首创计算日月食初亏和复圆方位的算法，以及金星凌日和五星凌犯的算法，后者在第谷体系基础上建立了行星运动理论。

梅文鼎，字定九，号勿庵，明末宣城人。自幼聪颖，常随父及师罗王宾仰观天象。及长，博览群书，尤好历算。清初，从师倪正，学习交食法。其后，终身潜心历法、数学研究。曾为官修《明史》校订《历志》，撰成《明史历志拟稿》。圣祖召见，问以天象算法，颇为嘉许。梅文鼎是清初著名天文学家与数学家。他在数学方面著作有二十余种，对当时西方传入的数学知识如几何、三角等加以融会贯通式介绍，并有所补充和发展；天文历法著作有六十余种，系统考察古今中外历法，正误补缺。近人称他与日本关孝和、英国牛顿为当时世界三大数学家。

梅瑴成，梅文鼎孙，康熙进士，授编修，官至左都御史。他幼承家学，于天文历算均有造诣。曾受命在内廷当差，参与修《数理精蕴》《历象考成》等书。著有《增删算法统宗》、《赤水遗珍》等，能融会中西数学而加以增补发展。

陈世仁，康熙进士，官翰林院检讨。后辞归，研究数学。著有《少广补遗》，研究“垛积之法”，即高阶等差级数的求和法，有新发现，为清代数学中一项值得称道的成就。

明安图，字静庵，蒙古正白旗人。康熙年间官学生，选入钦天监，以副总裁与修《历象考成》。雍正年间，与修《日躔月离表》。乾隆年间，官至钦天监监正，与修《历象考成后编》等。乾隆二十一年(1756)、二十四年，两次参加对新疆等地的地理测量。在天文学方面，他实地观测，科学研究，编修诸书反映了中西天文历象科学的新成果，为清代编制历法依据。在数学领域，著有《割圆密率捷法》，独立研究出运算公式，被誉为“明氏新法”，在中国数学史上占有重要地位。

王贞仪，女，江苏上元(今南京)人。幼年起自学，多才多艺，精通地理、数学、医学和诗文绘画等，尤擅长天文历算。她习读梅文鼎著作，辅以观测研究，著有《岁差日至辨疑》《地圆论》等，指出岁差即太阳从冬至环行一周天，至来年冬至未回到原点，是一种天文现象，阐明地圆观念、哥白尼“日心说”等，在当时是非常进步的说法。

项名达，嘉庆举人，考授国子监学正。道光进士，改官知县。不就，退而攻算学。他对三角函数幂级数等颇有研究，著述多种。又著有《椭圆求周术》，是中国数学家第一次提出求椭圆周长的正确方法。

2. 气象学

清朝注意对各种气象的观测和记录，并建立了一套比较完备的制度。钦天监和各地气象观测部门负责逐日观测阴晴雨雪等天气现象，并将观测结果缮写成《晴雨录》，按月呈报朝廷。康熙、乾隆年间，向各地颁发雨量器，要求及时记录、上报雨泽情况。对于特殊天气现象，如初雷等，钦天监要进行详细观测，并以“题本”形式奏呈。保存至今的大量《晴雨录》，以及钦天监题本、各地奏折等气象档案，是研究各地气候变化的重要参考资料。在《清实录》及各地方志中，还记录有各种灾害性天气和反常气候现象，其项目之多、范围之广和记载之详，是以前各代所无法相比的。

在气象仪器方面，康熙初年，传教士南怀仁制成两种新气象仪器，一为

“验燥湿器”，即用鹿筋作感湿质的湿度计，一为“验冷热器”，即以空气作感温质的早期温度计。其后不久，中国学者黄履庄也制造出原理相同、结构相仿的“验燥湿器”和“验冷热器”。

气象理论也有一些新进展。如，清初学者刘献廷通过对湖南、广东、江苏、北京等地植物生长的研究，指出当时所编物候历只是抄袭古代记载，与实际情况不符，认为古今气候有变化，未来气候仍将有变化，进而建议多记录物候现象，以作为未来气候变化研究的依据。清初学者游艺，在所著《天经或问》中，以问答形式回答时人有关天文、气象等疑难问题。书中《地》卷比较全面地讲解了气象知识，对于云、雨、露、霜等天气现象大多作了有一定科学依据的解释。

3. 物理学

清朝时期，一些中国学者学习和借鉴传教士带来的西方近代物理学知识，发展了中国物理学。

方以智，字密之，桐城人。崇祯进士，官翰林院检讨。明亡后，出家为僧，名弘智，字无可，号药地。方以智学问渊博，著作很多，在哲学、自然科学、文学、艺术、医药等方面都有较高造诣。他吸收西学，提倡科学实验方法，指出“物有其故，实考究之，大而元会，小而草木虫蠕，类其性情，征其好恶，推其常变”①。所著《物理小识》，记录了包括天文、历算、物理、矿物、植物、动物和医药等方面的自然科学知识，集中地反映了我国人民对自然认识的丰硕成果。其中对力学、声学、热学、光学、磁学等的记载和阐述，尤其是正确解释了蒙气差（即大气折射改正）现象，颇有物理学价值。

孙云球，明末为县学生，入清采药谋生。他钻研西学，精于光学仪器制造。孙云球利用苏州琢玉工艺，成功磨制了各种凹凸透镜，并在此基础上制作了大量光学仪器，如存目镜、万花镜、鸳鸯镜、放大镜、幻容镜、夜明镜、千里镜（望远镜）等，把我国民间光学制造业推向了一个新的起点。在此基础上，他还撰成眼镜制作专著《镜史》，令市坊依法制造，眼镜遂盛行于世。

郑复光，生活于乾隆至咸丰时期，监生。他融会中西，精通天文、数学、物理和机械制造。道光年间，撰成《费隐与知录》，对天文、气象、化学、物理

---

① （清）方以智：《物理小识》自序。

等多种自然现象加以较为科学的解释。其在光学上贡献最大,著有《镜镜诊痴》,分析物体颜色、各种反射镜和折射镜镜质和镜形,论述光线通过各种镜子的成像原理,并介绍了照影镜、眼镜、显微镜等近二十种光学仪器构造和用途,是中国 19 世纪上半叶一部重要的光学专著,代表了清朝光学发展水平。

黄履,女,生活于嘉庆年间。受其父黄超(郑复光挚友)影响,也精通天文、数学与物理学,曾制造寒暑表(液体温度计)。她又把望远镜和取影器结合,制成"千里镜",能摄数里外景象,实是一种简易的中长焦距镜头照相机,只需在聚焦面安放感光胶片,就可以照相。黄履的研究和实践,与法国摄影术发明基本处于同一时期,不愧为中国第一个女摄影专家。

4. 医药学

清朝医学成就突出,出现了不少名医和有价值的医学著作。

在内科学方面,有徐大椿、王清任等名医及医著。徐大椿,字灵胎,江苏吴江(今苏州)人。精通医学,乾隆年间曾两次奉诏进京治病。徐大椿诊治,注意全面检查,对症下药,反对一味温补。主要医著为《医学源流论》,多有精辟论述。此外,他还著有《神农本草经百种录》《医贯砭》《伤寒类方》《慎疾刍言》《兰台轨范》等。王清任,又名全任,字勋臣,直隶玉田(今属河北)人。乾隆武庠生,捐千总衔。一生以行医为业,名噪京师。王清任认识到,人的脏腑结构对医疗非常重要,而古代医书中有关记载多牴牾错讹。因此,他多次到坟岗、刑场观察死尸,大体搞清人体内脏结构,著成《医林改错》。《医林改错》对人体内脏横膈膜、肺、肝、胃、心血管、心脏等的构造功能等,都有较为正确地记述,王清任也被称为中国近代解剖学家。在临床医学上,他以活血化瘀为治疗原则,所立活血化瘀方剂至今仍为中医临床广泛采用。

在外科学方面,较有成就的是王维德、高秉钧等。王维德,字洪绪,号林屋散人,江苏吴县(今苏州)人。生活于康乾时期,于内、外、妇、儿诸科无不通达,尤精于外科,对疮疡之证有精深研究。著有《外科全生集》,荟集祖传效方及亲治验方。对于疮疡,王维德反对随便动用刀针及毒药,强调要在痈疽初起时用内消法治疗。书中所记犀黄丸、阳和汤,久为外科所重良药。高秉钧,字锦庭,号心得,江苏锡山(今无锡)人。生活于乾隆至道光年间。精通内、外科,尤擅疮疡证治。著有《疡科心得集》,主张治外必本于内,治疮疡须分阴阳虚实。书末汇集诸多外科常用方剂，对当今外科治疗仍有重要参考价值。此外，如康熙年间御医祁坤著《外科大成》，记载各种外科疾病的辨证和治法，章法严谨而规范；乾隆时张朝魁精外科，举凡正筋续骨，去瘀血于脏腑，无不有效，名闻于时。

在妇产科学方面，影响较大的专著推傅山《女科》。傅山是明末清初著名思想家、医家。所著《女科》，对妇科各种病症论述简要精辟。他重视培补气血，调脾胃，创制方剂实用有效，用药简易平和，受医界推崇。傅山又著《产后编》，有四十余种产科疾病的证治，选方精良，流传甚广。其他有影响的著作，还有清初萧山竹林寺僧《竹林寺女科》、康熙年间亟斋居士《达生篇》、雍正年间阎纯玺《胎产心法》、乾隆年间唐千顷《大生要旨》、汪喆《产科心法》等。

在儿科学方面，康熙年间熊应雄撰著《推拿广意》，将推拿按摩理论与小儿生理特点相结合，按摩手法轻灵而具体，切于实用，流传颇广。夏鼎，字禹铸，号卓溪，安徽贵池人。康熙初中武举，后弃功名业医。他通医术，尤善儿科推拿术。所著《幼科铁镜》，于儿科诸证多有独到见解。陈复正，号飞霞，乾隆年间广东惠州人。自幼知医，后学道，云游行医。著《幼幼集成》，详细论述小儿科各种病症及其证治，对以往儿科学著作的错漏加以矫枉纠偏。乾隆年间，沈金鳌著《幼科释谜》，也是一部中医儿科名著。

温病学说建立和温病诊治是清朝医学成就的一大突破。中医所谓温病，就是急性外感热病，是临床上的常见病和多发病，多具有传染性和流行性。温病学起源于战国时期《内经》，秦汉晋唐时期皆以其病隶属于伤寒，两宋金元时期始脱离伤寒藩篱。至明、清，以明末清初吴有性《温疫论》，以及清朝四大家叶桂《温热论》、薛雪《湿热病篇》、吴瑭《温病条辨》、王士雄《温热经纬》为代表的温病学家及温病学专著为标志，有关温病的理法方药才有了完整体系，形成独立的温病学学科。

吴有性，字又可，江苏吴县（今苏州）人。鉴于明末温疫猖獗，医家多囿于伤寒之法，治疗无效，甚至致死，吴有性推究病源，潜心研究，依据治验所得，撰成《温疫论》。他认为，这种病属温疫，非风非寒，非暑非湿，非六淫之邪外侵，而是天地间存在的“戾气”，从口鼻而入，感人传染而致，而与伤寒病绝然不同。对于温疫，吴有性创制达原饮加以治疗。吴有性的理论和实践，为温病学说形成作出了贡献。

叶桂，字天士，号香岩，康乾时期江苏吴县(今苏州)人。生于世医家庭，父授以医学，后广从他师，吸收各家之长，自成一家。叶桂著有《温热论》，阐明了温病的主要类型及其发生发展机理，创立卫、气、营、血的温病辨证施治理论，提出“辨舌验齿”、“辨斑疹白痘”的诊断方法，形成独特的温病学体系，是温病学理论奠基之作。因此，叶桂也被称为“温热大师”。

吴瑭，字鞠通，江苏淮阴(今淮安)人。乾隆末，至京检校《四库全书》，得阅吴有性、叶桂的温病学著作，精研叶著，结合自己经验，撰成《温病条辨》。《温病条辨》系统论述了四时温病的辨证施治，创造性地提出了“三焦”(心肺之病属上焦、脾胃之病属中焦，肝肾之病属下焦)辨证理论，形成以卫气营血及三焦证治理论为核心的温病辨证施治体系，并论述了温病发生、发展的三焦传变过程，提出整套治疗方法、方剂。《温病条辨》不仅吸取了前贤在温病学方面的成就，尤其使叶氏温病学说系统化、理论化，丰富了温病证治内容，是温病学派的最高成就。后人甚至将其与《黄帝内经》《伤寒论》和《神农本草经》并列为中医必读的“四大经典”。

薛雪，字生白，号一瓢，与叶桂同时且同乡。薛雪精于医学，尤其擅长湿热病治疗。著有《湿热病篇》，对湿热病证论述详尽而精辟，药证具备，是系统而完整地阐述湿温证治的最早文献，被后世推为习温热病的必读之作。

总之，至乾隆年间，温病学已形成独立学说，与伤寒学说并列为医治外感的中医两大学说，成为中国医学发展史上的一件大事。

清朝医学成就中还有一部著作值得一提，即乾隆年间官修《医宗金鉴》。乾隆四年(1739)，高宗决定官修二部医书，发内府藏书，并征集天下家藏秘籍，及世传经验良方，“分门聚类，删其驳杂，采其精粹，发其余蕴，补其未备，为书二部。小而约者，以为初学诵读；大而博者，以为学成参考”。既而征书之令中止，“议专编一书，期速成”①，以太医院判吴谦、刘裕铎为总修官。经过三年纂修，书成，高宗赐名《医宗金鉴》，颁行全国，后来又作为太医院医学教科书。全书共九十卷，论述了各科各种疾病的诊断、治疗、方药等，图、说、方、论具备，内容丰富简约，极便实用，是我国综合性中医医书中比较完善而又简要的一种，影响巨大。

在药物学方面，本草类著作较多，成就亦较显著。比较重要的有赵学敏

---

① 《清史稿》卷502《吴谦传》。

《本草纲目拾遗》、吴其浚《植物名实图考》。赵学敏，字依吉，号恕轩，乾嘉时期浙江钱塘（今杭州）人。《本草纲目拾遗》体例效仿《本草纲目》，又比后者多出藤、花二部，计十八部。全书共收药物九百二十余种，有七百一十余种是《本草纲目》未载或误收的，拾遗补缺，纠谬正误，有较高的学术价值。吴其浚，字瀹斋，别号雩娄农，河南固始人。嘉庆进士，历任各地总督、巡抚。《植物名实图考》体例、分类方法与《本草纲目》基本一致，收植物一千七百余种，比《本草纲目》增加五百余种，绝大多数都是药用植物。该书对植物品种、形态、颜色、性味、用途、产地等，均有详细记述，澄清了包括李时珍在内的前人许多误解和错误。

5. 农学、水利学

清朝重视农业和水利，农学、水利学著作也纷纷出现。

农学专著，私人撰著的主要有张履祥《补农书》、杨屾《知本提纲》《豳风广义》等。张履祥，字考夫，号杨园，浙江桐乡人。明末诸生，屡试不第，遂在乡间教书躬耕，积累了丰富的农业经验。顺治年间，他得到明末湖州人所著《沈氏农书》，记载当地生产技术和经营管理技术，极为欣赏。他根据本人耕读经验和从老农得到的知识，对《沈氏农书》加以补充，著成《补农书》，论述有关种植业、养殖业的生产和集约经营等知识，内容广泛，切实可行。后人将《沈氏农书》与本书合为一本，统称为《补农书》，为研究当时太湖地区农业经济史和技术史提供了可贵资料。杨屾，字双山，陕西兴平人。生活于康乾年间，终生教读授徒，致力农桑。其从学弟子达数百人，乾隆初撰著讲义《知本提纲》，宣说修齐治平之理。其中，修业章论述了耕稼、蚕桑、树艺、畜牧等农业生产各部门技术原理和技术方法，自成体系，反映出清初关中地区农业生产概貌和农业科学技术状况，也是出色的农学著作。杨屾还博考各种蚕书，访问农人，在陕西试验种桑养蚕，并著成蚕桑专书《豳风广义》。兴平、周至、户县一带乡民效习，大获其利。

官修农书则有乾隆年间《授时通考》。乾隆二年（1737），高宗命大学士鄂尔泰、张廷玉等纂修《授时通考》，乾隆七年书成。《授时通考》计七十八卷，汇辑前代农书，搜集经、史、子、集中有关农事记载四百二十七种，并配插图五百一十二幅。全书共分天时、土宜、谷种、功作、劝课、蓄聚、农余和蚕桑八门，征引前人文献中有关生产经验和诏令、政策等，内容以大田生产为中心,兼及林牧副渔各业。全书结构严谨,征引周详,涉及范围广,内容丰富,堪称是一部古代农学的百科全书。书成后,高宗除令内府刊印外,并命各省复刻,对农业生产发展起到了指导和促进作用。

此外,如帅念祖《区田编》、王心敬《区田法》、孙宅揆《教稼书》、陆燿《烟谱》《甘薯录》、褚华《木棉谱》、李彦章《江南催耕课稻编》等,也是清朝比较重要的农学著作。

在水利学方面,有两部比较重要的著作,即傅泽洪《行水金鉴》及黎世序、俞正燮《续行水金鉴》。傅泽洪,字育甫,汉军旗人。历官江南淮扬道,长期治水。雍正年间,他任使幕僚郑元庆编著《行水金鉴》一百七十五卷,论述黄河、淮河、长江、运河及永定河诸水系源流、变迁、治理,所摘录材料上自《禹贡》,下及康熙末年相关文献,以时间为序,证明考核,尽得其实。《四库全书总目》认为:"谈水道者,观此一篇,宏纲巨目,亦见其大凡矣。"①《续行水金鉴》计一百五十六卷,编成于道光年间,为《行水金鉴》续作。该书大量收集章牍和档案资料,论述雍正至嘉庆年间水情和治防工程,也很有参考价值。

以上简单地叙述了清朝在文化各领域取得的突出成就。正如上文所述,清朝对中国几千年的文化成果做出了回顾和总结,并取得很大成就,清朝文化达到了中国古代文化辉煌灿烂的巅峰。但是,不可否认,清朝文化成就主要还是中国古代传统文化量的积累,而没有近代资本主义文化质的飞跃。同一时期,西欧已经进入资本主义工场手工业时期(16 至 18 世纪)和蒸汽时代(19 世纪初至七十年代),文化上也历经资本主义启蒙运动、自由主义的发展阶段。显然,与西欧相比,清朝在文化上也大大落后了。

① 《四库全书总目》卷 69《〈行水金鉴〉提要》。

跋

本书初版于2010年，十余年来，本书及此前的讲稿一直作为我在南开大学开设的本科生“清史”选修课的教材。我的一些博士毕业生到外校工作，也参考使用了这套教材。2020年3月，我申报了南开大学教务处组织的“本科教育教学改革项目”中的“教材建设项目”，对本书初版加以修订，获得批准。3月21日，由历史学院余新忠教授担任组长，卞利教授、庞乃明教授组成的专家委员会举行了项目开题报告会，对本书修订加以评议，予以肯定。10月，本书修订本出版获得南开大学教务处立项支持。11月，历史学院教学项目也对本书出版进行资助。因此，我要对南开大学教务处、历史学院表示感谢。

这次修订，包括了我在此前十年教学中陆续对教材中一些错误表述随时改正及部分内容的删补，2020年3月集中修订时又增补了当前在美国盛行的“新清史”研究的介绍等内容，2021年2月书稿一校时再对初版存在的其他舛错加以处理，并吸收了国家清史纂修工程最新进展的内容，后又在书前配补了五十余张图、做了不少修订工作。当然，书中仍有不少错误和不足，限于时间和学识，这次难以一一修订改正。我也诚挚地期待各位专家学者批评指正。

本书的出版，一如既往地得到凤凰出版社、韩凤冉先生的大力支持。

何孝荣

2021年4月于天津杨柳青镇